Renaud van Quekelberghe

PSYCHOLOGIE

der

STILLE

Verlag Dietmar Klotz

Bibliographische Information Der Deutschen Bibliothek
Die Deutsche Bibliothek verzeichnet diese Publikation in der
Deutschen Nationalbibliografie; detaillierte bibliografische
Daten sind im Internet über http://dnb.ddb.de abrufbar.

ISBN 978-3-88074-549-0

Cover: Spuren subatomarer Teilchen in einer Nebelkammer
       Collage des Autors aus Protokollauszügen der 40er Jahre

1. Auflage 2009

© **Verlag Dietmar Klotz GmbH**
Sulzbacher Str. 45
65760 Eschborn bei Frankfurt am Main
www.verlag-dietmar-klotz.de

Alle Rechte vorbehalten. Nachdruck oder
Vervielfältigung in keiner Form gestattet.

Inhaltsverzeichnis

Vorwort		5
1.	Die janusköpfige Grundstille: Bewusstseinsstille und Quantenvakuum	9
2.	Quanten- und mentales Vakuum: die Außen- und Innenseite	15
3.	Quantenvakuumfeld und Bewusstseinsstille in Wechselwirkung mit sich selbst	23
4.	Über die mögliche grundlegende Äquivalenz: Energie = Materie = Information	25
5.	Das Bewusstseinsquantenfeld: Bewusstseinsstille und Quantenvakuum als unitäres Feld	35
6.	Das Pyramidenmodell des Bewusstseins	57
7.	Die diskursive vs. kontemplative Vernunft	61
8.	Über die heilsame Erkenntnis des unitären Bewusstseinsquantenfeldes	67

****

9.	Yoga-Meditation als Stilllegung des Bewusstseins	73
10.	Die Casimir-Kraft und die yogische Kraft mentaler Stille	85
11.	Die Supersymmetrie des Buddhaweges und die Achtsamkeitsschulung	91
12.	Feynmans Pfadintegral und die vier Nachtwachen des Buddhas	97
13.	Vom klassischen zum Quanten-Nirwana	103
14.	Herz- und Diamant-Sutren: Eine Einführung in das unitäre Bewusstseinsquantenfeld	115
15.	Die Verschmelzung von Tao und Ch'an und das unitäre Vakuum-Leere-Feld	121
16.	Zen und die transkulturelle Psychologie der Stille	127
17.	Fechners Psychophysik, die umfassende Stille und das Quantenvakuum	139
18.	Eudaimonia und Glückseligkeit	145
19.	Die Stoa oder die holofraktale Weltstille	151

20.	Kaschmirisch-shivaitische Übungsvorschläge zur universellen Bewusstseinsstille	167
21.	Hesychasten und Quietisten: eine christliche Bewusstseinsstille?	173

****

22.	Metaphern über Ich als Inhalt und Ich als Kontext	203
23.	Das Ich und die Bewusstseinsstille als Fundament des Glücks	213
24.	Das Ich als psychologisches Haupthindernis zum Glück	217
25.	Hauptmerkmale des Egos	223
26.	Über die Einmaligkeit der Ich-Identität als kartesianisches Ego	229
27.	Assagiolis Psychosynthese und die Desidentifizierung von Ich-Identitätsinhalten	233
28.	Achtsame Stille: Ziel und Mittel der Psychotherapie	237
29.	Psychotherapie als meditative Zentrierung auf und Verschränkung mit der Grundstille	253
30.	Meditative Psychotherapie und die Infrasemantik-Ebene	263

Nachwort	271
Namensverzeichnis	273
Sachverzeichnis	277
Literaturverzeichnis	280

****

Vorwort

La vérité parle au dedans de nous
sans aucun bruit de paroles.
(Die Wahrheit spricht tief in uns ohne lärmende Worte.)

Stille erweist sich als der alleinige Urgrund von «Geist und Materie». Gerade in einem Zeitalter, in dem alles - ob „Geist" oder „Materie" - als Information erscheint, schwinden die Unterschiede zwischen Bewusstsein, Energie und Materie immer mehr.

Das Quantenvakuum als Fundament von Energie und Materie und die Bewusstseinsstille oder Seelenruhe als Fundament psychischer Regungen lassen sich prägnanter denn je als superponierte Seiten einer einzigen (Quanten-)Medaille auffassen.

Mit anderen Worten: Ob ich den „Geist" gründlich erforsche und darüber meditiere oder ob ich die „Materie" quantenwissenschaftlich angehe, komme ich stets in ein superponiertes psychisches und physisches Vakuum, in ein allumfassendes Feld totaler Leere oder Stille.

Das vorliegende Buch über die „*Psychologie der Stille*" erinnert zum Teil an die „*Psychophysik*" (1860) von Gustav T. Fechner bzw. an die von ihm postulierte „einzige, totale Welle". Bahnbrechende Fortschritte der Quantenwissenschaften und der Bewusstseinspsychologie der letzten Jahrzehnte bringen die mentale, innere Stille und die kosmische Leere bzw. das äußere Quantenvakuum immer mehr zueinander und in Superposition.

Auch wenn viele Aussagen aus den Weisheitstraditionen der letzten viertausend Jahre und aus der Psychologie/Psychotherapie der vergangenen hundert Jahre Beobachtungen und Überlegungen der Quantenwissenschaften scheinbar bestätigen, bedarf es m. E. noch viel Forschungs- und Meditationsarbeit, um der allumfassenden, inneren und äußeren Stille auf allen möglichen Erfassungs- und Darstellungsebenen „halbwegs" gerecht zu werden.

Der vorliegende Essay über die Seelenruhe oder vielmehr die psychophysische Stille gliedert sich in 30 Kapitel oder größere Abschnitte. Diese Binnengliederung entspricht den 30 Kapiteln oder „Sprossen" der „*Leiter zum Paradies*" von Johannes Klimakos, einem christlichen Mönch aus dem 6./7. Jh., der im Katharinenkloster auf der Sinai-Halbinsel lebte.

Sofern die hier besprochene Grundstille als ein *Stück Paradies auf Erden* verstanden wird, lassen sich die 30 Kapitel über die „*Psychologie der Stille*" durchaus als Sprossen oder Hilfsmittel begreifen, um dadurch in die himmlische und glückliche Bewusstseinsstille oder Seelenruhe zu gelangen.

Ähnlich wie für die Himmelsleiter von Johannes Klimakos gehören hier die ersten sieben und die letzten sieben Kapitel zu den am schwersten zu erklimmenden Sprossen.

In den ersten sieben Kapiteln wird vorrangig über Bewusstseinsstille und Quantenvakuum als unitäres, einziges Feld reflektiert und meditiert.

Im achten Kapitel wird über wichtige Ergebnisse aus dieser mühsamen, aber auch *heilsamen* Erkenntnis nachgedacht.

Von Kap. 9 (*Yoga-Meditation als Stilllegung des Bewusstseins*) bis zum 22. Kapitel (*Bewusstseinsmetaphern*) lassen wir ca. viertausend Jahre aus der „Kultur der Bewusstseinsstille oder Seelenruhe" Revue passieren. Dabei wird vor allem über Weisheitstraditionen nachgedacht, die sich mit der *Psychologie der Stille* unmittelbar und praxisnah befasst haben.

Von Sprosse zu Sprosse hochsteigend - gleichsam auch über die chronologische Zeitachse von der Antike bis zur Moderne - soll hier gelernt werden, dass die *ubiquitäre Stille* den jeweiligen kulturellen Kontext immer schon überschreitet. Einfach ausgedrückt: Es kann keine spezifische Yoga- oder buddhistische Stille neben einer beispielsweise sufischen oder christlichen Stille geben.

Von Sprosse zu Sprosse soll das Zurückgreifen auf kulturelle Konzepte deutlich abnehmen. Manche Abschnitte (wie z.B. aus den Kap. 14, 16 und 20) enthalten transkulturelle Meditationsübungen, die u.a. dazu dienen, sich von voreiligen und abstrakten Konzeptionen zu verabschieden.

Die letzten sieben Kapitel (24 bis 30) sind mitunter die schwierigsten Sprossen aus der gesamten Meditationsleiter zur glücklichen Grundstille oder Seelenruhe. Denn es geht hier um das *Ego* als Haupthindernis zum Glück.

Die Reflexion und Meditation über das „Ich" gewinnt auch in der modernen Psychotherapie (vgl. Kap. 27, 28, und 29) an Zentralität, nicht zuletzt dank der zunehmenden Integration bestimmter meditativer Anteile in die Therapieprogramme.

Das allerletzte Kapitel birgt in sich eine m.E. riesige Stolperstelle. Es geht bei dieser letzten Sprosse um meditative Psychotherapie *und* die Infrasemantik-Ebene.

Trotz großer Vorsicht bei der Darlegung der Infrasemantik-Ebene habe ich doch bis heute das dumpfe Gefühl, dass viele - hoffentlich nicht alle Leser! - bei dieser letzten Sprosse heftig ins Stolpern geraten werden.
Wenn dies tatsächlich der Fall sein sollte, dann ist die Gefahr gegeben, von ganz oben auf der Meditationsleiter tief hinunterzustürzen.
Ähnlich wie beim Spiel *„Mensch ärgere dich nicht!"* rate ich in diesem Falle, von vorne, d.h. mit der meditativen Lektüre der ersten Kapitel wieder anzufangen. Die Weisheitstraditionen wie auch die Psychotherapien lehren uns unter anderem, dass Motivation, Geduld und Ausdauer zum Ziel führen können, nämlich zur *glücklichen Seelenruhe oder achtsamen Bewusstseinsstille*.

Mandray (Vogesen), im Frühjahr 2009

Renaud van Quekelberghe

1. Die janusköpfige Grundstille: Bewusstseinsstille und Quantenvakuum

Dank dem Siegeszug der Quantenphysik und -informatik stellt sich zunehmend die Frage nach einer **Psychophysik der Grundstille**. Mit anderen Worten: Ist die durch Meditation erreichbare Bewusstseinsstille nicht etwa die *Innenseite* eines kosmischen, fluktuierenden Vakuums als *Außenseite*?

Für die Quantenphysik und -informatik - sofern sie konsequent zu Ende gedacht wird - gibt es m. E. keine andere Alternative, weil alle möglichen Phänomene oder Ereignisse in Superposition auftauchen müssen und sofern sie Wirklichkeit werden, ausnahmslos miteinander verschränkt sind. Quanten(*psycho*-)physikalisch betrachtet heißt dies in aller Kürze:

Bewusstseinsstille und Quantenvakuum sind zwei superponierte oder verschränkte Erscheinungsformen von ein und demselben „Vakuum" bzw. von ein und derselben „Grundstille".

Der vorliegende Essay über die **Psychologie der Stille** versucht so konsequent wie möglich von diesem einen „Vakuum" als einziger und einzigartiger Orientierungsgrundlage für alle darin vorkommenden psychologischen und psychotherapeutischen Reflexionen auszugehen.

Wenn also einerseits über die Stilllegung des Bewusstseins beim Yoga, über die Verwirklichung des Nirwana-Erleuchtungszustands bei Buddha und andererseits über die Entstehung des Universums dank einer zufälligen Quantenvakuumfluktuation nachgedacht wird, handelt es sich im Grund genommen um ein einziges Thema, um ein und dieselbe Wirklichkeit.

Demnach erscheint die Bewusstseinsstille wie ein unverzichtbares Ermöglichungsfeld für alle Erlebnisse bzw. Bewusstseinsereignisse.

Diese *bewusste* Grundstille lässt sich allerdings nicht vom *bewusstlosen* Quantenfeldvakuum trennen. Vielmehr scheint es sich um ein Ermöglichungsfeld zu handeln, das mal mit und mal ohne Bewusstsein Wirklichkeit werden kann.

Das menschliche Bewusstsein birgt also in sich eine isotrope, homogene und invariante Stille oder vielmehr Grundstille, die jede bewusste Tätigkeit, Vorstellung oder Emotion, kurzum jeden bewussten Inhalt begleitet. Das Wort „*begleitet*" trifft deskriptiv zu. Bei näherem Nachdenken fragt man sich aber inwieweit eine solche invariante, *alle* Bewusstseinsphänomene begleitende Grundstille die hervorragende Funktion innehat, das Erscheinen diverser Erlebnisinhalte zu ermöglichen. So gesehen würde die Grundstille den notwendigen, unveränderlichen Hintergrund bereitstellen, um allerlei Figuren oder Vorstellungsinhalte - im Prinzip unendlich - bewusst erscheinen zu lassen.

In Übereinstimmung mit der Idee, wonach es nur ein einziges Quantenvakuumfeld oder eine energetische Grundstille (*Nullpunktenergie*) für alle Universen geben kann, lässt sich die Idee nicht leicht von der Hand weisen, dass eine einzige *mentale Grundstille* als Ermöglichungsfeld für alle Bewusstseinsmodalitäten und -formen - d. h. nicht nur für das *menschliche* Bewusstsein - ausreichend sei...

Halten wir diese Idee für eine Weile fest:

Wenn es eine einzige mentale und energetische Grundstille gäbe, dann hätten alle Bewusstseins- und Energieformen Anteil an einem unitären Bewusstseins- und Quantenvakuumfeld.

In dem Maße, in dem die mentale und energetische Grundstille erspürt werden könnte, wäre eine Möglichkeit vorhanden, sich bewusst in Kontakt mit der Feldquelle zu bringen, woraus unzählige mögliche Universen mitsamt ihren zahllosen bewussten, beliebigen Organismen sich unaufhörlich speisen.

Anders ausgedrückt: Wäre uns möglich, voll und ganz in das unitäre Grundstille-Feld einzutauchen, würden wir uns im überall und jederzeit vorhandenen Feld der Energie- und Bewusstseinsproduktionen - mitten in allen lebendigen und leblosen Systemen - befinden. Dort angelangt stünden wir unmittelbar in Kontakt mit allen Bewusstseinsgenossen, aus welcher Kultur und aus welchem Universum auch immer.

Indem hier ein doppelköpfiges, januskopfartiges, *mentales und energetisches Vakuumfeld* angenommen wird, distanziert sich der vorliegende Essay von psychologischen und psychotherapeutischen Betrachtungen über die mentale Stille als eine *sekundäre*, gleichsam beiläufige, kulturgebundene Produktion wie z.B. eine Entspannungsstunde im Samadhi-Tank, ein Retreat-Wochenende, ein intensives Schweigeseminar etc.

Sofern solche Angebote nicht auf die tragende, transkulturelle Bewusstseinsstille - geschweige denn auf die mentale *und* energetische Grundstille - zielen, läuft man Gefahr, sich mehr und mehr von der eigentlichen Aufgabe zu verabschieden, nämlich die Grundstille mitten in jedem Bewusstsein zu erfahren und mitten im Universum zu erkennen.

Eigentlich lässt sich jede *sekundäre* Form von Stille von der alles durchdringenden, mentalen und energetischen Grundstille ableiten. Es bedarf aber eines fast immer mühsamen und langwierigen Umgangs mit den eigenen Bewusstseinserfahrungen, um schließlich zu einer solchen Einsicht zu gelangen.

Das Verhältnis der *sekundären Stille* zur transkulturellen, mentalen Grundstille erweist sich als äußerst vielfältig und vielschichtig. Nicht zuletzt dadurch verlieren zahlreiche Menschen leicht die Orientierung und verirren sich in Übungen und Doktrinen, die nur gelegentlich in die Nähe der dem Bewusstsein innewohnenden Grundstille führen. Andererseits denjenigen, die diese Nähe erspürt haben, gelingt es nur selten, sich längere Zeit darin aufzuhalten, geschweige denn sich so tief in diese mentale Grundstille hinein zu wagen, dass letztere einen früher oder später nicht mehr verlässt.

Gerade in einer Welt, in der sich Stress in vielfältigen Variationen so leicht breit machen kann, wird der Bedarf nach Ruhe, innerem Frieden, Entspannung, stressfreier Stille, Seelenruhe, psychischer Harmonie u. ä. m. immer lauter. Die moderne Psychologie und Psychotherapie vermehrt seit geraumer Zeit die Verfahren und Programme mit dem Ziel der Bewältigung oder Reduktion der um sich greifenden Stresszunahme.

Unnötig zu sagen, dass die breite Mehrheit solcher Angebote – wenn überhaupt – nur eine passagere Stille vermitteln. Selten zielen solche Angebote darauf eine dauerhafte, unerschütterliche Grundstille so tief und umfassend wie möglich erfahren zu lassen.

Erste bekannte Interventionsbeispiele, die zeitgleich mit den Anfängen der Stressforschung (ca. ab Hans Selye, 1907-1982) entstanden sind und bis heute eine breite Verwendung finden, sind die *Entspannungstrainings* von Johannes Schultz (1884-1970) und Edmund Jacobson (1888-1983).

Im Jahre 1932 veröffentlichte Johannes Schultz das *Lehrbuch des Autogenen Trainings* mit dem Untertitel „Konzentrative Selbstentspannung". Das Autogene Training (abgek. AT) wurde als eine Art Selbsthypnose konzipiert, bei welcher Yoga-Einflüsse unverkennbar sind. Solche Einflüsse gelten vor allem für die Oberstufe des Autogenen Trainings, die allerdings selten zur Anwendung kommt. Die AT-Grundidee basiert auf der Annahme, dass eine regelmäßige, wochenlange Übung zu einer Umschaltung des autonomen Nervensystems zugunsten der trophotropen (parasympathischen) Regulierungsmodalität führt. *Formelhafte Vorsatzbildungen* wie z.B. „Es atmet mich ruhig, regelmäßig" oder „Sonnengeflecht strömend warm" dienen dazu, die intendierte physiologische Umschaltung durch eine direkte befehlsartige Suggestion zu unterstützen bzw. herbeizuführen. In der Regel wird die AT-Grundstufe flankierend zu anderen therapeutischen Maßnahmen angewandt. Eine umfassende

Umstrukturierung des Bewusstseins aufgrund einer nachhaltigen Konzentration oder Meditation gehört bis heute *nicht primär* zu den Zielsetzungen dieses Entspannungsverfahrens. Allerdings findet man in der AT-Oberstufe einige Übungen, die zu einer derartigen Umstrukturierung führen könnten. Hierzu gehören z.b. Konzentrationsfragen und Suggestionen, die um das Thema „Wer bin ich?" mit der Zielsetzung vertiefter Selbsterkenntnis kreisen.

Die konzentrativ-entspannende Imagination wird auch klartraumähnlich von Themen wie Reise auf den Meeresgrund oder auf den Gipfel eines Berges angeregt. Solche Übungen erinnern deutlich an die etwa zur gleichen Zeit entstandene *Aktive Imagination* nach Carl G. Jung oder an das später entwickelte *Katathyme Bilderleben* nach Hanscarl Leuner.

Das etwa zur gleichen Zeit wie das Autogene Training entworfene Entspannungsverfahren von Edmund Jacobson, nämlich die *Progressive Muskelentspannung* wurde in seinem Buch „You must relax" (1935) entwickelt, das sofort zu einem Bestseller wurde. In diesem Werk beschreibt Jacobson sein Entspannungsverfahren, das auf einer gänzlich anderen Grundidee als das Autogene Training basiert. Für Jacobson, der sich sein Leben lang mit der Physiologie des Muskelapparates experimentell befasste, führt Stress zu einer stärkeren chronischen Kontraktion oder Tonalität der Muskulatur, was einen Raubbau an Energie nach sich zieht und im Körper zu krankhaften, chronischen Reaktionen führt.

Durch eine systematische Einübung in achtsame An- und Entspannung einzelner Muskelgruppen (z.B. Augen-, Nackenmuskulatur) soll eine optimale Nutzung der Körperenergie für jede Situation und Handlungsform erlernt werden. Dadurch sollen eine Überbeanspruchung der Körperenergie, des zentralen Nervensystems und sonstiger Organe vermieden und somit dysfunktionale Stressreaktionen erheblich reduziert werden.

Nach dem Zweiten Weltkrieg schwand zunächst das Interesse für die *Progressive Muskelentspannung*. Der Psychiater und Verhaltenstherapeut Joseph Wolpe (1915-1997), der für seine in den 50er Jahren des 20. Jh. entwickelte *Systematische Desensibilisierung* (vgl. „*Psychotherapy by Reciprocal Inhibition*", 1958) - eines der erfolgreichsten verhaltenstherapeutischen Verfahren zur Angstreduktion - ein leicht anwendbares Entspannungsprogramm brauchte, griff auf eine stark verkürzte Form der *Progressiven Muskelentspannung* zurück und sicherte somit die weitere klinische Anwendung und Verbreitung dieses Entspannungsverfahrens.

Erst dank Herbert Benson, Kardiologe an der *Harvard Medical School*, wurde zum ersten Mal eine östliche Meditationsform in ein allgemeines, handliches Stressreduktionsprogramm umgewandelt und vielfach experimentell überprüft. Ausgehend von einer groß angelegten Studie (Benson & Wallace, 1972) über die generelle Abnahme von Alkohol- und Drogenmissbrauch bei knapp 2000 Erwachsenen, die Transzendentale Meditation praktizierten, entwarf Herbert Benson eine Entspannungsprozedur, welche die Transzendentale Meditation auf einige wenige Regeln oder Merksätze reduzierte. Sein Buch (ein langjähriger Bestseller) „*The Relaxation Response*" (1975) wurde schnell zur Basisliteratur vieler Stressbekämpfungsprojekte, die innerhalb kurzer Zeit in der Verhaltenstherapie entstanden.

Sein meditatives Entspannungsverfahren hat er mit ähnlichen Sätzen hin und wieder kurz und prägnant beschrieben:

1. *Setzen Sie sich ruhig hin, in eine möglichst bequeme Haltung.*
2. *Schließen Sie Ihre Augen.*
3. *Spannen Sie alle Ihre Muskeln sehr gründlich an, beginnend mit Ihren Füßen und langsam fortschreitend bis zu Ihrem Gesicht, halten Sie alle Ihre Muskeln möglichst gespannt.*
4. *Atmen Sie durch die Nase. Werden Sie sich Ihrer Atemzüge bewusst. Beim Ausatmen sagen Sie einfach das Wort „eins" oder irgendein anderes neutrales, einfaches Wort, z.B. Ruhe, Stille... Sagen Sie dieses Wort innerlich zu sich selbst, ohne es auszusprechen. Atmen Sie dabei regelmäßig, natürlich.*
5. *Verfahren Sie demnach für 10 bis 20 Minuten. Wenn Sie die Übung beenden, bleiben Sie noch einige Minuten ruhig sitzen.*
6. *Wenn ablenkende Gedanken oder Vorstellungen aufkommen, versuchen Sie, diese zu ignorieren, kommen Sie so bald wie möglich zur Wiederholung des neutralen Wortes „eins" oder irgendeines anderen neutralen einfachen Wortes.*
7. *Üben Sie ein paar Mal täglich, allerdings erst zwei Stunden nach jeder Mahlzeit.* (Benson, 1975)

Seit dem „*Relaxation Response Program*" Bensons sind zahlreiche Ansätze entstanden, die auf verschiedene Weise versuchen, die meditative Achtsamkeit innerhalb der Psychotherapie zu implementieren.

Jon Kabat-Zinn (2003) ist Gründer des Zentrums für Meditative Achtsamkeit an der Medizinischen Fakultät der Universität von Massachusetts gewesen. Von Beginn der 80er Jahre an hat er die Relevanz der traditionellen buddhistischen Achtsamkeit, bzw. der Vipassanā-Meditation für zahlreiche Gebiete der angewandten Psychosomatik und Verhaltensmedizin maßgeblich erforscht und dokumentiert.

In den 90er Jahren erprobte Kabat-Zinn sein mittlerweile bekanntes Verfahren *„Mindfulness-Based Stress Reduction"* (MBSR), das zunehmend auf verschiedenen Gebieten der Medizin, Klinischen und Gesundheitspsychologie zur Anwendung kommt. Darauf aufbauend wurde u. a. eine spezifische Form von kognitiver Therapie, nämlich *„Mindfulness-Based Cognitive Therapy"* (MBCT) entwickelt, vgl. z.B. Segal et al. (2001).

Mittlerweile wird von den Therapeuten, die achtsamkeitszentrierte Stressreduktionsprogramme oder meditationszentrierte kognitive Therapie anbieten, verlangt, dass sie selbst ein- bis zweimal täglich mindestens eine halbe Stunde meditieren.

Im Gefolge von Jon Kabat-Zinn wird ein lebenslanges Training meditativer Achtsamkeit gleichermaßen für Therapeuten wie für Patienten empfohlen. Eine solche Empfehlung kann sicher dazu beitragen, dass das Augenmerk verstärkt auf die Erreichung der mentalen Grundstille gelenkt wird, statt sich auf eher kurzfristige Techniken zu konzentrieren, die vorrangig auf die Bildung sekundärer „Inseln der Stille" gerichtet sind.

Auch wenn solche vorübergehende „Inseln der Stille" sicher einen nicht zu unterschätzenden Beitrag zur Leidenserleichterung leisten, wäre es schade, die Potentialitäten der Psychologie und Psychotherapie der Stille von vornherein auf diese sekundäre, eher kurzlebige Ebene einzuschränken. Nicht zuletzt um einen derartigen Reduktionismus zu vermeiden, wird im vorliegenden Essay der Versuch unternommen, die Tiefe und Zentralität der einheitlichen - mentalen und kosmischen - Grundstille auszuloten.

2. Quanten- und mentales Vakuum: die Außen- und Innenseite

Es wird davon ausgegangen, dass das Quanten- und mentale Vakuum - sprich die „psychische Leere/Stille" und die „physische Leere/Energie" - zwei Seiten einer Medaille darstellen, die gleichsam aus einem einzigen, superponierten Bewusstseinsstille- und Quantenvakuumfeld besteht. Genauso wie das physikalische, bewusstlose Quantenvakuum alle Energiefluktuationen begleitet, lässt sich die bewusste mentale Stille mit allen denkbaren Einheiten und Identitätsmöglichkeiten in Verbindung bringen.

Bekanntlich ist die Energie des Quantenvakuums anders als das erdachte Vakuum der klassischen Physik, nämlich *ungleich null*. D.h., die Quantenvakuumenergie schwankt um die Hälfte des Wirkungsquantums bzw. der sog. Planck'schen Konstante „h" um den Nullpunkt der Energie. Dabei entstehen ständig aufgrund der Unschärfe- oder Unbestimmtheitsrelationen Heisenbergs virtuelle Teilchen, die im Sinne der Dirac-Modellvorstellung paarweise (Teilchen vs. Antiteilchen) auftauchen und binnen sehr kurzer Zeit – abhängig von der Energie des Systems – wieder verschwinden.
Erst wenn eine fremde Kraft, wie z.B. die elektromagnetische Kraft hinzukommt, kann das Quantenvakuum so gestört werden, dass *reale* Teilchen im vorhandenen Energiefeld entstehen und verschwinden. *Real* wird hier verstanden als wirklich im Sinne der bestehenden Möglichkeit einer direkten Beobachtung.

Die Idee des Quantenvakuums und seiner unaufhaltsamen Fluktuationen um den abstrakten Energie-Nullpunkt ist seit Paul Dirac (1902-1984) integraler Bestandteil der Quantenfeld-Physik, die je nach gewählter Kraft (z.B. elektromagnetische und Gravitationskraft, starke und schwache Kernkraft) verschiedene Ausprägungen annimmt.
Für alle Quantenfelder gibt es diskontinuierliche, eben quantisierte Energiezustände, die die Dynamik des Systems, zu dem sie gehören, maßgeblich bestimmen. In der Regel bestimmt die zeitabhängige Schrödinger-Gleichung die Evolution oder die Dynamik des Systems innerhalb des unendlich-komplex-dimensionalen Hilbert-Vektorraums, der unendliche lineare Superpositionen zulässt bzw. ermöglicht.
Die prinzipielle Superposition quantenphysikalischer Eigenschaften impliziert für alle Quantenfelder die gleichzeitige Koexistenz von in

klassischen Feldern gegensätzlichen oder gar inkompatiblen Merkmalen, was Schrödinger (1935) zu seinem anschaulichen Quantenkatze-Beispiel verleitete: < Katze tot | Katze lebendig >.
Das *wahre* Quantenvakuum stellt für alle Quantenfelder den Grundzustand oder niedrigstmöglichen Energiezustand dar. Im Vergleich zum Grundzustand sind alle anderen höheren Erregungszustände *falsche* Quantenvakuumsformen, die durch das quantenphysikalische Tunnelungsprinzip die Möglichkeit in sich bergen, im Nu aufgelöst zu werden, vgl. Abb. 1.

Abbildung 1. „Falscher" Grundzustand des Quantenvakuums, Tunnelungsprinzip und „wahrer" Grundzustand des Quantenvakuums

Allein das Aufkommen eines einzigen Teilchens mit der Energie „E = mc^2" erhöht den Feldzustand über den um null mit h/2 fluktuierenden Grundzustand um mc^2. Zwei und beliebig viele Teilchen (N) erhöhen dementsprechend den Grundzustand des Quantenvakuums um $2mc^2$ bzw. Nmc^2.
Die Nullpunkt-Energie bzw. der Grundzustand, der in der klassischen Physik als Vakuum bzw. Nullpunkt-Energielinie verstanden wird, kennt in der Quantenphysik unzählige Energiewellen, die alle - in der Regel! - mit dem halben Wirkungsquantum (h/2) um eine abstrakte Nulllinie oszillieren bzw. fluktuieren.

Anders als in der klassischen Physik, in der sich z.B. zwei Lichtstrahlen kreuzen, ohne miteinander in Wechselwirkung zu treten, interagieren in einem Quantenfeld die zum Feld gehörigen Kräfte und Teilchen miteinander.
Diese prinzipielle Wechselwirkung aller Feldereignisse auf- und miteinander eröffnet zahlreiche „verschränkte Möglichkeiten", was in einem

klassischen, z.B. elektromagnetischen Feld nach Maxwell von vornherein ausgeschlossen ist. Kurzum: *Das klassische Vakuum kennt keine Wechselwirkungen. Das Quantenvakuum lebt geradezu aus allen möglichen Wechselwirkungen von „allem mit allem".*

Die in aller Regel unterhalb des Wirkungsquantums stattfindenden Fluktuationen (z.B. Entstehung und Vernichtung virtueller Teilchen) kennzeichnen das Quantenvakuum. Der durch solche Fluktuationen entstehende Energiegrundzustand lässt sich nur *indirekt* feststellen. Zu den bekanntesten Phänomenen, die in diesem Zusammenhang als Auswirkung des Quantenvakuums angesehen werden, gehören u. a. der *Casimir-Effekt* und der *Lamb-Shift*.

Die innerhalb der Planck-Ära (z.B. $< 10^{-35}$ m) stattfindenden Feldfluktuationen ergeben alle feldmöglichen Quantenvariationen, alle klassisch annehmbaren Wellenfunktionen. Eine solche Superposition unzähliger Wellenfunktionen verhindert allein schon wegen der Heisenberg-Unbestimmtheitsrelationen, dass das Vakuum genau gleich null sei.

Auch wenn das Quantenvakuumfeld und seine notgedrungenen Fluktuationen als unumgängliche Denkgröße innerhalb der modernen Physik akzeptiert wird, ist man heute noch weit davon entfernt, die Interaktionen der bekannten Materie und Energie (ca. 4%; die übrigen 96% gehören der sog. dunklen Materie und der dunklen Energie an) mit dem Quantenvakuum verstehen zu können.

Am Beispiel von Superstring-Modellen, die die Wechselwirkungen von Strings mit dem hypothetischen Higgsfeld darstellen, lässt sich in etwa vorstellen, wie das nicht direkt manifeste Quantenvakuum mit den Strings und dem Higgsfeld interagieren könnte. Da masselose Strings unterschiedlich vibrieren, könnten zum Beispiel entlang den diversen Energiefrequenzen verschiedene Kräfte und Teilchen generiert werden. Durch die Wechselwirkung mit dem angenommenen Higgsfeld würden dann Leptonen, Quarks, W- und Z-Bosonen eine spezifische Masse bekommen, was schließlich über weitere Schritte der Symmetriebrechung zur „*realen Welt*" führen würde, in der wir heute leben.

Analog hierzu kann man sich vorstellen, dass masselose Superstrings und das (noch nicht nachgewiesene) Higgsfeld *erst* durch ihre Wechselwirkung mit dem Quantenvakuumfeld *ihre spezifischen Vibrationen und Feldeigenschaften entwickeln würden...*

Wie die Außenseite, d.h. das Quantenvakuumfeld, lässt sich das *mentale Vakuum*, d.h. die innere Bewusstseinsleere oder -stille, als ein *potenzielles Ereignisfeld* auffassen.

Während aber physikalische Phänomene wie Casimir-Kraft oder Lamb-Shift davon zeugen, dass das Quantenvakuumfeld *keine bloße mathematische Konvention* ist, bedarf der Nachweis des mentalen Vakuums oder der Bewusstseinsstille anderer Arten von indirekten Zugängen als für die physikalische „Außenseite".

Hierzu zählen vor allem *Meditationsverfahren*, sofern sich letztere mit der unmittelbaren Beobachtung des Bewusstseins durch sich selbst befassen. Wie für die physikalische *Außenseite* sind die Bewusstseinsmechanismen der Symmetriebrechungen noch weit davon entfernt, geklärt zu sein. Ähnlich wie eine „Symmetriebrechungskaskade" den Universumzustand immer mehr von der Supersymmetrie des Quantenvakuumfeldes entfernen würde, so scheint das kulturbedingte moderne Bewusstsein dazu beizutragen, die Brechung der Bewusstseinsstille kaskadenartig voranzutreiben. Eine solche Auffassung ist zumindest in vielen östlichen Kulturen unterschwellig vorhanden.

Meditationsverfahren**, die wesentlich auf die Herstellung des mentalen Vakuums (Entleerung oder Stilllegung des Bewusstseins) zielen, **versuchen** die **Lust-Unlust-Dimension menschlichen Bewusstseins auf einen minimalen Grundzustand zu bringen.

Erst dadurch, dass der Wunsch nach Lust und die Aversion vor Unlust zu einer minimalen Fluktuation um den „weder Wunsch nach Lust noch Angst vor Unlust-Nullpunkt" gebracht werden, wird ein Bewusstseinsraum geöffnet, worin sich Stille bzw. mentales Vakuum als eine Art Grundfeld bemerkbar macht und ausbreiten kann.

In solchen Augenblicken, in denen das Loslassen von Lust versprechenden Gütern genauso besteht wie das Loslassen von Abneigungen vor Unlust, fluktuiert das menschliche Bewusstsein gleichsam eng um den Null-Spannungszustand, eine Art Indifferenz, und befindet sich somit in der Schwebe zwischen minimaler Regung und Regungslosigkeit.

Die meisten bekannten Weisheitslehren (z.B. Stoizismus, Epikureismus, Buddhismus, Taoismus) haben uns Wege in Richtung *Mitte* (weder Wunsch nach Lust noch Abneigung vor Unlust) im Sinne von Ataraxia oder Apatheia (s. Kap. 19) vorgeschlagen, um die Grundstille im eigenen Bewusstsein erfahrbar zu machen.

Die sog. Leidenschaften schaffen nur insofern Leiden, als sie durch ihr starkes Auspendeln oder Ablenken die immerwährende Stille um den „weder Wunsch nach Lust noch Angst vor Unlust-Nullpunkt" überblenden bzw. schwer wahrnehmbar machen.

Es gibt m.E. kaum eine menschliche Kultur, die nicht erkannt hätte,

1. *dass Leidenschaften die stille Mitte des Bewusstseins verdecken und*
2. *dass dadurch die Möglichkeit des dauerhaften Glücklichwerdens schwindet.*

Es scheint in der Tat eine bewusstseinspsychologische Konstante menschlicher Kulturgeschichte zu sein, dass Leidenschaften eher vom Glücklichsein ablenken als umgekehrt zum Glück führen!

Es wundert einen daher nicht, dass in etlichen Volksreligionen die Leidenschaften als durchweg negativ, schlecht, verwerflich, ja sogar - dies vorwiegend in abrahamitischen Religionen - als Sünden angeprangert werden.

Die Weisheitslehren meiden meistens das Anprangern oder gar Verteufeln der Leidenschaften. Sie versuchen stattdessen, die Gründe zu verdeutlichen, *warum* Leidenschaften – egal ob gut oder schlecht – uns den Durst nach Glück und glücklich werden partout nicht stillen können. Es scheint, dass die Weisheitslehren, kreuz und quer über die bisherigen Menschheitskulturen, Leidenschaften deshalb als Sackgassen auf dem Weg zum Glück bewerten, *weil letztere die Zeit nicht wirklich zum Stillstand bringen, sondern gleichsam **der Zeit nachlaufen**,* ein im Grunde genommen irrsinniges Vorgehen.

Leidenschaftliche Zu- und Abneigungen werden leicht zu Gewohnheiten, d.h., sie lassen sich gut und schnell konditionieren. Hat sich eine Leidenschaft einmal als Gewohnheit gefestigt, dann ist wohl der Übergang in eine chronifizierte Abhängigkeit oder Sucht nicht mehr weit davon entfernt. Eine suchtartige Verfestigung von leidenschaftlichen Zu- und Abneigungen schiebt die Dimension *Zeit* immer drängender in den Vordergrund der Bewusstseinsaufmerksamkeit. Die *Zeit* bestimmt zunehmend die Regulierung und Strukturierung, kurzum die Kontrollausübung von Verhalten und Erleben. Ist beispielsweise ein bestimmter Wunsch erfüllt, kann eine leidenschaftliche Abhängigkeit leicht dazu verführen, sich einen ähnlichen oder gar größeren Wunsch erfüllen zu wollen. Gleichzeitig macht sich auch die Angst bemerkbar, das schon Erreichte zu verlieren und/oder den *noch* nicht erreichten ähnlichen oder größeren Wunsch nicht erfüllen zu können.

Sofern sich das Bewusstsein gewohnheitsmäßig oder gar suchtartig auf eine solche „unsichere Zeit" einlässt bzw. sich davon abhängig macht, verliert es die *ruhende Mitte* zwischen Zu- und Abneigung immer mehr

aus den Augen. Auf die zeitlose Grundstille mitten im Bewusstsein richtet sich die Bewusstseinsaufmerksamkeit immer weniger, dafür umso mehr auf die „unsichere Zeit" der leidenschaftlichen Zu- und Abneigungen.
Mit anderen Worten: Die Zeitlosigkeit der Bewusstseinsstille erhält immer weniger die Chance, als Taktgeber, Regulator oder invariantes Zentrum der Wahrnehmungs- und Handlungsfelder aufzutreten und erfahren zu werden. Analog einem „Schwarzen Loch", das nach der allgemeinen Relativitätstheorie die Raumzeit um sich herum so krümmt, dass der Raum max. verkürzt und die Zeit max. gedehnt (s. Lorentz-Transformationen) wird, so bringt das erlebende Ich-Bewusstsein, das nur noch minimal um die stille Bewusstseinsmitte fluktuiert, die „Lust und Unlust-Räume" zum Schwinden. Gleichzeitig verliert die Zeit jedes Maß, so dass sie sich immer deutlicher wie eine „zeitlose Ewigkeit" anfühlt.
Die Analogie mit einem Schwarzen Loch lässt sich zu einem generellen Merksatz über die Relativität des Bewusstseins wie folgt erweitern:
Leidenschaftliche Zu- und Abneigungen vergrößern die Lust- und Unlust-Räume und verstärken unweigerlich die leidenschaftliche und Leiden schaffende Abhängigkeit von einer sich – je größer diese Räume – verkürzenden Zeit.
Bildlich gesprochen: Mit dem Ausweiten der Lust- und Unlust-Räume wiegt das Damokles-Schwert schwerer und schwerer und der Faden der Zeit, woran das Schwert hängt, wird dünner und dünner.
Oder - um dies anhand des berühmten Zwillingsparadoxons der speziellen Relativitätstheorie bildlich darzustellen - stellen wir uns das Zwillingspaar „Leidensmensch und Erleuchtungsmensch" vor. Der „Leidensmensch", der seine Lustzuneigungen und Unlustabneigungen leidenschaftlich ausweitet, macht sich ständig stärker von der Zeit abhängig und leidet somit zunehmend unter ihrer launischen, unvorhersagbaren Macht. Sein Zwillingsbruder - der „Erleuchtungsmensch" - steigt wohl nicht in eine Rakete, die bis wenig unterhalb der Lichtgeschwindigkeit beschleunigt wird. Nein, er lebt weise und wie der von Lao-tse gepriesene „edle Mensch". Mit anderen Worten: Bruder „Erleuchtung" versteht es sehr genau, den Raum seiner Lust-Zuneigungen und Unlust-Abneigungen auf praktisch null einzuengen. Durch seinen Verzicht auf phantastisch anmutende, verlockende Ablenkungen nimmt Bruder „Erleuchtung" die allgegenwärtige, ewige, zeitlose Stille immer klarer und intensiver wahr. Somit macht er sich, ganz anders als sein „Leiden-Bruder", von der Zeit frei. Es gelingt ihm sogar, in die leidensfremde, beglückende Zeitlosigkeit einzutreten.

Dieses Zwillingspaar macht uns deutlich, dass allein die Zeitbeherrschung durch Lust- und Unlust-Raum-Einengung einen Menschen bewusstseinsmäßig auf Dauer glücklich, leidensfrei und zeitlos machen kann.

Praktisch alle Weisheitslehren – ob schamanische, konfuzianische, taoistische, vedische, buddhistische, sufische, christliche, jüdische, stoische, indianische etc. – haben die „stille Mitte menschlichen Bewusstseins" als Quelle einer zeitunabhängigen Seelenruhe erkannt.
Als probates Glücksverheißungsmittel haben die Weisheitslehren, die Einengung der Lust- und Unlust-Räume sowie die Abschaffung zeitabhängiger, leidenschaftlicher Zu- und Abneigungen dringend empfohlen.
Zugegeben: Vom Blickwinkel des Bewusstseins- und Quantenvakuumfeldes aus haben die vergangenen und künftigen Weisheitslehren *keine andere Wahl!* Sie müssen diese Positionsbestimmung bezüglich der Glücksquelle einnehmen. Sie können auch nicht anders, sobald sie *die* Glücksquelle - nämlich die Bewusstseinsstille - entdeckt haben, als immer wieder äquivalente Lösungswege oder -vorschläge zu unterbreiten. In diesem strengen Sinne muss man wohl von einer „*psychologia perennis quietis*" oder auf Deutsch von einer **ewigen Psychologie der Stille** sprechen.

3. Quantenvakuumfeld und Bewusstseinsstille in Wechselwirkung mit sich selbst

Den Übergang von der Quantenmechanik zur Quantenfeldphysik bezeichnet man gewöhnlich als „zweite Quantisierung", sofern nicht mehr einzelne Teilchen/Wellen quantisiert werden, sondern ganze *Felder* mit einer bestimmten Anzahl von Teilchen/Wellen quantisiert werden.

Erst im Zuge der „zweiten Quantisierung" wird die Wechselwirkung des Feldes mit sich selbst (F x F) möglich. In Bezug auf das Quantenvakuum kann man sich vorstellen, dass *erst* die Interaktion des Quantenvakuumfeldes mit sich selbst unendlich viele mögliche Universen herbeiführt, einschließlich des Universums, in dem wir heute leben. Genauso wie aus der Wechselwirkung des Quantenvakuumfeldes mit sich selbst unzählige mögliche Universen emporkommen könnten, kann man sich vorstellen, dass die Interaktion des Bewusstseinsstille-Feldes mit sich selbst alle möglichen Bewusstseinsformen hervorrufen würde.

Menschen fällt es leichter – wenn überhaupt! – die Rückkopplung des Bewusstseins auf sich selbst als Erkenntnisgewinn anzunehmen statt zum Beispiel die Universenentstehung durch Wechselwirkung des Quantenvakuumfeldes mit sich selbst. Vermutlich hängt dies damit zusammen, dass wir als „bewusste Organismen" ständig mit der Erkenntnis eröffnenden Rückkopplung des Bewusstseins auf sich selbst aufs Engste konfrontiert werden: *Ich fühle, dass ich fühle; ich weiß es, dass ich es weiß* etc.

Aus direkter Erfahrung der Wechselwirkung des *„Ich fühle"* mit sich selbst, scheint uns eine bewusste Stille, die sich selbst bewusst wird, also sich selbst erkennend ist, einfacher vorstellbar als eine *„universenschöpfende Wechselwirkung"* des Quantenvakuumfeldes mit sich selbst. Dennoch - bei näherer Betrachtung und Unvoreingenommenheit - könnte man m.E. eine gewisse Unentschiedenheit annehmen, etwa in dem Sinn: „Eine Stille, die sich ihrer Stille bewusst wird" ist womöglich genauso *vor*stellbar oder *un*vorstellbar, wie ein Quantenvakuum, das in Wechselwirkung mit sich selbst unzählige, mögliche Universen herbeiführt.

Auch wenn solche Reflexionen auf dem Hintergrund der bisherigen Entwicklung der Psychologie und der Physik nicht viel mehr als Vermutungen oder erste Überlegungen sein können, lassen sie sich doch als Ausprägungsformen von einem einzigen *„Bewusstseinsquantenfeld"* auffassen.

Je nachdem wie das Quantenvakuum gedacht wird, können unzählige neue Aspekte im Zusammenhang mit virtuellen oder realen Teilchen expliziert werden. Auf der Basis der von Einstein und Stern (1913) errechneten Formel der „Restenergie" am Nullpunkt mussten im Rahmen von Heisenbergs Unbestimmtheitsrelationen und Diracs paarweise plus und minus geladenen Teilchen virtuelle Teilchen angenommen werden, die stets um Null herum fluktuieren. Ausgehend von dieser Tatsache und von der damit einhergehenden Annahme, dass die Quantenvakuumenergie den für alle Felder niedrigsten Energiezustand (Grundzustand, s. o. das wahre und das falsche Quantenvakuum) darstellt, lassen sich eine Reihe von theoretischen und praktischen Quantenvakuummerkmalen gleichsam ableiten, wie z.B. Symmetrie, elektrische Durchlässigkeit, Fluidität oder Trägheit. Solche Eigenschaften des Quantenvakuums können in Wechselwirkung mit der dunklen Energie oder Materie wie auch mit der uns bislang bekannten Energie und Materie interagieren und dadurch uns bekannte Kräfte, wie z.B. die Gravitation, u. U. erklären. Rueda und Haisch (2005) haben beispielsweise über die Trägheitshypothese des Quantenvakuums nachgedacht. Demnach würde das Phänomen Gravitation unmittelbar aus der Trägheitseigenschaft des Quantenvakuums hervorgehen.

Es ist heute sicher zu früh, ein abschließendes Urteil über die Erklärungspotenz des Quantenvakuums zu formulieren. Immerhin trifft man hin und wieder auf Formulierungen von Physikern, die zumindest aufhorchen lassen und zum Nachdenken darüber einladen. In seinem Artikel *„Quantum vacuum friction"* (2005) schreibt beispielsweise Davies: *„Today, however, physicists and cosmologists agree that the quantum vacuum holds the key to the universe."*(S. 40)

„Quantum vacuum effects… probably play a key role in shaping the universe."(S. 46)

„But life consists of cells that are collections of nanomachines in the vicinity of dielectric surfaces. It is an arresting speculation therefore that quantum vacuum effects may not only hold the key to the universe; they may also hold the key to life itself." (S. 46)

Etliche Szenarien von Kosmologen können heutzutage nicht mehr umhin, Quantenvakuumsfluktuationen am Anfang, aber auch am Ende unseres Universums (vgl. z.B. De Sitter-Universumsmodelle mit positivem Lambda) vorzuschlagen. Nicht zuletzt die seit 1998 bekannte *dunkle Energie* (vgl. z.B. Riess et al., 1998) zwingt uns im Zusammenhang mit der kosmologischen Konstante Lambda (Λ) dazu, den Quantenvakuumsfluktuationen eine *zentrale* Rolle innerhalb der Astrophysik anzuerkennen.

4. Über die mögliche grundlegende Äquivalenz: Energie = Materie = Information

Es ist gar nicht so lange her, dass Alan Turing (1912-1954) und Claude E. Shannon (1916-2001) die Grundlagen der Informatikwissenschaften gesetzt haben. In seiner Veröffentlichung „*Mathematical Theory of Communication*" (1948) hat Shannon nicht nur zum ersten Mal schriftlich die kleinstmögliche Informationseinheit „Bit" (binary digit) eingeführt. Shannon hat darin auch die Entropie - das zentrale Konstrukt der Thermodynamik - in direkte Verbindung mit Informatik gebracht.

Die sog. Shannon- oder Informationsentropie ist ein Unsicherheitsmaß bezüglich der n Ergebnisse (x_i, i = 1,...,n) einer Zufallsvariable x, das wie folgt definiert wird:

$$H(x) := - \sum p(x_i) \, ld \, p(x_i),$$

wobei $p(x_i)$ die Wahrscheinlichkeit des Ergebnisses angibt.

Das Unsicherheitsmaß H (x) erreicht ein Maximum, wenn alle Ergebnisse gleich wahrscheinlich sind, [($p(x_i)$ = 1/n]. Umgekehrt H (x), die Informationsentropie, geht auf 0, sobald die Unsicherheit gänzlich beseitigt wird, z.B. das Werfen einer Münze mit einem Doppelkopf!

Die Wahl des Terminus „Entropie" innerhalb der Informatik liegt wohl nahe, wenn man H (x) mit beispielsweise der Gibbs' Entropieformel vergleicht: $S = - k_B \sum \ln p_i$ (i = 1 bis n), wobei k_B für die Boltzmannkonstante steht.

Schon 1957 erschien die erste Arbeit, die die physikalische Thermodynamik im Grunde als eine Anwendung der Informationsentropie ansah. Jaynes (1957) konzipierte die thermodynamische Entropie als die Informationsmenge, die gebraucht wird, um den mikroskopischen Zustand eines Systems genauer zu fassen, wenn die makroskopischen Variablen des thermodynamischen Systems nicht näher beschrieben werden (vgl. hierzu *Maximum Entropy School of Thermodynamics*, abgek. MAXENT).

Die Idee, dass eine Abfolge von Bits die zufällig entsteht, das Maximum an Information enthält und somit nicht weiter komprimierbar ist bzw. sich im entropischen Gleichgewicht befindet, spricht zunächst gegen die alltägliche Informationsverarbeitung, die meist eine semantische oder bedeutungsträchtige Dimension impliziert! So betrachtet würde man von den zwei nachfolgenden Symbolketten

1. PRÜFUNGBESTANDEN!
2. AFGVPSENUBENDTMÜ!

die erste als bei weitem informationsträchtigere Mitteilung ansehen. Für Shannon aber enthalten beide Symbolketten exakt dieselbe Information, denn die beiden Zeichenketten bestehen aus einem identischen Satz von Zeichen. Die Zahl von Bits, die nötig sind, um beide Sätze zu kodieren, ist ja wohl identisch. Auch die Störanfälligkeit in Bezug auf die Informationsübertragung ist ebenfalls dieselbe für beide Sätze. Dass das Verhältnis „Semantik" zu Shannon-Information ($I = ld\ n = ld\ (1/p) = -\ ld\ (p)$) stets kontextabhängig erscheint, zeigen auch die folgenden drei Bitfolgen:
1. 111111111110000000000
2. 10101010101010101010
3. 10010110100011010011

Die dritte Abfolge enthält mehr Informationen, lässt sich nicht komprimieren und sofern sie wirklich zufällig sein sollte, erreicht sie ein Maximum an Informationsgehalt bzw. befindet sich im Entropie-Gleichgewicht.

Weil Entropie und Information im Sinne Shannons mit einem statistischen Unsicherheitsmaß einhergehen, müssen sie eng miteinander verbunden sein.

Mit der Entwicklung der Computertechnologie avancierte die Informatik zu einer zentralen Fachrichtung der modernen Wissenschaften. Sogar die Psychologie, die sich in den 50er Jahren noch immer dem streng behavioristischen bzw. skinnerianischen Paradigma verschrieb, rückte allmählich von dieser Position ab in Richtung einer mentalen, kognitiven und somit Informationswissenschaft.

Seit den 60er Jahren des 20. Jh. scheint sich die Physik vor allem in ihren Forschungszweigen der Teilchen- und Quantenphysik der *Informatik* intensiv zu öffnen, was nebenbei eine Beinahe-Explosion der Algebraisierung innerhalb der Grundlagenforschung nach sich zieht. Die M-Theorie, die Superstring- und Supersymmetrie-Modelle sind m. E. ein eindeutiger Beleg für die stark zunehmende algebraische Formalisierung und somit „Informatisierung" der Grundlagenwissenschaften in den letzten Jahrzehnten.

Dank den Bytemaschinen alias Digitalrechnern hat die Informatisierung der Wissenschaften binnen einem halben Jahrhundert unvorstellbar zugenommen. Vorerst sind auch keinerlei Anzeichen wahrzunehmen, die auf eine Abbremsung – geschweige denn eine Umkehr! – dieser atemberaubenden Informatisierung der Wissenschaften und Technologien hindeuten würden. Im Gegenteil: In den letzten zwei Jahrzehnten hat die Digitalisierung in den meisten postmodernen Erkenntnis- und Praxisgebieten so oder anders deutlich zugelegt. Der vorliegende Essay über die Psychologie meditativer Stille schließt sich vollends diesem Trend an, indem gezielt versucht wird, die Spiritualität (sprich: Mystik, Kontemplation, Meditation etc.) nicht nur auf dem Hintergrund der Informatik oder Digitalisierung zu interpretieren, sondern ihr sogar einen strategisch günstigen Platz (vgl. z.B. das sogenannte „Bewusstseinsquantenfeld") mitten im wissenschaftlichen Diskurs zu ermöglichen.

Will man aber sicher sein, dass das Umdenken über Spiritualität in Richtung Informatik keinem Modetrend zum Opfer fällt bzw. sich dieses Vorhaben über lange Zeit weiter ausbreitet, kann man zu Recht nach grundlegenden Überlegungen verlangen, die einem plausibel machen, *wieso und warum eine Psychologie meditativer Stille den Weg in die naturwissenschaftliche Richtung dezidiert einschlagen sollte.*
Kurz und gut: Floskeln wie „Wir leben nun im Informatik-Jahrhundert" reichen bei weitem nicht aus, um ein solches Unterfangen zu legitimieren. Anhaltende Umwälzungen der Quantenfeldtheorie, der Relativitätstheorie, der evolutiven Kosmologie und der Informationswissenschaften lassen tiefgehende Konvergenzen – wenn nicht gar Angleichungen – zwischen **Materie, Energie und Information** auftauchen.
Während die Energetisierung der Materie dank der Entwicklung und empirischen Bestätigung der speziellen und allgemeinen Relativitätstheorie ($E = mc^2$) sich im Laufe des 20. Jh. fest etablieren konnte, gewinnt nun dank der zunehmenden Bestätigung der Quantenphysik bzw. der beginnenden Quanteninformatik die *systematische „Informatisierung" der Energie* an schärferen Konturen.
Was unter den Physikern der 60er und 70er Jahre des 20. Jh. nur als „bon mot" von Archibald Wheeler kursierte, nämlich „*it from bit*", wird nun zunehmend von Physikern und Informatikern als ein diskussionswürdiges Thema erachtet. Die energetisierende Gleichung der speziellen Relativitätstheorie $E = mc^2$ (bzw. wenn $c = 1$ gesetzt wird, dann $E = m$) scheint sich in Richtung $E = m = I$ (I für Information) weiter zu entwickeln. In dem Maße, in dem „$E = I$" immer mehr theoretische Begründungen erhält und somit an empirischer Plausibilität gewinnt, *muss sich wohl die Definition von Materie ändern.*
In unserer westlichen Kultur aber, die zumindest seit René Descartes (1596-1650) die starke Spannungspolarität oder gar radikale Antinomie zwischen Materie (lat. *res extensa*, ausgedehntes Ding) und Geist (lat. *res cogitans*, denkendes Ding) als eine nicht mehr hinterfragbare Realität hingestellt hatte, muss wohl jede spürbare Definitionsänderung von Materie eine deutliche Veränderung dessen, was unter Geist verstanden wird, nach sich ziehen.

In dem Maße also, wie die Gleichung E = m = I an theoretischem Gewicht und empirischer Bestätigung gewinnt, müssen die Jahrhunderte lang althergebrachten Diskurse über „*Geist, Bewusstsein, Materie, Energie*" gründlichen Revisionen unterzogen werden.

Es überrascht einen nicht, dass die ersten Ansätze der Quantenphysik in Richtung Quanteninformatik und somit das beginnende Nachdenken über eine mögliche Äquivalenz oder sogar eine Gleichung wie ***Information = Energie*** in der Arbeitsgruppe um Werner Heisenberg zum ersten Mal entstand. Bereits in den 50er Jahren des 20. Jh. hatte der Heisenberg-Mitarbeiter Carl-Friedrich von Weizsäcker (1955) über derartige Zusammenhänge berichtet. Später hat er auch über „Ur-Alternativen" bzw. über „Ure" geschrieben, heute als *Quantenbit* bzw. *Qubit* bezeichnet. In „Die Einheit der Natur" (1971) postulierte von Weizsäcker:

„*Materie ist Form, Bewegung ist Form, Masse ist Information, Energie ist Information*".

Diese Idee, die übrigens auch von Archibald Wheeler *(it from bit)* seit geraumer Zeit vertreten wurde, erfreut sich seit den 90er Jahren durch die zunehmenden Publikationen über Quanteninformatik einer immer breiteren Akzeptanz. Nicht zuletzt hat auch hierzu ein Weizsäcker-Mitarbeiter Wesentliches beigetragen: Thomas Görnitz (1988, 2006, 2008).

Görnitz hat nämlich einen Weg gefunden und gezeigt, wie man Information und Energie deckungsgleich bzw. äquivalent machen kann. Dabei muss man natürlich die verbreitete Alltagsvorstellung über Information, die implizit mit konkreter semantischer Bedeutung bzw. sinnbezogenen Konnotationen zu tun hat, für eine Weile im Hintergrund lassen. Wie schon an Shannons Beispiel deutlich wurde, sollte man nicht von vornherein Information mit „subjektiver Bedeutsamkeit" gleich setzen, sondern bereit sein, eine semantikfreie Ebene zuzulassen (vgl. infrasemantische Ebene, Kap. 30). Erst wenn jemand bereit ist dies zu tun, eröffnen sich gleichsam tiefe Einsichten (Bedeutsamkeit?) über mögliche Äquivalenzen zwischen *Information, Energie und Materie*. Womöglich führt die Auseinandersetzung mit der Grundstille des eigenen Bewusstseins über mitunter subtile Umwege ebenfalls zu dieser Äquivalenz.

Wie auch immer: Einen konkreten, physikalisch akzeptablen Weg, Information = Energie begründen zu können, erkannte Görnitz in der zu Beginn der 80er Jahre akzeptierten Quantentheorie der schwarzen Löcher, dessen Grundlage die Bekenstein-Hawking-Entropie darstellt (vgl. Bekenstein, 1973 und Hawking, 1975). Görnitz (vgl. Görnitz & Görnitz, 2008) fasst rückblickend seinen Begründungsversuch wie folgt zusammen:

„*Erst damit [Bekenstein-Hawking-Entropie] wurde es dann möglich, das Konzept einer absoluten Quanteninformation zu entdecken. Und nur mit dieser, der Protyposis, kann die abstrakte Quanteninformation als fundamentale Substanz gedacht werden und kann die Einstein'sche Äquivalenz von Materie und Energie erweitert werden zu einer Äquivalenz dieser beiden Größen mit dieser Quanteninformation.*" (S. 21).
Görnitz wählte die Bekenstein-Hawking-Entropie-Formel schwarzer Löcher als Ausgang eines Gedankenexperimentes:
„*Wenn in einem Gedankenexperiment ein Objekt in ein großes schwarzes Loch fallen gelassen wird, so wird neben der bereits an ihm vorhandenen Entropie ein weiterer Teil der zuvor zugänglich gemessenen Information nun auch unzugänglich werden – aber damit als Entropie bezeichnet werden können*" (S. 136).
Nach der Formel von Bekenstein und Hawking hat das kleinste denkbare schwarze Loch (Planck - black hole) *eine Gesamtentropie von gerade einem Bit*. Da aber ein „Planck - black hole" gleichzeitig die maximale Ausdehnung von 10^{-33} cm innehat, ist er mit einer ungeheuer großen Menge an zunächst zugänglicher Information über seinen Ort verbunden. Darüber hinaus besitzt ein „Planck - black hole" die größte denkbare Energiedichte (10^{94} g pro Kubikzentimeter), das einer Masse von ca. 10^{20} Protonen entspricht. Wenn nun ein solches schwarzes Loch in ein viel größeres schwarzes Loch hineinfällt, so wird seine zuvor zugänglich gewesene räumliche Information als Entropie berechenbar.
Görnitz fährt fort:
„*Wenn man sich ein schwarzes Loch mit dem Materieninhalt unseres Kosmos denkt, so wäre, wie erwähnt, dessen Dichte und Ausdehnung ebenfalls genauso groß, wie diese von unserem gegenwärtigen Kosmos. Ließe man dann noch ein Teilchen hineinfallen, so würden dessen sämtliche, zuvor zugängliche Information unzugänglich und damit zu berechenbarer Entropie werden.*
Mit einem solchen Gedankenexperiment konnte ich zeigen, dass dann beispielsweise eine Planck-Black-Hole, dessen Entropie in unserem Kosmos ein Bit ist, insgesamt etwa 10^{62} Qubits entsprechen, die zuvor als unverborgene Information mit der Entropie-Formel berechnet werden konnte. Für ein Proton ergibt sich aus den heutigen astronomischen Beobachtungsdaten ein Wert von 10^{41} Qubits". (S. 157)
Es bedarf nunmehr nur noch einiger Rechenschritte, um zur Äquivalenz zwischen Information und Energie zu gelangen. Demnach lässt sich die Anzahl der Qubits eines Elementarteilchens der Masse m wie folgt angeben:

$N = mc^2 \, t_k \, 12 \, \pi^2 / h$, wobei t_k das Alter des Kosmos (heute ca. 13,7 Milliarden Lichtjahre geschätzt), h das Planck'sche Wirkungsquantum und c die Lichtgeschwindigkeit darstellen.

Es handelt sich hier nicht um die Weltformel, wovon Heisenberg Zeit seines Lebens geträumt hatte. Dennoch gibt uns die Görnitz-Formel eine m.E. plausible Erweiterung der Einstein'schen Formel ($E = mc^2$) in Richtung Quanteninformatik und somit auch eine Brücke bezüglich der Äquivalenz von sog. „geistigen und materiellen Informationssystemen".

Der zeitweilige Verzicht auf die Semantikseite (z.B. Sinnhaftigkeit, Bedeutsamkeit etc.) des Alltagsverständnisses von Information ermöglicht m.E. die plausible Erweiterung $E = I$.

Was Görnitz auf der Grundlage der Bekenstein-Hawking-Formel entworfen hat, entspricht m. E. weitgehend den meditativen Errungenschaften aus dem Vedanta oder Buddhismus, wie z.B. die Gleichungen Atman = Brahman (Upanishaden), Leere = Form (Herzsutra). Zumindest lassen sich in Bezug auf Energie oder Masse als Quanteninformation (Qubit, s. auch Kap. 13) gewisse Analogien oder Holomorphismen zur Äquivalenz zwischen universeller, nicht lokaler Stille (Leere) und lokal individuellen Erscheinungen (Formen) aufstellen.

Die bedeutungsträchtige Wandlung des Materiebegriffes von einer trägen, scheinbar unstrukturierten Masse in Richtung Energie und schließlich Information hat in weniger als 150 Jahren stattgefunden.
Eine erste Revolution in der Begriffsgeschichte von „Materie" war sicher die Einführung des Feldbegriffes durch Faraday (1791-1862) in Bezug auf den Elektromagnetismus, der dann dank Maxwell (1831-1879) durch die elektromagnetischen Gleichungen zu einem Kernbegriff der modernen Physik wurde. Es folgten die Quantisierung (vgl. Planck'sches Wirkungsquantum der Materie), die Erweiterung des Feldkonzeptes vom Elektromagnetismus auf die Gravitation (allgemeine Relativitätstheorie), auf die Quantenmechanik und schließlich die erweiterte allgemeine Quantenfeldtheorie.
Die Entwicklung der Quantenfeldtheorie (abgek. QFT) ist womöglich eine der größten kulturellen Leistungen des vorigen Jahrhunderts. Ausgehend vom Versuch einer Synthese der speziellen Relativitätstheorie und der Quantentheorie hat sie wesentlich zur Entstehung des Standardmodells beigetragen, welches die Basis unseres heutigen naturwissenschaftlichen Weltverständnisses stellt. Die Quantisierung der Felder hat die sog. zweite Quantisierung eingeführt und somit allerlei Modelle über Paarerzeugung und -vernichtung von Elementarteilchen hervorgeru-

fen. Diracs Vorhersagen des „positiven Elektrons" (heute Positron genannt) als positives Antiteilchen, das schon 1932 experimentell bestätigt wurde, markiert den Beginn der relativistischen Quantenfeldtheorie, die bis heute z.B. im Rahmen der Supersymmetrie, der Superspring- und Higgsfeld-Annahmen unaufhaltsam weiterschreitet.

Der breite und expandierende Einzug des Feldbegriffes in die Physik seit Faraday wirkte über die Chemie hinaus in die *Gestaltpsychologie* hinein. So z.B. hat Kurt Lewin (1890-1947) die Feldtheorie in die Sozialpsychologie eingeführt. Lewin nahm u. a. an, dass jedes Verhalten (abgek. V) eine *Funktion* der Person (P) und der Umwelt (U) darstellt: V = f (P, U) und dass P und U wechselseitig abhängige Größen sind. Er schilderte jede Einzel- und Gruppenhandlung mittels eines mathematisch-topologischen Raumes, in dem Personen als Teilmengen des Raumes mit eigenen motivationalen Vektoren dargestellt wurden.

Durch die Quantenfeldtheorie und Quanteninformatik lassen sich Bewusstseinsträger in wechselseitiger Hinsicht nicht mehr wie in der klassischen Mechanik von vornherein und restlos ausschließen. Auch wenn Ausdrücke wie Bewusstseins- oder Meditationsfeld in der akademischen Psychologie wenig gebräuchlich sind, wäre es begrüßenswert im Sinne einer allgemeinen Informationsfeldtheorie intensiv daran zu arbeiten. Während innerhalb der Psychophysiologie problemlos über z.B. „desynchrone oder synchrone hirnelektrische Aktivitätsfelder" Aussagen aufgestellt und empirisch überprüft werden können, bedarf es m.E. noch erheblicher Anstrengung, um – analog zum (vorläufigen) Lewin-Versuch in der Sozialpsychologie – Emotions- und Vorstellungsfelder mit skalaren und vektoriellen Größen gewinnbringend für Theorie, Forschung und Praxis einzuführen. Kognitive und emotionale Vorstellungen lassen sich in Bezug auf Zeit, Spannungspolaritäten, Richtungsintensität, Wechselwirkung, semantische Distanz (Attraktion, Repulsion) und vieles mehr einführen.
Eine systematische Besprechung von Bewusstseinsfeldern, die hier nur bruchstückhaft, allerdings holographisch gedacht, angeführt wird, ermöglicht eine Intensivierung der Brückenbildung zwischen Quantenphysik, Informatik und Phänomenbereichen der Bewusstseins- und Meditationsforschung.
Wie auch immer: Bewusstseinsfeldmodelle erscheinen mir unverzichtbar zu sein, will man im Sinne der Gleichung *Information = Energie = Masse* zukunftsträchtige Konzeptionen einer Psychologie meditativer Stille aufstellen und weiterentwickeln.

Dabei sollte man so weit wie möglich, genauso wie in der Quantenfeldtheorie, die *„Ontologisierung des Bewusstseins"* vermeiden. Allein das Erleben und Verhalten bzw. ihre unmittelbare Messbarkeit (z.B. Leistungstests, Fragebogen, neuropsychologische Messungen) lässt sich als Faktum definieren und somit als möglicher Beleg für Bewusstseinsfeldwirkungen ansehen. Die in der Quantenphysik so beliebten komplexen Zahlen mit ihren entsprechenden Phasenräumen lassen sich m. E. auf die Bewusstseinsfeldforschung übertragen. Demnach stellt die reelle Achse x den faktischen Messbereich dar, der allerdings als Projektion des gesamten Phasenraums von komplexen Zahlen ($z = x + iy$) anzusehen ist.

Ein wichtiges Argument für die Einführung des Feldbegriffes in die Bewusstseinsforschung ist neben der Wechselwirkung mit der erweiterten Physik ($E = I = M$) auch die ubiquitär anzutreffende dynamische Polaritätsstruktur im Bewusstsein, was wohl an Dipole (z.B. ein Stabmagnet) als Quelle magnetischer Felder deutlich erinnert. Gerade auf dem Gebiet der Meditation trifft man auf vielfältige Spannungs- oder dynamische Polaritäten.

Die chinesische Bewusstseinspsychologie des „I-Ging" (Buch der Wandlungen) hat in der Geschichte der Menschheit die erste Dipolfeldstruktur des Bewusstseins subtil aufgestellt. Yin und Yang erscheinen zwar im Tai Chi-Symbol antisymmetrisch schwarz-weiß, sind aber nicht antagonistisch, sondern zueinander komplementär zu verstehen. Ihr Gegensatz ist somit relativ – was die jeweiligen kleinen Kreise innerhalb des Symbols andeuten – zu verstehen. Yin und Yang ergänzen und lösen einander im rhythmischen Wechseln ab.

Im gewissen Sinn, wenn man durch Yin und Yang hindurch nur den leeren Kreis wahrnimmt, findet man den Mono- oder Einzelpol namens Tao, dessen Bewusstseinsfeld sich wohl durch Homogenität, Isotropie und Invarianz auszeichnet. Es ist m. E. auch kein Zufall, dass Niels Bohr (1885-1962) das Tai Chi-Symbol zum Logo der Kopenhagener Komplementaritätsdeutung der Quantenphysik wählte. Die grundlegende Komplementarität Welle – Teilchen der damals neu entstandenen Quantenphysik bzw. allgemeiner das Superpositionsprinzip fand in der graphisch-symbolischen Darstellung der ältesten Bewusstseinsfelddarstellung eine genau passende Formgebung.

Die moderne Psychologie, sofern sich letztere mit Bewusstsein befasst, konnte nicht umhin, dynamische Spannungspolaritäten, ähnlich dem „Yin – Yang", zu entdecken und zu thematisieren. Sigmund Freud hat, wie kein anderer vor ihm, den dynamischen Dipol „Bewusstes vs. Unbewusstes" als fundamental für das gesamte individuelle Bewusstseinsfeld erkannt. Vielfältige Verhaltens- und Erlebensebenen konnte er anhand dieser Polarität belegen. Seine dynamische Polarität zwischen Liebestrieb- (*Libido*) und Todestrieb-Energie (*Mortido*) durchzieht sein Lehrgebäude, auch wenn die Todestrieb-Energie erst spät, nämlich in *Jenseits des Lustprinzips* (1920) explizit eingeführt wurde.

Obwohl Alfred Adler (1870-1937) die Es vs. Über-Ich- oder Libido- vs. Mortido-Polaritäten Freuds weitgehend ablehnte, stellte auch er einen grundlegenden, spannungsträchtigen Dipol auf, der das Bewusstseinsfeld (einschließlich des persönlichen Unbewussten) umfassend beeinflusst: Minderwertigkeitserleben vs. Geltungsstreben. Während es laut Adler gesunden Menschen meist gelingt, durch Gemeinschaftsstreben adäquate Kompensationen zu ihren Minderwertigkeitsgefühlen zu verwirklichen, neigen viele psychisch kranke Menschen leider dazu, im überhöhten Geltungsstreben mit Überkompensationsversuchen inadäquate bzw. stressvolle, krank machende Lösungen zu suchen. Wie kaum ein anderer vor ihm hat Alfred Adler meisterhaft geschildert wie ganze Lebenspläne oder Bewusstseinsfelder durch virulente Überkompensationsversuche des Geltungsstrebens gegenüber beschämenden Minderwertigkeitserfahrungen entstehen können.

Obwohl es an Psychologen und Psychotherapeuten (z.B. Lersch, Wellek, Szondi, Perls) nicht fehlt, die dynamische Spannungspolaritäten zur *Grundstruktur von Bewusstseinsfeldern* erhoben haben, erweist sich in der modernen Psychologie einzig und allein Carl Gustav Jung als derjenige, der das Feld der „totalen Psyche" ausschließlich aufgrund bewusster und unbewusster Spannungspolaritäten konzipierte. Die Struktur des Bewusstseins - zunächst ohne das persönliche und kollektive Unbewusste - entwarf er entsprechend dem taoistischen Tai Chi-Symbol.

Eine ebenfalls übergreifende, vermutlich noch tiefgründigere Polarität des Bewusstseins thematisierte er als erster Psychologe, nämlich Introversion vs. Extraversion. Eysenck (1916-1997) und Cattell (1905-1998) haben auf unterschiedliche Art und Weise versucht, diese polare Dimension der Persönlichkeit mittels Fragebogen zu erfassen.

Wie Freud und viele Tiefenpsychologen begriff Jung das Unbewusste und das Bewusstsein als den fundamentalen „Dipol" der Psyche. Mehr noch als alle anderen Tiefenpsychologen vor ihm betonte Jung die grundlegende Antisymmetrie des Unbewussten vs. Bewusstsein als die Grundstruktur der kugelförmigen, *totalen Psyche*. Durch seine Erweiterung des persönlichen Unbewussten in Richtung „kollektives Unbewusstes" (z.B. der Schatten, Anima/Animus, der Held, das Selbst etc.) wird die Grundpolarität Bewusstsein vs. Unbewusstes erheblich, ja wahrlich *kosmisch-evolutiv* bereichert. Erst durch diese Erweiterung lassen sich m.

E. Beziehungen der *totalen Psyche* zur kosmischen Evolution sinnvoll aufstellen und somit zum hier angenommenen einheitlichen „Bewusstseinsquantenfeld".

Die *totale Psyche* nach Jung erinnert in vielen Zügen an die „einzige totale Welle" nach Fechner (vgl. Kap. 13). Auch wenn sich Jung anscheinend nicht eindeutig festgelegt hat, kann man m. E. die „totale Psyche" weitgehend wie die „einzige totale Welle" Fechners interpretieren.

Indem nämlich Energie mit Information gleichgesetzt wird, braucht man keine Dualität von totaler Energie (etwa: bewusstlose Natur) einerseits und totaler Psyche (etwa: bewusste und unbewusste Information) andererseits anzunehmen. Vielmehr erscheinen physikalische Energie und mentale, symbolische Information wie zwei Seiten, nämlich die Außen- und die Innenseite eines **unitären Feldes**.

5. Das Bewusstseinsquantenfeld: Bewusstseinsstille und Quantenvakuum als unitäres Feld

Es wird in diesem Essay davon ausgegangen, dass Quantenvakuum und Bewusstseinsstille zwei Seiten einer Medaille darstellen, die einander äquivalent sind und aus einem ursprünglichen, unitären, superponierten Bewusstseinsstille- und Quantenvakuum-Feldzustand hervorgehen. Genauso wie sich das Quantenvakuum als Energiequelle konzipieren lässt, so lässt sich die Bewusstseinsstille als Quelle von allen Wirk- und Identitätsmöglichkeiten auffassen.

Die Bewusstseinsstille wie das Quantenvakuum ereignen sich in Feldern, in denen Symmetrie in einer kaum mehr überbietbaren Form auftritt. Während handfeste physikalische Phänomene wie die Casimir-Kraft oder der Lamb-Shift davon zeugen, dass das Quantenvakuum keine bloße mathematische Einbildung ist, bedarf der Nachweis der Bewusstseinsstille anderer Arten von indirekten Zugängen. Hierzu zählen vor allem *Meditationsverfahren*, sofern sich letztere mit der unmittelbaren Beobachtung des Bewusstseins durch sich selbst befassen.

Vorrangig aus Übersichtlichkeitsgründen wird hier ein **Pentagramm-Schema** vorgeschlagen, um die vielfältigen, rekurrenten Merkmale des psychophysischen Grundfeldes bzw. des unitären Bewusstseinsquantenfeldes relativ einfach ordnen zu können.
Wie aus Abbildung 2 hervorgeht, lässt sich das *unitäre Bewusstseinsquantenfeld* als ein Pentagramm darstellen, dessen fünf Ecken gleichsam die Quintessenz (lat. *quinta essentia* = fünffache Wesenheit) oder die fünffache Qualität des psychoenergetischen Grundfeldes veranschaulichen.

Das Gesamtpentagramm besteht aus einem Haupt- oder primären und einem Neben- oder sekundären Pentagramm.
Das sekundäre Pentagramm beschreibt die Haupteigenschaften vom Alltagsbewusstsein wie auch von der „klassischen Physik". Das primäre oder Hauptpentagramm verweist auf grundlegende Eigenschaften des meditativen Bewusstseins wie auch der Quantenphysik und -informatik. Das *Gesamtpentagramm* erinnert an die grundlegende Superposition bzw. Verschränkung dieser zehn „komplementären Eigenschaften". Das psychoenergetische oder psychophysische Ursprungsfeld muss antisym-

metrisch zu den unzähligen, direkt beobachtbaren psychischen oder physikalischen Feldern, d. h. als „Gesamtpentagramm" auf- und vorgestellt werden. Ansonsten würden wir Gefahr laufen, nie von einem unitären psychophysischen oder psychoenergetischen Grundfeld sprechen zu können.

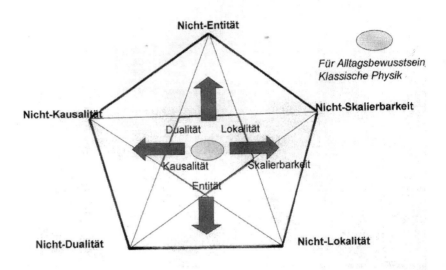

Abbildung 2. Das Gesamtpentagramm

Das Alltagsbewusstsein oder die klassische Physik können in der Regel nicht umhin, sich an den fünf Leitecken oder -kategorien des *sekundären* Pentagramms zu orientieren. Durch die fortschreitende Meditation und Reflexion kann es allerdings dem Menschen gelingen, sich von diesem *sekundären* Pentagramm weitgehend zu befreien und somit gleichzeitig in die antisymmetrische Negation desselben, d.h. in das *primäre* Bewusstseins- und Quantenfeld mehr und mehr einzutreten.

Im Folgenden wird das Augenmerk vorrangig auf das *primäre* Pentagramm des psychophysischen Feldes gerichtet, denn es gilt, die Grund- oder Bewusstseinsstille näher zu charakterisieren. Dabei sollte man in Superposition und Verschränkung denken, d. h. letzten Endes „nur" das Gesamtpentagramm als annehmbare Abbildung des unitären *„Bewusstseinsquantenfeldes"* betrachten.

Bevor wir auf die einzelnen Kategorien oder Eckpfeiler des *primären Pentagramms* näher eingehen, sei daran erinnert, dass es sich hier nur um ein Orientierungsschema handelt, auf keinen Fall also um eine getreue Abbildung des psychophysischen Grundfeldes oder des unitären Bewusstseinsquantenfeldes!

1. Grundstille und Nicht-Entität

Dieses Grundmerkmal des unitären Bewusstseinsquantenfeldes ist am schwersten zu erfassen und einzuordnen. Es liegt vermutlich daran, dass unsere menschliche Erkenntnis wesentlich **körper- oder handzentriert** ist. Deutschsprachige Ausdrücke wie *er-fassen, be-greifen, ein-sehen* machen deutlich, dass unsere Erkenntnis vorwiegend mit greif- und sichtbaren *Dingen oder Entitäten* zu tun hat. Es ist daher für uns Menschen schwer, Dinge zu begreifen, die körperlich nicht direkt greif- und sichtbar sind.

Bewusstseins- wie Quantenfelder und a fortiori das hier angenommene unitäre Bewusstseinsquantenfeld erweisen sich grundsätzlich als Wirkmöglichkeiten oder Ermöglichungspotentialitäten. Sie lassen sich somit nicht direkt in die Hand nehmen, um z.B. wie ein *Ding-Da (Entität)* fassbar wahrgenommen zu werden. Wirkmöglichkeiten oder -potentialitäten sind auch nicht so existent wie raumzeitliche, direkt wahrnehmbare Seiende. Felder ermöglichen zwar die direkte Auseinandersetzung mit fassbaren Dingen; sie selbst sind aber nur über die durch sie ermöglichten Dinge oder Entitäten fassbar. Dies gilt vor allem und in besonderem Maße für Quanten- und Bewusstseinsfelder.

Bewusstseins- und Quantenfelder sind zwar keine Dinge oder Entitäten im üblichen ontologischen Sinne, dies heißt allerdings nicht, dass sie bloße Chimären oder Einbildungen wären. Denn ohne Bewusstseins- und Quantenfelder könnten die „Dinge" *gar nicht einmal erscheinen, geschweige denn konzipiert werden.*

Da wir von Kindheit an erzogen werden, auf Dinge oder Entitäten statt auf *Wirkmöglichkeitsfelder* zu achten, fällt uns besonders schwer, uns darauf einzulassen.

Die Stille als Wirkmöglichkeitsfeld lässt sich nicht wie eine dingfeste Entität greifen. Sie entzieht sich geradezu dem direkten Wahrnehmungszugang. Zumindest ist die Stille nicht so greifbar wie ein Teller oder ein Stuhl. Dies gilt auch für die anderen Sinneswahrnehmungen wie sehen, riechen, hören, schmecken. Anders als die festen Entitäten erweist sich die Bewusstseinsstille als definitiv nicht be-greifbar (bzw. nicht riechbar, nicht schmeckbar, untastbar, unhörbar, unsichtbar). Mit anderen Worten:

Es gibt keine Konzepte oder Kategorien, womit wir die Bewusstseinsstille erfassen und einfangen könnten. Paradoxerweise erscheint es sogar umso weniger möglich das zu tun, je mehr wir uns der Stille mit rein begrifflichen Mitteln nähern wollen. Nicht zuletzt hat die Inkommensurabilität der Stille mit konzeptuellen Kategorien dazu geführt, dass fast alle Menschen, die über extreme Einheitserfahrungen in dieser oder jener Kultur berichten wollen, von der Unaussprechbarkeit solcher Erfahrungen sprechen. Eine solche Regel scheint beispielsweise für Lao-tse zu gelten, der sein einmaliges Werk mit dem Satz beginnt:
„*Das Tao worüber wir sprechen, ist nicht das Tao.*"

2. Grundstille und Nicht-Kausalität (Nicht-Bedingtheit)

Bewusstseinsstille entzieht sich in vielfältiger Hinsicht der mächtigsten konzeptuellen Erklärungsmodalität, die den wissenschaftlichen Diskurs durchzieht: dem Ursache-Wirkungszusammenhang. Stille scheint als „*nicht lokale Nicht-Entität*" weder als Wirkung noch als Ursache dingfest auszumachen.

Obwohl die Stille oder Leere die unveränderliche und einzige Realität der Bewusstseins- und Quantenfelder in sich birgt, können wir ihr nicht unmittelbar in Form einer Wirkung und/oder einer Ursache habhaft werden.

Vermutlich stellt gerade dieser hartnäckige und erfolgreiche Widerstand der Bewusstseins- und kosmischen Stille/Leere gegenüber allen Versuchen, sie in einen Ursache-Wirkungszusammenhang *direkt* einzufangen, den Grund dar, warum Stille/Leere bislang den ihr gebührenden zentralen Platz weder in der Psychologie und Psychotherapie noch in der Physik gefunden hat, denke man hier an ihre quantenphysikalische Äquivalenz, das Quanten*vakuum*. Irgendwie stellen beide, Bewusstseinsstille und Quantenvakuum, „etwas" dar, was mit *Nicht-Kausalität oder Unbedingtheit* zu tun hat. So betrachtet hat es wohl keinen Sinn nach etwas zu fragen, das ihre Nicht-Bedingtheit *bedingen oder begründen* würde.

Gerade wegen der hier angenommenen Äquivalenz oder Gleichwertigkeit zwischen „*Stille-Feld*" und „*Quantenvakuum-Feld*" wird das Durchschlüpfen durch das konzeptuelle Ursache-Wirkungsnetz nachvollziehbar. Denn würde sich ein solches Feld nicht durch die Maschen der Ursache-Wirkungszusammenhänge *durchtunneln* können, hätten wir die Möglichkeit, es unmittelbar zu fangen. Und obwohl sich die Bewusstseinsstille wie auch das Quantenfeldvakuum dem Ursache-Wirkungsschema und somit der Kausalität entziehen, stellen sie sich gleichzeitig als eine Art „*Urgrund*" oder „*Urfeld*" dar, das die ontische Möglichkeit in sich trägt.

Falls Bewusstseinsstille und Quantenvakuum die zwei Seiten einer superponierten „*Quanten-Medaille*" sind, dann muss eine unübertreffliche „*Supersymmetrie*" der diesbezüglichen Aussagen gelten, auch wenn die psychologische Sprache über die Bewusstseinsstille ganz anders klingt als die physikalische Sprache über das Quantenvakuum.

Als Urfeld stellen die Grundstille oder das Quantenvakuum den Ursprung aller erdenklichen kausalen Zusammenhänge dar, ohne selbst auf irgendeine Weise durch etwas anderes bedingt zu sein. Es zeigt gleichsam alle erdenklichen, beobachtbaren oder messbaren Phänomene, ohne sie unmittelbar zu verursachen. So bildet das Quantenvakuum das Feld der Nullpunktenergie samt allen möglichen Fluktuationen oder Oszillationen der konstanten Größe h (Planck'sches Wirkungsquantum) um den Energie-Nullpunkt. Aus solchen Fluktuationen können hin und wieder Energie- bzw. Teilchenzustände entstehen, die fernab vom Energie-Nullpunkt eine mehr oder weniger lange „*ontische Existenz*" pflegen können. So z.B. kann ein Teilchen zwischen 10^{-44} Sek. (Planck-Zeit) *und* 13, 7 Milliarden Jahren (geschätztes heutiges Alter unseres Universums) „*ontisch*" schwanken.

Nicht-Bedingtheit als niedrigstmögliche Energie oder Information

Während das (wahre) Quantenvakuum in der Energiesprache der Physik das Feld darstellt, in welchem die niedrigstmögliche Energie herrscht, lässt sich symmetrisch hierzu die Bewusstseinsstille als Ort oder Topos der niedrigstmöglichen Information - nämlich als reiner Qubit - auffassen, der Äquivalenz von Information und Energie getreu.

Eine solche Schlussfolgerung über den Informationswert (ein Qubit) der Bewusstseinsstille legt m. E. unmittelbar mitten in der unitären, nicht trennbaren Bewusstseinsstille nahe, eine *virtuelle* Vielfalt - sprich Dualitäten und Pluralitäten - anzunehmen. Genauso wie das Quantenvakuum birgt der Qubit in sich ein unvorstellbares „schöpferisches" Potenzial. Die Äquivalenz zwischen niedrigstmöglicher Information und niedrigstmöglicher Energie macht uns unerwartet deutlich, dass der Wesenskern eines jeden Bewusstseins, die Stille nämlich, nicht somit Null bzw. Nichts ist. Wie unzählige Universen in dem einen Quantenvakuum virtuell auf ihre Entstehungen gewartet haben oder immer noch warten, so stehen zahllose Bewusstseinsmodalitäten aus der „einen Bewusstseinsstille" abrufbereit.

Da ein einziger Qubit grundsätzlich in der Superposition zweier virtueller Zustände entsteht, existiert er als eine untrennbare Einheit, die somit keine von ihr unabhängige Unterteilung vorweisen kann. Sofern weitere Qubits hinzukommen, bieten sie die Möglichkeit an, sich miteinander zu verschränken. Sobald aber mehrere Qubits miteinander *verschränkt* (engl. *entangled*) werden, bilden sie auch eine in sich ganzheitliche Einheit, die an und für sich genauso „eins" ist wie ein einzelner Qubit. Aufgrund des Verschränkungsprinzips (engl. *entanglement principle*) lassen sich unzählige Qubit-Informationen so miteinander verbinden, dass sie im Grunde einen einzigen Qubit und somit die niedrigstmögliche Information darstellen. Nicht zuletzt wegen des Verschränkungsprinzips gehören hologrammartige Modellvorstellungen zwangsläufig zu Bewusstseins- und Quantenfeldtheorien, *gestern-heute-morgen*.

Nicht-Bedingtheit als Abschirmungsfreiheit

Es spricht für grundlegende Kräfte wie z.b. die Gravitation, dass man sich gegen ihre Einwirkung schwerlich schützen oder „*abschirmen*" kann. Es spricht eindeutig für die Unbedingtheit von Feldern, wenn letztere sich unter keinerlei Umständen direkt oder indirekt ausschalten lassen können.

Die hier postulierte, unbedingte Einheit des Bewusstseins- und Quantenfeldes ist sicher ein solcher Kandidat. Dies liegt daran, dass das *wahre* Quantenvakuum als „*Ort der niedrigsten Energie*" in allen erdenklichen Physik-Experimenten prinzipiell vorhanden sein muss. Würde man physikalische Phänomene davor abschirmen wollen, müsste man wohl die Grundlagen der physikalischen Wissenschaften (z.B. Aufrechterhaltung der Energie) ad acta legen. Eine entsprechende Aussage gilt m. E. bezüglich der Stille mitten in einem x-beliebigen Bewusstseinsfeld. Es erscheint nämlich als unmöglich, das Bewusstsein vor der allgegenwärtigen Präsenz seiner „inneren Stille" abzuschirmen. Mit anderen Worten: *Es scheint unmöglich zu sein, die Stille auszuschließen ohne gleichzeitig jede Form von Bewusstsein auszuschalten.*

Vermutlich führt die Unmöglichkeit der Abschirmung vor der Bewusstseinsstille dazu, dass in den uns bekannten Kulturen die Stille (die Leere, die Ruhe, der innere Frieden u. ä. m.) als der zentrale Attraktor des Bewusstseins häufig erkannt und transkulturell unter vielen Namen thematisiert wurde. Tao, Weisheit, Nirwana, Advaita, Hószhó (das Tao der Navaho- bzw. Dineh-Indianer), Great Spirit und andere zahlreiche Begriffe versuchen die unbeschreibliche Mitte des Bewusstseins, worum alles kreist, zu fassen.

3. *Grundstille und Nicht-Skalierbarkeit*

Obwohl Max Planck (1858-1947) schon um 1900 die Idee einer Definition der Maßeinheiten aufgrund der Naturkonstanten „G, c, h, k" vertreten hatte, wurde diese erst im Jahre 1957 international verwirklicht bzw. durchgesetzt. Seitdem spricht man von Planck-Einheiten, die alle auf Gleichungen der Naturkonstanten bzw. der „Planck-Skala" zurückgehen. Die fünf grundlegenden Planckgrößen sind:
1. Planck-Länge = 10^{-35} m, 2. Planck-Zeit = 10^{-44} Sek., 3. Planck-Masse = 2,17645 x 10^{-5} g, 4. Planck-Temperatur = 1,41679 x 10^{32} K, 5. Planck-Ladung = 1,8755459 x 10^{-18} C.

Neben diesen fünf Grundgrößen werden auch etliche abgeleitete Einheiten verwendet wie Planck-Energie, P.-Dichte, P.-Impuls, P.-Kraft, P.-Leistung, P.-Kreisfrequenz, P.-Druck. Die Planck-Dichte (10^{96} kg/m^3) leitet sich z.B. aus der Planck-Masse ab, die sich in eine Kugel mit der Planck-Länge als Radius hineinquetschen lassen würde.

Die Planck-Skala bzw. die damit einhergehenden Planck-Einheiten bilden die sog. *Planck-Schwelle*. Lange Zeit galt diese Grenze oder *Schwelle* als strikt unüberwindbar. Hauptsächlich durch die eher zufällig entstandene empirische Bestätigung der kosmischen Hintergrundsstrahlung (ca. 2,7 K) durch Penzias und Wilson (1965) haben die Urknall-Theorie und damit die Entwicklung des Universums aus einer Ära um Null herum enormen Auftrieb gewonnen.

In diesem Zusammenhang spricht man von *Planck-Ära*, um den Zeitabschnitt zu beschreiben, der unterhalb der Planck-Einheiten liegt, also beispielsweise zwischen Null und ca. 10^{-44} Sek., zwischen Null und ca. 10^{-35} m oder - in Temperatur ausgedrückt - über 1,41679 x 10^{32} K.

Erst in den letzten ein bis zwei Jahrzehnten mehren sich nun die theoretischen Szenarien über eine Physik um die Planck-Schwelle herum, wobei man von einer *„Prä- oder Infra-Planck-Physik"* im Sinne der Planck-Ära sprechen könnte, im Unterschied zu einer *„Standard-Physik"*, die sich deutlich oberhalb der Planck'schen *Schwelle* ausbreitet. Nicht zuletzt

(1) durch die Suche nach einer Zone, an der die Vereinigung der bisher vier bekannten Grundkräfte (Gravitationskraft, elektromagnetische Kraft, starke und schwache Kernkraft) möglich wäre,

(2) durch die mathematisch-physikalische Auseinandersetzung mit dem Phänomen „Schwarzes Loch"

(3) durch die Klärung dessen, was das Quantenvakuum alles ermöglichen kann

(4) und durch die systematische Untersuchung der physikalischen Phänomene in extremer Nähe am absoluten Temperatur-Nullpunkt (0 Kelvin) hat sich die Tabuzone der Planck'schen Ära oder generell der *Infra-Planck-Theorien* gelockert. Jedenfalls sind heute wesentlich mehr Beiträge diesbezüglich zu finden als zu Beginn der 70er Jahre, wo die beiden berühmten Schlagworte Wheelers (engl. *quantum foam; it from bit*) fast die gesamte Reflexion über diese Zone ausmachten.

Die Planck-Ära oder generell die Infra-Planck-Zone ist wesentlich durch die „*Nicht-Skalierbarkeit*" gekennzeichnet. Mit anderen Worten: In dieser Zone versagen alle Begriffe, die mit skalierten Größen (z.b. räumliche und zeitliche Distanzmaße) bzw. mit festen Metriken zu tun haben.

Sofern solche festen Metriken in diesen Zonen sinnlos werden, bietet sich hier vor allem die mathematische Topologie an, die bekanntlich weitgehend auf Metrik verzichtet und sich hauptsächlich mit Verformungsregeln mathematischer Räume (z.b. beliebige Vergrößerungen, Verkleinerungen, Verdrehungen) befasst. Da das Prinzip der Unbestimmtheitsrelationen (Heisenbergs Unschärfe) z. B. in Form des Qubit die Planck-Schwelle unbehelligt passiert, sind wohl nicht-abelsche bzw. nicht-kommutative Quantengruppen in Bezug auf algebraisch-topologische Homologien bevorzugte Kandidaten für die Erkundung und Darstellung solcher Informatik-Räume, in denen unsere alltagspsychologischen Anschauungsräume mit den drei Richtungsdimensionen, nämlich (1) rechts vs. links (2) oben vs. unten (3) vorne vs. hinten keinen nützlichen Bezugsrahmen mehr hergeben.

Nicht zuletzt durch die vielfältigen (Super-)Stringtheorien und ihre topologisch-mathematische Auslegung z.b. durch Edward Witten, hat die Planck-Schwelle in den letzten Jahren an Flexibilität gewonnen. So z.b. kann die Berücksichtigung von eingerollten oder kompaktifizierten Dimensionen (bis zu sechs Dimensionen) bei manchen Superstring-Modellen zu einer Herabsetzung der Planck-Schwelle (sog. reduzierte Planck-Skala) führen.

Auf dem Hintergrund solcher oder ähnlicher Konzeptualisierungen scheint eine Art Quanteninformatik mit eher nicht-lokalen Qubit-Einheiten nicht nur am Rande der Planck-Schwelle vorstellbar, sondern sogar in den algebraisch-topologischen Räumen der Planck-Ära darstellbar. Das bekannte unmögliche Dreieck aus der Abteilung „optische Täuschungen" wird manchmal als Logo der Planck-Ära-Forschung vorgeführt. Das unmögliche Dreieck ist nicht nur als optische Täuschung ein interessantes Forschungsobjekt der topologischen Kohomologie, worin die Superposition realer und imaginärer Eigenschaften eine *psychologische Wahrnehmungsrealität* hervorruft.

Vermutlich wegen ihrer Nicht-Skalierbarkeit erscheint die durch alle Bewusstseins- und Quantenfelder durchgehende Leere/Stille überall *selbstähnlich*. Sofern das Quantenvakuum oder die Bewusstseinsstille nicht unmittelbar mit sich selbst wechselwirkt, sondern mit einem Gedanken oder einem Teilchen aus seinem/ihrem Produktions- oder Emanationsfeld, haben wir noch nicht mit perfekter Invarianz und Symmetrie zu tun. Hier und da entstehen und verschwinden einige vereinzelte Gedanken oder Teilchen, als ob sie nicht genau wüssten, was sie in dieser Stille bzw. diesem Vakuum eigentlich zu suchen hätten. Die wenigen, die innere Stille durchkreuzenden Gedanken erinnern daran, dass es so etwas wie ein Informations- und Energiemedium gibt, in dem sie entstehen, um mehr oder weniger *kurz* danach in das allgegenwärtige Medium wieder zu verschwinden.

Gerade das Auf und Ab - manchmal vereinzelt, manchmal strömend - von Vorstellungen *oder* Teilchen lässt eine nicht näher skalierbare Selbstähnlichkeit im ganzen Feld erscheinen.

Vom Blickwinkel eines stillen Beobachters bilden vereinzelte Teilchen oder Vorstellungen auf dem Hintergrundsfeld bestimmte Verläufe oder Bahnen, die zwar nie genau gleich sind, aber einander ähnlich aussehen. Die grundsätzliche Ähnlichkeit aller beobachtbaren Feldteile zueinander nennt man *Selbstähnlichkeit*. Letztere gehört zu den vier Supereigenschaften eines Fraktalsystems, nämlich 1. Selbstrückkopplung; 2. Selbstähnlichkeit; 3. Nicht-Linearität; 4. Nicht-Teilbarkeit oder Totalität (vgl. van Quekelberghe, 2005).

Solange Vorstellungen oder Teilchen in einem Bewusstseins- oder Vakuumfeld anzutreffen sind, lassen sich Feldoperationen, egal ob semantisch oder physikalisch, durchführen und ihren Selbstähnlichkeitsgrad messen oder skalieren. Wenn aber keine Vorstellungen oder Teilchen mehr zu beobachten sind, muss die Selbstähnlichkeit des Feldes zu sich selbst (nahezu) identisch sein. Die Beseitigung aller bewussten Vorstellungen wie auch aller Teilchen führt zu einer maximalen Feld-Selbstähnlichkeit. Das Quantenvakuumfeld kennt in der Regel eine $h/2$ Energiefluktuation. Das leere Bewusstseinsfeld ist dementsprechend ein superponierter Qubit aller möglichen Informationen.

Wenn sich die vier Grundkräfte der Physik beim sich Nähern der Planck-Temperatur zu einer einzigen kontrahierten Kraft vereinen, so wird – analog hierzu - das Bewusstseinsfeld sich selbst maximal ähnlich bzw. identisch, je mehr es auf sich selbst kontrahiert, ohne sich in zigtausend Vorstellungen oder Gegenstände zu zersplittern. *Genauso wie die angenommene hochenergetische Temperatur um die Planck-Schwelle wirken die Meditation oder die Widerspiegelung des von Vorstellungen entleerten Bewusstseins auf sich selbst. Es kommt zu einer in sich vollkommenen gleichen oder selbstähnlichen Kraft der Stille in dem einen Bewusstsein.*

Selbstähnlichkeit als Supereigenschaft von Fraktalsystemen führt uns unmittelbar in das *Feld der Symmetrien und Symmetriebrechungen.*
Das 20. Jh. hat die Idee der Symmetrie (und damit einhergehend der entropischen Symmetriebrechung) zu einer zentralen – wenn nicht *der* zentralen – Kategorie der modernen Physik erhoben. Es gibt kaum ein physikalisches Feld, das sich beispielsweise der CPT (Charge, Parity, Time) - Symmetrie entzieht, auch wenn hier und da für den Bruchteil einer Sekunde bestimmte Meson-Teilchen, eine der drei physikalischen Symmetrien vorübergehend, *aber folgenlos* verletzen können.

Symmetrien hängen indirekt mit der Nicht-Skalierbarkeit zusammen, sofern sie immer eine invariante Größe nach sich ziehen (vgl. hierzu das Noether-Theorem: *Zu jeder kontinuierlichen Symmetrie eines physikalischen Systems gehört eine Erhaltungsgröße und umgekehrt*). Die zentrale invariante Größe „*Aufrechterhaltung der Energie"* unter allen möglichen Symmetrien, auch unter der angenommenen Supersymmetrie der String-Theorien, wird somit beibehalten. Getreu der angenommenen Äquivalenz „*Information = Energie"* muss man in den nicht näher skalierbaren Bewusstseinsfeldern eine zentrale invariante Größe und alle erdenklichen Symmetrien erwarten.

Es wird nun kein Leser sich darüber wundern, dass die **Bewusstseinsstille** wohl den invarianten Kern stellt, der sich selbst identisch bleibend hinter allen erdenklichen Symmetrien aufrechterhalten wird.

Die Bewusstseinspsychologien haben sich bislang nicht systematisch auf Symmetrien und Symmetriebrechungen konzentriert, wie z.B. die heutigen physikalischen String-Theorien und ihre möglichen Supersymmetrien zwischen Fermionen und Bosonen.

Psychologen wie Freud und Adler haben sicher manche Transformationsinvarianzen bestimmter Bewusstseinssymmetrien bemerkt und thematisiert. So z.B. hat Sigmund Freud manche Symmetrien zwischen den Instanzen Es, Ich und Über-Ich festgestellt und Transformationen dieser Instanzen ineinander - hauptsächlich durch das Rückgängigmachen bestimmter Abwehrmechanismen wie Verdrängung oder Reaktionsbildung - nicht nur für möglich, sondern auch für therapeutisch sinnvoll gehalten.

Alfred Adler hat Zeit seines Lebens eine Antisymmetrie mitten im Bewusstsein (einschließlich des sog. Unbewussten) untersucht: das Minderwertigkeitsgefühl vs. die Überkompensation desselben durch Macht- und Geltungsstreben. Dabei sah er die Transformation des Minderwertigkeitsgefühls in das sog. Gemeinschaftsgefühl als genauso fundamental für die Psychotherapie, wie Freud die Transformation des unbewussten „Es" und „Über-Ich" in das „bewusste Ich" als Motor der Therapie ansah.

Auch etliche Gestaltpsychologen wie Köhler (1887-1967), Lewin (1890-1947) und Wellek (1904-1972) haben sich mit Symmetriebestrebungen des Denkens, Wahrnehmens und Erlebens befasst. Das Prägnanz-Gesetz (Köhler) und das Polaritätsgesetz (Wellek) sind auf jeden Fall Belege dafür, dass die Suche nach Symmetrie und gar nach überprägnanten Formen derselben wie z.B. die angenommenen Supersymmetrien der String-Theorien *ein vermutlich natürliches Unterfangen des Bewusstseins ist.*

Auch wenn er selbst in seinem voluminösen Werk sich kaum explizit über Symmetrie und Symmetriebrechungen im Bewusstseinsfeld geäußert hat, erweist sich Carl Gustav Jung als der bisher einzige moderne Bewusstseinspsychologe und Psychotherapeut, der wesentlich mehr als die Gestaltpsychologen Köhler, Lewin oder Wellek die Bewusstseinsfelder *von Natur aus als symmetrisch* ansah und jeden Fortschritt der Psychotherapie als einen Übergang von einer geringen Symmetrie in Richtung einer voll integrierten „Supersymmetrie" bewertete.

Praktisch alle Dimensionen des Bewusstseins werden in der Jung-Psychologie symmetrisch gedacht, wie z.B. Introversion vs. Extraversion; Innenwelt vs. Außenwelt; Empfinden vs. Intuieren; Denken vs. Fühlen; erste Lebenshälfte vs. zweite Lebenshälfte; Bewusstes vs. Unbewusstes; persönliches Unbewusstes vs. kollektives Unbewusstes; Persona vs. Schatten; Animus vs. Anima; Subjektstufe vs. Objektstufe; Regression vs. Progression; Archetypen des Weiblichen (z.B. die Mutter, die Hexe) vs. Archetypen des Männlichen (z.B. der Vater, der Herrscher). Alle diese Spannungspolaritäten zielen durch dynamisch-kompensatorische, mitunter langwierige und komplexe Bewegungen auf *Symmetrie* hin. Das Hauptziel der Psychotherapie und der Menschwerdung sah Jung in der fortschreitenden Individuation des Ich-Bewusstseins in Richtung auf das Selbst als die *„totale Psyche"*. Indem die Individuation zum Ziel hat, das begrenzte Ich in die *„totale Psyche"* oder in das grenzenlose Bewusstsein zu transformieren, soll die Integration zur maximalen Symmetrie und somit Invarianz gelangen. Daher vergleicht Jung die *totale Psyche* mit einer perfekten Kugel oder mit einem Mandala (Sanskrit für Kreisscheibe). Beide, Sphäre oder Mandala, sind seit Urzeiten – nicht nur für

Platon, Kopernikus, die Alchemisten und Jung – das Sinnbild einer in sich vollkommenen Symmetrie oder unvergleichlichen Invarianz. Beispielsweise lässt sich eine Kugel um unendlich viele eigene Achsen (Durchmesser) beliebig so oder anders drehen, ohne dass hier irgendeine Varianz zwischen einer Drehung und einer Nicht-Drehung auftauchen könnte. Nicht zuletzt weil die Zahl der Symmetrien grenzenlos ist, erscheint ihre Invarianz als unvergleichlich einfach, universell und zeitlos.

Dadurch, dass Gleichheit in allen Richtungen des Kreises oder der Kugeloberfläche herrscht, wurden Mandalas und Sphären von Jung bevorzugt und zum Sinnbild der definitiven Integration der Psyche gewählt. Die vielfältigen Spannungspolaritäten des Bewusstseins (Extraversion vs. Introversion etc.) erschöpfen sich, werden gleichsam überwunden, indem sie in eine Gestalt unendlicher Symmetrie integriert werden.

Es scheint, dass die Bewusstseinsstille eine ähnliche Supersymmetrie wie die sphärische *„totale Psyche"* in sich birgt, die darüber hinaus noch den Vorteil hat, extrem holographisch oder holonom zu sein.

Kurzum: **Die Bewusstseinsstille befindet sich voll und ganz nicht nur am Ziel der Individuation, sprich im integrierten Selbst oder in der verwirklichten „totalen Psyche". Nein, sie ist in jeder Handlung oder Bewegung, ohne Anfang, ohne Ende, unteilbar, ganz und gar dabei.**

Die Zeittranslation oder -verschiebung – sofern alle Rahmenbedingungen konstant bleiben – erweist sich als invariant. Die Symmetrie der Zeitverschiebungen mündet zwangsläufig in das eherne Prinzip der Energie-Aufrechterhaltung ein, und wegen der hier angenommenen Äquivalenz zwischen Energie und Information auch in das Prinzip der *konstanten*, universellen Information.

Die Bewusstseinsstille als mentales Feld folgt jedenfalls dieser invarianten Zeitsymmetrie. Anders ausgedrückt: Die Bewusstseinsstille bleibt unter allen erdenklichen Möglichkeiten der Zeitverschiebung sich selbst absolut gleich. Stille ist Stille war Stille wird Stille...

Stille begleitet sämtliche mentale, virtuelle, imaginäre oder reelle Zeitformen. Sie wird auf keine Weise durch Zeitoperationen beeinflusst. Im Gegenteil: Bewusstseinsstille bleibt unter allen vorstellbaren Bedingungen unveränderbar, sich selbst symmetrisch, zeitlos, ewiglich...

Nur der getriebene „Leidensmensch", der in der imaginären oder ihm real erscheinenden Zeit zwischen Geburt und Tod seine Zeiträume *leidenschaftlich* ausdehnt, indem er wie besessen nach Lustobjekten jagt und vor Unlustabgründen wegrennt, kommt kaum noch mit der Bewusstseinsstille in Berührung.

Für ihn verliert die Zeit ihre unveränderliche Dimension der mentalen Stille und erscheint somit immer heftiger mal wie eine bunte paradiesische Landschaft (lauter Lustobjekte), mal wie ein höllisches Pflaster (lauter Leiden), nicht selten aber wie ein tückisches, explosives Gemisch von Lust und Unlust. Was beispielsweise noch vor ein paar Wochen, Tagen oder Stunden wie ein reines Glück glänzte, entlarvt sich womöglich als Alptraum oder wird schlicht und einfach zu einer verfluchten Last.

Die Bewusstseinsforscher und Weisheitslehrer - aus welcher Kultur auch immer - hören nicht auf, die Aufrechterhaltung der Bewusstseinsstille lauthals und unisono zu verkünden, etwa wie folgt:
- *„Engt eure Lustzuneigungs- und Unlustabneigungsräume auf ein striktes Minimum ein! Erst dadurch werdet ihr kein Spielball der Zeit und somit von Leidenschaft und Leiden mehr sein! Erst dann tretet ihr mental, bewusstseins- und einstellungsmäßig aus der Zeit heraus. Ihr werdet wahrhaftig zeitlos, ewiglich, wie ungeboren und unsterblich, bei weitem würdiger als alle euren Götter..."*

Die Entdeckung der invarianten Stille mitten in mentalen Regungen zeugt wie in der Physik von einer invarianten Zeitsymmetrie und somit indirekt von einer *Aufrechterhaltung der Energie bzw. der Information.*
Solange wir aber unsere Kreise um Lustzuneigungen und Unlustabneigungen mit zahlreichen, ihnen zugehörigen Objekten (Personen, Lebewesen, Gegenständen) weit ziehen, machen wir uns mental von einem solchen Lust- und Unlust-Raum abhängig. Sobald wir aber in Richtung des stillen Punktes, nämlich weder Zuneigung noch Abneigung, unser Verhalten konsequent und drastisch einengen, können wir diesen Punkt erreichen, an dem die *Abhängigkeit* von Lust- und Unlustobjekten und die damit einhergehende „Verwirklichungszeit" schwinden. Wir nähern uns gleichsam der absoluten Lichtgeschwindigkeit oder dem Punkt an, an dem wir uns nicht mehr von der Lust-Unlust-Raumzeit bewusstseinsmäßig abhängig machen. Vielmehr kommen wir an oder um diesen Punkt herum in die bewusstseinsmäßige Unabhängigkeit der mentalen Raumzeit. Die isotrope und homogene, in allen Raumzeiten sich selbst gleiche *mentale Stille* schenkt uns die Befreiung von der Gier (Lust) und von der Angst (Unlust).
Gleichzeitig gibt uns diese Befreiung das Maß in die Hand, wonach wir den Grad unserer Lust/Unlust-Raumzeit-Freiheit oder -Versklavung universell bestimmen können, etwa wie folgt:
- *Fortschritte in Richtung Befreiung heißt* **mentale Loslösung** *von unseren vielfältigen, angewohnten, leidenschaftlichen Lust/Unlust-*

Raumzeiten und den darin befindlichen Objekten (Personen, Lebewesen, Gegenständen).
- *Rückschritte in Richtung Versklavung heißt* **mentale Bindung** *an unsere vielfältigen, angewohnten leidenschaftlichen Lust/Unlust-Raumzeiten und den darin befindlichen Objekten (Personen, Lebewesen, Gegenständen).*

Gleichzeitig gibt uns dieses Maß ein ausgezeichnetes Messinstrument, um unsere eventuellen Leidens- oder Glücksfortschritte (-rückschritte) genau anzugeben.
Je größer die Loslösung, umso größer das mentale Glück. Je stärker die mentale Anbindung, umso stärker das psychische Leiden.
Zahlreiche Menschen haben in praktisch allen menschlichen Kulturen immer wieder erkannt, dass der mentale Punkt „weder Lustzuneigung noch Unlustabneigung" erreicht werden *muss*, will man sich von der leidensvollen Relativität von Glück und Unglück befreien. Unzählige Schamanen und nach ihnen Konfuzius, Lao-tse, Buddha, die vedischen Rishis, Platon, Chrysipp, Plotin, Epiktet (aber auch Epikur!) und unzählige weise Frauen und Männer, quer über die Bewusstseinskulturen der Menschheit, haben diesen Punkt erkannt und ausgiebig beschrieben.

4. Grundstille und Nicht-Lokalität

Das Superpositionsprinzip zieht unmittelbar bzw. gleichzeitig die Verschränkung nach sich. Dies wird bei jedem quantenmechanischen Doppelspaltexperiment wohl deutlich. Jedes Teilchen (z.B. ein Elektron, ein Photon) interferiert – anders als in der klassischen Mechanik – mit sich selbst und erzeugt somit sich selbst überlappende Wellen, als ob es gleichzeitig über beide Spalte seinen Weg zum Registrierschirm finden würde. Mit anderen Worten: Ein Teilchen startet und landet nach einer Weile auf dem Registrierschirm als Teilchen, hält sich aber zugleich in Superposition als stochastische Welle.
Allein die Subjekt-Objekt-Trennung implizierende Beobachtung oder Messung genügt, um die mit Superposition und Verschränkung einhergehenden Quantenphänomene aufzulösen. Wenn wir in einen stockdunklen Raum eine Münze werfen und auf einer unserer Hände landen lassen, ist sie im gewissen Sinne „zur Hälfte Zahl und zur Hälfte Kopf", solange wir sie nicht deutlich sehen. Sobald wir aber das Licht anmachen, löst sich diese Art Superposition von Zahl und Kopf auf. Wir be-

obachten oder messen entweder hundertprozentig Zahl oder hundertprozentig Kopf.
Während die Superposition die Überlagerung zweier oder mehrerer möglichen Zustände kennzeichnet, bezieht sich die Verschränkung auf die Überlagerung *lokal unterschiedlicher Vorgänge*. Die Quantenverschränkung bezeichnet die Verbindung von zwei oder mehreren Vorgängen, die selbst auf der Superposition von Quantenzuständen basieren. Im gewissen Sinne lässt sich somit die Verschränkung als eine Superposition von Superpositionen oder eine Superposition zweiter Ordnung bezeichnen.

Das Quantenprinzip der *Nicht-Lokalität* oder der damit einhergehenden Verschränkung zeigt sich in der erfolgreichen experimentellen Widerlegung des Einstein-Podolsky-Rosen-Gedankenexperimentes (abgek. EPR), das 1935 in der Arbeit *"Can quantum-mechanical description of physical reality be considered complete?"* formuliert wurde. In der klassischen EPR-Beschreibung besteht das System aus zwei Teilchen, die sich aus einem gemeinsamen Quantenzustand in entgegengesetzte Richtungen auseinander bewegen. Durch eine Messung an einem der beiden miteinander *verschränkten* Teilchen wird sowohl der Gesamtzustand als auch der Zustand des anderen Teilchens sofort verändert. Dies zieht eine instantane Veränderung nach sich, ohne dass eine mit Lichtgeschwindigkeit eintreffende Botschaft abzuwarten wäre. Mittlerweile wurden etliche EPR-Experimente durchgeführt, die diese für Einstein unannehmbare Möglichkeit bestätigen!

Verschränkte, präparierte Teilchenpaare bilden eine im Prinzip unzertrennbare Systemganzheit. Die raumzeitliche Entfernung (Lokalität) vermag diese Systemganzheit nicht wirklich auseinander zu trennen. Erst die Beobachtung oder Messung eines der beiden Teilchen bewirkt eine sofortige Änderung dieser Systemganzheit.
Man kann somit von der grundsätzlichen **Nicht-Lokalität** verschränkter Quantensysteme sprechen und darüber hinaus – dank der experimentellen Überprüfung auf der Grundlage von Arbeiten Bells und Aspects – von einer vollständigen Beschreibung der physikalischen Wirklichkeit im Gegensatz zur vorgeschlagenen EPR-Annahme ausgehen.
Die Existenz von EPR-Phänomenen ist nicht nur im Zusammenhang mit der physikalischen Nicht-Lokalität wichtig. Sie betrifft auch die Quanteninformatik und die Bewusstseinspsychologie, indem Nicht-Lokalität bzw. Verschränkung zu einer möglichen Erklärungsgrundlage an Format gewinnt.

Gepaarte, verschränkte Teilchen verbleiben während ihrer faktischen raumzeitlichen Trennung (z.B. ein Photon P1 nach Norden, ein Photon P2 nach Süden über mehrere hundert Kilometer) gleichsam als Systemganzheit oder *„Bi-Photon"* außerhalb von Raum und Zeit.

Seit 2004 haben Arbeitsgruppen um Anton Zeilinger in Wien oder um Ephraim Steinberg in Toronto begonnen, mehr als zwei Photonen miteinander zu verschränken. Mit einer relativ einfachen Apparatur gelang es ihnen, drei oder vier Photonen zu einem einzigen *„Tri- oder Quadriphoton"* miteinander zu verschränken. Die Bildung von verschränkten sog. *„Mehrlingsphotonen"* ist zwar theoretisch unbegrenzt möglich. Es bedarf aber einer noch zu entwickelnden Technologie, um mehr als acht bis zehn Photonen zu einem einzigen *„Quantenmehrlingsphoton"* zu verschränken.

Die technologischen Anwendungsmöglichkeiten von Mehrlingsphotonen gehen weit über die Entwicklung von Quantencomputern hinaus in zahlreiche Bereiche der Datenspeicherung, Optik oder Nanotechnologie hinein. Dadurch, dass ein Mehrlingsphoton wie beispielsweise ein Quadriphoton, viermal soviel Energie wie ein einziges normales Photon bzw. ein Viertel der Wellenlänge eines solchen Photons beträgt, könnte z.B. die Auflösung von Lichtmikroskopen oder Interferometern oder die DVD-Speicherungspotenzialität vervierfacht werden.

Man kann sich leicht die Vorteile von Mehrlingsphotonen mit hunderten oder gar tausenden von Photonen vorstellen, die nicht-lokale, verschränkte Quantensysteme bilden würden...

Analog dazu zeigt sich die mentale Stille, die z.B. mittels Meditation erzielt werden kann, als eine Bewusstseinssystemganzheit außerhalb von der üblichen Raum-Zeit. Die mentale Stille - wie übrigens das Quantenvakuum - entzieht sich der raumzeitlichen Lokalität. Die meditative Bewusstseinsstille kennt so wenig wie das verschränkte Biphoton oder das Mehrlingsphoton eine raumzeitliche strenge Lokalisierung. Die mentale Stille sprengt sozusagen jede Raum- und Zeitordnung. Genau genommen sprengt sie auch Kausalität, Skalierbarkeit, Dualität und Entität, in welcher Form auch immer, beispielsweise semantischer Sinn vs. Sinnlosigkeit bzw. sinnlose, nicht-semantische Information.

Die Nicht-Lokalität ist für bewusstseinsbegabte Menschen womöglich die anschaulichste Dimension des *unitären Bewusstseinsquantenfeldes.* Sie ist aber gleichzeitig die verblüffendste Dimension, sofern der Mensch durch seine intensive Identifikation mit einem lokalen, raumzeitlichen Körper die alleinige ubiquitäre Stille/Leere – ob mental oder physisch – als dem Körper fremd, statt naturgegeben betrachtet. Sofern die nicht-lokale, mentale Stille heilsame Wirkung (vgl. Kap. 28) hätte, kann man sich lebhaft vorstellen, wieso die Identifikation mit dem lokalen, raumzeitlichen „leidenden und sterbenden Körper" der möglichen nicht-lokalen Heilkraft der Stille im Wege steht.

Auf dem Hintergrund der hier vertretenen These, das Bewusstsein sei nicht nur die Bedingung der Möglichkeit von Quantenphänomenen und -wissenschaften, sondern selbst durch und durch quantenmäßig, scheint die meditative Erforschung des Bewusstseins durch sich selbst seit Jahrtausenden eines der bewährten Instrumente zu sein, um die Quanteneigenschaften der Bewusstseinsphänomene bewusst werden zu lassen.

Wenn dies so stimmt, dann müsste man deutliche Hinweise hierfür in zahlreichen Weisheitraditionen und Meditations- bzw. Kontemplationstraditionen der Menschheit entdecken können. Das Thema „*Translokalität des Bewusstseins*" findet man in der Tat in zahlreichen Texten zur Weisheit und Meditation, quer über viele Kulturen. Zugegeben, es bedarf - um dies zu erkennen - fundierter Grundkenntnisse über die modernen Quantenwissenschaften, was bei vielen Geisteswissenschaftlern erst rudimentär vorhanden ist.

Die Ergebnisse der psychologischen Bewusstseinsforschung, die durch ununterbrochene Reflexion, Meditation oder Kontemplation quer über menschliche Kulturen stattfindet, und dies seit *mindestens* 5000 Jahren, sprechen m. E. eine Sprache: Die quantentheoretischen Sichtweisen des „Objekts" spiegeln sich in den vielfältigen Diskursen über das menschliche, bewusstseinsbegabte Subjekt wider. Die Symmetrien, Kohärenzen und Dekohärenzen der psychologischen Weisheits- und Bewusstseinsdiskurse weisen m. E. seit geraumer Zeit auf die basalen Quanteneigenschaften des Bewusstseins hin. Dank den experimentellen und theoretischen Errungenschaften der Quantenwissenschaften der letzten zwei bis drei Jahrzehnte sind wir in der Lage, zu einer „*Renormierung*" uralter Diskurse des Bewusstseins über und mit sich selbst, voranzuschreiten. Die subtilen Reflexionen, Experimente und Erkenntnisse über das Objekt (z.B. die Materie) scheinen mehr denn je den quer über die Kulturen subtilen Bewusstseinsbeobachtungen, Erkenntnissen und Erfahrungen auf vielfache, manchmal verblüffende Weise zu entsprechen.

5. Grundstille und Nicht-Dualität

Nicht-Dualität und Nicht-Lokalität werden mehr noch als *Nicht-Entität*, so oft im Zusammenhang mit Quantenphänomenen thematisiert, dass sie unter den fünf Kategorien des Bewusstseinsquantenfeldes besonders hervorragen.

Im gewissen Sinne bedingen sich Nicht-Dualität und Nicht-Lokalität so stark wechselseitig, dass man sie streng genommen nicht voneinander trennen kann.

Superposition (Überlagerung) und Verschränkung sind wohl Schlüsselbegriffe der quantenfeldmäßigen Nicht-Dualität und Nicht-Lokalität.

Superposition besagt, sofern man diese zuerst auf die Schrödinger-Wellengleichung ψ bezieht, dass beliebige Summierungen von Lösungen dieser Gleichung ebenfalls als Lösungen zu betrachten sind. Alle Gleichungslösungen sind nicht nur gleichermaßen gültig. Sie sind dann auch alle miteinander so verbunden, dass sie gleichzeitig ihre Gültigkeit behaupten, was zu den paradoxen Quantenphänomenen und ihren paradoxen Beschreibungen führen muss. In diesem Zusammenhang gilt Schrödingers *gleichzeitig tote und lebendige „Quantenkatze"* zu Recht als das bekannteste Symbol des ubiquitären Superpositionsprinzips in der Quantenwelt.

Während die klassische Physik und Psychologie von *abstrakten, trennbaren Objekten* ausgehen, die im Prinzip unabhängig voneinander vorkommen, geht dagegen die Quantenphysik von im Prinzip *unzertrennbaren Ganzheiten*, von möglichen Eigenschaftsbeziehungen aus. Nicht-Dualität verweist soweit unmittelbar auf Ganzheit, Einheit, Nicht-Trennbarkeit. Diese prinzipielle „Ganzheit-Einheit-Nicht-Trennbarkeit" nimmt einen dermaßen hohen Stellenwert ein, dass die jeweiligen Teile (z.B. tote Katze, lebendige Katze) ihre *Existenzautonomie* verlieren müssen. Hier wird man als Psychologe an das Grundprinzip der *Ganzheits- und Gestaltpsychologie* erinnert. Eine Ganzheit oder Gestalt ist demnach *mehr **und** anders als die Summe ihrer Teile*. Diese prinzipielle „Ganzheit-Einheit-Nicht-Trennbarkeit" ist in der Quantenwelt so vorherrschend, dass die kleinste Veränderung eines *sog.* Teils sofort die Ganzheit verändert bzw. zusammenbrechen lässt. Dies geschieht bei jeder externen Messung solcher Ganzheiten und führt unweigerlich zu einem Zusammenbruch bzw. zur sog. Dekohärenz.

Die „*tote und lebendige Quantenkatze*" besteht einzig und allein in der Ganzheit ihrer superponierten bzw. überlagerten Quantenzustände. Die Teile „tote Katze" und „lebendige Katze" haben angesichts dieser superponierten Ganzheit ihre Autonomie abgegeben.

Görnitz & Görnitz (2008) formulieren es so:

„Die Beziehungen der Quantentheorie bewirken, dass die Eigenexistenz von Teilen aufgehoben wird und damit ein neues und qualitativ anderes Ganzes entstehen kann. Wenn eine solche Ganzheit an einer belie-

bigen Stelle eine Einwirkung erfährt, so wird sie als Ganzheit augenblicklich und über ihre gesamte Ausdehnung verändert." (S. 76)

Während die klassische Physik die Ansammlungen und Wechselwirkungen von einzelnen Objekten untersucht, befasst sich die Quantentheorie mit Möglichkeiten von Ganzheiten bzw. ganzheitlichen Quantenzuständen. Pointiert ausgedrückt: Das ubiquitäre Superpositionsprinzip mit seiner impliziten Einheit bzw. Unzertrennbarkeit von Ganzheiten führt streng genommen dazu, dass die Phänomene des Universums eine unzertrennbare Ganzheit, einen einzigen, unitären Quantenzustand bilden.

Die radikale Konsequenz der „Ganzheit-Einheit-Nicht-Trennbarkeit – Anschauung" der Quantentheorie oder – anders ausgedrückt – des uneingeschränkten Superpositionsprinzips führt zu einer henadischen Konzeption der Welt, die in vielen Meditations- und Weisheitstraditionen heimisch ist. Autoren wie Parmenides, Platon, Plotin, Nagarjuna, Shankara, Dogen Zenji haben eine solche *untrennbare universelle Ganzheit,* wenn auch nicht über die Wellengleichung ψ oder das Doppelspaltexperiment, so doch im vollkommenen Einklang mit dem Superpositionsprinzip unübersehbar zum Gegenstand ihrer meditativen und sophologischen Reflexionen gemacht.

Die hier thematisierte Stille bezieht sich auf diesen einzigen, henadischen, universellen Superpositions- oder Quantenzustand. Das **Eine** (gr. hen, daher Henade, henadisch) von Parmenides, Platon oder Plotin, die eine Leere/Stille von Nagarjuna oder Dogen Zenji, das Eine-ohne-das Zweite (skr. *advaita*) von Shankara, auch die „einzige totale Welle" in der Psychophysik Fechners (s. Kap. 17) zielen darauf, uns an die grenzenlose Quantensuperposition zu erinnern. Die unitäre und ubiquitäre „*eine Stille"* des Bewusstseinsquantenfeldes besagt und bezweckt wohl nichts anderes. Diese „*eine Stille"* kennt keine Dualität, d.h. keine Trennung in selbstständige Unterteile. Vielmehr erinnert sie an das unzertrennbare Bewusstseinsquantenfeld. In diesem Sinne können solche so unterschiedliche Ausdrücke wie Quantenvakuum oder Bewusstseinsstille nicht anders als auf die Superposition von allem mit allem hinzuweisen, ohne die subjektive und somit zwangsläufig trennende Wirkung psychologischen Hinweisens!

Die Thematisierung der **Nicht-Dualität** im Zusammenhang mit der Psychologie der Stille mag auf manchen Leser wie eine grobe Verfehlung des Themas wirken. Wenn es so ist, hat dies seine tiefen Wurzeln in der dissoziativen, spaltenden Denk-Programmatik Descartes (1596-1650), der nach wie vor eine enorme, kaum zu unterschätzende Wirkung auf den wissenschaftlichen Diskurs der Neuzeit bis hin zur Postmoderne ausübt.

Gemeint ist hier die regelrechte Spaltung und damit eine scheinbar kaum überwindbare Trennung zwischen einerseits dem „denkenden Ding" (*res cogitans* oder Bewusstsein) und andererseits dem „ausgedehnten Ding" (*res extensa* oder Materie). Bezogen auf Planck-Ära und Planck-Schwelle impliziert dieser Dualismus zwischen *res cogitans* (Subjekt) und *res extensa* (Objekt), den Descartes bekanntlich über die Epiphyse hirnphysiologisch zu überbrücken versuchte, dass Geist und Materie ***zwei voneinander unabhängige Realitäten*** sind, die deshalb ***nicht*** in einer evolutionären Beziehung zueinander stehen können.

In der Kulturgeschichte der Menschheit steht René Descartes mit seinem Dualismus **Geist vs. Materie** bzw. Informationsfeld vs. Materie- oder Energiefeld sicher nicht allein. Beispielsweise geht die hinduistische Samkhya-Tradition, worauf sich der Patañjali-Yoga (s. Kap. 9) bezieht, von zwei Grundsubstanzen des Universums aus, nämlich *Purusha* und *Prakriti*. Wenn man *Purusha* mit reinem Bewusstsein und *Prakriti* mit Materie gleichsetzt, dann sind die beobachtbaren Phänomene des Universums wie Trübungen des Bewusstseins. Durch yogische Meditations- und Askeseübungen soll sich *Purusha* von den verführenden, ablenkenden Bewegungen der *Prakriti* für immer befreien. Es gilt also, in diesem samkhya-orientierten Yoga die Stille des reinen Bewusstseins zu erreichen, indem eine Abkehr von allen Materie-Ablenkungen oder -Verstörungen systematisch betrieben wird.

In der Kulturgeschichte der Menschheit begegnet man aber zahlreichen Strömungen, die - anders als Descartes - von einer unitären oder monistischen Sicht von Materie und Geist ausgehen. So sehen viele asiatische Philosophien in den Traditionen des Taoismus, Buddhismus Shivaismus etc. in *Prāna* oder *Chi/Ki* nicht nur eine ausgedehnte, objektive, bewusstlose Energie, sondern auch eine mentale, denkende oder informationsträchtige Energieform. Mit anderen Worten: Die Planck-Schwelle wird hier nicht als Begründung zweier unüberbrückbarer Seinsformen betrachtet, sondern als Hinweislinie auf fundamentale Äquivalenzen zwischen Information und Energie.

Sicher: Für eine Psychologie der Bewusstseinsstille, die am Ziel angelangt ist, erweist sich gleichsam im Nachhinein die Frage ob Dualismus oder Monismus als überflüssig oder gar sinnleer. Befindet man sich jedoch mitten im Prozess der Reflexion und Meditation über Stille, scheinen schroffe Dualismusannahmen – wie diejenige von Descartes – deshalb weniger produktiv zu sein, weil sie psychotherapeutisch und naturwissenschaftlich betrachtet unnötige Spaltungen oder Dissoziationen einführen.

Therapeutisch-pragmatisch betrachtet: *Wenn sich eine schroffe Spaltung zwischen Materie und Geist wissenschaftlich als nicht unbedingt notwendig erweist, dann ist es wohl ratsam, auf solche Integration erschwerende Rahmenbedingungen zu verzichten.*

6. Das Pyramidenmodell des Bewusstseins

Abgesehen davon, dass Pyramiden wie Berge eine transkulturelle und spirituelle Symbolik innehaben, erinnert ihre kristalline Form an ein dissipatives oder offenes System, das auf einen einzigen Attraktor, nämlich die Pyramidenspitze, kontrahiert. Analog dem physikalischen Gesetz, wonach „*offene Systeme*" auf sich selbst kontrahieren müssen, kann man die progressive Bewusstwerdung der Autorekursivität des eigenen Bewusstseins auf sich selbst als heilsame Erleuchtungskontraktion betrachten.

Die einzelnen Kontraktionsstufen sind nur als eine didaktische Metapher zu verstehen. Getreu der wichtigen Unterscheidung zwischen Bewusstseinszuständen („*States of Consciousness*") und Bewusstseinsstufen („*Stages of Consciousness*"), die Wilber (2006) in „*Integral Spirituality*" mit Recht hervorhebt, lässt sich generell feststellen, dass die Entstehung der Bewusstseinsstufen eher linear, also aufeinander aufbauend, vor sich geht. Die Bewusstseinszustände aber, die erheblich zur Stufenbildung beitragen, kommen dagegen in aller Regel nicht-linear zustande.

Insgesamt betrachtet: Jede Bewusstseinserweiterung geht mit einer Bewusstseinsvereinheitlichung und -integration einher.

Der Ausgangsbereich oder die Basis der Pyramide ist das sog. Alltagsbewusstsein. Diese allen Menschen selbstverständliche Modalität des Bewusstseins ist m.E. das eigentliche Problem einer spirituellen oder kontemplativen Psychologie oder Psychotherapie. Das Alltagsbewusstsein einer x-beliebigen Kultur – sei es bei den Steinzeitmenschen oder bei Europäern im 21. Jh. – glänzt durch zahllose ontologische Einschränkungen und widersprüchliche Auffassungen, die womöglich dem goldenen Meinungsdurchschnitt eines Bildzeitungs-Niveaus entsprechen. Dank dem scheinbar vernünftigen, jedoch bei näherer Analyse recht spröden Alltagsbewusstsein haben wir sehr schnell den Eindruck, uns auf einem menschlich-allzu menschlichen Niveau begegnen und miteinander wie selbstverständlich kommunizieren zu können.

Kulturgesellschaftliche und -geschichtliche Normen wirken im sog. Alltagsbewusstsein oft als naturgegeben. Bewusstseinsphänomene, die vom sog. „*Alltäglichen*" abweichen, werden fast automatisch als abnorm, unvernünftig, ungesund, infantil, regressiv, kontraproduktiv, pathologisch etc. wahrgenommen. Es ist z.B. in unserer Gesellschaftsgeschichte gar nicht so lange her, dass Homosexualität und ekstatische Mystik als psychische Erkrankungen aufgefasst wurden. Umgekehrt: In einer Gesellschaft, in der Spiritualität für das Alltagsbewusstsein selbstverständlich wäre, würde eine Reflexion über die Psychologie und Spiritualität der Stille nicht einmal stattfinden, weil die Thematik als banal gelten würde.

Das *Trance-Bewusstsein* erscheint mir als Eintrittskarte für das Erleben des spirituellen Bewusstseins sowie von höheren Stufen. Im Trance-Bewusstsein erfahren die gewöhnlichen Vorstellungen des Alltagsbewusstseins eine erste Erweiterung oder Entfaltung. Persönlich verdrängte bzw. unbewusst gewordene Vorstellungen werden durch Träume, Trance oder freies Assoziieren bewusster gemacht. Die Vertiefung des Trance-Bewusstseins führt über die Wiederaneignung des fremd gewordenen, individuellen Unterbewussten hinaus zu einer beginnenden Aneignung der kollektiven, unbewussten Archetypen. Dies führt aber gleichzeitig zu einer breiten Dekonditionierung zentraler Ich-Kategorien und Selbstparameter sowie zu einer Erweiterung des Bewusstseins durch die allmähliche Bewusstwerdung und Aneignung persönlich- und kollektiv-unbewusster Anteile des „Selbst". Die meisten Komponenten der naiven „Alltagsidentität" verlieren hierbei ihre festen Konturen. Die tiefenpsychologische Erweiterung des Alltagsbewusstseins um das biographische und kollektive Unterbewusste kann man als einen psychotherapeutischen Beitrag zur Eröffnung und Stärkung des Trancebewusstseins betrachten, (vgl. auch die Transformation des Bewusstseins in Träumen; Reiter, 2008).

Bei der weiteren Kontraktion des Alltagsbewusstseins auf sich selbst kommt es zur Spiritualisierung des Erlebens und zur *spirituellen Ausrichtung* des individuellen Bewusstseins. Zu dieser Entfaltungsstufe gehören Bewusstseinszustände, die zum Teil mit tiefen Gefühlen und Erfahrungen von Harmonie, Frieden, Klarheit, Ewigkeit, Transzendenz, Liebe und Freude einhergehen. Mit anderen Worten: Grenzüberschreitende Erfahrungen wie Mitgefühl, Stille, innerer Frieden, Gleichmut oder Gelassenheit breiten sich im spirituellen Bewusstsein besonders aus. Typisch für das spirituelle Bewusstsein erweist sich die Spannungspolarität zwischen einer stark erweiterten Ich-Erfahrung einerseits und einem transzendent, schier unerreichbar erscheinenden „*Selbst-Archetyp*" andererseits, der je nach Kultur als Gott, Großer Geist, Tao, Höchste Weisheit etc. benannt wird.

Diese Stufe kennzeichnet man in der christlichen Mystik als die erste spirituelle Phase, nämlich die reinigende Stufe oder lateinisch ausgedrückt „*via purgativa*". Dementsprechend findet eine systematische Relativierung der alltäglichen Ich-Strukturen und -Funktionen gegenüber einem hier als extern oder als transzendent erlebten „Selbstarchetyp" statt.

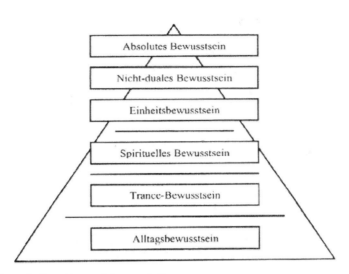

Abbildung 3. Das Pyramidenmodell

Bei der weiteren Entfaltung des Bewusstseins werden die Ich-Grenzen so ausgedehnt oder verdünnt, dass wir unweigerlich in die Zone oder Modalität des *Einheitsbewusstseins* gelangen. Aufgrund der nun enormen Kontraktion oder Entfaltung des Bewusstseins auf sich selbst, werden die kulturgebundenen Konditionierungen drastisch reduziert. Dies führt u.a. dazu, dass phänomenologische Berichte über die Stufe des *Einheitsbewusstseins* bzw. die dazu gehörigen Bewusstseinszustände über verschiedene Kulturen hinweg *starke* Ähnlichkeiten zeigen.

Im *Einheitsbewusstsein* emergieren Phänomene, wie z.B. ein grenzenloses, alles durchdringendes Licht, eine endlose, durchvibrierende Energie, eine uneingeschränkte, dynamische Stille oder Leerheit. Hierzu gehört die allmähliche Verabschiedung von diskursiven oder begrifflichen Erfassungsmodalitäten. Einheit, Stille, Unendlichkeit erscheinen zunehmend als Synonyme. Vielleicht lässt sich die Modalität des Einheitsbewusstseins beschreiben als das äußerst positive Erfahren einer alle Grenzen auflösenden und allumfassenden, lebendigen, grenzenlosen Einheit.

Der transpersonale Psychologe Abraham Maslow (1968) nannte nicht weniger als zwei Dutzend Beschreibungsmerkmale für diese Modalität des Bewusstseins. So zum Beispiel: *Alles wird als eine unendliche, unzertrennbare Ganzheit wahrgenommen; nicht bewertendes, bejahendes, ehrfurchtvolles Erleben; Auflösung von sog. Barriere-Gefühlen wie z.b. Angst, Wut, Neid, Machtgier etc.*
Im Einheitsbewusstsein werden letztlich alle Spannungspolaritäten zwischen Subjekt und Objekt, Geist und Materie, Einheit und Vielheit, Ich und Selbst, Immanenz und Transzendenz, Bewusstem und Unbewusstem erkannt und integriert bzw. im Hegel'schen Sinne aufgehoben, aber noch nicht gänzlich überwunden.

Das Erkennen oder Erfahren des transzendenten Selbst als den Urgrund des eigenen Bewusstseins ist eine der schwersten Hürden in der Entfaltung des individuellen Bewusstseins. Zu dieser Entfaltungsstufe gehört Hand in Hand die Auflösung des Ichs und die Aneignung des transzendenten Selbst wie auch immer genannt (Tao, Nirwana, Gott, etc.).

Je mehr wir uns in Richtung „*nicht-duales Bewusstsein*" entfalten, umso klarer wird es, dass wir uns von einschränkenden system- oder erkenntnistheoretischen Modellen und Paradigmen verabschieden, um in eine Zone der kultur- und konstruktlosen Erfahrbarkeit hinüberzugleiten. Fraktalsystemische, holonomische oder quantenpsychologische Grundmodelle können u. U. als orientierende, nützliche *Metaphern* hier zunehmend gebraucht werden. Es ist zumindest klar, dass die psychologische oder psychotherapeutische Fachsprache noch weitgehend fehlt, um sich subtil und präzise genug in der Zone des hoch kontrahierten, nicht-dualen Bewusstseinsniveaus bewegen zu können. Spätestens aber, wenn es um die Erfahrung der ultimativen Bewusstseinskontraktion geht, nämlich um das absolute oder reine Bewusstsein, müssen wohl alle Konzepte und Kulturen ad acta gelegt worden sein.

Die allerletzte Entfaltung des Bewusstseins entspricht gleichzeitig seiner maximalen Auflösung oder Einfaltung, einer Art „*virtuellen Protypose*" der Quanteninformation oder anders ausgedrückt: „*Alles in allem*". Hier kann allenfalls die Chiffre des Hinweisens Gültigkeit haben, wie z.B.: Ein Finger zeigt auf den Mond, Brahman ist gleich Atman oder der oft zitierte Satz des Traktates von Wittgenstein, nämlich Satz 7, „*Wovon man nicht sprechen kann, darüber muss man schweigen.*"

****

7. Die diskursive vs. kontemplative Vernunft

Spätestens ab der Stufe „*Einheitsbewusstsein*" stellt sich die Frage, ob die übliche *diskursive Vernunft*, die Techniken und Wissenschaften dominiert, ausreichen kann, um zu den höheren Stufen der Bewusstseinspyramide Zugang zu finden.
Von Parmenides oder Lao-tse über Platon, Plotin und Shankara bis hin zu Ken Wilber, haben sich viele Weisheitslehrer und Bewusstseinspsychologen die Frage nach dem *Quantenbit* in Abhebung vom klassischen *Bit* (0, 1) gestellt. Anders ausgedrückt: In dem Maße, in dem die unzertrennbare Einheit aller Dinge oder Erscheinungen quantenphysikalisch oder wie auch immer stärker eingesehen wird, mutiert der diskursive Vernunftmodus, der „dieses von jenem" unterscheidet und in Relation („dieses zu jenem") bringt, allmählich zu einem *kontemplativen Vernunftmodus*.
Dies liegt daran, dass der Gegenstand der Vernunft von scheinbar mannigfaltigen Dingen zu einem *einzigen* Objekt wird, bevor es sich auf der nicht-dualen Stufe mit dem einzigen Subjekt in einem unzertrennbaren „Etwas" (z.B. Noumenon, Brahman, Nirwana, Tao, Gott etc.) auflöst. Je höher wir uns in Richtung Pyramidenspitze bewegen, umso *ein*facher, all-*ein*er und *ein*iger wird das erkennende Subjekt wie auch das erkannte Objekt. Es scheint generell mit der Kontraktion eines offenen Systems auf sich selbst bzw. auf ein einziges Fraktal oder einen seltsamen Attraktor (vgl. van Quekelberghe, 2005) unmittelbar zusammenzuhängen.
Einfachheit bedeutet, dass keine Zusammensetzung mehr erkannt wird oder vorhanden ist. Anders herum: Eine Trennbarkeit von Elementen (Eigenschaften, Aspekte, Strukturen, Prozesse, etc.) wird als sinn- und zwecklos eingesehen. Das Objekt wie das Subjekt gibt sich als unteilbar, einfach, total. Es handelt sich um untrennbare Ganzheiten oder - in der Sprache Wilbers - um *Holons* (vom gr. holon, das Ganze). Auch wenn eine Holarchie, d.h. verschiedene Holon-Ebenen, angenommen wird, ist es doch klar, dass vom Blickwinkel des gerade betrachteten Ganzen oder Holons eine Teilung von überstehenden Supra-Ganzheiten oder eine Zusammensetzung von unterstehenden Infra-Ganzheiten ausgeschlossen wird. Das Ganze ist und wirkt einfach und total *eins*. Am Beispiel der Stille oder Leere wird es evident: Die Stille ist einfach und es macht in der Tat keinen Sinn, diese Stille zu halbieren oder zu verdoppeln! Stille

setzt sich nicht aus „diesem und jenem" zusammen. Sie besteht einzig und allein aus sich selbst, Stille oder Leere.

Indem wir das Einheitsbewusstsein in uns entwickeln, brauchen wir keine gänzlich andere Vernunft. Wir müssen uns aber einen *Modusunterschied* zwischen der zusammensetzenden oder diskursiven Vernunft einerseits und der ganzheitsschauenden oder kontemplativen Vernunft andererseits bewusst machen, ansonsten laufen wir Gefahr, mit der gleichsam unteren, diskursiven Vernunft Argumentations- und Diskussionsaspekte in die Spitze der Bewusstseinspyramide hineinzubringen, *worin sie unvernünftig, sinnlos, wahnwitzig wirken müssen.*
Die Problematik des Übergangs vom argumentativ-diskursiven Vernunftmodus in den schauenden, meditativen Vernunftmodus wurde in den östlichen und westlichen Kulturgeschichten früh erkannt. Dadurch aber, dass der *diskursive Modus* in den unteren Etagen der Bewusstseinspyramide Feste feiert und sich dort siegessicher und dominant gestaltet, verhindert er den anschauenden, ganzheitlich-kontemplativen Modus weitgehend. Schlimmer noch: *Er begreift meist nicht, dass eine Ja-Nein-Bit-Methodik als eine bestimmte Stufe in der Bewusstseinsentwicklung irgendwann ad acta zu legen und dass die Qubit-Superpositionsmethodik dringend angesagt ist, will man nicht in das Absurde abgleiten.*

Streng genommen handelt es sich also nicht um *zwei* Vernunftarten, sondern nur um zwei unterschiedliche Handhabungen von derselben Vernunft.

Platons Unterscheidung zwischen höherer Schau (gr. *theoria*) und gewöhnlichem, diskursivem Denken, die er anhand seines Höhlengleichnisses nahe legte, verweist deutlich auf zwei Modalitäten des Erkennens: das einfache, schauende Wissen (gr. *episteme*) und das mannigfaltige Reich des Halbwissens (gr. *doxa*), in dem Meinungen und Gegenmeinungen das Fortschreiten zum *„Einfach-Total-Wahr", „Einfach-Total-Schön", „Einfach-Total-Wirklich"* mehr oder weniger massiv behindern.
Plotin (205-270) hat sicher wie kaum ein anderer vor ihm darauf hingewiesen, dass die Fokussierung auf eine unzertrennbare, ganzheitliche, einfache Einheit den diskursiven, nicht superponierten Ja-Nein-Bit-Modus der Vernunft unbedingt zum Stillstand bringt.

Östliche Denker wie die Bodhisattva-Buddhisten Nagarjuna (s. Kap. 13) und Hui-Neng (s. Kap. 15) oder der Vedanta-Lehrer Shankara haben wie

Platon und Plotin eine deutliche Modus-Unterscheidung für die im Einheitsbewusstseinsbereich tätige Vernunft verlangt. Sie erkennen den *diskursiven* Denkmodus weitgehend als konventionell und somit wirklichkeits- und erleuchtungsfremd an.

Tendenziell impliziert bei ihnen *das Umschalten von der diskursiven Bit-Vernunft zur anschauenden, kontemplativen Qubit-Vernunft* den raschen Übergang von der konventionellen Wahrheit oder Welt des Alltagsbewusstseins in die Welt des Einheits- und nicht-dualen Bewusstseins. Die Intuition oder *Epibole* bei Epikur (s. Kap. 18) verweist auf ein ähnliches, *schlagartiges* Erfassen im Unterschied zur sonst partiellen, diskursiven Erkenntnis.

Im Mittelalter bis zur Moderne trifft man beide Vernunftmodalitäten (*diskursiv und kontemplativ*) in unzähligen Variationen an. Dabei scheint es im Großen und Ganzen zwei Denklager zu geben.

Das eine Lager vertritt die Auffassung, dass sich die Vernunft weiterentwickelt, indem sie vom Modus der diskursiven oder konventionellen Vernunft in den Modus der kontemplativen oder wirklichkeitsorientierten Vernunft wechselt. Meister Eckhart, Nikolaus von Kues, Spinoza, Husserl lassen sich auf Anhieb diesem Denklager zuordnen.

Das andere Lager vertritt dagegen die Auffassung, dass die Vernunft im Grunde genommen diskursiv sei und dass die Intuition (die Gesamtschau) zum Bereich des Spekulativen und Irrationalen und somit nicht zur Vernunft gehört. Thomas von Aquin, Immanuel Kant und Auguste Comte lassen sich diesem Denklager tendenziell zuordnen.

In der modernen Psychologie wurde die kontemplative, intuitive Vernunft weitgehend – nicht zuletzt durch Strömungen wie Positivismus und Behaviorismus – unterdrückt. Die Psychoanalyse und Tiefenpsychologie haben die Kraft der intuitiven Anschauung zwar erkannt und thematisiert, allerdings als Gegenspieler zur Vernunft bewertet. Freud und Jung standen wohl im Gefolge von Eduard von Hartmann („*Die Philosophie des Unbewussten*", 1869), der **kurzerhand die kontemplative, intuitive Vernunft dem Reich des Unbewussten zuschob! Dadurch wurde dieser Vernunftmodus per Definition nicht mehr Überhöhung des Denkens, sondern krasser Gegenteil von Rationalität!**
Im Kreuzmodell Jungs, der von Eduard von Hartmann beeinflusst wurde, steht auch Intuieren (die nicht-diskursive Gesamtschau) abseits von der Dimension Denken-Fühlen (vgl. Abb. 4)

Abbildung 4

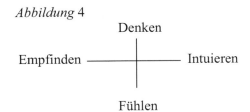

Eine transpersonale Bewusstseinspsychologie, die dem subtilen Phänomenbereich der Meditation gerecht werden will, kann sich weder mit den ausschließlich diskursiven Modellen der kognitiven Psychologie noch mit den tiefenpsychologischen Denkansätzen zufrieden stellen, die die intuitive Vernunft gänzlich dem kollektiven und/oder individuell **Unbewussten** und somit dem „*Irrationalen*" zuordnen.

So betrachtet stellt Ken Wilber im Bereich der transpersonalen, modernen Psychologie eine aktuelle Ausnahme dar. Wie Shankara, Eckhart, von Kues oder Aurobindo sieht er in der *nicht-diskursiven, kontemplativen* Erkenntnis eine Weiterentwicklung und Integration früherer Erkenntnisstufen wie z.b. sinnliche und intellektuelle Erkenntnis (Wilber, 1999).

Über die nicht-diskursive Erkenntnis, oder wie er sagt, das „Auge der Kontemplation" schreibt Wilber u. a.:

„*[Man] kann das Problem des Absoluten und Relativen mit den Augen des Fleisches oder den Augen des Intellekts nicht lösen. Dieses tiefste aller Probleme und Geheimnisse gibt sich nur dem Auge der Kontemplation preis. Und wie Kant und Nagarjuna nachdrücklich zeigten, entstehen nichts als Antinomien, Paradoxa und Widersprüche, wenn man versucht, diese Lösung intellektuell oder rational zu formulieren.*" (Wilber, 1999,*„Das Wahre, Schöne, Gute"*, S. 143)

„*Wenn man alle Ebenen und Dimensionen der großen Kette anerkennt, erkennt man damit auch alle entsprechenden Erkenntnismodi an, d.h., nicht nur das Auge des Fleisches, das die physische und sinnliche Welt enthüllt, oder das Auge des Verstandes, das die Welt der Sprache und der Symbole enthüllt, sondern auch das Auge der Kontemplation, das Seele und Geist offenbart.*" (*„Das Wahre, Schöne, Gute"*, S. 91)

„*Insofern der kontemplative Ansatz jedoch universale Aspekte des Kosmós aufdeckt, darf man bei den tiefen Strukturen der kontemplativen*

Traditionen ... mit übereinstimmenden Zügen in allen Kulturen rechnen." (Wilber, 1996, *"Eros, Kosmos, Logos"*, S. 342)
Wilber macht also klar, dass sich die Entwicklung der Erkenntnis, die im Alltag noch weitgehend von sinnlichen und intellektuellen Fähigkeiten abhängt, in Richtung nicht-duale Intuition oder Gesamtschau von den Verarbeitungsmodalitäten der sinnlichen und diskursiven Erkenntnis befreien soll, sobald sie sich dem *„Problem des Absoluten und Relativen"* zuwendet. Hier geht es nicht mehr um Elemente, die analysiert und synthetisiert, induziert und deduziert werden, sondern um eine *unzertrennbare, einfache, superponierte, unbeschränkte Totalität.*
Im Übergang vom Einheitsbewusstsein zum nicht-dualen Bewusstsein schwinden die allerletzten, mitunter die subtilsten, konzeptuellen oder intellektuellen Dichotomien, Polaritäten und Dualitäten. Das Feld der Stille/Leere ist wohl keiner intellektuellen oder sinnlichen Analyse bzw. Synthese, keiner In- bzw. Deduktion mehr zugänglich. Im gewissen Sinne erfährt Stille/Leere unmittelbar sich selbst.

Vom Blickwinkel der intellektuellen Erkenntnis aus erweist sich wohl das *Auge der Kontemplation bzw. die kontemplative, meditative Vernunft* als transkulturell-monistisch. Im Übergang vom Einheitsbewusstsein in die nicht-duale Modalität der Erkenntnis trifft eine bit-mäßige Unterscheidung wie Monismus (0) vs. Dualismus (1) nicht mehr zu. Wir befinden uns mit dem *Auge der Kontemplation* gleichsam im „Qubit-Bereich", d.h., wenn man es mit der Qubit-Logik von Nagarjuna formulieren möchte: sowohl monistisch als auch dualistisch, weder monistisch noch dualistisch, und somit auch weit darüber hinaus!
In dem Maße, in dem sich der Gegenstand immer mehr vereint und vereinfacht, muss sich die rationale Erkenntnis auch vereinen und vereinfachen. Sie wird dadurch zwangsläufig weniger diskursiv, weniger plural oder dual. Nur wenn die Vernunft auf diskursive, argumentative oder axiomatische Denkfiguren eingeschränkt wird, erscheinen das *Auge der Kontemplation oder die meditative Vernunft* als irrational, unlogisch, irrsinnig, mystisch, esoterisch etc.
Analog hierzu: Jemand, der noch nie vom Qubit gehört hätte, würde vom Blickwinkel einer fundamentalen „Bit-Vernunft" genauso die *Qubit-Auffassung als irrational, mystisch, metaphysisch, etc. bezeichnen.* Dank dem Fortschreiten der Quantenphysik und -informatik gewinnt die „Qubit-Vernunft" nicht nur an Plausibilität, sondern auch an Rationalitätstiefe.

8. Über die heilsame Erkenntnis des unitären Bewusstseinsquantenfeldes

Eine Sache ist es, das Nullpunktenergie-Feld – ob als Bewusstseins- oder als Quantenvakuumfeld – klar zu erkennen; eine andere Sache ist sicher, dieses Feld nutzbar zu machen.

Während die konkrete physikalische Energiegewinnung aus dem Quantenvakuum und seinen beobachteten Effekten bislang dem Reich physikalischer Spekulationen (vgl. hierzu Puthoff et al., 2002) angehört, scheint die psychische Energiegewinnung in Bezug auf das Bewusstseinsfeld schon viel greifbarer zu sein.

Meditation oder die systematische achtsame Beobachtung des Bewusstseinsfeldes ist seit mindestens zweieinhalbtausend Jahren als Möglichkeit der Entdeckung und Nutzung der *inneren, mentalen Stille* gepflegt worden, um die Lust/Unlust-Raumzeiten auf ein absolutes Minimum an Energie oder Information herunterzubringen und somit das während Glück der zeitlosen (invarianten, isotropen, homogenen) Stille in den psychischen und kosmischen Erscheinungen durchscheinen zu lassen.

Die systematische Meditation oder Kontemplation des *Bewusstseinsfeldes* muss zur mentalen Stille führen, indem sie den Kreis der Lust-Unlust-Raumzeiten mit ihren Gegenständen immer mehr einengt, bis der Feldzustand der niedrigsten Energie oder Information erreicht wird. Bewusstseinsbeobachtungsverfahren, welche die mentale Stille nicht zum Erscheinen bringen, können nur Lust-Unlust-Raumzeiten eröffnen, die durch die Entstehung von Leidenschaften die systematische Bewusstseinsbeobachtung zunichte machen.

Zum Glück für die Weisheitslehren kann die Meditation als systematische Selbstbeobachtung des Bewusstseins nichts anders als die Lust-Zuneigungen und Unlust-Abneigungen in einem x-beliebigen Bewusstseinsfeld drastisch zu reduzieren. Dies hat zum Teil psychophysiologisch damit zu tun, dass die systematische Beobachtung (oder Messung) von Objekten eine Konzentration erfordert, *die mit leidenschaftlichen Regungen schlichtweg inkompatibel ist*. Starke Emotionen wie Freude, Wut, Angst, Ekel etc. stören die systematische Beobachtung erheblich oder machen sie geradezu unmöglich. Starke Emotionen können zwar die Motivation zur Beobachtung anspornen; sie sind aber im Augenblick der genauen Beobachtung oder Messung eines Gegenstandes kontraproduktiv.

Eine systematische Beobachtungsschulung des Bewusstseinsfeldes impliziert automatisch eine Einengung der Leidenschaften bzw. der Lust- und Unlust-Raumzeiten.
Die Richtigkeit einer solchen Aussage wird man für starke Emotionen sofort einsehen. Es scheint aber, dass sie richtig und gültig bleibt, wenn leidenschaftliche Emotionen äußerst gering und subtil werden und wirken.

Um die Richtigkeit obiger Aussage auch für äußerst geringe Lust- oder Unlust-Regungen plausibel zu machen, lohnt es sich, gefühlsmäßige Vorstellungen zumindest für eine Weile zu konkretisieren. Analog zu den Lichtquanten, heute Photonen genannt, kann man sich die regelrechten Emotionswellen wie aus zahlreichen *Lust/Unlust-Quanten* bestehend vorstellen.

Um die Sache zu vereinfachen gehen wir davon aus, dass jedes Lustquantum seinem Antilustquantum gleicht (entsprechend Photon und Antiphoton). Die kleinstmögliche, noch beobachtbare Lust/Unlust-vorstellungseinheit, nämlich ein einziges Lust-/Unlustquantum, stellt bewusstseinsmäßig gleichzeitig die absolute Wahrnehmungsschwelle für Lustzuneigung oder Unlustabneigung dar. Unterhalb eines einzigen Lust-Unlustquantums gibt es nur noch so etwas wie ein emotionsfreies, vorstellungsloses Bewusstseinsfeld, *worin einzig und allein die Grundstille überall und jederzeit anzutreffen ist.* Da wir normalerweise mit regelrechten *Wellen* emotionaler Vorstellungen zu tun haben, erscheint uns die Beobachtung eines einzigen Lust- bzw. Unlustquantums, sein Entstehen und Verschwinden aus dem mentalen Vakuumfeld der Stille so gut wie unmöglich.

Es gibt aber ein Übungsfeld, in dem die Wahrnehmungsschwelle eines einzigen Lust-/Unlustquantums zumindest immer wieder simuliert werden kann. Es handelt sich um den Themenbereich *Sterben.*

In der Konfrontation mit der echten oder simulierten Unmittelbarkeit des Sterbens (z.B. meine letzten Lebenssekunden) bietet sich ein mentales Beobachtungs- und Prüffeld, in dem die leisesten Lust-/Unlustregungen (Angst, Trauer, Wut, Ekel etc.) bis vielleicht zum einzigen Lust/Unlustquantum beobachtbar werden können. „*Weder Lustzuneigung noch Unlustabneigung*" duldet keine emotionale Tendenz, so subtil auch immer, die die mentale Stille in diese oder jene Richtung verschieben würde.

Entlang diesem echten oder simulierten Übungsfeld lässt sich die Meditationsgüte gleichsam prüfen. Erst wenn über eine längere Zeit, mindestens aber einige Minuten, kein einziges „Lust-/Unlustquantum" diese regelrechte, feinste Prüfwaage der mentalen Stille aus ihrem Gleichgewichtspunkt mehr ablenken kann, wird man wohl kurz davor sein, in die Zeitlosigkeit der invarianten Stille (*Nirwana*) einzutreten.

In unserer postmodernen Zeit wird man in aller Regel solche Prüfübungen kaum pflegen. Daher werden wir auch kaum auf subtile Vorstellungen von Leidenschaften oder Emotionen kommen, die in etwa einem „*Lust-/Unlustquantum*" entsprechen würden.

Da in vielen Erkenntnistheorien des Hinduismus und Taoismus Bewusstsein analog einem Sinneswahrnehmungsorgan gedacht wurde, ist dort die Idee einer Wahrnehmungsschwelle in Bezug auf Bewusstsein *selbstverständlich*. Genau wie jemand, der bei einer lauten Disko-Party daran scheitert, Flüstertöne wahrzunehmen, so muss jeder daran scheitern, ein „*Lust-/Unlustquantum*" erleben zu können, so lange er/sie durch den Dauerlärm seiner ungezügelten Gefühlswellen abgelenkt wird. Damit „*Flüstertöne der Seele*" wahrgenommen werden können, muss unbedingt Bewusstseinsstille einkehren. Analog dazu: Damit die Bewusstseinsstille unterhalb eines einzigen Lustquantums erfahren wird, muss der Punkt „*weder Lustzuneigung noch Unlustabneigung*" möglichst eng, gleichsam um eine „Quantumlänge" eingekreist werden. Solange wir durch ganze Lust- und Unlustwellen abgelenkt und regelrecht geblendet werden, sind wir nicht in der Lage, das Natürlichste unseres Bewusstseinsfeldes wahrzunehmen, nämlich seine ubiquitäre Stille.

Viele östliche Weisheitslehren sprechen von schwerwiegenden Täuschungen und Verschleierungen unserer mentalen Erkenntnis- und Erfahrungsmöglichkeiten, die uns geradezu daran hindern, unseren innigsten Wahrnehmungsapparat, nämlich das eigene Bewusstsein, unmittelbar, ja in aller Klarheit zu erfahren. Sie sparen daher nicht mit drastischen Vergleichen, wenn es darum geht, die Blockaden unserer Bewusstseinswahrnehmung zu beschreiben. Zahlreiche östliche Weisheitslehren vergleichen unser Alltagsbewusstsein durchweg mit blinden Menschen im Tiefschlaf. Im Tiefschlaf sind unsere Wahrnehmungsschwellen äußerst reduziert. Blinde Menschen – egal ob echt oder mental (vgl. die *blindsight research*, z.B. Natsoulas, 1997) bedingt – sind nicht in der Lage über eine beliebige Sehschwelle zu sehen. Östliche Weisheitslehren betonen hiermit die Notwendigkeit einer Bewusstwerdung oder einer Transformation des Bewusstseinsfeldes, um *überhaupt* in den Wahrnehmungszustand des „Erwachten" oder des „Erleuchteten" zu geraten.

Östliche Weisheitslehren thematisieren gern unsere Wahrnehmungstäuschungen und -verschleierungen in Bezug auf das Bewusstsein. Gleichzeitig aber sehen sie in unserem wahrnehmenden Bewusstsein ein enormes natürliches Transformationspotenzial durch die systematische Bewusstseinsbeobachtung oder Meditation. Mitunter wird allein der achtsamen Bewusstseinsbeobachtung (vgl. das Satipatthana-Sutra im Buddhismus, Kap. 11) zugemutet, die Wahrnehmungsschwelle eines einzigen *„Lustquantums"* zu sprengen und dadurch in das Erwachen oder Erleuchten des Bewusstseinsfeldes bzw. in das Nirwana einzutreten.

Die Meditation als geschulte Achtsamkeit oder systematische Beobachtung von Bewusstseinsvorgängen wird von vielen östlichen Weisheitslehren als ein hervorragendes Instrumentarium gepriesen, um
1. die zahlreichen Täuschungen, Verblendungen oder Verschleierungen allmählich zu entlarven bzw. zu dekonditionieren oder zu deautomatisieren
und gleichzeitig
2. die Wahrnehmungs- oder Erfahrungsschwelle der Bewusstseinsstille zu erreichen und in die ubiquitäre Stille/Leere einzutauchen.

Im Taoismus, Buddhismus und im Yoga wird der Meditation eine wesentliche Rolle sowohl mit dem Ziel klarer Kontrolle der Lust/Unlust als auch zwecks Dekonditionierung oder *Deautomatisierung* (Deikman, 1966) zahlreicher Täuschungen und Verblendungen zuerkannt.

Im gewissen Sinne wird der systematischen Schulung der Bewusstseinsbeobachtung oder der Meditation dadurch eine ethische Regulierung und Kontrolle der Leidenschaften zugewiesen, von den gröbsten, wie Hass oder Habgier, bis hin zu den subtilsten, wie z. B. übertriebener Meditationseifer.

Darüber hinaus trägt Meditation zum Abbau von allerlei Annahmen und Erwartungen bei, die auf begrifflichen Konstrukten und Kategorien basieren. Stattdessen zielt Meditation *auf eine möglichst direkte Erfahrung, abseits von konzeptuellen Hypothesen und Glaubensannahmen.*

Arthur Deikman (1966, 1996) hat in seinem Modell des *„bimodalen Bewusstseins"* zwischen der aktiven und rezeptiven Bewusstseinsmodalität unterschieden, wobei Meditation die rezeptive Modalität besonders unterstützt und ausweitet. Hierzu gehören deutliche Tendenzen zu Alpha- und Thetawellen sowie zur kortikalen Synchronisierung. Darüber hinaus begünstigt – nach Deikman – die meditative rezeptive Modalität:
- das Loslassen von explikativen, abstrakten Begriffen und Erklärungsansätzen,

- die Betonung des jetzigen Augenblicks in deutlicher Abhebung zur Vergangenheit oder Zukunft,
- die Bevorzugung nicht-verbaler und translogischer Informationsverarbeitungen,
- die Hervorhebung und Bevorzugung von Sinnes- und Körperwahrnehmungen.

Vor allem in der „Deautomatisierung" der unterbewussten Zwischenstufen der Informationsverarbeitung sah Deikman die eigentliche Leistung der meditativen Achtsamkeit oder rezeptiven Bewusstseinsmodalität.

Diese tiefgreifende Dekonditionierung soll u. a. zu intensivem Abbau von allerlei Stereotypen, rigiden Vorurteilen, routineartigen Denk-, Handlungs- und Fühlprogrammen beitragen. Nicht zuletzt durch solch eine umfangreiche Deautomatisierung oder Dekonditionierung verabschiedet sich die *rezeptive Modalität* vom „*Greifen*" und Be-*greifen* von Dingen (*aktive Bewusstseinsmodalität*) zugunsten einer im Prinzip grenzenlosen Erweiterung des Bewusstseins.

Laut Deikman führt der Abzug der Bewusstseinskonzentration auf innere Konflikte oder Planungsprozesse (*aktive* Modalität) während einer Intensivierung der rezeptiv-meditativen Modalität zu einer Energiefreigabe, die mit allerlei Licht-, Kraft- und Bewegungserscheinungen einhergehen kann, wobei diese Energiefreigabe nicht unbedingt nur metaphorisch zu verstehen ist.

Unabhängig von Deikman haben die meditativen Traditionen im Osten wie im Westen die dynamischen, therapeutisch befreienden Funktionen der Meditation in Bezug auf die Leidenschaftsregulierung und -kontrolle erkannt und auf sie fest vertraut. Allerdings sind es nur einige Schulen innerhalb der meditativen Traditionen, die einzig und allein auf meditative Übungen mit dem Ziel der Verwirklichung der Bewusstseinsstille setzen. Die meisten Traditionen rekurrieren in aller Regel auf ein ganzes Bündel an Verfahren, darunter ethische Verhaltensregeln (vgl. z.B. die Ordensregeln im Buddhismus und im Christentum) statt einzig und allein auf die Meditationsschulung.

****

9. Yoga-Meditation als Stilllegung des Bewusstseins

Obgleich eine überwiegend große Zahl von Meditations- und Kontemplationslehren quer über alle Menschheitskulturen die Stille des Bewusstseins als ein wichtiges Anliegen thematisieren, hat doch die Yoga-Tradition, insbesondere der Patañjali-Yoga, die Stille oder vielmehr die Stilllegung des Bewusstseins als alleiniges und entscheidendes Merkmal des gesamten Yoga herausgestellt.

Die Schrift „*Yogasutra*", die dem Autor Patañjali zugeschrieben wird, gilt als ein zentrales Referenzwerk für die Yoga-Traditionen. Die Schätzungen über die Entstehung dieses *Yogasutras* schwanken erheblich zwischen dem 2. Jh. v. Chr. und dem 4. Jh. n. Chr. Buddhistische Einflüsse können schon allein wegen der unklaren Textdatierung nicht ausgeschlossen werden.

Wie die Buddha-Lehre ist das Lehrsystem Patañjalis achtgliedrig (skrt. *ashtanga*):

1. **Yama**. Diese Stufe besteht aus fünf Übungen: 1. Nicht verletzen (*ahimsā*); 2. Wahrhaftig sein (*satya*); 3. Nicht-Stehlen (*asteya*); 4. Keuschheit (*brahmacharya*); 5. Begierdelosigkeit (*aparigraha*). Sie müssen in Gedanken, Wort und Tat bis in die subtilsten Bewusstseinsebenen hinein (z.B. eine flüchtige Tagtraum-Fantasie einer womöglich verletzenden Absichtsäußerung) praktiziert werden.

2. **Niyama**. Sie besteht aus spirituellen Übungen der Reinigung (*sauca*), der Zufriedenheit, mit dem was geschieht (*samtosha*), der spirituellen und asketischen Inbrunst (*tapas*), dem Studium der heiligen Schriften und des eigenen Ichs (*svadhyaya*) und der Hingabe an Gott (*īsvara-pranidhāna*).

3. **Âsana**. Durch die Ausbreitung des *Hatha-Yoga* im Westen wurde die Idee der Ruhigstellung des Bewusstseins bzw. der Seele an Hand der möglichst optimalen Ruhigstellung des Körpers entlang verschiedenen, festgelegten Körperhaltungen propagiert. Während im *Hatha-Yoga* diese Stufe besonders vertieft wird, gilt sie im *Patañjali-Yoga*, dem sog. *Raja-Yoga,* eher als eine Vorbereitungsstufe auf die letzten drei Yoga-Glieder oder **Samyama**. Jedenfalls geht der Yogasutra-Text nur sporadisch auf einzelne Âsana-Übungen ein.

4. **Prānāyāma**. (*prāna*: Lebenskraft, Atmung; *āyāma*: Aufstieg, Ausdehnung). Diese Stufe besteht aus spezifischen Atemübungen, die mit einem Mantra aus energiegeladenen Silben begleitet werden können. Sie zielt auf die Ausweitung der Lebenskraft durch Atemregulierung.

Āsana und *Prānāyama* kann man m. E. mit der westlichen Bioenergetik (vgl. Reich, 1989, Lowen 1998) vergleichen. Auf keinen Fall handelt es sich nur um Atem- und Gymnastikübungen. Vielmehr zielen sie wie die Bioenergetik auf eine *psychotherapeutische Schulung und Heilung des ganzen Menschen.*

    5.   **Pratyāhāra.** Diese Vorbereitungsstufe konzentriert sich auf die Kontrolle oder Rücknahme aller Sinneswahrnehmungen von den äußeren und körperlichen Sinnesobjekten. Hierdurch wird die Beobachtung des gleichsam nach innen (auf bloße Vorstellung) gerichteten Bewusstseins eingeleitet.

Die letzten drei Stufen werden als **Samyama** bezeichnet. Im Großen und Ganzen führen sie die in den ersten fünf Abschnitten begonnene, beruhigende Kontrolle und Eingrenzung leidenschaftlich-chaotischer Bewusstseinsaktivitäten weiter.

    6.   **Dhāranā.** Das Bewusstseinsfeld wird raumzeitlich auf einen Wahrnehmungsgegenstand mit möglichst einfacher Gestalt - so z.b. einen farbigen Punkt auf einem eintönigen Hintergrund oder eine einfache Silbe wie z.b. *one* oder *aum* - gerichtet. Man soll dabei versuchen, die achtsame Konzentration nur darauf zu lenken und über eine längere Zeit (einige Minuten lang) stabil zu halten.

    7.   **Dhyāna.** Dieser Ausdruck bezeichnet die Meditation im engeren und spezifischen Sinne. Das chinesische *ch'anna* oder *ch'an* und das japanische *zen* leiten sich vom Sanskrit-Wort *dhyāna* ab. In der buddhistischen Tradition werden unter Dhyāna-Buddhismus die Schulen bezeichnet, die die Meditation als Instrumentarium zur Bewusstseinstransformation und -erweiterung besonders hervorheben. Innerhalb der Dhyāna-Stufe soll der konzentrative Stützpunkt (z.B. ein kleiner Kreis, ein Wort) allmählich schwinden. Sofern ablenkende Vorstellungen immer weniger werden, wird das Bewusstseinsfeld stiller und stiller, isotroper, homogener und zeitlich symmetrieinvarianter. Und sofern kein inneres Ereignis (z.B. irgendeine Vorstellung) mit dem reinen Bewusstseinsfeld wechselwirkt, verliert die Zeit als Maßkriterium oder Taktgeber ihre Funktion und wird somit nicht mehr erfahrbar.

    8.   **Samādhi.** In der achten und letzten Meditationsstufe verschwindet die Unterscheidung *„Ich/Subjekt-Gegenstand/Objekt"* und mit ihr die konzeptuellen Dichotomien. Alle Unterscheidungen werden als gänzlich irrelevant oder irreführend überwunden. Sogar der Punkt *„Weder Lustzuneigung noch Lustabneigung"* verliert im Samādhi seine Bedeutung. Was könnte denn Lustzuneigung heißen, wenn im Bewusstseinsfeld *weder Ich noch Gegenstand* erfahren wird?

Gleichsam als punktlosen Endpunkt des *Samādhi* nennt Patañjali den saatlosen Samādhi (skrt. *nirbīja-samādhi*). In diesem letztmöglichen bewussten Bewusstseinsfeldzustand müssen Gedanken und Gefühlswellen zur Ruhe gekommen sein und Dualitäten (z.b. Subjekt-Objekt, Materie-Geist, *samsāra-nirvanā*, *ātman-brahman*, Ich-Welt etc.), ausgelöscht sein. Es wird *saatlos* genannt, weil durch das Erreichen dieses Bewusstseinsfeldzustandes die zeitliche Aus- und Weiterwirkung (z.B. zukünftiges *Karma*) zerstört wird.

Der Yogasutra-Text gliedert sich in vier Teile: 1. über den höchsten Samādhi; 2. über die *sādhana* oder yogische Disziplin; 3. über übernatürliche Kräfte; 4. über die Befreiung. Insgesamt enthält dieser Text ca. 200 Merksätze.

Gleich im ersten Satz zu Beginn des ersten Teils führt Patañjali eine kurze Definition und Zielsetzung des Yoga ein:
I, 2: yogaś *citta-vṛtti-nirodhah*
Yoga wird hier mit drei Wörtern beschrieben:
Anhalten (1. *nirodhah*), der Bewusstseins- (2. *citta*), Tätigkeiten (3. *vṛtti*).

Nirodhah bedeutet so etwas wie „Ausmerzen, Einfangen, Kontrollieren, Behindern" und bezieht sich auf die Tätigkeiten des Bewusstseins. Das „Einfangen, Behindern, Ausmerzen und Kontrollieren" aller mentalen Tätigkeiten ist selbst eine Aktivität des Bewusstseins. Logischerweise hört diese Tätigkeit aber auf, sobald alle anderen mentalen Regungen angehalten worden sind. Nachdem *nirodhah* inaktiv wurde, gibt es keine mentale Tätigkeit mehr, die sich im Bewusstseinsfeld bewegen oder das Bewusstseinsfeld selbst in Bewegung bringen würde. Mit anderen Worten: **Seelenruhe weit und breit oder reine Bewusstseinsstille.**
Aus dieser Yoga-Definition und dem weiteren Kontext heraus ist m. E. klar, dass die reine mentale Ruhe oder Bewusstseinsstille für Patañjali die höchste achte Stufe des Yoga - nämlich den *saatlosen Samādhi* - meint. Die Kontrolle der mentalen Tätigkeiten, die mit der gegenstandsbezogenen Konzentration (*dhāranā*) beginnt und in der gegenstandslosen Achtsamkeit (*dhyāna*) fortgeführt wird, gipfelt im Falle des Anhaltens aller Aktivitäten im Anhalten des Anhaltens (mangels anzuhaltender Dinge).
Es gelingt einzelnen mentalen „Teilchen" - Vorstellungen, Regungen, Lustquanten – nicht mehr, das Bewusstseinsfeld zu erregen. Räume von Lust/Unlust-Objekten und Zeiten für Lustverwirklichungen oder Unlustverhinderungen sind im reglosen Bewusstseinsfeld wie verschwunden.

Die tätigkeitslose mentale Singularität einer unveränderlichen Ruhe ist zeitlos, all-ein.

Diese Yoga-Definition Patañjalis, auch wenn sie vorrangig für die höchste Samādhi-Stufe gilt, eignet sich für die anfängliche Meditation und generell für alle acht Stufen des Yoga. Denn es gilt für Anfänger wie für Fortgeschrittene, die mentalen Regungen und leidenschaftlichen Aktivitäten progressiv einzuengen und zunehmend unter Kontrolle zu bringen.

Lässt die achtsame Kontrolle nach, können Gefühlswallungen schnell die Oberhand gewinnen, Leiden nach sich ziehen und uns über kurz oder lang ins Unglück stürzen. Wenn wir uns aber mit viel Geduld und beharrlichem Üben (*abhyāsa*) wappnen, können wir die tätigkeitslose Bewusstseinsstille, die Quelle des Glücks, erreichen.[1] Wiederholt betont Patañjali, dass beharrliches Üben und Gelassenheit Bewusstseinsstille ermöglichen bzw. zum Aufhören von Vorstellungsaktivitäten führen.[2]

Je mehr wir uns der achten und letzten Stufe der Meditation nähern, umso klarer nehmen wir das innere Selbst bzw. unser eigenes Bewusstsein wahr, (vgl. I, 47). Erst auf dem Niveau der letzten Stufe gelangt das Bewusstsein in die Erkenntnis der eigentlichen Wahrheit.

I, 48: *ṛtambharā tatra prajñā*
Dort wird das erkennende Bewusstsein der Wahrheit trächtig. (Übers. vom Verf.)

An keiner Stelle des Patañjali-Textes findet man einen Hinweis darauf, dass die Erfahrung der eigentlichen reinen Wahrheit nur bestimmten, eingeweihten Menschen (z.B. durch die Zugehörigkeit zu einer religiösen Institution oder durch die Kenntnis spezieller Schriften) möglich wäre. Im Gegenteil: Es finden sich nur Hinweise darauf, dass außer einer schweren mentalen Krankheit (skrt. *vyādhi*) es nur Motivationshindernisse wie Trägheit, Unentschiedenheit, Unruhe, Mangel an Beharrlichkeit, Faulheit etc. gibt.

Der Verzicht auf Offenbarungsschriften oder religiöse Institutionen als autoritative Vermittler oder Spender der letztgültigen Wahrheit einerseits und der unerschütterliche Optimismus über die eigenen Bewusstseinsfähigkeiten andererseits stellen den Patañjali-Yoga als eine ausgespro-

---

[1] **I, 47** Yogasutra-Vers (etwa: Das innere Selbst [ātman] geht allmählich aus der Beherrschung der höheren Yoga-Stufen hervor).
[2] **I, 12** Yogasutra-Vers (etwa: Die Bewusstseinsstille kann durch beharrliches Üben und Gelassenheit erreicht werden).

chen psychologische Weisheitslehre dar, ähnlich wie der Stoizismus (vgl. Kap. 19) und der Epikureismus (vgl. Kap. 18), die anders als in etlichen konfuzianischen, taoistischen oder buddhistischen Schultraditionen keine speziellen Schriften oder rituelle Einwirkungen voraussetzen.

Obgleich Patañjali hohe ethische Ansprüche stellt, betrachtet er sie doch als selbstverständliche Beiprodukte der Bewusstseinswandlung durch fortschreitende Meditation oder Yoga-Übung. Menschenfreundlichkeit, Hilfsbereitschaft, Toleranz, Großzügigkeit, Friedfertigkeit, Begeisterungsfähigkeit u. ä. m. sind für ihn Begleiterscheinungen bei der Stilllegung des eigenen Bewusstseins, woraus die innigste Einheit aller Menschen immer intensiver und klarer wird.

Im zweiten Teil des Yogasutras (*sādhanapāda*) wird das Augenmerk auf die psychologischen Übungsverfahren gerichtet, die Patañjali in der Verwirklichung des im ersten Teil geschilderten Gesamtprogramms als empfehlenswert oder gar notwendig erscheinen.

Die meisten Übungen zielen - wie kaum anders zu erwarten - auf die Einengung der Leidenschaften, d.h. der allzu starken Lustzuneigungen und Unlustabneigungen. Denn die Leidenschaften stellen das Gros der störenden Kräfte, die sog. *kleshas* (Hindernis, Plage, Leiden) dar.

In II, 3 listet Patañjali fünf Haupthindernisse oder *kleshas* auf, die er in II, 4 bis II, 9 näher beschreibt:
1. Irrweg (Verwechslung, Unwissenheit)
2. Egoismus
3. Gier, blinde Lustzuneigung
4. Vorurteil, blinde Abneigung
5. Angst, Todesangst.

Avidyā (Irrung, Verwechslung, Unwissenheit) dient als der Nährboden für die vier anderen Hindernisse. Klare Erkenntnis (im optimalen Fall das Erkennen der reinen, absoluten Wahrheit) dient folglich als bestes Gegenmittel gegen Störkräfte oder Leidenschaften. Sie hindert uns z.B. daran, Unglück Bringendes für Glück, das eindeutig Sterbliche für das Unsterbliche (z.B. die Grundstille) oder Unwesentliches für das Wesentliche zu halten.

Die Todesangst stellt den Nährboden für alle nennenswerten Ängste und gehört neben der Unwissenheit (*avidyā*) zu den hartnäckigsten Hindernissen. Patañjali ist sogar der Auffassung, dass die Todesangst immer noch in vielen geübten Weisen und erwachten Menschen am Gedeihen ist (vgl. II, 9)!

Das stärkste Verfahren zur Überwindung der fünf Haupthindernisse oder *kleshas* sieht er eindeutig in der siebten Stufe seines achtgliedrigen Yogas, in der Wahrnehmung der Bewusstseinsstille.
Dank der fortschreitenden Meditation und der dadurch sich verstärkenden Bewusstseinsstille werden die vier Ursprünge der durch die *kleshas* ausgelösten Leiden immer klarer erkannt. Es sind (vgl. II, 15):
1. Leid ausgelöst durch die Vergänglichkeit der Lust/Unlustobjekte,
2. Leid ausgelöst durch Sehnsucht nach einer eher subjektiven Abhängigkeit,
3. Leid ausgelöst durch die eher objektive Abhängigkeit. D. h., kein Gegenstand oder kein Wesen kann von sich aus selbständig oder autonom sein und sich somit vor Veränderungen schützen (vgl. auch 1.),
4. Leid ausgelöst durch innere, mentale Konflikte zwischen den verschiedenen Hindernissen (*kleshas*).
Etwas weiter (II, 17) versucht Patañjali die Quintessenz oder den Urgrund dieser vier Leidensquellen noch einmal allgemeiner und schärfer zu fassen.

II, 17: *draṣṭṛ-dṛśyayoh samyogo heya-hetuh*
Die Ursache des Leidens ist die Anbindung des Ich-Bewusstseins bzw. des Subjekts an Lust/Unlustobjekte. (Übers. vom Verf.)

Wenn die Ursache des Leidens psychologisch so formuliert wird, dann muss die psychotherapeutische Lösung des Leidens eindeutig darin liegen, von dem oder den Objekt(en), das/die Leiden auslöst/auslösen, loszulassen. Patañjali ist Psychologe oder Psychotherapeut genug, um dieses *Loslassen* als eine *mentale Angelegenheit* oder als eine sich vertiefende und klärende Gelassenheit in der Einstellung des Loslassens von Lust/Unlustobjekten, die als Leidensquellen wirken, anzusehen.
Das Nicht-Loslassen-Können - die grobe, auch subtile Anbindung des Ich an seine Leidenschaften, Hindernisse und Leiden - soll einer stabilen und umfassenden Einstellung der Gelassenheit im Loslassen im Sinne eines umfassenden „let it go, let it be" Platz machen. Allein die Meditation im Sinne von *„dhyāna"* ist nach Patañjali in der Lage, eine solche mentale Umstrukturierung auf hohem und dauerhaften Niveau zu realisieren. Die vorherigen sechs Stufen (s. o.) gehören gleichsam als Vorbereitungsschritte dazu (vgl. II, 29 – II, 55, Ende vom Übungsteil). In II, 31 deutet Patañjali eine Art Universalismus seines psychologischen Ansatzes an, denn seine achtgliedrigen Bewusstseinsübungen sollen für Menschen aller Herkunft und unabhängig von kulturellen Raumzeiten gelten. Nirgendwo lässt er den Gedanken anklingen, nur besondere

Menschen (z.B. aus der Kaste der Brahmanen oder gebildete Menschen mit Zugang zur sakralen Literatur oder zu bestimmten Einweihungsritualen) hätten das verbriefte Privileg zur eigentlichen Wahrheit oder Wirklichkeit.

Ähnlich Buddha betont er immer wieder die Stärkung des kritischen, wissenschaftlichen Hinterfragens als eine wichtige Kraft und Motivation auf dem Übungsweg. Meditation heißt für ihn ausgiebiges Nachdenken über die möglichen Ursachen oder Bedingungen meines jetzigen Tuns oder Erlebens sowie über alle möglichen Folgen (Leid, Lust, Verwirrung, Angst etc.) von meinem jetzigen Erleben/Verhalten für mich und weitere Generationen bis in ferne Zukunft (vgl. II, 34).

Es steht für Patañjali außer Zweifel, dass eine solche, entlang den acht Stufen geübte, kritisch-wissenschaftliche Meditation zur unvergleichlichen Glückseligkeit führt. Er verspricht uns nicht nur Leidensfreiheit, sondern darüber hinaus extremes (*anuttama*) Glück (*sukha*).

II, 42: *samtoṣād anuttamah sukhalābhah*
Gelassenheit im Loslassen führt zum unvergleichlichen, bestmöglichen Glück (Übers. v. Verf.)

Aus dem weiteren dritten und vierten Teil des Yogasutras geht klar hervor, dass dieses höchste Glück in der subtilen Erfahrung der ebenfalls subtilen Bewusstseinsstille liegt. D.h., unvorstellbares Glück ist für *jeden Menschen* erreichbar. Allerdings bedarf es der unablässigen Übung entsprechend dem achtgliedrigen Yoga-Programm. Es erfordert ein *lebenslanges Lernen*, um die leidenschaftsbedingten Schwankungen des Bewusstseins in den subtilen, ultrastabilen Zustand der Stille endgültig zu überführen.

Prägnanter kann man es lerntheoretisch nicht ausdrücken:
III, 10: *tasya praśānta-vāhitā samskārāt.*
(*tasya* verweist auf den vorherigen Satz III, 9 und meint den Wandel, die Unruhe des Bewusstseins). Ausdauer im wiederholten Üben führt diese beunruhigenden Bewusstseinsbewegungen zur Stille. (Übers. v. Verf.).

Wie im Buddhismus wird die Wandlung oder Veränderung auf die prinzipielle Abhängigkeit aller Phänomene untereinander zurückgeführt. Obwohl die Zeit nicht als eine notwendige Bedingung dieser prinzipiellen Abhängigkeit der Phänomene betrachtet wird, wird sie doch gern als ein nützliches Bezugsparameter gewählt, um jedem die abhängige Veränderlichkeit der Phänomene eindrucksvoll zu vermitteln.

Kurzum:
1. Sich an von der Zeit abhängige Dinge/Lebewesen/Personen zu binden bringt Unruhe und Unglück;
2. sich davon gänzlich zu lösen führt zur Stille und zum Glück.
Der Weg, der zu „2" führt, ist durch und durch psychologisch. Es geht darum, das Bewusstseinsfeld als Stille zu erfahren. Eine systematische Beobachtung der Bewusstseinsfeldfluktuationen reicht hierfür vollständig unter der einzigen Bedingung des achtsamen, intensiven Übens dieser systematischen Beobachtung (*dhyāna*, Meditation) aus.

Von III, 17 bis zum Ende des dritten Yogasutra-Teiles werden wir mit den *siddhis* oder außergewöhnlichen Fähigkeiten konfrontiert, die laut Patañjali bei einer systematischen Beruhigung des Bewusstseins auftreten können. Abgesehen davon, dass diese Textpassagen manchmal schwer zu verstehen sind und von der wissenschaftlichen Psychologie bislang als „unwissenschaftliche Esoterik" betrachtet wurden, lohnt es sich doch, das eine oder andere daraus zu beleuchten, mit dem Ziel, tiefer und subtiler in die allgemeine Glücks- und Bewusstseinspsychologie einzusteigen.

Indem wir Meditation i.S. von Samyama, d.h. die letzten drei Stufen (*dhāranā, dhyāna, samādhi*) konsequent einüben, entwickeln wir nach Patañjali eine *ausgezeichnete Fähigkeit,* alle bewusstseinsbegabten Lebewesen empathisch zu verstehen.
Wie ist dies zu erklären? Die minutiöse und achtsame Beobachtung der Lustzuneigungen und Unlustabneigungen, die das mentale Feld durchkreuzen, sowie die Versuche der längere Zeit anhaltenden Stilllegung solcher Fluktuationen machen jeden Bewusstseinsträger mit den grundlegenden Mechanismen oder Phänomenen von Lebewesen, die ständig mit Lust-Unlust-Regulationen zu tun haben, auf grobe bis hin zur subtilsten Weise bekannt. Nicht zuletzt dadurch wird jeder Meditierende i. S. des *Samyama* zum Experten über Bewusstseinsvorgänge und -strukturen erhoben, zumindest über die Psychologie der Lebewesen, die mit Lust- und Unlustregulation zu tun haben. Dieses tiefe, einsichtige Wissen geht mit einer stärkeren Empathie- oder Verstehensfähigkeit einher, was normalerweise zu mehr Solidarität, Mitgefühl, Freundlichkeit u. ä. m. führt.
(III, 22) *Jemand, der gründlich über die möglichen Bedingungen und Folgen seines Wirkens (Reden, Denken, Fühlen, Handeln...) nachdenkt und sie genau beobachten lernt, entwickelt im Laufe der Zeit einen ausgezeichneten Sinn dafür, sich nicht in Wirkungsformen, die ihn besonders unglücklich machen würde, einzulassen.* (Übers. vom Verf.)

Durch meditative Yogaübungen wird man nach Patañjali zu einem virtuosen Experten über Faktoren, die uns und andere negativ, d.h. im Sinne von Unglückgenerierung, beeinflussen können.
(III, 23) *Freundschaftliche Gefühle und die Fähigkeit zur selbstlosen Liebe oder Hingabe kräftigen die Liebes- und Freundschaftsfähigkeit.*
(III, 24) *Meditation entfaltet Kräfte und Eigenschaften eines Elefanten.*
(Übers. vom Verf.)
Psychologisch ausgedrückt: Wer durch Meditation Freundschaft und Liebesfähigkeit stärkt, wird durch die positiven Auswirkungen und oft durch die positiven Rückmeldungen seines Umfeldes in dieser Fähigkeit gestärkt. Vitalität, Besonnenheit, Ausdauer, Klugheit, Weisheit - alles Eigenschaften des indischen Elefantengottes „Ganesha"[3], aber vielleicht auch in verhaltensethologischer Hinsicht (?!) - sind hier gemeint. Es ist zu vermuten, dass Patañjali mehr noch als an die physische Kraft an die legendäre Weisheit des Elefanten denkt.

Indem wir uns von den zahllosen wechselnden Gefühlen, Meinungen und Vorstellungen losbinden oder reinigen, nähern wir uns der zeitlosen, unveränderlichen Stille, dem einzigen unitären Bewusstseinsfeld. In der Sprache Patañjalis ausgedrückt: Wir erkennen nicht nur die subtilen Kräfte des Kosmos und des eigenen biologischen Körpers (III, 25-48). Wir erfahren uns als *„purusha"* oder im vedischen Sprachspiel ausgedrückt als *ātman = brahman*, d.h. also als universelle, schöpferische Bewusstseinsstille, zeitlos glücklich, unveränderlich.

Der vierte Abschnitt des Yogasutras befasst sich schließlich mit der Befreiung (*kaivalya*) oder - buddhistisch ausgedrückt - mit dem Nirwana-Bewusstseinszustand. Auch hier verblüfft uns Patañjali durch seine pragmatische „Weisheit-Lernpsychologie". Er benutzt den Vergleich mit einem Bauern, der durch eine übermäßige Bewässerung das Wachsen des Getreides beschleunigen möchte (IV, 3), um auf die Gefahren einer *unsachgemäßen* Meditationsschulung aufmerksam zu machen. Bei allem Eifer, den man einzusetzen bereit ist, sollten wir nichts erzwingen wollen, sondern natürliche Entwicklungs- und Reifungsvorgänge unbedingt beachten.

Einseitige Sichtweisen, Spaltungen, Verdrängungen, ungeprüfte Vorurteile, Abwehrhaltungen aller Art behindern ein *einheitliches Wachsen*

---

[3] Ganesha, wörtl. Gana-īsha: Elefant-Gott (Sohn des Gottes Shiwas und seiner Shakti Pārvatī). Er gilt als Gott der Weisheit und Beseitiger aller Hindernisse zum Glück. Viele religiöse indische Zeremonien (pūjā) beginnen mit der Anrufung Ganeshas.

des gesamten Bewusstseins und wirken sich kontraproduktiv auf die Meditationsfortschritte aus (s. IV, 4).
In vielen Passagen des letzten Sutrateiles (ca. IV, 8 - 24) richtet Patañjali seine Aufmerksamkeit auf die subtilen Triebregungen (*vāsanās*)[4] und ist in diesem Zusammenhang mindestens so subtil wie ein geschulter Tiefenpsychologe oder Psychoanalytiker. Er sieht die Meditationsfort- und rückschritte in engem Zusammenhang mit z. T. in uns weit zurückliegenden Neigungen, die so unterschwellig weiterwirken, dass wir eine fast reine Bewusstseinsstille brauchen, um diese Neigungen bewusst wahrzunehmen. Naive und anfängliche Yogis oder Meditierende können diese subtilen Lust-Unlust-Regungen oder -Fluktuationen hauptsächlich wegen der unruhigen Bewusstseinsschwankungen und Ablenkungen schlichtweg nicht wahrnehmen.

IV, 12: *atīta-anāgatam svarūpato 'sty adhva-bhedād dharmānām.*
Im Grunde sind alle vergangenen Situationen und künftige Möglichkeiten in jeder gegenwärtigen Bewusstseinslage vorhanden. (Übers. v. Verf.)

Es klingt hier wie Holographie oder Holonomie. Ein achtsamer und genauer Beobachter unterschwelliger subtiler Triebregungen würde im Nu die Behinderungen aus der Vergangenheit und aus der von der Vergangenheit schon vorgeformten Zukunft klar diagnostizieren können. Da wir aber diesen achtsamen, subtilen Blick über uns selbst erst mühsam erlernen müssen, ist es jedem einsichtig, dass wir uns oft fragen, warum wir kaum noch Fortschritte machen.
Solange zahlreiche subtile Ich-Triebregungen – heute würde Patañjali vermutlich einen Ausdruck wie z.B. „subtile narzisstische Ich-Spiele" benutzen – nicht wahrgenommen werden, können sie nicht integriert und überwunden werden. Wiederholt (z.B. IV, 16 und IV, 17) macht uns der Yoga-Lehrer eindeutig klar:
Die Tatsache, dass wir eine subtile narzisstische Triebregung *nicht* wahrnehmen, bedeutet nicht ipso facto, dass eine solche Regung einfach

---

[4] In seinem spirituellen Wörterbuch Sanskrit-deutsch beschreibt Mittwede *vāsanā* wie folgt:
"**Vāsanā**: Wunsch, Neigung, Impuls; Instinkt, Charakterzug; Eindruck, geistiger Impuls; Erinnerung; Verlangen, Bindung; Tradition. Gemeint sind insbesondere ins Unterbewusste gesunkene und verborgene Wünsche, Neigungen und Ambitionen sowie Eindrücke, die jederzeit wieder an die Oberfläche kommen können. (Unterstreichung v. Verf.)

nicht vorhanden wäre! Dennoch, auch wenn Patañjali in den subtilen narzisstischen Regungen ein zentrales Hindernis für die Erfahrung der glücklich machenden Bewusstseinsstille sieht, glaubt er dank unserer genauen und gut trainierbaren Beobachtungsfähigkeit die „harte Nuss" der subtilen Ich-Verliebtheit doch dingfest zu machen und aufzulösen. Denn geschrieben steht (IV, 29 und 30):

IV, 29: *prasamkhyāne'py akusīdasya sarvathā vivekakhyāter dharmameghah samādhih.*
Erst bei klarer Wahrnehmung, die mit gleichmütiger Wunschlosigkeit gepaart ist, entsteht durch vollkommene Meditation/Bewusstseinsstille (*samādhi*) - gleich einer subtilen Unterscheidungsfähigkeit - ein ewiglicher Glücksregen (*dharmameghah*).
IV, 30: *tatah kleśa-karma-nivṛttih.*
Danach findet die Beendigung aller Unruhe stiftenden Anhaftungen (*klesha*) statt. (Übers. v. Verf.)

Die letzten vier Sätze (IV, 31-34) des Yogasutras beschreiben den nun stabil erreichten Bewusstseinszustand der Stille als befreienden Glücksregen:
1. Die Wirklichkeitserfahrung ist erreicht. Das Erlangen weiterer Erkenntnisse und Erfahrungen ist unbedeutend.
2. Es gibt nichts mehr zu bewirken. Das Yoga-Ziel ist erreicht.
3. Das Muster der als ewiglich erscheinenden Leiden ist durchbrochen. *Somit löst sich das Konzept der Zeit auf.*
4. Die höchste Freiheit, das höchste Glück weilt im Bewusstsein. Veränderungen können keine Verwirrungen oder Leiden mehr stiften.

Patañjalis Yogasutra sollte m. E. zu den Klassikern der Psychologie und Psychotherapie gehören.

Die obige Einführung kann nur eine oberflächliche Skizze der „schöpferischen Stille" sein, die aus den knapp 200 Sprüchen des Yogasutras hervorquillt. Es musste hier auf eine genaue sanskritische Textdarlegung sowie auf zahlreiche altindische Kommentare dazu (z.B. von Vyāsa, Vācaspati, Miśra, Bhoja, Vijnāna Bhikṣu) verzichtet werden. Abgesehen davon, dass sich diese Kommentare über eine Zeitspanne von ca. 1200 Jahren erstrecken und viele Yoga- und sonstige Meditationsschulen vertreten, ist die psychologisch-psychotherapeutische Rezeptionsliteratur dieser ausgezeichneten Weisheits- und Bewusstseinspsychologie – gelinde gesagt – äußerst mager. Es ist zu hoffen, dass künftige Psychologengenerationen die alltagsrelevante, aber auch subtile Psychologie/Psychotherapie des Patañjali als ein inspirierendes Meisterwerk sowohl für die eigenen Meditationsbelange als auch für die wissenschaftliche, weltweite Meditationsforschung entdecken werden.

10. Die Casimir-Kraft und die yogische Kraft mentaler Stille

Entsprechend der „Bra-Ket"-Notierung nach Dirac wird das Quantenvakuum nicht mit „0" sondern mit | 0 > oder | > bezeichnet. Das Quantenvakuum erlaubt Fluktuationen im Sinne der Unbestimmtheitsrelationen Heisenbergs, was das paarweise Auftauchen von virtuellen Teilchen und Antiteilchen für eine extrem kurze Zeit - meist in der Nähe der Planck-Zeit - möglich macht. Die normalerweise minimalen Energiefluktuationen um den Energie-Nullpunkt kennzeichnen das Quantenvakuum im Vergleich zum Vakuum der klassischen Physik, also $E = h/2$ statt $E = 0$.

Hendrik B. G. Casimir (1909-2000) hatte diesen heute mit seinem Namen bezeichneten Quantenfeldeffekt 1948 vorhergesagt. Experimentell wurde ein solcher Effekt durch Spaarnay (1958) bestätigt. Erst 1997 reduzierte Lamoreaux den Messfehler auf ca. 5%.
Der Casimir-Effekt besagt, dass im Vakuum auf zwei parallelen Platten eine Kraft wirkt, die beide Platten zusammendrückt. Diese Kraft wird auf die Quantenvakuumsfluktuationen zurückgeführt, die wegen der und zwischen den Platten vorherrschenden anderen Bedingungen größere Einschränkungen erfahren als im übrigen Raum (vgl. hierzu Abb. 5).

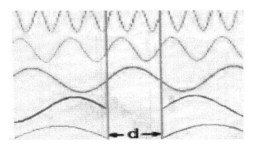

Abbildung 5. Zwischen den Platten können elektromagnetische oder sonstige Wellenlängen L > 2d nicht stattfinden.

Da von außen mehr virtuelle Teilchen als im Raum zwischen den Platten stoßen, entsteht eine Druckdifferenz, die sich in einer, die Platten zusammendrückenden Kraft äußert. Die Casimir-Kraft beträgt für zwei parallele, perfekt leitende Metallplatten mit einer Fläche von einem cm^2 im

Abstand um einen µm ca. 10^{-8} kg, was in etwa dem Gewicht eines Wassertropfens mit einem ¼ mm Durchmesser entspricht.

Zusammenfassend lässt sich feststellen:
- Diese Casimir-Kraft ist sehr wahrscheinlich ein makroskopisch beobachtbarer Quantenfeldeffekt.
- Die auf den Unbestimmtheitsrelationen Heisenbergs basierenden Fluktuationen des Quantenvakuums geben hierfür eine recht plausible Erklärung.
- Die Casimir-Kraft ist genau messbar und in Bezug auf die heutige Nanotechnologie jedenfalls zu berücksichtigen.

Auch wenn die Energie des Quantenvakuums im Prinzip *unendlich* ist, spielt es hier keine unmittelbare Rolle, weil nur die Annäherung der Platten zueinander (die Energie*differenzen*!) gemessen wird.

Getreu dem hier vertretenen unitären feldtheoretischen Ansatz über *Bewusstsein und Universum* bzw. der prinzipiell angenommenen Äquivalenz *Information/Energie/Masse*, fragt man sich doch, ob die erfahrbare Stille mitten im mentalen Feld nicht – zumindest konzeptionell – eng verwandt mit dem Casimir-Quanteneffekt im Bereich Energie/Masse sein könnte.

Wenn wir für eine kurze Weile bereit sind, die Äquivalenz des Bewusstseinsvakuums bzw. der mentalen Stille mit dem Quantenvakuum anzunehmen, dann werden die strukturelle Isomorphie oder zumindest die enge Parallelität der Casimir-Kraft mit zentralen Effekten der Meditationsschulung offenkundig.

Nun: Wo wären die „Metallplatten", wo wäre das „Vakuum" in der meditativen Bewusstseinsschulung?

Die „Metallplatten" lassen sich sofort symmetrisch aufstellen (s. Abb. 5). Unter der Voraussetzung, dass wir den „Lust/Unlust-Raum" zwischen den Platten extrem einengen, z.B. mittels des achtgliedrigen Patañjali-Yogas, werden die zahlreichen Lust- und Unlustregungen drastisch reduziert. D.h., der Zwischenraum wird auf ein Minimum gebracht, die menschlich eben noch realisierbare Einengung der Lust-Unlust-Appetenzen. Somit schwinden die Lust- und Unlustregungen fast gänzlich und im gleichen Atemzug kann sich dank den subtilen Bewusstseinsfeldfluktuationen die alles durchdringende Stille mental manifestieren.

Ähnlich wie die Casimir-Kraft wohl kaum über einen Plattenabstand größer als 1 mm und bei einem schwachen Vakuumzustand zu beobach-

ten sein wird, so kann die alles durchdringende Stille solange nicht beobachtet oder erfahren werden wie
1. der Lust-Unlust-Raum („*der Abstand zwischen den Platten*") viel zu groß ist und
2. viel zu viele Lust-Unlust-Vorstellungen das Bewusstsein von der überall vorhandenen Stille ablenken.

Erst durch eine umfassende Einschränkung des Lust-Unlust-Raumes und der damit einhergehenden drastischen Reduzierung von groben und auch subtilen leidenschaftlichen Regungen können die Bedingungen erfüllt werden, welche die Erfahrung der Kraft der Stille möglich machen. Sogar die physikalische Argumentation über den Gegensatz zwischen *endlicher* Casimir-Kraft und der prinzipiell unendlichen, faktisch aber unvorstellbar hohen Quantenvakuumenergie[5] lässt sich bestens auf die beschränkte, endliche Erfahrung der unendlichen, psychophysischen Stille übertragen: Beobachtet, erfahren oder gemessen werden nur Energie- wie auch Bewusstseins*unterschiede*.

Wegen der physisch-körperlichen Dimension des Menschen lässt sich der Lust-Unlust-Raum („*der Abstand zwischen den mentalen Platten*") kaum auf genau Null einschränken.

Anders als die Casimir-Kraft lässt sich die „*Kraft der Stille*" nicht in Kilo - Meter - Sekunde messen. Höchstens könnte man sie als Informationsmenge eines Quantenbits verstehen, der in seiner prinzipiellen Superposition und Einheit alle möglichen, unendlichen Quantenbits *virtuell enthält*.

Die Meditationsschulung des Bewusstseins – z.B. gemäß Patañjalis achtstufigem Plan – lässt sich ohne weiteres mit den zahlreichen Vorbereitungs- und Durchführungsschritten eines Casimir-Experimentes vergleichen. Die ersten fünf Yogastufen dienen 1. der systematischen, intensiven Einschränkung des Lust-Unlust-Zwischenraumes und 2. der Entleerung (Herstellung des Vakuumzustandes) des Bewusstseins von allen groben Lust-Unlust-Regungen und Vorstellungen. Hierzu gehören die

---

[5] Die Energiedichte wird z.Zt. ca. 10^{120} mal höher geschätzt als die Vorhersagen der kosmologischen Konstante, falls die Planck'sche Länge (10^{-35} m) als oberste Grenze der Frequenz angenommen wird. Dieser Schätzungsunterschied 10^{120} führt u.a. zu bislang kaum verstandenen Widersprüchen in Bezug auf die beobachtete Ausdehnung des Universums. Durch die ständig abnehmende Energiedichte könnte beispielsweise die Gravitationskonstante während der Universumsentwicklung variieren!

Räumung und Kontrolle von leicht wahrnehmbaren, störenden Gedanken und Gefühlen sowie die Minimierung der muskulären Aktivität, die Beruhigung der Atmung und die Beherrschung der Sinnesfunktionen, welche primär auf die Regulierung der Lust-Unlustempfindungen gerichtet sind. Erst mit den eigentlichen Meditationsstufen des *Samyama* kann der Lust-Unlust-Zwischenraum so eingeengt und überwacht werden, dass subtil-narzisstische Regungen (Stimmungen, Meinungen etc.) bewusst wahrgenommen und beseitigt werden können.

In den obersten letzten Stufen der Meditation (*dhyāna, samādhi*) kann dann die „Kraft der Stille" – analog der Casimir-Kraft – beobachtet oder vielmehr achtsam gespürt werden. Je mehr die mentale Entleerung oder die mentale Vakuumherstellung und der Lust-Unlust-Zwischenraum (sozusagen die „*Entfernung der Platten zueinander*") minimiert werden, umso deutlicher kann sich die Glück bringende mentale Stille manifestieren und bei fortschreitender Übung... exponentiell wachsen.

Wie auch immer, ob Casimir-Kraft oder mentale Stille-Kraft, wir beschreiben nichts anderes als Feldvariationen eines unitären Bewusstseinsquantenfeldes, dessen Ausdrucksformen uns mal als Energie, mal als Information erscheinen. Da die strukturelle Isomorphie dieser erkennbaren Äußerungsformen nicht zu übersehen ist, lässt sich in der Tat fragen, ob *Ockhams Rasiermesser* (vgl. Wilhelm von Ockham, um 1285-1349) somit überflüssig wird.

Dieser Theologe und Aussagenlogiker stellte sich gegen die unnötige Vermehrung von existierenden Wesenheiten. Der folgende lateinische Spruch fasst seine erkenntnistheoretische Position zusammen:

„*Pluralitas non est ponenda sine nessecitate*". (Man soll nicht die Vielfalt ohne Notwendigkeit annehmen.)

Der Verzicht auf die Äther-Annahme durch Einstein ist wohl ein berühmtes Beispiel für eine mutige, aber konsequente Anwendung von „*Ockhams Rasiermesser*".

Sicher: Es ist schwer – wenn nicht unmöglich – in Bezug auf den Dualismus „Geist-Materie" eine Entscheidung über die Notwendigkeit einer solchen Duplikation der Realität (z.B. mentale Stille vs. Quantenvakuum) zu belegen. Seit Anbeginn der menschlichen Bewusstseinsreflexion (vor mind. 5000 Jahren) schwanken die Festlegungen zwischen Monismus und Dualismus, wobei – was die meditativen, kontemplativen oder mystischen Traditionen angeht – eine leicht erkennbare Neigung zu monistischen, nicht-dualen Festlegungen zu beobachten ist.

Nicht zuletzt durch die Implementierung der Quantenphysik und durch die damit einhergehende zunehmende Betrachtung der „Materie" als

„Quantenbit-Informationssystem", scheinen die Tage eines strengen Dualismus von Geist und Materie, der etwa von Zarathustra, Mani, Descartes und vielen anderen brillant vertreten wurde, gezählt zu sein. Nicht zuletzt durch den „Quantenbit" (vgl. Kap. 13, Exkurs) und die Superpositionsquantenlogik (*Schrödingers Katze ist gleichzeitig tot und quicklebendig!*) lassen sich harte Dualismen weniger zwingend vertreten.
Für die meditierenden oder systematischen Beobachter des Bewusstseins, die rationale Diskurse eher als rigide Hindernisse für die transkonzeptuelle Bewusstseinsexploration ansehen, erscheinen solche *Entweder-oder-Konzepte* meist als Hilfsmittel der menschlichen Kommunikation, **nicht** jedoch als Abbildfunktionen der erfahrbaren Wirklichkeit.
So wird man in den meditativen, mystischen und kontemplativen Traditionen, die sich mit der Bewusstseinsstille eingehend befassen, eher flexible bzw. subtile „Pseudo-Dualismen" antreffen. So z.B. im Taoismus existiert die grundlegende Dualität oder Polarität **Yin und Yang** nicht unabhängig oder zusätzlich zum **Tao**. Diese und weitere Unterscheidungen gefährden die prinzipielle Tao-Einheit nicht. Es sind vor allem konzeptuelle Aspekte, die des Einsatzes vom „Ockham-Rasiermesser" gegen überflüssige Entitätsannahmen nicht bedürfen. Ähnliches lässt sich über die Grundenergie „chi" (jap. ki) feststellen. Die Unterscheidung zwischen einem mentalen „chi" und einem physikalischen „chi" kann man zwar konzeptuell einführen; in den chinesischen Traditionen wird aber in aller Regel „chi" als *universelle, psychophysische Energie und unitäre Realität* betrachtet.

Interessanterweise hat Baruch Spinoza (1632-1677) in seiner Interpretation des strengen kartesianischen Dualismus (*res extensa, Materie vs. res cogitans, Geist*) eine ganzheitlich-einheitliche Sicht wieder eingeführt, worin – ähnlich dem monistischen Taoismus – eine einzige Realität anzutreffen ist. Diese Realität nennt er „selbstständige Substanz". Letztere kann je nach Überzeugung oder Erfahrung als Gott oder als Natur (vgl. seinen berühmten lateinischen Spruch: *deus sive natura*) bezeichnet werden. Die kartesianischen Eigenschaften „*extensa*" (ausgedehnt sein) und „*cogitans*" (denkend sein) sind demnach für Spinoza nur verschiedene Äußerungsformen der einen Realität oder Substanz. Spätere Bezeichnungen – vorrangig aus kirchlichen Kreisen kommend – wie Atheismus und Pantheismus sind m. E. Vereinfachungen, die der subtilen, mit *quantenähnlichen Superpositionen* arbeitenden Sichtweise Spinozas nicht gerecht werden.
Seine vom lateinischen Stoizismus beeinflusste Leidenschaftslehre entspricht im Grunde genommen dem Grundsatz „*Glück durch Einen-*

gung und Kontrolle der Lust-Unlust-Regungen". An diesem Punkt braucht man die heute befremdlich wirkende „geometrisch-mathematische" Ableitung Spinozas überhaupt nicht. Denn die Seelenruhe bzw. das menschliche Glück können anders nicht erreicht werden. Zu einer solchen Behauptung gibt es so oder so, d. h. mit oder ohne geometrische Ableitung (lat. *more geometrico*), keine Alternative. Jede noch denkbare Alternative würde auf keinen Fall Ockhams Rasiermesser überstehen:

pluralitas non est ponenda sine necessitate.
(Man soll nicht die Vielfalt ohne Notwendigkeit annehmen)

11. Die Supersymmetrie des Buddhaweges und die Achtsamkeitsschulung

Die Geschichte der modernen Physik lässt sich als die Suche nach dem unitären Quantenfeld darstellen, woraus uns kaskadenähnliche Symmetriebrechungen im Gefolge des zweiten thermodynamischen Gesetzes (Hitze fließt von einem heißen zu einem kälteren Körper[6]) die Entropie oder den Pfeil der Zeit immer drückender bewusst machen.
Die große physikalische Vereinigung der vier Kräfte (schwache und starke Kernkraft, elektromagnetische und Gravitationskraft) über das hypothetisch angenommene Higgsfeld und die vermuteten Supersymmetrien zwischen Bosonen und Fermionen bringen uns unweigerlich immer näher an die Energie-Planck-Grenze bzw. in die Nähe vom Urknall, von Schwarzen Löchern, von Null Kelvin-Grad, kurzum in Richtung des unitären Quantenvakuumfeldes.
Die heute beobachtbaren getrennten Kräfte (z.B. elektromagnetische und Gravitationskräfte) sind in diesem Szenario als entropische Symmetriebrechungen zu verstehen. Die aktuellen Superstringtheorien konzipieren Bosonen und Fermionen samt ihren Erscheinungen (z.B. Teilchen, Kräfte) als String-Oszillationen in einer elfdimensionalen Hyperraumzeit. In solchen Konzeptionen paart sich die Idee der Symmetrie und ihrer Brechungen immer mehr mit der Idee eines unitären oszillierenden Quantenfeldes (letzten Endes: das Quantenvakuumfeld), woraus sich Energie durch entropische Symmetriebrechungen in zahlreichen Formen zeigen kann.

Analog hierzu lässt sich der *„Nirwana-Durchbruch"* als Erfahrung der allumfassenden Bewusstseinsstille, als mentale Bewusstwerdung der ursprünglich invarianten Supersymmetrie des unitären „Bewusstseinsquantenfeldes" betrachten.
In dieser Hinsicht führt jede Form von „Erwachen, Satori, mystische Union, Theosis etc." zwangsläufig weg von der Bewusstseinsentropie mit ihren kaskadenhaften Symmetriebrechungen bzw. mentalen Störungen und psychischen Leiden hin zur Glück spendenden *Bewusstseinssymmetrie* (Negentropie). Die orthodoxe Vermittlung des Buddhismus basiert im Grunde auf *mentalen* Symmetrien und zielt auf eine unüber-

---

[6] Vgl. Penrose, 2005: "The second law of thermodynamics which in its simplest form basicly asserts: heat flows from a hotter to a colder body." (S. 689).

treffliche *Supersymmetrie des gesamten Bewusstseinsfeldes, was in der Regel als Erwachen oder Erleuchtung beschrieben wird.*

Dies gilt eindeutig für den Buddhismus. Die Supersymmetrie scheint m. E. für jede Weisheitslehre – gestern, heute und morgen – über alle Kulturen hinweg zu gelten, egal wie sie heißen, z.B. Konfuzianismus, Taoismus, Epikureismus, Stoizismus, christliche, indianische, jüdische, sufische Weisheitslehren. Insofern dürfte es einen nicht wundern, dass wir mitten in den Lehren und Meditationsübungen vieler buddhistischer Varianten – wie eben in der modernen Physik – auf *invariante Supersymmetrien, weg von entropischen, störenden Symmetriebrechungen, immer wieder stoßen.* Nur das Gegenteil wäre bewusstseinspsychologisch äußerst verwunderlich!

Die vier „edlen Wahrheiten" des Buddhismus, der invariante Kern aller bislang bekannten Buddhismusvariationen, basieren auf der Lust-Unlust-Symmetrie und sind selbst klar symmetrisch zueinander.

1. Edle Wahrheit: *Alles Leben ist Leiden.*
2. Edle Wahrheit: *Es gibt Gier, Lebensdurst (nach Lust streben und Unlust meiden).*
3. Edle Wahrheit: *Es gibt eine Befreiung von Gier oder Lebensdurst.*
4. Edle Wahrheit: *Diese entsteht durch den achtfachen Weg* (skrt. *astangika marga*).

Streben nach Lust und Unlust meiden (2) bewirkt **Leiden bzw. Unglück**. Leben entsprechend dem achtfachen Pfad (4) bewirkt **Glück** bzw. **Befreiung** vom Leiden.
Da die meditative Achtsamkeit auf das siebte Glied des achtfachen Pfades (lt. Buddha) für sich allein genommen ausreicht, Nirwana zu erreichen oder zu verwirklichen, lässt sich die Symmetrie der vier „edlen Wahrheiten" kaum prägnanter wiedergeben:

(2) Streben nach Lust/Unlust meiden bewirkt (1) Leiden/Unglück.
(4) Rechte Achtsamkeit bewirkt (3) Befreiung vom Leiden/Unglück.

Aus der Symmetrie lässt sich schon erkennen, dass die „vollkommene Achtsamkeit" mit der Kontrolle der Gier oder der Einschränkung des Lust-Unlust-Handlungsraumes wesentlich und unmittelbar zu tun haben muss.

Im Grunde genommen handelt es sich bei den vier *edlen Wahrheiten* um eine Antisymmetrie. Die zwei ersten „*Wahrheiten*" führen unweigerlich in Richtung Zunahme der Entropie bzw. Symmetriebrechungen. Psychologisch bedeutet dies: Zunahme des mentalen Leidens, der psychischen und Verhaltensstörungen.

Die letzten zwei edlen Wahrheiten *weisen dagegen in Richtung Supersymmetrie der glücklich machenden Bewusstseinsstille hin.* Egal was geschehen mag, ist eine gravierende, lang andauernde Unruhe oder eine konfliktuelle Zerreißprobe beim Erreichen einer starken, in sich stabilen mentalen Stille immer weniger wahrscheinlich.

Auch wenn die vollkommene Achtsamkeit (skrt. *samyak-smṛti*) allein ausreicht, um das Nirwana zu erfahren, lohnt es sich hier doch, die übrigen sieben Pfadkategorien des achtgliedrigen Pfadangebotes in aller Kürze zu erwähnen:

1. Vollkommene Erkenntnis (skrt. *samyagdṛsthi*) darunter das Erkennen der vier edlen Wahrheiten und der Ichlosigkeit des Daseins (*anātman*-Lehre).
2. Vollkommener Entschluss (skrt. s*amyak-samkalpa*), d.h. Entschluss zur Nicht-Verletzung (skrt. *ahimsā*), Entsagung und Wohlwollen.
3. Vollkommene Rede (skrt. *samyag-vāch*), d.h. Vermeiden von Lüge, übler Nachrede und Geschwätz.
4. Vollkommenes Handeln (skrt. *samyak-karmantha*) d.h. Vermeiden von Handlungen, die gegen die fünf Gebote für Laienanhänger und die zehn Gebote für Mönche und Nonnen verstoßen.
5. Vollkommener Lebenserwerb (skrt. *samyag-ājīva*) d.h. Vermeiden eines andere Lebewesen schädigenden Berufes wie z.B. Jäger, Waffenhändler, Schlächter etc.
6. Vollkommene Anstrengung (skrt. *samyag-vyāyāma*) d.h. Fördern von karmisch förderlichen Fähigkeiten und Vermeiden von karmisch negativen Neigungen.
7. Vollkommene Achtsamkeit (skrt. *samyag-smṛti*) d.h. beständige Achtsamkeit auf Körper, Gefühle, Denken und Denkobjekte (s. u.).
8. Vollkommene Sammlung (skrt. *samyak-samādhi*) d.h. Konzentration des Bewusstseins in Richtung „vier Versenkungen", gekennzeichnet durch

1. Loslösung von Begierden und den drei Wurzeln des Unheilsamen (1. Gier; 2. Hass; 3. Verblendung),

2. Zur Ruhe kommen von Nachdenken und Überlegungen durch die „Einspitzigkeit" der Konzentration auf einen einzigen Meditationsgegenstand,

3. *Wohlbehagen und Sanftmut,*
4. *Stabile Wachsamkeit bzw. Gleichmut.*

Die vollkommene Achtsamkeit wird in den mittleren Sutren-Sammlungen (*Majjhima-Nikāya*) und vor allem im Satipatthana-Sutra besonders behandelt und hervorgehoben. Sie wird in diesem Text als ein ausgezeichneter Pfad ohne Verzweigungen, also aus einem Guß, direkt und klar (skrt. *ekayano marga*) beschrieben.
Dieser Pfad geht durch vier Hauptgegenstandsbereiche der Meditation in folgender Reihenfolge:
1. vollkommene Achtsamkeit über den Körper,
2. vollkommene Achtsamkeit über die Gefühle,
3. vollkommene Achtsamkeit über die Bewusstseinsprozesse,
4. vollkommene Achtsamkeit über die Bewusstseinsgegenstände.

Schon durch ihre Gliederung und Thematik erweist sich dieser buddhistische Lehrtext als eindeutig psychologisch und steht in diesem Sinn dem Patañjali-Yoga (s. Kap. 9) bestimmt nicht nach.

Wie sollte man die Schulung der vollkommenen Achtsamkeit entlang dem Gegenstand „Körper" einleiten?
Buddha beginnt mit der achtsamen Beobachtung der natürlichen Atmung. Allmählich soll die Atmung ruhiger werden und den gesamten Körper und das Mentale beruhigen. Auf diese Weise beobachtet sich der Meditierende beim Gehen, Sitzen oder Liegen, sowohl von außen (Verhaltensbeobachtung) als auch von innen (Erlebnisbeobachtung), wobei die Reihenfolge wie folgt vorgeschlagen wird: 1. Innen-, 2. Außen-, 3. Gemischt-Beobachtung.
Allmählich wird die Körperbeobachtung auf alle durchgeführten Handlungen (z.B. essen, trinken, sprechen, Kleider tragen etc.) ausgeweitet.
Anschließend beobachtet der Meditierende seine Körperteile direkt (z.B. Zähne, Haut, Urin) oder indirekt – über Tasten oder propriozeptive Reize (z.B. Leber, Magen, Darm).
Ferner denkt er über die Einzelteile seines Körpers als besondere Mischungen von Elementen wie Wasser, Erde, Feuer und Luft gründlich nach. Der Meditierende stellt sich alsdann seinen Körper als Leiche vor, die langsam vor sich hin verwest. Wie bei allen Beobachtungen zuvor (und danach) besteht Buddha darauf, dass sich der Übende seinem jeweiligen Meditationsgegenstand **weder lust- noch unlustbetont** zuwendet. Seine Leiche stellt er sich schließlich als zufallsmäßig auf dem Boden verstreut (z.B. hier ein Zahn, dort ein Fingerknochen) vor.

Nach dem Meditationsgegenstand „*Körper*" werden die *Gefühle* zum Thema gemacht. Es scheint, dass Buddha psychologisch vom eher dauerhaften, nämlich dem Körper, über die Gefühle und Bewusstseinslagen zu eher kurzlebigen Vorstellungen fortschreitet.

Der Meditierende achtet zuerst auf die *Lust-Unlust-Komponente* seines Gefühls entlang den drei Kategorien: lustvoll, schmerzhaft, weder lust- noch unlustbetont. Anschließend achtet der Übende 1. auf die Entstehung seiner Gefühle: *innen* (Erleben), *außen* (Verhalten), dann beides *außen und innen*; 2. auf das Verschwinden seiner Gefühle, und 3. schließlich auf Entstehen und Vergehen der Gefühle.

Während der dritten Phase konzentriert sich der Übende auf seine Bewusstseinstönung oder -lage. Damit sind noch nicht einzelne Vorstellungen gemeint, sondern eher *„Ganzqualitäten des Bewusstseins"* wie z.B. motiviert, träge, neugierig, konzentriert, ermüdet...

Ähnlich wie die Gefühle sind solche Ganzqualitäten leichter zu beobachten als beispielsweise vorbeihuschende, kurzlebige Vorstellungen.

Wie bei den Affekten werden auch hier Entstehen und Verschwinden zunächst einzeln, dann gemischt-systematisch betrachtet.

Erst danach, in der Regel nach einigen Monaten, werden kognitive Vorstellungen als Meditationsgegenstände angegangen. Die Achtsamkeit gilt allerdings nicht sofort der Vorstellung als solcher. Vielmehr soll beobachtet werden, ob irgendein sinnesbetonter Wunsch auftaucht oder nicht, und wenn ja, wie dieser Wunsch entsteht, vergeht und beides zusammen.

Generell wird alsdann die Aufmerksamkeit auf die begleitenden Reaktionen gerichtet, die mit dem Aufkommen und Verschwinden jeder Vorstellung einhergehen, wie z.B. Zweifel, Langeweile, Faszination.

Der Übende ist nun so weit, dass er die einzelnen Bestandteile jeder Vorstellung ins Visier nehmen kann: die Empfindungen, die Sinneswahrnehmungskomponenten, die kognitiven und linguistischen Beziehungsaspekte.

Nachdem die wechselnden Komponenten von oft flüchtigen, kaum bewussten Vorstellungen achtsam beobachtet wurden, ist nun der Übende in der Lage, die allmähliche Transformation seiner Bewusstseinsstruktur in Richtung Ausdauer, Mitgefühl, Gleichmut und Achtsamkeit aufmerksam zu verfolgen.

Erst dann ist der Meditierende bewusstseinspsychologisch bereit, die universelle Treffsicherheit der *„vier edlen Wahrheiten"* achtsam zu bestätigen: *Dies ist Leiden; dies ist der Ursprung des Leidens; dies ist die Befreiung vom Leiden; dies ist der Weg zur Befreiung vom Leiden.*

Wenn der Weg – wie hier im Satipatthana-Sutra – mit Einübung in Achtsamkeit gleichgesetzt wird, dann schließt sich hier der Meditationszyklus. Man fängt damit an, seine Achtsamkeit auf die Atmung zu lenken und kommt an dem Punkt zu Ende, wo die Achtsamkeit zum Gegenstand der Achtsamkeit wird.

Eine solche selbstreflexive Meditation verlangt eine lange Vor- und Einübung. In dieser Endphase gibt es keine Dualität der Trennung zwischen „*Subjekt und Objekt*", zwischen „*achtsam Meditieren*" und einem „*Meditationsgegenstand*". Alles wird sozusagen *eins*, nämlich achtsame Stille oder stille Achtsamkeit. In diesem vollkommenen, meditativen Bewusstsein ist alles eins: Es gibt keine entstehende oder vergehende Lustregung mehr, die gleichsam von außerhalb der „*stillen Achtsamkeit des Bewusstseins*" das Feld verändern oder stören, sprich mentales Leiden nach sich ziehen würde.

Das Satipatthana-Sutra endet mit der Feststellung:

Der Achtsamkeitsweg führt direkt zur endgültigen Befreiung vom Leiden und zur Verwirklichung des Nirwana.

Entsprechend unserer achtsamen Lektüre dieses Sutras heißt also **Nirwana** wohl genau: **vollkommen bewusst gewordene Stille mitten im erwachten Bewusstsein.**

12. Feynmans Pfadintegral und die vier Nachtwachen des Buddhas

Feynman (1918-1988) legte 1948 eine originelle neue Darstellung der Quantenmechanik vor, die später als Feynmans *Pfadintegral* bezeichnet wurde. Er erweiterte das Modell des quantenphysikalischen *Doppelspalt*experimentes, wonach ein Teilchen (Photon, Elektron...) vom Emissionsgerät (A) durch einen oder beide Spalte zum Nachweisschirm (B) gelangen kann, in Richtung eines *„unendlichen Spaltexperimentes"*. D.h., ein Teilchen bewegt sich nun von (A) durch unzählige alternative Wege, um zu (B) zu gelangen. Da die Quantensuperposition angenommen werden muss, lässt sich die Summe aller (letzten Endes unendlichen) Wege - die wahrscheinlichsten Pfade wie auch die unwahrscheinlichsten - mit ihrer jeweiligen Wahrscheinlichkeit bilden. Auch wenn die einzelnen Pfade nicht gleich wahrscheinlich sind, muss die gesamte Superposition die max. Wahrscheinlichkeit p = 1 betragen.
Die Abbildung 6 zeigt nur drei mögliche Wege aus dem Pfadintegral, die ein subatomares Teilchen von (A) nach (B) zurücklegen könnte.

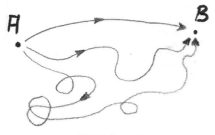

Abbildung 6

Der Pfad des Teilchens besteht also aus der Summe der unendlich superponierten möglichen Pfade (engl.: sum over paths; sum over histories; path integral). Dieses *Pfadintegral* hat zusammen mit den Feynman-Diagrammen zu einer mathematisch klareren Darlegung der Quantenelektrodynamik sowie generell zu einer Vereinfachung und Vereinheitlichung der Quantenfeldforschung beigetragen.
Im klassischen Fall der Newton'schen Physik bewegt sich ein freies Teilchen von (A) nach (B) – wenn es sich in einem kraftfreien Feld befindet – nach dem Prinzip der kleinsten Wirkung, also in diesem Fall entlang einer Geraden. Ganz anders im Rahmen des Pfadintegrals: Es geht durch *alle physikalisch möglichen Wege parallel, in integrale*

Superposition. Nur so kann sich das Teilchen in Übereinstimmung mit dem Grundzustand, nämlich dem Quantenvakuum, „verhalten".

Wenn analog dazu der Grundzustand menschlichen Bewusstseins als „reine Stille" oder „Nirwana" bezeichnet wird, dann können die unendlich möglichen Erscheinungsformen davon nur in Superposition auftauchen. Wie die Farbe „weiß" gleichsam das Produkt der Superposition oder Überlagerung unendlich vieler möglicher Farben ist, so muss sich das Bewusstsein als „reine Stille" (oder farblich ausgedrückt, als reines Weiß) wie ein *Pfadintegral oder die Summe über alle möglichen Bewusstseinsgeschichten manifestieren.*

Durchaus im Einklang mit der Feynman'schen Modellierung erweist sich Buddhas Erleuchtungsprozedur in der Nacht vor seinem endgültigen Durchbruch, der laut Tradition zu seinem Erwachen führte. *In dieser Nacht scheint sich Buddha einer schamanisch-psychologischen Meditationsform unterzogen zu haben,* **die – ähnlich wie beim Feynman-Pfadintegral – unendliche Summierungen über alle Geschichten oder die unendlichen Superpositionen aller möglichen Lebenspfade vollzog.**

Die Schilderung der vier Nachtwachen, welche Buddhas radikaler Bewusstseinstransformation oder Erleuchtung unmittelbar vorausgingen und einleiteten, geht auf die *„Buddhacarita"* Ashvaghosas (1-2. Jh. n. Chr.) zurück.

Während der ersten Nachtwache meditierte Buddha über seine früheren Geburten und Lebensgeschichten, deren glückliche und schreckliche Erlebnisse, Errungenschaften und Krankheiten. So erinnerte er sich an tausende dieser früheren Lebensgeschichten, als ob er sie im Zeitraffer wieder erleben würde. Indem er sich alle seine früheren Geburten und Tode anschaulich vorstellte, erfasste Buddha ein tiefes Mitgefühl zu allen Menschen. Er sagte dann zu sich selbst sinngemäß:

„Immer wieder müssen sie die Verwandten und Freunde verlassen, krank werden und sterben, dies ohne Unterlass. Diese Welt ist unbeschützt, hilflos und besteht nur in und aus Abhängigkeiten. Ein in sich selbstständiges, nicht verursachtes, unveränderliches Glück ist in dieser Welt offenbar nicht anzutreffen."

Nachdem das Mitgefühl mit seinen eigenen vergangenen Lebensgeschichten und mit den unzähligen Menschen, die vor ihm gelebt hatten, soweit entwickelt und gefestigt war, ging Buddha in die Meditation der zweiten Nachtwache über.

Er erweiterte seinen meditativen Blick über seine Schicksalsgeschichte und die „Lebensgeschichten aller Menschenbrüder und -schwestern" vor ihm auf das Schicksal *aller fühlenden Lebewesen*, einschließlich der einfachsten Formen des Körperbewusstseins bis hin zu den komplexesten nicht-menschlichen Lebewesen, zu denen in der damaligen Weltanschauung auch veränderliche Göttergestalten zählten. Beispielsweise mag er sich mit einem einzelnen Vogel identifiziert haben, mit seiner Suche nach Nahrung, den ersten Flugversuchen, seiner Lust beim Fressen, seiner Furcht vor Feinden etc., etc. Immer wieder, bei der vertieften Probeidentifikation mit jedem Lebewesen, ob Erdwurm oder Delfin, ging es darum, nur Lust oder Unlust in Abhängigkeit, nie aber sich als unveränderlich, unverursacht und selbstständig erfahren zu können.

Auch wenn eine Erweiterung und Bereicherung des Mitgefühls durch die Identifikationen mit Lebewesen über den menschlichen Bereich hinaus vor sich ging, blieb die Ausbeute dieser endlosen Superposition genauso „mager" wie bei der Probeidentifikation mit den Menschenbrüdern und -schwestern: *kein währendes Glück weit und breit, nur veränderliches, verursachtes Glück-Unglück in wechselseitiger Abhängigkeit!*

In seiner Darstellung der dritten Nachtwache vertritt der Darsteller Ashvaghosa – vermutlich durch Mahayana-Visionen geprägt – die gesteigerte Holographie oder Holomorphie aller fühlenden Lebewesen. Nach seiner Darstellung erfährt Buddha in der dritten Nachtwache die unzertrennbare Einheit aller bewusstseinsbegabten Lebewesen. Alle Lebewesen, ob einfach oder komplex, ob einfühlsam oder borniert, erscheinen wie ein einzigartiges Hologramm des unitären Bewusstseinsfeldes. Ashvaghosa lässt den Buddha in seiner dritten Nachtwache wie folgt sinieren:

„Als bewusstes Lebewesen hätte ich in irgendeiner dieser Bewusstseinsformen, egal ob einfach oder komplex, rein oder unrein, geboren werden können. Ja, sehr wahrscheinlich bin ich auch so geboren. Wie auch immer sehe ich keinen prinzipiellen Unterschied zwischen ihren Bewusstseins- und Glücksformen in Abhängigkeit und meiner jetzigen Bewusstseins- und Glücksform!"

Dieses hologrammartige Gesamtergebnis des Pfadintegrals oder der Summierung und *Superposition* von „Bewusstseinsgeschichten" erweitert die Empathie in Richtung eines universellen und unitären Bewusstseins gegenüber mitfühlenden Lebewesen. Je intensiver diese unzertrennbare Verbindung aller bewusstheitsbegabten Lebewesen hologrammartig erfahren wird, umso tiefer werden das Mitleiden und die Einsicht in die Veränderlichkeit und Abhängigkeit von Glück und Unglück emotional erkannt.

Gegen Ende der dritten Nachtwache sieht sich Buddha in *jedem* Glied der unendlichen Kette aller Lust-Unlust erleidenden Lebewesen wieder.

Angefangen mit der Meditationsübung der ersten Nachtwache, die nur mit seinen vorherigen irdischen Erscheinungen begann, ist er nun zum *Pfadintegral*, zur *„quantenpsychologischen, holographischen Superposition aller Lebensgeschichten"* gelangt.

Dieser *„**Pfadintegral des Bewusstseins**"* ist ihm dank der bedingungslosen Probeidentifikation mit allen „Brüdern und Schwestern" und der daraus entstandenen Erkenntnis des unveränderlichen, zentralen und gemeinsamen Nenners: „veränderliche Lust-Unlust (Glück-Unglück), nur-in-Abhängigkeit!" geglückt. Mitgefühl und Erkenntnis gehen hierbei Hand in Hand, bedingen sich gegenseitig, sind selber in Abhängigkeit begriffen und somit veränderlich.

Mit Schrödinger oder Feynman zu sprechen, geht Buddha gegen Ende der dritten Nachtwache in t*otale Verschränkung* (engl. *entanglement*) *mit allen Lebewesen*. Sein Bewusstsein spiegelt sich informationstheoretisch in einem einzigen, unendlichen, *verschränkten Quantenbit*, worin die „Geschichte" seines Lebens mit den Geschichten von zig Milliarden anderen Lebewesen *verschränkt* wird.

Ähnlich wie zwei Photonen, die über zig Kilometer im Glasfaserkabel *nicht* lokal verschränkt sind, so gelingt es Buddha in Verschränkung mit den Lebewesen vor (und nach!) ihm hologrammartig einzugehen.

Paradoxerweise, erst durch die bedingungslose Verschränkung mit den Höhen und Tiefen dieser Lebenswelt kann die endgültige Befreiung von den Perturbationen oder Gefährdungen des Glücks erreicht werden.

Am Ende der dritten Nachtwache, kurz vor der Morgendämmerung, und somit symbolträchtig, kurz vor dem Licht der Erleuchtung und vor dem Augenblick des Erwachens, ***erkennt und erfühlt Buddha seine prinzipielle und tiefgründige Identität mit jedem vergangenen, gegenwärtigen und künftigen bewussten Lebewesen.***

Die vierte und letzte Nachtwache markiert den bewussten Übergang, weit über die Lebewesen, in den grundlegenden Bereich der alle möglichen Universen umfassenden *Leere und Fülle, Sein und Nicht-Sein*, in perfekter Superposition oder Verschränkung.

Die Nirwana-Stille taucht hier als unitäres Informationsquantenfeld mitten im Bewusstsein Buddhas auf. D.h., die Leidenschaften, die menschlichen Luststrebungen, die Unlustabneigungen sind zum Stillstand gekommen.

Im Nu erwacht das Bewusstsein zur „zweiten endgültigen Quantisierung". Das *Pfadintegral*, die Summe aller Lebewesen-Geschichten wird sozusagen fallen gelassen, denn der Nullpunkt der Leidenschaften, so subtil oder unterbewusst sie auch sein mögen, ist erreicht. Die Stille dieses Nullpunktes ist nicht einfach „rein gar nichts" (vgl. Nihilismus, negativistische Deutungen des Buddhismus). Vielmehr wird sie von Ashvaghosa und vielen anderen Autoren als die *radikale Superposition von „Sein und Nicht-Sein", von „Fülle und Leere", von „keiner Welt und allen Welten" zugleich* beschrieben.

Die erreichte Stille am Nullpunkt der Lust-Unlust-Variationsmöglichkeiten befreit zwar von allen Zu- und Abneigungen, enthält aber im gleichen Atemzug die Potentialitäten aller Lust-Unlust-Welten. Erst an diesem Nullpunkt der niedrigstmöglichen Energie oder Information angelangt, kann sich die Totalität des unveränderlichen Glücks in der invarianten, sich selbst gleich bleibenden Bewusstseinsstille, erfühlen und erdenken. An diesem Nullpunkt der Lust-Unlust-Energie, in dieser Grundstille des Bewusstseins, ist Sein und Nicht-Sein, Zeit und Zeitlosigkeit, Geist und Materie unzertrennbar *eins*, **unteilbar superponiert**.

Der Durchbruch der vierten Nachtwache in die unveränderliche Grundstille des Bewusstseins verlangte von Buddha nicht sein physisches Ableben. Ganz im Gegenteil, in diesem verschränkten Bewusstseinszustand der Stille wanderte er quicklebendig über vier Jahrzehnte, kreuz und quer durch Nordindien. Vom Blickwinkel des Buddhas soll jede Form der Achtsamkeit, Konzentration, Bewusstseinsklärung, Meditation etc. zum Durchbruch oder Erwachen der „vierten Nachtwache" hinführen.

Im heutigen Buddhismus gibt es nur noch vereinzelt Meditationslehrer und -lehrerinnen, die die sog. „Jīvamālā-, Bodhi-Baum- oder Nachtwachen-Meditation" systematisch lehren. In aller Regel wird eine solche Meditation *nicht* zur superponierten Stille binnen einer einzigen Nacht führen!

Die schrittweise Probeidentifizierung mit allen menschlichen und nichtmenschlichen Brüdern/Schwestern/Lebewesen scheint mir *eine ausgezeichnete psychologische und psychotherapeutische Dauerübung zu sein, um sich Schritt für Schritt das Pfadintegral oder das superponierte Glück der Buddha-Bewusstseinsstille zu eigen zu machen.*

13. Vom klassischen zum Quanten-Nirwana

Der Übergang von der klassischen Newton'schen Physik (*Philosophiae naturalis principia mathematica*, 1687) zur Relativitätstheorie (Einstein, 1905, 1916) und insbesondere zur Quantenphysik (ab 1925) hat ca. 300 Jahre gedauert und ist noch nicht abgeschlossen. Im Rückblick erscheint die Newton'sche Mechanik als ein Sonderfall oder gekonnte Vereinfachung der Quantenmechanik. Anders ausgedrückt: Die moderne Physik verallgemeinert und erweitert die ursprüngliche Sichtweise. So betrachtet ist die Quantensichtweise implizit in der klassischen Physik enthalten. Die Heisenberg-Unbestimmtheitsrelationen kommen also nicht „hinzu", sondern – wie bei der Aktualgenese der Gestaltpsychologie – entfalten sich beim genaueren Hinsehen.

Wenn die „Quantengestalt" alles durchdringt, dann wird das Bewusstsein selbst dadurch voll erfasst sein. Da aber die „Quantengestalt" eine subtilere Denk- und Wahrnehmungsprozedur voraussetzt, um bewusst zu werden, wundert es einen nicht, dass erst gröbere, sog. klassische Darstellungen der „Quantengestalt" erscheinen, um dann u. U. durch subtilere, präzisere Darlegungen verfeinert zu werden. Subtilere Präsentationen eines Sachverhalts stoßen fast immer auf heftige Widerstände und haben meist Schwierigkeiten, sich gegen die klassische, gröbere Sichtweise durchzusetzen. Diese sozialpsychologische Tatsache lässt sich heute trotz acht Jahrzehnten höchst erfolgreicher Quantenphysik bis innerhalb der physikalischen „Scientific Community" feststellen. A fortiori wird man in Bereichen, in denen die experimentelle Beweislage derjenigen der Physik nicht einmal annähernd entspricht, auf erhebliche Schwierigkeiten stoßen, sobald subtile Präsentationen von „Quantengestalten" auftauchen sollten.
Der religiöse Bereich bestätigt weitgehend eine solche Annahme. Am ehesten wird man im religiösen Bereich die subtileren, quantengestaltähnlichen Präsentationen in eingeweihten, esoterischen und mystischen Kreisen antreffen können. So z.B. wird man solche Präsentationen des religiös-spirituellen Gegenstandes im Rahmen bestimmter Sufi-Schulen des Islams, in Kabbalah-Kreisen des Judentums oder in Mystik-Traditionen des Christentums antreffen.

Im Großen und Ganzen gilt die obige Annahme ebenfalls für den Buddhismus. Dadurch aber, dass der Nirwana-Zustand anhand des Satipatthana-Sutras geschildert (s. o.) als Meditationsgegenstand eine unübersehbare Affinität zum subtilen Bewusstseinsbereich innehat, wird es wohl niemanden überraschen, dass der Buddhismus, wie auch der Taoismus, zu den Kulturströmungen gehören, die am vielfältigsten und kreativsten mit der „Quantengestalt" des Bewusstseins und des Universums vorlieb genommen haben.

Was den Buddhismus angeht, hat es immerhin einige Jahrhunderte – wie in der Physik – gedauert, bis sich eine solche Sicht konstituiert und ausgebreitet hat.

In der Regel gilt das Auftauchen der ersten „Prajñāpāramitāsutren" (insgesamt ca. 40 Schriften über die *sog. höchste Weisheit*) um die Zeitenwende als der Beleg für den Übergang vom klassischen Nirwana zum *„Quanten-Nirwana"*. Unter diesen Schriften haben insbesondere das *Herz- und das Lotus-Sutra* einen enormen Einfluss auf die Weiterentwicklung des sog. Mahayana-Buddhismus ausgeübt, der sich in Nordindien, China, Tibet und Japan allmählich ausbreitete. Zentral für diese beiden Texte wie auch für alle anderen 40 Schriften über die *höchste Weisheit* (skrt. *prajñāpāramitā*) sind die tiefgehende Meditation oder Reflexion über die Leerheit (skrt. *shunyatā*) und die Zentrierung um das *Bodhisattva-Ideal*. Beide Kategorien haben wesentlich dazu beigetragen, den Übergang von einer eher klassischen, individualpsychologischen Sichtweise zu einer quantenfeldähnlichen Position herbeizuführen.

In diesem Kontext wird Nagarjuna (2. Jh. n. Chr.) als brillantem Theoretiker, der als Begründer der *„Mittleren Schule"* (skrt. *mādhyamika*) gilt, eine zentrale Einflussnahme zugesprochen. Nicht ohne Grund wird er daher in etlichen Texten als „der zweite Buddha" betrachtet.

Als Ausgangspunkt seiner Theorie der Leere (*shunyatā*) setzt Nagarjuna das Prinzip des bedingten, verursachten Entstehens bzw. des Existierens in Abhängigkeit voraus. Die Phänomene sind deswegen leer, *weil sie voneinander abhängig sind*. Das eine kann nur durch das andere entstehen und bestehen. Keine Entität kann wirklich existieren, weil ihr Vorhandensein *sofort* das Vorhandensein von etwas anderem unbedingt voraussetzt. Dies gilt für alle Begriffe, weil sie immer schon das Gegenteil implizieren, was Lao-tse in den ersten Sätzen des Tao te kings lange vor Nagarjuna auf prägnante Weise formulierte:

I, 2 : „Wenn auf Erden alle das Gute als gut erkennen, so ist dadurch schon das Hässliche gesetzt." (vgl. Wilhelm, 1986).

Da sich die Erkenntnisse wie auch die Phänomene gegenseitig bedingen, sind sie zwangsläufig *nicht-lokal und nicht-kausal* miteinander *verschränkt* (engl. *entangled*).

Die Leerheit aller Erkenntnisse und aller Dinge lässt sich somit mit der unzertrennbaren Einheit oder Totalität der Verschränkungen gleichsetzen. Nirwana ist demnach nicht nur das Bewusstseinsfeld von einzelnen erwachten Menschen. *Nirwana ist das einzige Bewusstseins- und Wirklichkeitsfeld weit und breit.*

Die Leerheit stellt sich als die absolute Superposition oder Verschränkung möglicher Seins- und Nicht-Seinsweisen dar.

Durch seine subtile Dialektik und Logik der sog. „acht Verneinungen" (1. Keine Aufhebung, 2. Keine Erzeugung, 3. Keine Vernichtung, 4. Keine Ewigkeit, 5. Keine Einheit, 6. Keine Vielheit, 7. Keine Ankunft, 8. Kein Aufbruch) versucht Nagarjuna die Superposition aller Erkenntnisse und aller Phänomene als *Leere oder Stille* zu beschreiben. Der Weg der Negation – ähnlich wie in den Veden (z.B. skrt. *neti...neti*, weder-noch) oder in der negativen Theologie des Pseudo-Dionysius – zielt keinesfalls auf Nihilismus oder Negativismus, *sondern zielt auf die einzigartige Totalität oder Fülle, die mit dem Möglichkeitsfeld der „Existenz in Abhängigkeit" einhergeht.*

Der (relative) Weg der Negation schließt dialektisch das Gegenteil von *neti...neti* oder zu deutsch *weder-noch*, nämlich das vedische *iti...iti*, zu deutsch *sowohl als auch*, mit ein. Die buddhistische Formel „*Soheit*" (skrt. *tathata*) versucht eben das positive Unabhängig-Sein im universellen Abhängigen zum Ausdruck zu bringen. Oft taucht sie auch als Synonym zur *Leerheit (shunyatā)* in den Mahayana-Texten auf.

Dank der Einsicht in die einzige universelle Soheit oder Leerheit, in die prinzipiell unteilbare Superposition bzw. Verschränkung aller Erscheinungen, gewinnt das Ideal des Bodhisattvas an Klarheit. Denn jede Hilfe gegenüber anderen Lebewesen wird aufgrund der untrennbaren Totalität zwangsläufig zur Selbsthilfe.

Die durch die *höchste Weisheitslehre* (z.B. Lotus- und Herzsutra) eingeleitete „Superpositionsära" (s. z. B. *Nirwana ist Samsara; Form ist Leere*) des Mahayana-Buddhismus ist mit dem Bodhisattva-Ideal aufs Engste verbunden.

Der Bodhisattva (skrt. *bodhi* = Erleuchtung; *sattva* = Wesen, daher *Erleuchungswesen*) erstrebt die Befreiung vom Leiden nicht primär für sich selbst, sondern um den leidenden Wesen zu helfen und zur

Erleuchtung zu führen. Hierfür ist er bereit, das Leid aller Wesen auf sich zu nehmen und tätige Hilfe zu leisten.
Die Bewusstseinstransformation eines angehenden Bodhisattvas erfolgt entlang zwei bewusstseinspsychologischen Dimensionen:
- Entwicklung des Bewusstseins in Richtung *höchste Weisheit* (skrt. *prajñāpāramitā*)
- Entwicklung des Bewusstseins in Richtung *höchstes Mitgefühl* (skrt. *karunā*).

Diese zwei Dimensionen sind aufeinander superponiert bzw. aufs Engste verschränkt. Mit anderen Worten: Wissen und Mitgefühl, kognitive Einsicht und emotionales Mitschwingen, alles begreifende Weisheit und alles umfassende Einfühlung können nicht als voneinander getrennt aufgefasst werden, wie z.b. kognitive Einsicht für sich einerseits und Mitgefühl für sich andererseits.
Wenn jemand die Weisheit eines Bodhisattvas entwickelt, wird er zwangsläufig das Mitgefühl eines Bodhisattvas in sich wachsen lassen und umgekehrt.
Erkenntnis und Liebe, Kopf und Herz, Einsicht und *tätige* Hilfe (*karunā* enthält das skrt. Radikal *kr* = tun, machen) sind für den angehenden Bodhisattva nicht nur unzertrennbar, sie bedingen sich auch gegenseitig.
Die Verschränkung von *prājña* (Weisheit, Einsicht, tiefes Wissen) und *karunā* (tätige Hilfe, Mitgefühl, Erbarmung) kommt im Bodhisattva-Gelübde deutlich zum Ausdruck. Dieses Gelübde, das jeden Tag erneuert werden kann, lautet etwa:

1. Die Lebewesen sind zahllos; ich gelobe, alle vom Leiden zu befreien.
2. Die Täuschungen sind zahllos; ich gelobe, alle zu beenden.
3. Die Wege zum Nirwana sind zahllos; ich gelobe, durch sie alle zu gehen.
4. Die Erleuchtung ist grenzenlos; ich gelobe, sie zu verwirklichen.

Vom Blickwinkel des Alltagsbewusstseins verpflichtet man sich, allein schon durch den ersten Satz, zu einem „Ding der Unmöglichkeit".
Wir befinden uns gleichsam in der Bewusstseinslage eines klassischen Physikers, der zum ersten Mal über die Prinzipien der Quantenphysik informiert wird. Obwohl diese Sätze von seinem Standpunkt aus ihm absurd vorkommen, soll er sie dennoch als zutreffend anerkennen und sogar darauf schwören bzw. ein Eid ablegen. Erst nach Jahren der experimentellen Auseinandersetzung wird der klassische Physiker immer

mehr von der Richtigkeit der Quantenphysik überzeugt. Die anfängliche Absurdität schwindet dann zugunsten einer vertieften physikalischen Einsicht.

Solange wir nicht die Leerheit oder Stille der zahllosen Phänomene (Lebewesen, Täuschungen, Nirwana-Wege, Erleuchtungsformen etc.) erkannt und mitgefühlt haben, werden wir wie klassische Physiker nur über die „absurden Quantenphänomene" den Kopf schütteln.
Die paradoxe Formulierung des Bodhisattva-Gelübdes schwindet in dem Maße, wie die allumfassende Leere oder die alles durchdringende Stille *mit-erkannt und mit-gefühlt* wird.

Um das Schwinden der Paradoxien nachvollziehbar zu machen, möge man das Gelübde wie folgt – gleichsam vom Blickwinkel des Quantenphysikers – formulieren:
- Die *leeren* Lebewesen sind zahllos, aber *leer*; mein *leeres* Ich gelobt, alle vom *leeren* Leiden zu befreien.
- Die *leeren* Täuschungen sind zahllos, aber *leer*; mein *leeres* Ich gelobt, alle zu beenden.
- Die *leeren* Wege zum *leeren* Nirwana sind zahllos *leer*; mein *leeres* Ich gelobt, durch sie alle *leer* zu gehen.
- Die Erleuchtung ist grenzenlos *leer*; mein *leeres* ich gelobt, *leer* zu werden.

Aus dieser leerheitsgemäßen Umformulierung des Gelübdes dürfte zumindest klar werden, dass hier die Leere (*shunyatā*) zur zentralen Kategorie des Bodhisattva-Gelübdes wird und dass sich das Nirwana-Bewusstsein im Mahayana-Buddhismus der Zeitenwende von einer individual-psychologischen Angelegenheit zu einem universellen, psychophysischen Sachverhalt ausweitet.

Wie nun die Glück spendende Leere oder Stille mühsam verwirklicht werden kann, schildert die reichliche Bodhisattva-Literatur (tausende von Schriften) entlang diversen Pfaden und Bereichen (skrt. *bhūmi*).
Auch wenn die vorgeschlagenen Wege und Übungen mitunter von einer Kulturtradition zur anderen (z.B. Zen- vs. tibetischer Buddhismus) recht unterschiedlich ausfallen mögen, treffen wir doch auf konstante, immer wiederkehrende Fähigkeiten und Fertigkeiten, die den angehenden Bodhisattva bei der Verwirklichung seiner Gelübde begleiten soll. Zum Beispiel:

- Freigebigkeit, um egoistische Neigungen einzudämmen
- Geduld und Ausdauer, um die nötigen Fähigkeiten und Fertigkeiten zu entwickeln und zu stärken
- Mut und Entschiedenheit, um zahlreiche Hürden und Hindernisse auf dem langen, mühsamen Weg zu überwinden
- Achtsamkeit und Einsicht, um die zahlreichen Leiden zu überwinden
- Gelassenheit und Gleichmut, um die leidenschaftlichen Abhängigkeiten von Lust- und Unlustregungen abzuschwächen.

Dank der Paarung von *prajña* (Weisheit) und *karuṇā* (tatkräftige Hilfe, Mitgefühl) nähert sich der angehende Bodhisattva der vollkommenen Verwirklichung der höchsten Verweilungszustände (skrt. *brahmavihara*):

1. *Grenzenlose Güte* (skrt. *maitrī*), d.h. die Güte, das Wohlwollen, die bedingungslose Akzeptanz gegenüber allen uns gut oder auch schlecht gesonnenen Lebewesen.
2. *Grenzenlose tätige Hilfe/Mitgefühl/Erbarmen* (skrt. *karuṇā*). Es gilt unterschiedslos allen Lebewesen und gründet auf der Erfahrung der Einheit bzw. der Leerheit aller Seienden im erleuchteten Bewusstseinszustand. *Karuṇā* geht eindeutig über das passive Mitgefühl hinaus in die tätige Hilfe. Die Übersetzung „*Erbarmen*" (engl. *compassion*) gibt diesen wichtigen Aspekt ansatzweise wieder.
3. *Grenzenlose Mitfreude* (skrt. *muditā*). Es gilt, Schadenfreude zu überwinden und die Grenzen zwischen dem eigenen und einem fremden Ich hinter sich zu lassen. Mitfreude drückt die mitfühlende Teilnahme an der Befreiung anderer von ihren Leiden aus.
4. *Grenzenloser Gleichmut* (skrt. *upekshā*). Gleichmut oder Gelassenheit bezeichnet einen Bewusstseinszustand, der über Freude und Leid hinausgeht, indem dualistische Unterscheidungen überwunden werden. Gleichmut (manchmal als Sanftmut übersetzt) bedeutet auf keinen Fall Gleichgültigkeit (was genau das Gegenteil des Bodhisattva-Ideals implizieren würde!), sondern Überwindung aller unkontrollierter Emotionen und Leidenschaften, die zwischen Lust und Unlust hin und her pendeln.

Die eben geschilderten Bewusstseinszustände werden in Superposition gedacht. Mit anderen Worten: Vollkommene Güte ex- und impliziert die drei anderen Zustände und umgekehrt.

Sofern die vier Verweilungszustände noch nicht vollkommen bzw. grenzenlos geworden und somit nicht in unzertrennbare Verschränkungen eingetreten sind, lassen sie sich mitsamt ihrer vorbereitenden Fähigkeiten und Fertigkeiten wie Freigebigkeit, Meditation, Ausdauer als observable oder vielmehr quantenfeldähnliche Propagatoren der Bewusstseinsstille auffassen.

Insofern haben wir bei unvollkommener Verwirklichung des Bodhisattva-Ideals observable bzw. messbare Eigenschaften, die uns im Prinzip aufgrund skalierbarer Verhaltensbeobachtungen, Fragebogen- und Interviewdaten über mögliche Fort- und Rückschritte des angehenden Bodhisattvas in uns informieren können.

Im gewissen Sinne geschah dies schon oft und mit unterschiedlichem Erfolg in der empirischen Psychotherapie- und Meditationsforschung. Beispielsweise sind die jahrzehntelangen Messversuche der drei Hauptwirkfaktoren der Gesprächspsychotherapie nach C. R. Rogers (1951, *bedingungslose Wärme/Güte, Empathie und Kongruenz/Echtheit*) der erste umfassende Versuch, komplexe Merkmale des angehenden „*Bodhisattva-Psychotherapeuten*" entlang objektivierbaren Skalen zu messen, (vgl. hierzu van Quekelberghe, 1979; Tausch & Tausch, 1990).

Neuere Messverfahren über Akzeptanz und Achtsamkeit versuchen im Bereich der meditativen oder transpersonalen Psychotherapie die Pionierarbeit der klientenzentrierten Psychotherapieforscher weiter zu entwickeln. Sicher, je subtiler die Bewusstseinsfortschritte bzw. je verschränkter oder eigenschaftsloser die Merkmale werden, umso deutlicher werden die Grenzen der Messbarkeit. Dies wird ab einem bestimmten Entwicklungsstadium nicht nur an mangelhaften Messinstrumenten, sondern auch wegen der zunehmenden Verschränkung der „*Verweilungszustände*" an einer prinzipiellen Begrenzung liegen, durchaus analog den quantenphysikalischen Unbestimmtheitsrelationen Heisenbergs.

Indem sich die *Prajñāpāramitā*-Bewegung (z.B. Herz- und Lotussutra, Nagarjunas Schriften) zu Beginn der Zeitenwende auf die universelle Psychophysik des Nirwana-Zustandes besonders konzentrierte, wurde zunehmend klar, dass eine erweiterte, subtilere Denklogik vonnöten wurde. Dies erwies sich umso notwendiger, je weiter man in die äußerst subtilen Bereiche des meditativen Einheitsbewusstseins sowie in das nicht-duale Bewusstsein (vgl. hierzu Pyramidenmodell, Kap. 6) vorankommen und darüber nicht nur über gemeinsames Schweigen kommunizieren wollte.

Man brauchte - ähnlich wie die neuen Algebren (z.b. die Clifford-Algebra) und Geometrien (z.b. Hilbert-Räume) der komplexen Zahlen in der Quantenphysik - eine erweiterte Denklogik.

Nagarjuna hat, wie kaum ein anderer, dies begriffen und diesbezüglich neuartige Denkwege eröffnet. Zahlreiche Schüler und Autoren nach ihm wie z. B. Aryadva (3. Jh. n. Chr.), Bhāvavikeka (6. Jh. n. Chr.), Chandrakīrti, Shāntideva und Kamalashīla (7. – 8. Jh. n. Chr.) haben diese neuen Denkwege weitertradiert und -entwickelt, die erstaunlich viele Parallelen zu Quantenbit- oder Qubit-Logik aufweisen.

Exkurs über den Quantenbit oder Qubit

In der Quanteninformatik ersetzt der Quantenbit (abgek. *Qubit*) die klassische Ein-Zustand-Information (Bit, Binary Digit, entweder 0 oder 1). Ein Qubit ist somit *die kleinste Einheit eines superponierten Zweizustands-Quantensystems*. Neben der Superposition zweier genau unterschiedlicher Zustände spielt die Verschränkung als Interferenz von N-Qubits eine zentrale Rolle. Ein N-Qubit-System hat dabei nicht N Zustände wie bei Bits, sondern 2^N zueinander genau unterschiedliche Zustände. Ein Beispiel hierfür ist die Polarisation eines Photons, die waagerecht, senkrecht oder in schräger, beliebiger Richtung (z. B. linear in einem anderen Winkel; zirkular; elliptisch) auftreten kann. Was für eine Photonpolarisation gemessen werden kann, lässt sich in aller Regel nicht genau vorhersagen. Wichtig für die Anwendung in Quantencomputern ist wohl die Verschränkung mehrerer Qubits. So kann ein Quantenbyte (abgek. *Qubyte*) nicht nur acht Werte aus 0 oder 1 wie ein Byte, sondern 256 (2^8) verschiedene zuverlässig wieder auslesbare Werte speichern. Ein entsprechend präpariertes Qubyte würde somit alle Zahlen von 0 bis 255 *gleichzeitig* enthalten.

Ein Zweizustandsquantensystem kann im Grunde nicht nur den Quanteneigenzustand < 1 | (z.B. waagerechte Photonpolarisation) oder den Quanteneigenzustand < 0 | (z.B. senkrechte Photonpolarisation), also genau wie ein einfacher Bit darstellen, sondern im Prinzip unendliche Superpositionen der beiden polar entgegengesetzten eigenen Zustände annehmen. Die Zustände eines einzelnen, unverschränkten

Qubits können somit als Punkte einer Kugel im dreidimensionalen Raum dargestellt werden, der sog. Bloch-Sphäre. Beispielsweise können der „Nordpol" der Kugel für die waagerechte Polarisation und der „Südpol" für die senkrechte Polarisation stehen. Alle übrigen Punkte auf der Bloch-Sphäre stehen für die unendlich gemischten Zustände (z.B. linear in einem anderen Winkel). Auch die Punkte im Innern der Bloch'schen Kugel lassen sich interpretieren. Hier sind mögliche Polarisationszustände anzutreffen, worüber keine *vollständige* Information über ihre Wahrscheinlichkeit möglich ist. Der Mittelpunkt der Kugel lässt sich schließlich so interpretieren, dass wir bezüglich seines Eigenzustandes über *absolut* keine Information verfügen.

Ein System aus N verschränkten Qubits wird durch einen 2^N-dimensionalen Raum beschrieben. Zwei verschränkte Qubits bilden eine verschränkte, nicht lokale Informationsganzheit, die den Informationsraum vervierfacht (geometrische Reihe), statt wie bei der Verbindung von zwei klassischen Bits verdoppelt (arithmetische Reihe).

Während bei der klassischen Information die Verneinung von 0 oder 1 hundertprozentig zum Zustand 1 oder 0 führt, ist es im Gegensatz dazu in der Quanteninformatik prinzipiell unmöglich, den nicht gemessenen Zustand eines Qubits exakt zu verneinen. Das bestmögliche Ergebnis der Verneinung kann nicht die Wahrscheinlichkeit 100% sondern höchstens 66% erzielen (s. Görnitz & Görnitz, 2008, S. 112).

Da die möglichen Zustände von Qubits unendlich sind, werden im Prinzip bei jeder Bestimmung bzw. bei jedem Messvorgang alle verschränkten Zustände automatisch mitverändert. Ferner, da sich die Zustandsmöglichkeiten von Qubits stetig und nicht sprunghaft (wie die Bits, die nur zwischen 0 und 1 hin und her springen) verändern können, tragen sie von vornherein das Potenzial einer zeitlichen Entwicklung in sich (vgl. Görnitz & Görnitz, 2008, S. 134). Wenn wir wie Görnitz und Görnitz die Protyposis oder Quanteninformation (s. Kap.4) als äquivalent zu Materie und Energie betrachten, dann bildet die Quanteninformation die Grundlage für ein unitäres „*Qubit-Feld*", worin Energie, Materie und Information wie verschiedene Ausformungen oder Produktionen von Qubits erscheinen. Die Gleichung „*Protyposis = Quantenvakuum = Bewusstseinsstille = unitäres Informationsfeld*" wird zumindest quantentheoretisch ... denkbar!

Obwohl die *Prajñāpāramitā*-Tradition und Nagarjuna-Schule die Modelle der Quanteninformatik und Protyposis nicht kannten, haben sie doch, um die subtilen Erleuchtungsbewusstseinsvorgänge zu kommunizieren, Denk- und Argumentationsfiguren entwickelt, die an die Quantenbit-Superpositionslogik erstaunlich erinnern.

Das *Tetralemma* (skrt. *catuskoti*) ist ein rekurrentes Denkschema in der buddhistischen Tradition seit Nagarjuna. In seiner einfachsten Form besteht es aus vier gleichzeitigen Setzungen der Form:

1. a(x);
2. nicht a(x);
3. a(x) und nicht a(x);
4. nicht a(x) und nicht (nicht a(x)).

Auf Schrödingers „Quantenkatze" angewandt, kommt man somit zur folgenden Feststellung:
1. Katze ist lebendig;
2. Katze ist tot;
3. Katze ist sowohl lebendig als auch tot;
4. Katze ist weder lebendig noch tot.

Mit Schrödinger können wir sofort die dritte Möglichkeit als Quantensuperposition erkennen. Die mögliche Alternative *1. ja und 2. nein* ergibt sich aus der Dekohärenz des Quantenzustandes, sprich also *vom Qubit zum Bit*, bei jeder Beobachtung oder Messung. Die vierte Möglichkeit könnte man als den Mittelpunkt der Bloch-Sphäre interpretieren, d.h. der Punkt der max. Möglichkeiten bzw. des größten Unwissens oder der max. Informationsentropie über x: Katze (x), lebendig (a) und tot (nicht a). Während die vierte Möglichkeit keinerlei Äußerung zulässt, werden bei der dritten Möglichkeit (Katze lebendig *und* tot) unendliche Superpositionen – ähnlich wie bei der gemischt-schrägen Polarisation des Photons – zugelassen.

Das *Tetralemma* wurde zur Denkgrundlage des buddhistischen Mittleren Weges (*mādhyamaka marga*), denn es erfüllte aller Wahrscheinlichkeit nach viele wichtige Funktionen bei der Reflexion über und der Einübung in die meditative Bewusstseinstransformation. Es half z.B.:

1. *„die konventionelle Wahrheit"* (das Alltagsbewusstsein und seine Alltagswelt) durch das auf die ersten beiden Möglichkeiten „ja und nein" reduzierte Bit-Modell weiterhin zu akzeptieren und legitimieren;

2. *„die konventionelle Wahrheit"* und *„die höchste Weisheit"* als unzertrennbar anzusehen, zumindest solange dies für das weitere Leben notwendig war;
3. die Leere des Universums oder die „Stille" des Bewusstseins meditativ zu verwirklichen, indem das Erleuchtung behindernde Sich-Klammern an jede konzeptuelle oder ontische Entität (Wesen, Ding, Kategorie...) überwunden wird, - insbesondere mit Hilfe der letzten Möglichkeit: weder-noch.

Obgleich das vierte Glied des Tetralemmas (also: Katze weder lebendig noch tot) in den Abhandlungen zur Quantenphysik so nicht vorkommt, findet man es doch auf Schritt und Tritt, wenn man bedenkt, dass der Phasenraum, worin die Teilchen entstehen und verschwinden, aus komplexen Zahlen (x+iy) besteht. In diesem vorrangig „imaginären subtilen Quantenraum" greifen die ontische Begrifflichkeit und darauf basierende Aussagen zu kurz. Mit anderen Worten und streng genommen: Die Katze ist weder tot noch lebendig, es gibt weder einen Quantensprung noch keinen Quantensprung. Jede übliche Aussage greift letzten Endes zu kurz, um die subtilen Vorgänge des meditativen Bewusstseins wie auch des Quantenvakuums kategoriell fassen zu wollen.

Dies hängt m.E. hauptsächlich damit zusammen, dass unser Begriffsapparat, womit wir uns an das unitäre Bewusstseinsquantenfeld heranpirschen, binär (0, 1) oder dualitätsneigend gesteuert wird. D.h., Entität, Kausalität, Dualität (s. Kap. 5) regieren unsere psychologische Ich- und Welterfassung und hindern uns somit, die konventionellen Realitäten und Wahrheiten eben als konventionell zu entlarven. Für den „Mittleren Weg" stellen gerade diese dualistischen Denkformen ein riesiges Hindernis zur Verwirklichung der Bewusstseinsleere oder -stille des Bodhisattvas dar.

So gesehen erweist sich das *Tetralemma* als eine hervorragende, praktische Hilfe bei der Beseitigung vieler Hindernisse auf dem Weg zur Verwirklichung tiefer Meditationszustände in Richtung auf das Glück schlechthin, nämlich die allumfassende, in sich ruhende Bewusstseinsstille. Diese subtile Superpositions- und Negationslogik begleitet weite Teile des Mahayana-Buddhismus (z.B. chinesischer Ch'an-, japanischer Zen- und tibetischer Vajra-Buddhismus) in allen erdenklichen Variationen. Nicht zuletzt durch die jahrhundertelange Wechselwirkung des Ch'an-Buddhismus mit der taoistischen Tradition in Südchina (etwa vom 4. bis 10. Jh. n. Chr.) konnte die subtile

Superpositions- und Negationslogik des „Mittleren Weges" zahlreiche kreative Varianten kennenlernen, deren Auswirkungen auf die meditative Bewusstseinsschulung der japanische Soto- und Rinzai-Schulen heute noch spürbar sind.

14. Herz- und Diamant-Sutren: Eine Einführung in das unitäre Bewusstseinsquantenfeld

Das **Herz-Sutra** (skrt. *mahāprajñāpāramitā-hṛdaya*) ist eines der kürzesten, aber auch bedeutendsten Texte des Mahayana-Buddhismus. Es wird dem Buddha zugesprochen und damit klar gemacht, dass es dem Erreichen des Nirwana-Bewusstseins und der Befreiung von Leiden dient, die durch die Lust-Unlust-Spirale hervorgerufen werden.

Im Vergleich zu den früheren Schriften, die auf die Unbeständigkeit (skrt. *anitya*) des Ich-Bewusstseins fokussierten, erweitern die Schriften der *Höchsten Weisheit*, darunter das Herz-Sutra, die Unbeständigkeit und Leere auf alle Erscheinungen, also weit über die Belange eines individuellen Lebewesens.

Somit wird von vornherein grenzenlos-universal gedacht, weit über die Erfassungsmodalitäten von Lebewesen. Im gewissen Sinne dient diese extreme Erweiterung dazu, uns den Traum einer sicheren Zuflucht zu einem in sich selbstständigen „Etwas", wie auch immer geartet - z.B. Ich, Verwandte, Menschen, Engel, Gott, Buddha-Natur, Dharma, Quantenvakuum, Bewusstseinsstille, Leerheit...- zu ermöglichen. D.h. auch – Vorsicht! Wir befinden uns in einer recht subtilen Bewusstseinspsychologie –, dass das Herz-Sutra selbst den Traum einer sicheren Zuflucht vernichtet. Paradoxerweise erst dadurch kann ein solcher Traum ausgeträumt werden, was für Buddha nichts anderes bedeutet als Erwachen (skrt. *buddha = der Erwachte*). Bezogen auf die Leiden und Leidenschaften des „*Lust-Unlust-Raumes*" lässt sich das endgültige Austräumen von Zufluchtmöglichkeiten (wie z.B. Bodhisattva-Ideal, ewige Stille, Gott dienen, guter Mensch sein etc.) als die radikale Entleerung dieses Raumes verstehen. In dem Augenblick wo dies geschieht, tritt das Erwachen mitten im Austräumen auf. So findet man im ersten Sutra-Abschnitt:

Hier, Shariputra, Form ist Leere und die Leere ist genau Form; Leere unterscheidet sich nicht von Form; Form unterscheidet sich nicht von Leere; was immer Form ist, das ist Leere, was immer Leere ist, das ist Form; das Gleiche gilt für die Gefühle, Wahrnehmungen, Trieb- und Willensregungen, Unterscheidungsvermögen (skrt. *vijñāna*) (Übers. v. Verf.).

Die Leerheit oder die grundsätzliche Unbeständigkeit und wechselseitige Abhängigkeit werden in allen Erscheinungsgestalten (skrt. *rūpa*) oder Phänomenen – ob Dinge, Lebewesen, Begriffe, Gesetze etc. – behauptet. Eigenschaften bzw. Merkmale oder Kategorien sind vor allem wegen ihrer inhärenten Auftretensabhängigkeit möglichen Schwankungen unterworfen. Dies trifft nicht nur für physikalische, äußere Gestalten, sondern auch für Erscheinungsgestalten des Seelischen: Gefühle, Triebregungen, Wahrnehmungen, Willensentscheidungen, Reflexionen und Meditationen aller Arten.

Das Unterscheidungsvermögen mit seinen bevorzugten Kategorien wie „Entität, Dualität, Lokalität, Kausalität etc." (s. Kap. 5) geht leer aus, weil feste, unabänderliche Parameter wegfallen müssen.

Eine solche *grundsätzliche Unbeständigkeit* und lückenlose *Interdependenz* aller durch Beobachtung oder Messung zum Vorschein gebrachten Phänomene findet man außerhalb der Prajñāpāramitā-Bewegung einzig und allein im Bereich der modernen Quantenphysik wieder. Eigenschaften von Teilchen sind prinzipiell nur als Wechselwirkungsprodukte vorstellbar, also in Abhängigkeit begriffen. Dabei sind die Felder, allen voran das grundlegende Quantenvakuumfeld, in steter Veränderung begriffen. Zumindest um den Energiebetrag „*halbes Wirkungsquantum*" fluktuiert das Vakuumfeld um den abstrakten Energie-Nullpunkt herum.

Unveränderliche bzw. konstante, independente Eigenschaften können daher nirgendwo absolut genau bestimmt werden. Die physikalischen Konstanten G, h, c, K etc. sind nicht nur an die Grenzen der Planck'schen Skalen (10^{-35} m, 10^{-44} sek. etc.) gebunden, sondern letzten Endes auch an die minimalen h/2-Fluktuationen gebunden...

Im Sinne der obigen Aussage aus dem Herz-Sutra erscheint das Quantenvakuum selbst weder als unveränderlich noch als selbstständig, denn der sog. Energie-Nullpunkt ist ein rein abstrakter Durchschnittswert.

Die moderne Physik und die moderne Psychologie stimmen allem Anschein nach mit dem Kernsatz Avalokiteshvaras bzw. des Herzsutras überein:

Phänomene sind leer, sprich ohne selbstständige, unabhängige Existenz oder generell ohne Eigenschaft.

Diese Feststellung sollte m. E. nicht nur als ein philosophischer Satz verstanden werden. Vielmehr – da das Herz-Sutra ausschließlich dem Erreichen des erwachten Bewusstseins als Bodhisattva dient – sollte sie als *ein psychologisches und psychotherapeutisches Vademecum zur Überwindung unserer Glücks- und Unglückssträhnen unterwegs zur leeren Bewusstseinsstille beherzigt werden.*

Iha Śāriputra sarvadharmāh śūnyatā-lakṣanā, anutpannā aniruddhā, amalā avimalā, anūnā aparipūrnāh.
Leerheit kennzeichnet hier, Shariputra, alle Dharmas. Sie werden weder hervorgerufen noch vernichtet, sie sind weder schmutzig noch unbefleckt, weder mangelhaft noch perfekt. (Übers. v. Verf.)

Diese Aussage macht das Vorherige klar. Die Leere ist universell; sie macht keinen Halt vor den gesetzmäßigen Instanzen wie physikalischen, juristischen, ethischen Gesetzen und auch nicht vor den edlen Wahrheiten der Buddhalehre. Sie alle - nicht nur die Dinge und die Bewusstseinsinhalte - sind vergänglich, verursacht bzw. in Abhängigkeit begriffen.

Mit anderen Worten: Es kann kein Unterscheidungsmerkmal zwischen dem höchsten Ziel, nämlich dem Nirwana, und den Weltphänomenen (skrt. *samsara*) geben.

Alles ist leer; Leere ist alles. Dieser umfassenden Leerheit kann keine Eigenschaft, weder entstanden noch vermittelt, weder unvollständig noch vollständig, zugesprochen werden. Erkenntnistheoretisch ist sie weder Subjekt noch Objekt, weder Substanz noch Eigenschaft, - in unserem Sprachspiel: *„alles ist Bewusstseinsstille", „alles ist Quantenvakuum"*. Leere, Buddha-Natur, Tao, Quantenvakuum, Stille sind überall und nirgendwo, Fülle und Leere zugleich, oder in der Nagarjuna-Logik ausgedrückt:

Ein x-beliebiges Dharma (Tao, Nirwana, Quantenvakuum etc.)
1. ist,
2. ist nicht,
3. ist sowohl als auch nicht,
4. ist weder-noch.

An dieser Stelle dürfte klar sein, dass die konzeptuellen Ergreifungsversuche aufhören müssen. Wie schon Lao-tse im ersten Satz des Tao te king vermerkte:
Das Tao, das gedacht werden kann, ist nicht das Tao.

Der folgende Satz des Herz-Sutras zieht daraus die Konsequenzen für das bewusstseinstherapeutische Vorgehen der Meditation. Pragmatisch wie die indischen Rishis - ob Buddhisten oder nicht - waren und sind, handelt es sich bei der Darlegung ihrer Unterweisungen nicht primär um philosophische Höhenflüge, sondern ganz banal um psychologische Heilmittel oder um psychotherapeutische „Glückspillen". Die praktischen Konsequenzen erläutern die restlichen Sutra-Abschnitte, wovon wir nur einen kurzen Satz herausgreifen und kommentieren:

Tasmac Chāriputra...
Cittāvarana-nāstitvād atrasto viparyāsa-atikrānto nishṭhā-nirvāna-prāptah.
Deswegen Shariputra,..., in der Abwesenheit von konzeptuellen Hindernissen überwindet man krankmachende Sichtweisen und man erreicht mit Ausdauer Nirwana (Bewusstseinsstille/Leere). (Übers. v. Verf.)

Die „roadmap to nirvanā" steht somit eindeutig fest: überwinde die Subjekt-Objekt/Substanz-Eigenschaft/Ich-Nicht-Ich/Glück-Unglück-Unterscheidungen. Indem diese Anweisung stringent und mutig befolgt wird, kann die Leere erreicht werden, das glücklich machende Nirwana, die Stille oder bewusstseinspsychologisch äquivalent: Tao, Gott, Buddha-Natur, Quantenvakuum, Advaita, Brahman, Atman, Great Spirit,...

Neben dem Herz-Sutra gehören noch ca. 40 teilweise sehr lange Sutren (bis 100 000 Verse, z.B. *Shata-, Sahasrika-Sutra*) zu den Prajñāpāramitā-Schriften.

Das **Diamant-Sutra** ist nach dem Herz-Sutra das zweitkürzeste davon: Es beträgt ca. 300 Verse. Auch wenn die Nirwana-Botschaft dieses Sutras keine andere ist als diejenige des Herz-Sutras, wird sie doch detailreicher dargestellt. Dabei scheinen die subtil-paradoxen Formulierungen, die hier gebraucht werden, kaum noch steigerungsfähig zu sein. Gerade wegen ihrer vielfachen paradoxen, koanähnlichen Formulierungen, die hin und wieder an die Psychologie der deutschen Predigten von Meister Eckhart erinnern, übte dieses Sutra einen kaum zu unterschätzenden Einfluss auf die Ch'an- bzw. Zen-Tradition des Buddhismus aus.
Aussagen wie die folgende (aus dem dritten Abschnitt) sind geradezu das ganz besondere Diamant-Sutra-Markenzeichen:

„Und obwohl unzählige Lebewesen befreit worden sind, gibt es doch in Wahrheit kein einziges befreites Lebewesen. Warum? Weil kein regelrechter Bodhisattva inhaltsleere Konzepte wie Selbst, Ich, Person, individuelle Seele benutzt. Deshalb gibt es keine Menschen, die zu befreien sind und kein Ich mit dem Ziel Nirwana" (Übers. v. Verf.).

Dieser Text erweist sich insbesondere für den Psychologen relevant, weil die affirmative Setzung von Bezugsystemen wie Ich, Selbst, Person, Seele, Identität, Individuum *kompromisslos* dekonstruiert bzw. ad absurdum geführt wird. Eine auf solchen Ideen wie Ich, Identität etc. basierende Psychologie und Psychotherapie wird sogar als ein Haupthindernis zum Nirwana-Bewusstsein angeprangert.

Solange Gedanken und Gefühle um Vorstellungen und Theorien vom Ich, Subjekt, Seele, Selbst etc. herumkreisen, kann kein Erwachen stattfinden und somit keine Leidensbefreiung und kein ekstatisches Glück.

Erst indem der Meditierende bereit wird, alle diese psychologischen Konstrukte und die damit zwangsläufig einhergehenden Gegenkonstrukte wie Nicht-Ich, Nicht-Subjekt, Nicht-Seele endgültig auszuräumen, bringt er die Voraussetzung für das Schwinden von Leiden und das Fundament für das Erwachen zur allgegenwärtigen, stillen Leere (s. hierzu Diamant-Sutra, sechster Abschnitt).

15. Die Verschmelzung von Tao und Ch'an und das unitäre Vakuum-Leere-Feld

Die Bodhisattva-. und Prajñāpāramitā-Meditationslehre (skrt. *dhyāna*, chin. *ch'an*, jap. *zenna*) breitet sich zwischen dem 3. und 7. Jh. in Südchina aus. Der legendäre Bodhidharma und der sog. sechste chinesische Ch'an-Patriarch Hui-Neng (638-713) haben wesentlich zu ihrer Einführung beigetragen. Insbesondere hat Hui-Neng den Bodhisattva-Buddhismus mit der chinesischen Taoismus-Tradition eng verbunden und dazu beigetragen, dass die südliche chinesische Schule in der Tang-Dynastie (7.-9. Jh.) eine Blütezeit kennenlernte, die dank dem späteren Zenbuddhismus in Japan dem modernen Westen im 20. Jh. zunehmend bekannt wurde. Meister wie Ma-Tsu, Pai-Ch'an, Dokusan, Tozan Ryokai, Joshu, Rinzai Gigen beeinflussen bis heute die zenorientierte Meditationsschulung im Westen.

Hui-Neng hat die indische *Höchste Weisheitslehre* (skrt. *prajñāpāramitā*) dermaßen durch den chinesischen Taoismus geprägt, dass er bis heute als der eigentliche Begründer des Ch'an oder des chinesischen Zen angesehen wird.
Laut biographischer Darstellung erlangte Hui-Neng, der kaum Schulbildung genossen hatte und seine verwitwete Mutter durch das Sammeln und verkaufen von Brennholz unterstützte, seine erste Erleuchtungserfahrung beim Hören des folgenden Satzes aus dem Diamant-Sutra, das ein Mann, den er gerade beliefert hatte, rezitierte:
„Ein Bodhistattva soll ein frei fließendes Bewusstsein entwickeln, ohne Abhängigkeit von irgendetwas oder irgendeiner Situation." (Diamant-Sutra, 10. Abschnitt, Übers. v. Verf.).

Bald darauf trat Hui-Neng in ein buddhistisches Kloster als Küchengehilfe ein. Als der betagte Klostervorsteher die Zeit kommen sah, das Siegel des Dharma (die wahre Lehre) auf einen Nachfolger zu übertragen, forderte er die Mönche des Klosters auf, ihre Zen-Erfahrung in einem Gedicht zum Ausdruck zu bringen. Nur Shen-Hsiu, der beste Schüler und Mönchsälteste schrieb ein Gedicht. Er verglich darin den Körper des Menschen mit dem Bodhi-Baum (Baum, unter dem Buddha seine Erleuchtung erfuhr) und den Geist mit einem Spiegel auf einem Gestell, den man ständig reinigen müsse, um ihn von allem Staub frei zu halten. Als der Küchengehilfe Hui-Neng davon hörte, verfasste er als Antwort das folgende kurze Gedicht:

Im Grunde ist Bodhi gar kein Baum, noch ist der klare Spiegel ein Gestell.
Da alles von Anbeginn Leere ist, wo heftete sich Staub denn hin?

Der alte Meister erkannte die Überlegenheit Hui-Nengs und gab ihm heimlich Gewand und Schale als Beleg der Bestätigung. Hui-Neng verließ sofort das Kloster und siedelte weit weg im Süden, in der Nähe der Stadt Kanton. Von hier aus breitete sich die einflussreichste *Südliche Schule* des Ch'an-Buddhismus nach Japan, und 13 Jahrhunderte später, nach Europa und Nordamerika aus.

Im Gegensatz zur *Nördlichen Schule* vom Mönchsältesten Shen-Hsiu, die sich fest an die indische Tradition hielt und wenig Generationen überdauerte, vertrat die *Südliche Schule* Hui-Nengs eine unorthodoxe, stark vom chinesischen Taoismus geprägte Sichtweise der buddhistischen Lehre.

Im Gegensatz zur Shen-Hsiu-Schule, die ein langsames Fortschreiten zur Erleuchtung annahm, betonte die *Südliche Lehre* die Plötzlichkeit der Erleuchtungserfahrung und die Vorrangigkeit der unmittelbaren Einsicht vor aller intellektuellen Auseinandersetzung mit begrifflichen Kategorien. In diesem Zusammenhang geriet das Studium von Lehrtexten mit ihren zahlreichen Kommentaren in den Hintergrund. Stattdessen wurde die Meditationspraxis als *yoga-ähnlicher Weg zur Stilllegung des Bewusstseins eindeutig bevorzugt.*

In der *Südlichen Schule* des Hui-Neng wurde - zumindest in den Anfängen (7. bis 8. Jh. n. Chr.) - der Einfluss des „klassischen Tao" von Lao-tse, Tschuang-tse und Lieh-tse unübersehbar. Autoren wie Seng-Chao (384-414) und Tao-Sheng (360-434), die vor ihrer buddhistischen Schulung durch Kumarajiva (344-413) Taoisten waren, haben die vielen Gemeinsamkeiten zwischen den Lehren Buddhas und Lao-tses erkannt und bei ihren Interpretationen indischer Texte, die chinesisch-taoistische Sichtweise „bewusst-unbewusst" eingebracht.

Ab dem 6./7. Jh., unter dem Einfluss des Kaisers T'ang Wu-Tsung und des erstarkenden Buddhismus in China, entstand eine ausgeprägt religiöse, ritualisierte Form des Taoismus gleichsam als Antwort auf die Ch'an-Bewegung.

Für die Psychologie der Stille erweist sich die Interaktion zwischen „*Tao*" und „*Prajñā*" insofern lehrreich als beide Weisheitsrichtungen unabhängig voneinander ähnliche, wenn nicht gar gleiche Kernannahmen oder Prinzipien vertreten.

Wie die Prajñāpāramitā-Bewegung erheben die klassischen Taoisten (z.B. Lao-tse und Tschuang-tse) die Leerheit – die gleichzeitig alle Möglichkeiten und somit Fülle ist – zum Zentrum ihrer Lehre. Sprüche wie die folgenden sind wohl unvergesslich:

„*30 Speichen treffen die Nabe,*
die Leere dazwischen macht das Rad." (I, 11, Wiedergabe durch W. Jerven).

Die Einengung des Lust-Unlust-Raumes ermöglicht Harmonie, Stille und Angleichung an das Tao, das unitäre Weisheitsfeld, woraus Himmel (*yang*) und Erde (*yin*) gemacht ist und woraus die „10.000 Dinge", die unzähligen Welten entstehen mögen.

Auch die tetragrammatische, superponierte Denklogik des Nagarjuna findet man ein paar Jahrhunderte vorher bei Tschuang-tse in vollen Zügen, allerdings mit einer Heiterkeit und gaunerhaften Spitzfindigkeit, die in der indischen Weisheitsliteratur so gut wie nie anzutreffen ist. Die folgende Passage dürfte als Beleg ausreichen:

„*There is a beginning. There is no beginning of that beginning. There is no beginning of that no beginning of beginning. There is something. There is nothing. There is something before the beginning of something and nothing, and something before that. Suddenly, there is something and nothing. But between something and nothing, I still don't really know which is something and which is nothing.*
Now, I've just said something, but I don't really know wether I've said anything or not..." (Chuang Tzu, *Inner chapters*, übersetzt von Feng und English, 1974).

Bei solchen humorvollen Passagen Tschuang-tses fühlt man sich nicht nur an Schrödingers Katze erinnert. Man hat beinahe den Eindruck, Tschuang-tse würde uns die Welt vom Blickwinkel eines Menschen beschreiben, der sich mitten im unitären Quantenvakuumfeld befände.

Wie auch immer, die Leichtigkeit und der beinahe anekdotische Charakter dieser Denklogik kontrastieren mit den schwerfälligen, scholastisch anmutenden Logik-Abhandlungen der *Mādhyamika*-Tradition.

Obgleich die Stilllegung des Bewusstseins und der meditative Rückzug aus einer von Leidenschaften dominierten Welt für Lao-tse wie für Buddha gleichermaßen zentral sind, spürt man doch auf Schritt und Tritt die kulturellen Ausprägungsunterschiede.

Hier einige wichtige kulturpsychologische Anschauungsunterschiede:

- *Die Erleuchtung bzw. das Erwachen als eine asketische Befreiung von Karma bzw. von den unzähligen Wiedergeburten ist der taoistischen Kultur fremd gewesen. Statt asketischer Übungen wird das Handeln im Einklang mit „Himmel und Erde", mit der Mutter Natur oder mit dem Tao als primär angesehen. Asketische Übungen und die stundenlange Einhaltung bestimmter Asanas wie z.b. der Lotussitz werden nirgendwo bei Lao-tse oder Tschuang-tse erwähnt. Auch in der buddhistischen Tradition wirkt der stehende, lachende, dickbäuchige chinesische Buddha beinahe als Kontrastprogramm zum ikonographischen indischen Buddha.*

- *Der taoistisch-chinesische Hang zum pragmatischen Handeln fernab von intellektualisierenden, metaphysischen Denkfiguren ist in den frühtaoistischen Schriften sofort erkennbar. Damit geht wohl die taoistische Skepsis oder Abneigung vor wenig flexiblen Gesellschaftsproduktionen wie feste Rituale, rigide Anweisungen, dogmatische Wahrheiten, Institutionen jeder Art einher.*

- *Die taoistische Hervorhebung intuitionsgeleiteter Erfahrung, gepaart mit Humor und Heiterkeit. Diese Art der transrationalen, pragmatischen Intuition findet man immer wieder in vielen Ch'an-Schriften. Ganze Koan-Sammlungen basieren regelrecht auf kurzen, lehrreichen Anekdoten, die vor lebensnaher, intuitiver und „translogischer Kraft" strotzen. Dieses taoistische Mentalitätsmerkmal hat die Südliche Schule Hui-Nengs besonders gut getroffen, indem sie sich vehement für die Möglichkeit einer plötzlichen Erleuchtung und für die pragmatische Intuitionskraft einsetzte.*

- *Der Hang zur dynamischen Harmonie, zur lebendigen Balance der Yin-Yang-Kräfte und die sanfte Kraft des Wassers, das sich stets anpasst, aber dennoch obsiegt, sind eindeutige Markenzeichen des frühen Taoismus. Damit geht auch das bekannte Prinzip „Wu Wei" einher, das eine so subtile Management-Psychologie impliziert, dass es im Westen wie teilweise auch im Buddhismus als Tatlosigkeit (nichts tun!) oder Laisser-faire-Haltung meist missverstanden wurde.*

Der chinesische und japanische Zenbuddhismus hat viele zentrale Aspekte des frühen, klassischen Taoismus einverleibt. Seine zunehmende Ritualisierung und Institutionalisierung während der Tang- und Song-

Dynastien (7. bis 12 Jh.) haben aber diese Aspekte so eingeschränkt, dass manche westliche Autoren (vgl. z.B. Alan Watts, 1957) für die Wiederentdeckung einer reinen Tao-Zen-Tradition abseits von allen für sie überflüssigen Buddhismus-Regelwerken plädierten (z.b. abstruse Bodhisattva-Huldigungen, esoterisch anmutende Meditationsanleitungen etc.).

Für den transkulturellen Psychologen der Stille sind solche Interferenzen von recht ähnlichen Weisheitslehren wie diejenigen des frühen chinesischen Taoismus und der indischen *Prajñāpāramitā*-Tradition besonders interessant, weil sie deutlich machen wie und inwieweit bestimmte bewusstseinspsychologische Weisheitsprinzipien und -konstanten durch kulturelle Einflüsse neu gestaltet werden.

Die Rezeption des indischen Bodhisattva-Buddhismus im taoistisch-konfuzianistischen China, im shintoistischen Japan und knapp 1700 Jahre später im christlichen Abendland stellt in der Tat in der menschlichen Kulturgeschichte eines der vielfältigsten, lebendigsten und zeitlich gesehen längsten Experimentierfelder dar, worin zahlreiche Ideen und Erfahrungen über „*psychokosmische Leere*" und ihre psychotherapeutische Relevanz entwickelt wurden und bis heute immer noch – allerdings im Rahmen hochmoderner Kulturen – weiterentwickelt werden.

Gegenüber dieser enormen, kaum zu überblickenden Vielfalt an bewusstseinspsychologischen Beobachtungen und Reflexionen über Meditation, Erfahrung der Stille, psychophysische oder psychokosmische Einheit, Erleuchtung oder therapeutische Bewusstseinstransformation steht sicher die moderne Psychologie und Psychotherapie theoretisch und methodisch recht hilflos dar.

Zu dieser offenkundigen Hilflosigkeit, die meist mit einer schlichten Abwehrhaltung (wie z.B. „unwissenschaftliches, esoterisches Sektenwissen") dagegen reagiert, kommt noch hinzu, dass die moderne Psychologie und Psychotherapie in kaum zu überblickenden, kulturellen Strömungen wie Psychoanalyse, Positivismus, Behaviorismus, Empirizismus, Kognitivismus eingebettet ist oder - problematischer als alle diese Schulen - in den endemisch grassierenden, unreflektierten „Naivismus" abdriftet.

Dennoch, auch wenn die Psychologie und Psychotherapie der Stille gegenüber den meditativen und spirituellen Kulturvariationen des Bodhisattva-Buddhismus recht hilflos aussieht, kann sie m. E. vor allem durch ihre sachlich-kritische Distanz, ihre kulturvergleichende Annäherungsweise und ihre transkulturelle, bewusstseinspsychologische

Position zu wissenschaftlich vertretbaren und überprüfbaren Ergebnissen – wie komplex auch immer - führen.

In diesem Sinne wird das folgende Kapitel als ein Versuch verstanden, die Psychologie des Bodhisattvas dank den multiplen Interferenzen mit taoistischen, konfuzianischen, shintoischen und euroamerikanischen Kulturen zu beleuchten und modern-psychotherapeutisch voranzubringen.

16. Zen und die transkulturelle Psychologie der Stille

Im Geiste von Hui-Nengs *Südlicher Schule* der „plötzlichen Erleuchtung", die die chinesisch-taoistische Mentalität am meisten aufgenommen und integriert hat, wurde die meditative Koan-Übung erdacht und systematisch weiterentwickelt. Die spätere zen-japanische Rinzai-Schule übernahm im Gegensatz zur Soto-Schule die Koan-Tradition und bewahrte sie lebendig bis in die heutigen Tage. So verwundert es einen nicht, dass manche europäische und nordamerikanische Zen-Kreise diese Meditationsform übernommen haben.

Koan (chin. *kung-an*) bedeutet ursprünglich einen juristischen Präzedenzfall. Im Zen ist es eine prägnante Formulierung oder eine Erfahrungsbeschreibung, die auf die eigentliche Wirklichkeit oder die erfahrbare Bewusstseinserleuchtung hinweist.

Es dient also als Meditationsvehikel, um zu einem Bewusstseinsfeld zu führen, das das begriffliche oder alltagslogische Verstehen hinter sich lässt. Das *Koan* ist also kein Rätsel, das man allein mit Verstandesmitteln lösen könnte. Ab dem zehnten Jahrhundert wurde das *Koan* im Zen als Mittel der Bewusstseinsschulung systematisch eingesetzt. Der Zen-Schüler lernt dabei allerlei dualistische und verkürzte Annahmen über die *Stille* (Tao, Buddha-Natur, Nirwana, Prajñā etc.) aufzulösen und die grundlegende, universelle *Stille* „überall und nirgendwo" zu erfahren.

In der Begegnung mit seinem Meister versucht der Schüler, möglichst unmittelbar und spontan, seine Meditationsfortschritte zum Ausdruck zu bringen. Die bekanntesten *Koan*-Sammlungen sind der *Mumonkan* (chin. *wu-men-kuan*) und der *Hekigan-roku* (chin. *bi-yän-lu*). Die Mumonkan-Sammlung (dt. *die torlose Schranke*) besteht aus 48 Koans, die mit relativ kurzen Kommentaren versehen sind. Die heute bekannte chinesische Version geht auf Meister Mumon zurück. Eine der ersten deutschen Übersetzungen stammt von Heinrich Dumoulin (1929).

Der *Mumonkan* (vgl. Mumons „Die torlose Schranke", 1989) beginnt mit dem berühmten Koan „*Mu!*", mit dem Meister Mumon selbst zu einem tiefen *Satori* (Erleuchtungserfahrung) gelangte. Noch heute wird vielen Anfängern auf dem Zen-Weg „*Mu!*" als erstes Koan gegeben.

Obgleich psychologische Kommentare vom Blickwinkel des „Tao-Zen-Auges" nur irreführend sein können, werden sie reichlich gebraucht.

Mitunter können sie interessierte Menschen zumindest mit der Thematik vertraut machen und für die meditative, systematische *Koan-Übung* motivieren. In diesem Sinne sind die folgenden Erläuterungen zu verstehen wie übrigens auch das vorliegende Buch über die Psychologie der Stille.

Da *Koans* das gewöhnliche Denken in Paradoxien zu fangen versuchen, können mitunter psychologische Kommentare eine solche Wirkung unterstützen und manchmal sogar – es ist hier zu hoffen – kontrapunktisch verstärken.

Jôshūs Hund
Ein Mönch fragte Jôshū in allem Ernst: „Hat ein Hund Buddha-Natur oder nicht?" Jôshū sagte: „Mu!" (*Mumonkan*, 1989, S. 29).

Mumon beschreibt dieses *Koan* als die Schranke, die jemand durchschreiten soll, will er mit dem gleichen Auge sehen und mit dem gleichen Ohr hören wie alle Bodhisattvas oder Buddhas vor und nach ihm. Er rät uns, uns Tag und Nacht auf die Pointe (chin. *huatu*) dieses *Koans*, nämlich „*Mu!*" zu konzentrieren.

Er schreibt: *„Alle illusorischen Gedanken und Gefühle, die du bislang gehätschelt hast, musst du austilgen. Nach geraumer Zeit solchen Übens wird 'Mu' zur Reife kommen und innen und außen werden auf natürliche Weise eins sein.*

...Triffst du den Buddha, wirst du ihn töten... Selbst an der Scheide von Leben und Tod wirst du dich der großen Freiheit erfreuen.

...Wie soll man sich nun auf Mu konzentrieren? Übe mit äußerster Kraft bis zum letzten Funken deiner Energie! Und wenn du nicht nachlässt, wirst du erleuchtet werden wie eine Kerze auf dem Altar, die durch die Berührung einer Flamme sofort angezündet wird." (*Mumonkan*, 1989, S. 29/30).

„Hat ein Hund Buddha-Natur oder nicht?"
- *„Mu!"*

Eine Frage. Eine Antwort.
Diese Frage ist im Kontext der *Prajñāpāramitā*-Bewegung zu verstehen, die ab dem dritten Jh. zunehmend nach China importiert wurde. Da alle Phänomene bzw. alle „Wesen", die in Abhängigkeit begriffen oder ursächlich bedingt sind, genauso leer wie Nirwana, Höchste Erleuchtung, Höchste Weisheit oder in einem Wort zusammengefasst *Buddha-Natur*

sind, kann es in dieser alles durchdringenden Leerheit oder Stille wirklich keinen Platz für irgendein Unterscheidungsmerkmal geben.

Die Hauptfrage wird nun nicht qubit-, sondern bitmäßig gestellt: Hund = Leere = Stille = Nirwana = Buddhaschaft? *Entweder 1 oder 0*!

Diese binäre Antwort „*ja oder nein*" ermöglicht zwar lokale Erkenntnisfortschritte im Sinne von Observablen (z. B. lokaler Photonendetektor angesprungen: ja oder nein). Sie versperrt aber den Weg zum Feynman-Pfadintegral, z. B. kein Photonendetektor, Photon geht dann durch alle möglichen, ggf. unendlichen Wege durch!

Solange wir unsere begrifflich-psychologischen Detektoren i.S. von „ja oder nein" anwenden, werden wir das *Pfadintegral* verpassen. Die alles durchdringende Stille oder Leere wird für immer unter der Reizschwelle verborgen bleiben.

Da der Zen-Meister Jôshū in der *Shunya- oder Leerheit-Tradition* steht, antwortet er mit *Mu*!

Das chinesische Schriftzeichen *Mu* bedeutet etwa: *nicht, Nichts, Nicht-Sein oder Nichts haben*. Der Meister negiert also die Bit-Frage (eins oder null). Damit signalisiert er, dass der Weg mit lokalen Detektoren (Photonen da oder nicht? Hund: Buddha oder nicht?) uns den Weg von der klassischen Denkweise (klassische Physik) zur Superpositionslogik des Pfadintegrals versperrt.

Die Buddha-Natur bzw. die Stille lässt sich *nicht* lokal fassen, denn sie ist *total*, d.h. in der Nagarjuna-Qubitlogik dargestellt: 1. sie ist überall; 2. sie ist nirgendwo; 3. sie ist sowohl überall als nirgendwo; 4. sie ist weder überall noch nirgendwo.

Erst im Übergang von der dualen Detektor-Denkart in Richtung superponierter oder verschränkter Detektoren bzw. der tetragrammatischen Nagarjuna-Logik ist der Übergang zur Bewusstseinsstille möglich.

Ganz zu Recht schreibt Mumon: „*Alle illusorischen Gedanken und Gefühle, die du bislang gehätschelt hat, musst du austilgen*". (*Mumonkan*, 1989, S. 29).

Wir treffen hier auf die anscheinend einzige Möglichkeit, die Leere oder Stille des Bewusstseins zu realisieren. Patañjali und den Yogis vor und nach ihm (s. Kap. 9) ist auch nichts anderes eingefallen!

Der einzige Weg scheint also zu sein, **dual-psychologische Detektoren, d.h. Gedanken, Gefühle, Vorstellungen etc. abzubauen.**

Die Stille im Sinne von Patañjalis *vṛtti nirodhah* meidet die lokalen Detektoren im Sinne von lokal-begrenzenden Kategorien wie *Sein (1) vs. Nicht-Sein (0), innen (1) vs. außen (0), bewusst (1) vs. unbewusst (0), lebendig (1) vs. tot (0), liebevoll (1) vs. hässlich (0)*.

Sobald ein *einziger* lokal-dualer Bit-Detektor im Bewusstsein aktiviert ist, droht die totale Superposition der Bewusstseinsstille ausgeblendet zu werden und in Vergessenheit zu geraten. So betrachtet: Jedes Gefühl, jede Vorstellung, jeder Gedanke lenkt von der „Stille-Buddha-Natur-Leere" ab, indem die Achtsamkeit auf eine x-beliebige lokale Bit-Informationsfolge gerichtet wird.

Wie bei dem Doppelspalt-Experiment mit Fulleren-Molekülen, die trotz ihrer Größe (90 Atome) wellenartig beide Spalte detektorfrei passieren können, müssen nicht alle Bit-Informationsfolgen aus dem Bewusstsein getilgt werden, was wahrlich unmöglich wäre, sondern soweit ausgemerzt werden, dass die Buddha-Natur (Leere, Stille, Gott, Nirwana etc.) *nicht* mehr durch ablenkende Aufmerksamkeitsdetektoren gestört wird und somit die Reizschwelle der Bewusstwerdung überschreitet. Oder umgekehrt: die Reizschwelle, die normalerweise durch zahlreiche lokale Bitinformationsfolgen (Gefühle, Gedanken etc.) quasi automatisch erhöht wird, muss durch eine systematische Herabsetzung dieser Bewusstseinsablenkung oder -störung soweit nach unten gebracht werden, dass die Stille mitten im eigenen Bewusstsein wahrgenommen werden kann.

Dementsprechend lautet auch die Anweisung im Mumonkan:
„*Übe ohne Unterlass bei Tag und Nacht*".
Erst nach geraumer Zeit des intensiven Übens mit 'Mu' wird ein Durchbruch in die Bewusstseinsstille stattfinden.
Um die Reizschwelle des Bewusstseins, die durch zahlreiche Bitfolgen vorstellungs- und gefühlsmäßig künstlich erhöht wird, auf ein möglichst niedriges Niveau herunterzubringen, bietet sich die Antwort Jôshūs als Hilfsmittel an.

Praktisch alle menschlichen Kulturen, die sich mit der Konzentration des Bewusstseins auf sich selbst befasst haben, sind auf die *Mantrisierung* des Bewusstseins (van Quekelberghe, 2005) als Hilfsmittel oder psychologisches Instrument gestoßen.
Bezüglich der „*Mantrisierung des Bewusstseins*" gibt es eine breite Variationspalette. Dies führt unweigerlich dazu, dass wir bei manchen Varianten die Mantrisierung nicht sofort erkennen.
„*Mu!*" ist in der Zen-Tradition als ein Instrument oder Hilfsmittel zur Erleuchtungserfahrung angesehen worden. In der vedischen Tradition gelten bestimmte Silben, Worte oder Wortverkettungen als Träger, Vehikel oder Vermittler der höchsten Weisheit (Gottheit, Urkraft etc.).

Dementsprechend gelten solche *Mantras* als besonders energiereich, heilsam und beschützend.

Die Sanskrit-Silbe *Aum* (skrt. *pranava*) gilt in der gesamten hinduistischen Tradition als das erhabenste Symbol psychospiritueller Erkenntnis, als das Mantra aller Mantren.

Aum spielt auch eine Rolle im Buddhismus, vor allem in den tibetischen Schulrichtungen. Die Silbe *Aum* verweist auf das Absolute, egal in welchem hinduistischen System wir uns befinden.

Wenn alle Phänomene Schwingungen sind, dann sind sie im Grunde genommen unendliche Variationen des *Urklanges bzw. der Urschwingung Aum*. Psychophysikalisch ausgedrückt: Alle mentalen und physischen Schwingungen erscheinen als Variationen der nicht-lokalen Nullpunkt-Energie, als Fluktuationen eines in allen Phänomenen wirksamen, dennoch unfassbaren Bewusstseinsquantenfeldes.

Pranava oder die heilige Silbe wurde nicht nur zum Gegenstand vieler Abhandlungen gemacht. Genauso wie die Silbe „*Mu*" wurde sie als instrumentelles Mantra benutzt, um beispielsweise die Bewusstwerdung der Gleichung *Atman = Brahman* (individuelles Bewusstsein = absolutes Bewusstsein) voranzutreiben oder wie im tibetischen Buddhismus, vor allem im wohl bekannten Mantra *Aum Mani Padme Hum* eingebettet, zur Erleuchtung zu führen.

Wenn ein Mantra, einsilbig oder nicht, unmittelbar und intensiv als Mittel zu einer spirituellen Zielsetzung wie z.B. Gottesschau, Stille-Erfahrung, Erleuchtung eingesetzt wird, spricht man in der hinduistischen Tradition von *Japa-Yoga*.

Japa (skr. wörtlich *flüstern, murmeln*): Die leise oder mentale Wiederholung des gewählten Mantras wird in bestimmten Yoga- oder Meditationsformen als zentrales, manchmal sogar als einziges Übungsmittel unterwegs zur Verwirklichung der spirituellen Zielsetzung eingesetzt. Sofern eine rosenkranzähnliche Kette (skr. *mālā*) benutzt wird, um sich ständig auf das Mantra zu konzentrieren, spricht man hier von *Japamālā-Yoga*.

Kreuz und quer über viele Kulturen wird man auf *Japamālā-Techniken* im engeren Sinne stoßen, die offenkundig auf die Konzentration oder Mantrisierung des Bewusstseins auf einen einzigen, möglichst einfachen Bewusstseinsinhalt zusteuern.

Das Jesusgebet der Hesychasten (s. Kap. 21), das ständige Sufi-Erinnern (*dhikr*) bzw. die ständige Anrufung des Namen Allah, das Beten des Rosenkranzes in der katholischen Kirche, das unablässige Wiederholen

des *Nembutsu* in der japanischen Schule des Reinen Landes, das Relaxationsprogramm nach Herbert Benson (one, one, one...) und das ständige Wiederholen von Mantraformeln in vielen schamanischen Traditionen rund um die Erde, dies alles zeugt von der *transkulturellen Entdeckung und Nutzung der Mantrisierung des Bewusstseins in vielen psychospirituellen Kontexten und Praktiken.*
Nicht anders wird mit dem vorliegenden ersten Koan des Mumonkan bzw. mit der *Mu!*-Meditationsübung vorgeschlagen. Bewusstseinspsychologisch handelt es sich statt die Achtsamkeit auf mannigfaltige diverse Gedanken (Vorstellungen, Meinungen, Stimmungen etc.) zu lenken, um die unablässige Konzentration auf einen einzigen Inhalt, sei es die Silbe Mu, One, Aum oder Gott. Die ständige Erinnerung mittels Wiederholung dieser einen Silbe folgt den gewöhnlichen Lerntendenzen oder -gesetzen.

Ähnlich den Wirkungen von Attraktoren in geschlossenen wie auch offenen Systemen lenkt das wiederholte Mantra die Aufmerksamkeit auf einen *einzigen* Gegenstand. Die sechste Yoga-Stufe nach Patañjali (*dhāranā*) dient genau dem gleichen Ziel. Sie hilft von den verstreuten Vorstellungen abzulenken und sich nur noch auf einen einzigen Meditationsgegenstand zu fokussieren. Dadurch geraten allmählich alle möglichen mentalen Vorgänge in den Attraktionsbereich eines einzigen Gegenstandes. In jedem mentalen Vorgang, in jedem Phänomen wird nur noch das Mantra oder der damit intendierte „semantische Gegenstand" gedacht, erinnert, erfahren. Somit gelangt immer mehr ein einziges „Etwas" zum Bewusstsein, nämlich je nach gewähltem Mantra: Leerheit, Einheit, Frieden, Aum, Nembutsu, Jesus, Allah.
Es dauert einige Zeit bis die Wiederholung des Mantras so internalisiert wird, dass jeder Gedanke, jedes Gefühl, aber auch jede Handlung als „*Mu*" wahrgenommen oder erinnert wird.
Keine *Japa-Übung* weltweit, auch nicht die *Mu-Übung*, versteht sich als eine neurotische Zwangshandlung oder als die Etablierung eines obsessiven Gedankens im semantischen Gedächtnis. Vielmehr handelt es sich bei der Mantrisierung des Bewusstseins um eine gewollte Konzentrationsübung, die absichtlich alle Gedächtnisformen in Anspruch nimmt. So wichtig das semantische Gedächtnis sein kann, ist es bei solchen meditativen Übungen psychologisch klar, dass die Gedächtnisfunktionen (Kurzzeit-, semantisches und zentrales Gedächtnis) und darüber hinaus allerlei Wahrnehmungs- und Denkfunktionen einzig und allein auf „*Mu*" zentriert werden sollen.

Das Wiederholen von „Etwas" möglichst auf allen Funktionsebenen und in vielfältigen Verarbeitungsmodalitäten (z.B. Mu sehen, Mu riechen, Mu tanzen, Mu schlafen, Mu essen etc., etc.) ist lange vor der modernen Lernpsychologie als der spirituelle Lernweg schlechthin erkannt worden. Da „*Mu!*" eine tiefe und dauerhafte Bewusstseinsumformung einleiten soll, wäre eine bloß kognitive Implementierung im semantischen Gedächtnis bei weitem nicht ausreichend.

Mu! soll vielmehr zu einem zentralen Teil des prozeduralen Gedächtnisses (wie Rad oder Auto fahren) werden. Erst wenn das Mantra täglich in allen denkbaren Situationen zum Attraktor der vorhandenen Vorstellungen und Stimmungen wächst, kann es – ähnlich der Masse eines Schwarzen Loches – dermaßen zentral wirken, dass jedes Phänomen auf das gewählte Mantra verweist. Erst wenn also „*Mu!*" genügend stark mitten im Bewusstsein implementiert wurde, können die nächsten Yogastufen (*dhyāna* und *samādhi*) aufkommen.

Damit die allumfassende Stille erfahren wird, soll „*Mu!*" als allerletzter Inhalt – weil es alle anderen Inhalte als Attraktor gleichsam verschluckt hat – *selbst* verschwinden. Wenn „*Mu!*" in Leib und Seele übergegangen ist, kann dieses nun ohne Festhalten hinter sich gelassen werden. Wenn die riesige, letzte Schranke, nämlich das Hilfsmittel „*Mu!*" selbst hinter einem gelassen wird, kann unbeschränkt die Stille, die Leere, die Soheit der Dinge „*überall und nirgendwo*" erfahren werden.

In der *Südlichen Schule* des Buddhismus, in deren Tradition diese Koan-Übung entstanden ist, kann das erlebte Loslassen von „*Mu!*" plötzlich bzw. auf einmal bewusst erfahren werden.

Das vom Gestaltpsychologen Karl Bühler (1879-1963) beschriebene Aha-Erlebnis beim Problemlösen findet man demnach recht häufig in den Zen-Erleuchtungsberichten. Analog dem psychologischen Problemlösen gibt es auch langsame, zögerliche Bewusstwerdungen nach einer unspezifisch verlaufenden Inkubationszeit.

Vom Blickwinkel der modernen Lernpsychologie lässt sich somit der jahrhundertlange Streit zwischen der plötzlichen Erleuchtung der Südlichen Hui-Neng-Schule und der eher progredienten Erleuchtung der Nördlichen Shu-Shen-Schule ad acta legen.

In allen Zenschulen, ob mit *Mu-Übung* oder ohne, wird man das Alternieren von einer täglichen, meist auf wenige Stunden eingeschränkten Konzentrationsübung mit intensiven, tagelangen Trainings, die als *Sesshins* bekannt sind, immer wieder feststellen. *Sesshins* (jap. wörtlich *Sammeln des Herz-Geistes*) sind längere Lernperioden (meist eine Woche) des Meditierens unter Anleitung eines Lehrers. Es besteht dann die Möglichkeit, sich einzig und allein der *Koan*- oder Meditationspraxis beinahe Tag und Nacht zu widmen. Gruppenpsychologisch wird nicht selten die günstige Lernatmosphäre der gemeinsam Übenden auf vielfältige, mitunter subtile Weise genutzt, um die Bewusstseinsmotivation und -konzentration so anzuspornen, dass der Durchbruch – z.b. das sich Loslösen von „*Mu!*" – gelingt und dass sich die alles durchdringende bewusstseinsinhärente leere Stille frei ausbreitet oder zenpsychologisch ausgedrückt, *das torlose Tor passiert wird*.

Wie Buddha laut älteren Pali-Sutren annahm und verkündet hat: Nirwana, die Befreiung vom Leiden und das Erreichen des sicheren Ufers durch die Lust-Unlust-Wellen ist lehr- und lernbar. Das Erlangen der glücklichen Loslösung von Leiden erzeugenden Anhaftungen ist keinesfalls von der Gunst oder Gnade einer Gottheit, *sondern von lehr- und lernpsychologischen Übungen (vgl. achtfacher Weg) abhängig*.

Vom Lehrer wird erwartet, dass er wichtige Lernhindernisse kennt und selbst das angestrebte Ziel erfahren hat. Da die Lernhindernisse mitunter besonders *subtiler Natur* sein können, ließen sich sicherlich die vielfältigen Erkenntnisse der modernen Psychologie und Psychotherapie gewinnbringend in die heutige Anleitung zur erwachten Bewusstseinsstille einbringen.

Ein begabter Zen-Lehrer wie Jôshū (chin. Chao-chu Ts'ung-shen, 778-897) mit seinem pädagogisch-psychologischen Eingriff „*Mu!*" sucht auf jeden Fall nach vielfältigen Wegen, um den Entwicklungsstand seiner Schüler adäquat zu erfassen und von da an die Erfolg versprechendsten Lehrmittel treffsicher einzusetzen. Etwa zwei Dutzend Koans aus den Bi-yän-lu- und Mumonkan-Sammlungen zeugen von seiner geschickten und talentierten Lehrfähigkeit *in einem der subtilsten Gebiete, die die Bewusstseinspsychologie und -therapie bisher gekannt hat*.
Zu einer der zentralen Aufgaben der Zen-Lehre gehört das Erkennen, Begleiten und Bestätigen von Durchbruch-, Leere/Stille-, Nirwana-Erfahrungen. Auch hier unterscheidet sich die Methodik nicht wesentlich von Lehr-Lernsystemen. Es geht darum, variable und valide Kriterien aufzustellen, um die verschiedenen Aspekte der Lehr- und Lernprozesse zu evaluieren.
Es wird vom Lehrer erwartet, dass er außer seinem eigenen Wissen und Erleben das Bodhisattva-Ideal – vor allem das uneingeschränkte Mitgefühl aufgrund der Erfahrung universeller Leere oder Stille – als Kriteriumsmaßstab einsetzt.

In der Zen-Literatur wird als oberstes und letztes Kriterium die intuitive hindernisfreie Übertragung von „*Geist zu Geist*" (jap. *I shin den shin*) immer wieder angeführt. D. h., der Lehrer erspürt keinen wesentlichen Unterschied mehr zwischen seinem im Prinzip von Mitgefühl und Stille erfüllten Eigenbewusstsein und dem Bewusstsein seines Schülers. Eine *Symmetrie* oder tiefe Einheit der gesamten Bewusstseinseinstellung und -erfahrung ereignet sich hindernislos, ganz spontan, wie von selbst.

Da sich der Nirwana-Zustand dem konzeptuellen Diskurs von vornherein entzieht, kann der primäre Zen-Kriteriumsmaßstab nicht auf bestimmten argumentativen und verbal-begrifflichen Fertigkeiten basieren. Vielmehr gilt der Grad des Einklangs der gesamten Lebensführung mit der möglicherweise erfahrenen Bewusstseinsstille, als primäres Orientierungs- und Entscheidungskriterium auf dem subtilen Gebiet der Zen-Erleuchtung (jap. *kensho, satori*). Im Grunde aber unterscheidet sich die Beurteilung eines Zen-Lehrers nicht prinzipiell von den Entscheidungen von Psychotherapeuten über Beendigung oder Fortsetzung einer Psychotherapie. Indem immer mehr moderne Psychotherapeuten aus diversen Schulrichtungen zum Zen-Meister (wie z.B. der Psychoanalytiker Magid, 2002, 2008) werden, wird dadurch die Kriterienfrage der Zen-Bewusstseinsstille um viele psychologisch-therapeutische Aspekte bereichert und vertieft.

Worte enthalten nicht die Wirklichkeit.
Die Rede ist nicht dem Schüler angepasst.
Auf Worte achtend verliert man die Realität.
An Sätzen hängen führt zu Täuschung.
(aus Mumons Kommentar zum Koan 37 des *Mumonkans*, S. 200)

Getreu der *Kôan*-Tradition, wonach ein Schüler, der ein einziges Koan, wie z.B. Jôshūs „*Mu!*" gelöst hat, alle anderen Koans der Vergangenheit und der Zukunft mit einem Schlag mitgelöst hat, wenden wir uns einem eminenten Vertreter der *Nördlichen Schule* zu, in Japan als Soto-Schule bekannt: Dogen Zenji.

Dogen Zenji (1200-1253) wird als einer der bedeutendsten Zen-Meister Japans betrachtet und von vielen buddhistischen Schulen wie ein Bodhisattva verehrt.

Sein Hauptwerk, das *Shôbôgenzô* (jap. wörtlich: *Schatzkammer/Auge des wahren Dharmas*) gilt als eine der tiefgründigsten Schriften in der gesamten Zen-Literatur.

Als Dogen Zenji 15 Jahre war, kreisten alle seinen Gedanken und meditativen Anstrengungen um die Frage:

"Wenn – wie alle Lehrschriften es sagen – unser Bewusstseinskern vollkommene Erleuchtung (Buddha-Natur) ist, warum mussten alle Buddhas um Erleuchtung und Vollkommenheit ringen?"

Eine für ihn wichtige Lösungshilfe war die Antwort von Eisai-Zenji (1141-1215) auf seine Frage sinngemäß:
"Nur die verblendeten Tiere und Menschen fragen danach. Kein Buddha ist sich der Existenz eines Bewusstseinskerns oder einer überall vorhandenen Buddha-Natur bewusst."
Später lernte er in China Meister kennen, die bei ihm mit der Bemerkung *„Ihr müsst Leib und Seele fallen lassen"* eine lebenslange Erleuchtungswelle (jap. *satori*) auslöste, die erst mit dem Wort *„fallen lassen fallen gelassen"* zur endgültigen Stille kam.

Dogen-Zenji hob besonders hervor, dass alle Lebewesen Nirwana (leere Stille) **sind**, entgegen der gewöhnlichen Auffassung, wonach die Nirwana- oder Buddha-Natur als Wesenskern **in** Lebewesen weilt. Alle Wesen, alle Phänomene, alle Erscheinungen, nicht nur lebendige Organismen, sind gänzlich untrennbar eine einzige Leere, eine *einzige Stille*. So betrachtet: Es konnte für ihn keine stufenweise, aber auch keine plötzliche Erleuchtung geben. *Jeder Augenblick, genau wie er wahrgenommen wird, ist die ganze Erleuchtung.* Übung und Erleuchtung sind *eins*. (Vielleicht kommt daher das geflügelte Wort: Der Weg ist das Ziel?!). Die leere Stille, eine Sekunde, eine Jahrmilliarde oder Zeitlosigkeit *ist die ganze Stille*.

Hier einige Auszüge aus dem 31. Kap. des 1. Bandes des *Shôbôgenzô*:

Kokū : umfassende Stille, umfassende Leere
- *Heute ist unser Thema die umfassende Leerheit, die umfassende Leerheit, die in unserem Körper, in unserer Haut, Fleisch, Knochen und Mark ist...*
- *Jede Übung, jedes Gespräch und jedes Zeichen des Weges der Buddhas offenbart die umfassende Leerheit.*
- *Einst besuchte Ryô, der Hauptabt von Seizan in Koshu den Mönch Baso* (chin. Ma tsu Tao-i, 709-788, einen der bedeutendsten Zen-Meister Chinas), *um ihm eine Frage zu stellen. Jedoch bevor Ryô sprechen konnte, fragte ihn Baso: „Welches Sutra lehrst du zur Zeit?" „Die Shingyô (Herz-Sutra)" antwortete Ryô. Baso fragte dann: „Welchen Geist benutzt du, wenn du lehrst?"*

-   *„Den Geist"*, sagte Ryô. *„In diesem Spiel ist der Geist der Hauptdarsteller, das Bewusstsein ist der Nebendarsteller, und die sechs Sinne bilden den Rest der Besetzung"*, sagte Baso. *„Wie kannst du mit solchen Spielern lehren?"*
-   *„Wenn mein Geist nicht fähig ist, dieses Sutra zu lehren, wie kann ich fähig sein, die umfassende Leerheit zu erklären?"* fragte Ryô.
-   *„Benutze die umfassende Leerheit, um das Sutra zu erklären"*, sagte Baso zu ihm. Ryô stand plötzlich auf, um zu gehen. Baso rief ihn, und als Ryô zurücksah, sagte Baso: *„Von deiner Geburt bis zu deinem Tod gibt es nur die umfassende Leerheit!"* Ryô war sofort erleuchtet. Danach zog er sich auf den Berg Seizan zurück, und es wurde niemals mehr etwas von ihm gehört.
-   Die umfassende Leerheit ist die Schatzkammer der Erkenntnis des wahren Dharmas (Shôbôgenzô) und der ruhige Geist des Nirwana.

(Den Mönchen zu Daibutsuji, Echizen, am 6. März 1245 vorgetragen; nachgeschrieben am 17. Mai 1279 von Ginsi im Shizenji, Nagahama, Echizen).

Der Unterricht Dogen-Zenjis über umfassende Leere/Stille folgt der *Prajñāpāramitā-Lehre* ohne den Schatten einer Dualität. Die umfassende Leere (jap. *kokū*), der ruhige Geist des Nirwana, duldet bei sich keine einzige Bit-Trennung, *eins oder null, ja oder nein*.

Wie Shankara (788-820) als Vertreter des Advaita-Vedanta und Erneuerer des Hinduismus sieht Dogen-Zenji keine Möglichkeit, aus der unzertrennbaren Einheit auszuscheren, die bei ihm nicht „das Eine ohne das Zweite" (skr. *advaita*), sondern eben *kokū* bzw. *umfassende Stille/Leere* heißt.

Wenn Bewusstseinsstille erfahren wird, gibt es weder Bejahung noch Verneinung. Gäbe es einen solchen Unterschied, würde es eine Dualität, also eine Trennung zwischen „diesem" und „jenem" geben, zwischen beispielsweise Leben und Tod, Bewusstsein und Nicht-Bewusstsein, Zeit und Zeitlosigkeit, Materie und Geist, Nirwana und Samsara etc., etc.

Daher, wie Baso sagte: *„Von deiner Geburt bis zu deinem Tod gibt es nur die umfassende Leerheit."* (s. o.).

Anders als Nagarjuna bemüht Dogen-Zenji keine viergliedrige dialektische Logik, sondern geht über den gleichsam zeitlosen Weg des Zazen (jap. wörtl. *za*, sitzen, *zen*, meditieren), über das stille Meditieren ohne Koan und ohne Vorlage, d.h. möglichst als *Fallen lassen* vom

Fallen gelassenen Körper und Geist, als stilles Fallen lassen jeder Ausdrucksform von *kokū*, von der umfassenden Stille/Leere.

Nicht ohne Grund ist Dogen-Zenji für die strikte *Shikantaza*-Übung des Zazen bekannt. *Shikantaza* (jap. wörtl. *nichts als einfach sitzen*) bezeichnet eine Ausübungsform von Zazen, bei der es keine stützende Hilfsmittel mehr gibt wie etwa das Zählen der Atemzüge oder die Konzentration auf ein Koan. Stattdessen wird versucht in einem Zustand hellwacher Bewusstheit zu verweilen, ohne spürbare Anhaftung an einen äußeren, körperlichen oder einen inneren, mentalen Gegenstand.

Das „*Shikantaza-Zen*" nach Dogen-Zenji steht m. E. nicht im Widerspruch zu anderen Meditationsformen, welcher Provenienz auch immer. Vielmehr versucht es von Anfang an durch den expliziten Verzicht auf Hilfsmittel keine Trennung zwischen Bodhisattva-Weg und Bodhisattva-Ziel in die psychologische Anfängermentalität einzuführen, um somit auf die Tätigkeit der umfassenden Leerheit als das stille, meditative Sitzen (*zazen*) klar zu achten (*shikantaza*) gemäß seinem Ausspruch:

„*Ein großer Stein ist groß, ein kleiner Stein klein; das ist die Tätigkeit der umfassenden Leerheit. Da gibt es kein Ja oder Nein.*"

Diese *Shikantaza*-Meditationsform verkörpert so weit es geht die zentrale Aussage vom Herz-Sutra, nämlich:
Form ist Leere; Leere ist Form.

17. Fechners Psychophysik, die umfassende Stille und das Quantenvakuum

Gustav Theodor Fechner (1801-1887) lehrte Physik, Naturphilosophie und Psychologie in Leipzig. Er gilt als Begründer der **Psychophysik** und der experimentellen Psychologie. Ausgehend von der Feststellung Webers (1795-1878), wonach je intensiver der Reiz, desto stärker muss sein Zuwachs sein, um eine Unterschiedswahrnehmung zu bewirken, leitete Fechner das psychophysikalische Gesetz ab, wonach die Intensität der subjektiven Empfindung dem Logarithmus des objektiven Reizes proportional ist. Mit anderen Worten: Die Empfindungen wachsen in arithmetischer Reihe (1, 2, 3, 4,...), wenn die Reize in geometrischer Reihe (1, 2, 4, 8, 16, ...) zunehmen. Das Fechner-Gesetz gilt nur für Reize mittlerer Stärke.

Fechner (1860) definierte die **Psychophysik** wie folgt:
- *„Unter Psychophysik soll hier eine exakte Lehre von den funktionellen oder Abhängigkeitsbeziehungen zwischen Körper und Seele, allgemeiner zwischen körperlicher und geistiger, physischer und psychischer Welt verstanden werden.*
- *... Anders gesprochen, doch nur dasselbe damit gesagt: Was gehört in der inneren und äußeren Erscheinungsweise der Dinge zusammen und welche Gesetze bestehen für ihre bezugsweise Änderungen."* (Band 1, Kap. 2)

Gegen Ende des 2. Bandes stellt Fechner verallgemeinernd fest:
„Bewusstes und Bewusstloses in der Welt wird nur zwei Fälle derselben Formel darstellen, welche zugleich maßgebend für ihr Verhältnis und ihren Übergang ineinander ist.
...Diesen Beweis kann ich nicht schon jetzt führen; doch glaube ich, dass er sich mit fortschreitender Entwicklung der Psychophysik von selbst führen wird, deren ersten Versuch ich mit dieser fernen Aussicht schließe." (Band 2, Kap. 46).

Bewusstsein und Bewusstloses (sprich: Energie, Materie, Information) sind für Fechner – ähnlich wie subjektive Empfindung und objektiver Reiz – nur *zwei Erscheinungsformen (Geschehnisse), die letzten Endes vollkommen ineinander übergehen.*
Fechner benutzt abwechselnd verschiedene Gegensatzpaare, um das Paar „Bewusstes-Bewusstloses" näher zu beschreiben, so z.B. *Innenseite*

und Außenseite, Einheit und Vielheit, Einfachheit und Mannigfaltigkeit, Tages- und Nachtansicht. Beide Erscheinungsformen bilden für ihn eine dermaßen unzertrennbare Einheit, dass man sich hin und wieder an die Komplementarität von Yin und Yang im einheitlichen, einfachen Tao oder an das moderne Komplementaritätsprinzip von Niels Bohr in Bezug auf Wellen und Teilchen erinnert fühlt.

Interessant ist bei Fechner nicht so sehr die Idee der absoluten Komplementarität und übergreifenden Einheit von „Stoff und Geist". Schließlich gibt es in der abendländischen Naturphilosophie ähnliche unitäre Ansätze, wie z.b. von Spinoza (1632-1677), Berkeley (1685-1753), Schelling (1775-1854). Viel eher scheinen mir die in der **Psychophysik** (1860) rekurrente Thematik der Schwelle, bezogen auf Ober-, Unter- und Hauptwellen (vgl. z.B. Band 2, Kap. 34 und 45) und die damit einhergehende phänomenale Diskontinuität besonders originell zu sein.

Während die Körper- und Stoffseite, das Bewusstlose also, auf Vielheit und Mannigfaltigkeit auseinanderstrebt, manifestiert sich das Bewusste in Form von Einheit, Allgemeinheit und einfacher Identität. Anhand einer Vielfalt von Beispielen (z.B. geteilte Radiolarien, geteilte Erdwürmer, Split-Brain-Fälle, siamesische Zwillinge) vertritt Fechner die Auffassung, *dass Bewusstsein – auf welcher Stufe auch immer – bestrebt ist, Vielheit in Einheit und Einheit in unzertrennbare, einfache Identität zu transformieren.*

Da Bewusstsein nach einfacher und alleiniger Identität strebt, fragt sich Fechner, wieso wir die unzertrennbare Einheit der gesamten Natur diskontinuierlich wahrnehmen, also nicht entlang einer einfachen Identität, einem einzigen Bewusstsein:

„Woran hängt es, dass die verschiedenen Organismen ein geschiedenes Bewusstsein haben, ungeachtet ihre Leiber so gut durch die allgemeine Natur zusammenhängen, als die Teile eines Organismus unter sich, die doch zu einem einheitlichen Bewusstsein zusammen stimmen?" (Band 2, Kap. 45).

Diese Frage, die er für alle Welt- oder Organismen-Ebenen stellt, beantwortet er generell mit Hilfe von einem „*Wellen-Schwelle-Schema*". Er schreibt nämlich:

„Insofern wir nun jedes System psychophysischer Tätigkeit, was durch ein allgemeines oder Hauptbewusstsein verknüpft ist, durch eine Welle, Hauptwelle darstellen können, welche mit ihren Gipfeln eine gewisse Grenze, die Schwelle, übersteigt, werden wir den physischen Zusammenhang aller psychophysischen Systeme durch die Natur mit ihrer

psychophysischen Diskontinuität zugleich dadurch darstellen können, dass wir alle Wellen in Zusammenhang verzeichnen, aber nicht oberhalb, sondern unterhalb der Schwelle zusammenhängen lassen, nach diesem Schema: Hier stellen a, b, c drei Organismen oder vielmehr die psychophysischen Hauptwellen dreier Organismen vor, AB die Schwelle. Was von jedem Wellenbug die Schwelle überragt, hängt in sich zusammen und trägt ein einiges Bewusstsein; was unter der Schwelle ist, trennt als Unbewusstsein tragend das Bewusste, in das es doch noch die physische Verbindung dazwischen unterhält.

...oder kurz: Das Hauptbewusstsein ist kontinuierlich, einheitlich oder diskret, je nachdem die psychophysischen Hauptwellen, die ihm unterliegen, kontinuierlich oder diskontinuierlich oberhalb ihrer Schwelle sind." (Band 2, Kap. 45).

Wenn also Bewusstsein vom Prinzip her immer auf Einheit und einfache Identität, sobald es in Interaktion mit körperlicher oder materieller Vielfalt (z.B. ein einziges Sehen, ob ein oder zwei Augen, ein einziges Ich, ob eine oder zwei Hirnhälften) tritt, fragt man sich, ob die beobachtete Diskontinuität zwischen a-, b-, oder c-Identität nicht einfach die Konsequenz der Schwellenhöhe AB sei.

Sobald die Schwelle AB heruntergesetzt wird, schwindet die angenommene „Identität" mit den jeweiligen wahrgenommenen Bergkuppen.

Wenn also das ganze Universum durch eine einzige Welle dargestellt wird, dann bedeutet die systematische Herabsetzung der Schwelle AB automatisch eine Überwindung von angenommenen, getrennten „einheitlich und einfachen Identitäten" diverser Organismen (z.B. Peter, Petra, ein Delphin, ein Fisch etc.), die in der Abbildung 7 mit den Kleinbuchstaben a, b, c bis h dargestellt werden.

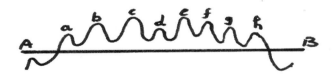

Abbildung 7

Mit jeder Herabsetzung der Schwelle schwinden die „*Diskontinuitäten*" oder die „*partiellen Identitäten*" mehr und mehr. Erst wenn die Schwelle AB den absoluten einheitlichen Boden erreicht hat, kann sie als die *einzige Wellenlinie*, die einfache Identität oder Einheit bewusst werden, woraus im Prinzip unendliche, diskontinuierliche Identitäten (wegen der unterschiedlichen Herabsetzung der Schwelle!) möglich werden.

Das uneingeschränkt geltende Prinzip der Superposition in der Quantenphysik führt zu einer recht ähnlichen Darstellung. Wo Fechner von einer „*einzigen, totalen Welle*" spricht, kann man heute von der „*Nullpunkt-Energie des Quantenvakuums*" sprechen. Die abstrakt-durchschnittliche Schwelle AB ist hier genau Null. Sie ist gleichsam die durchschnittliche Summe unendlicher h/2-Fluktuationen, die man als virtuelle Teilchen auffassen kann, und darüber hinaus die Summe unendlicher (seltener?) riesiger Fluktuationen.

Entsprechend dieser Sichtweise wäre unser Universum – in der Sprache Fechners – eine „*einzige, totale Welle*", nur eine riesige, weit über h/2 geratene Gesamtfluktuation. Um die kontinuierliche Nullpunkt-Energie oder die absolute Null-Energieschwelle zu garantieren, könnte irgendwann ein Anti-Universum entstehen und den Betrag dieser Riesen- oder Totalwelle zunichte machen.

Während in der „Außensicht des Quantenvakuums" die unzähligen Fluktuationen um den Nullpunkt der absoluten Schwelle AB hin und her per h/2 (oder gar hin und wieder enorm größer!) oszillieren und somit lauter virtuelle Diskontinuitäten hervorrufen, sobald die Schwelle AB den angedachten Nullpunkt verlässt, haben wir in der „Innensicht der umfassenden Leere/Stille" eine einfache und einheitliche Identität des Bewusstseins erreicht, indem das Bewusstsein seine Schwelle AB auf die allumfassende Leere herabsetzt.

Im Jargon der fechnerianischen *Psychophysik* haben wir somit die Schwelle AB für die „Innenseite" bzw. die allgemeinste und einfachste Bewusstseinsidentität auf umfassende Leere/Stille gebracht! *Damit ist uns gelungen, die irreführenden diskontinuierlichen Identitäten (die getrennten Bergkuppen der Wellenlinie) zu überwinden.* Gleichzeitig haben wir die Schwelle AB als Quantensuperposition aller möglichen Fluktuationen des Quantenvakuums erkannt. Darin sind die unendlichen Erscheinungsmannigfaltigkeiten unseres Universums enthalten.

Auch wenn wir als Menschen die Äquivalenz der absoluten Schwelle AB für beide Sichtweisen (z.B. Bewusstes vs. Bewusstloses, Innenseite vs. Außenseite) erkennen und mittels Meditationsübungen erspüren

können, gebrauchen wir als Menschen, d.h. solange wir uns an raumzeitliche, lokale Endlichkeit gebunden fühlen, eine quasi ständige „*Renormierung*" ähnlich wie in der modernen Physik.
An diesem Punkt kann sich u. U. die Frage stellen, ob eine unendliche Identität von Einfachheit und Mannigfaltigkeit nicht nur virtuell erspürt oder erdacht werden kann, sondern – grob ausgedrückt –„*einfach da ist*".
Gott, Brahman, Great Spirit, Tao etc. wären dann nicht nur psychologisch als Äquivalenz von „Innen- und Außenseite" erdacht und erfahrbar. Es wäre selbst die unendliche, absolute, einfache Wirklichkeit, - eine Wirklichkeit vom menschlichen Bewusstsein nicht nur „gedacht und wahrgenommen", sondern auch „unendlich verwirklicht". Diese Sichtweise wurde allerdings innerhalb der westlichen, theozentrischen Kultur meist verneint.
In der östlichen Kultur, wie z.B. in den Darstellungen Dogen-Zenjis über die umfassende Leere oder *kokū*, scheint aber eine solche theozentrische Sichtweise nicht zu bestehen, denn – einfach ausgedrückt – eine solche Sichtweise würde sofort ins Leere laufen!

Die „*einfache, totale Welle*" Fechners, die umfassende Leere (jap. *kokū*) Dogen-Zenjis oder das Quantenvakuum der heutigen Physik sind, bewusstseinspsychologisch betrachtet, sicher Konstrukte, die uns an die „grenzenlose Grenze" der einfachen Einheit von der *Psychophysik*, von bewusster und bewusstloser Information heranführen.
Je deutlicher wir die Schwelle dieser und jener bewussten Identität heruntersetzen, umso klarer wird die einfache Identität der „*einzigen, totalen Welle*" oder der umfassenden Leere.
In diesem Zusammenhang fällt auf, dass der Quantenphysiker Erwin Schrödinger, der die Quantenwelle Ψ aufstellte, ähnlich Fechner im Jahre 1860, die Existenz von getrennten, einfachen Bewusstsein oder Identitäten in Frage stellte. In seinem Artikel „*Das arithmetische Paradoxon - die Einheit des Bewusstseins*" (vgl. Dürr, 1988, S. 166) schrieb er z.B.:

„Bewusstsein gibt es seiner Natur nach nur in der Einzahl. Ich möchte sagen: Die Gesamtzahl aller 'Bewusstheiten' ist immer bloß 'eins'."

Sicher: Es gibt einen Unterschied zwischen Bewusstseinspsychologen, Philosophen und Quantenphysikern einerseits und Meditationsübenden wie z.B. Zen-Buddhisten oder christlichen Kontemplationsmystikern andererseits. Beide Gruppen, ob Theoretiker oder Praktiker, scheinen aber gleichermaßen die Schwelle AB so herunterzustellen, dass sie sich eindeutig weg von der diskontinuierlichen Vervielfältigung einzelner Identitäten und hin zu einer immer stärkeren Vereinheitlichung und einer alles umformenden psychophysischen Kontinuität bewegen.

Viele tendieren dabei, Praktiker oder Theoretiker, in Bezug auf die *Psychophysik* bzw. in Bezug auf das Verhältnis Bewusstes vs. Bewusstloses dualistische Positionen in Frage zu stellen. Sofern sie aber sich darüber nicht äußern oder dualistische Modelle vertreten, stimmen sie meist darin überein, dass *das Mentale einer ungeteilten Kontinuität unterliegt.*

Die im Pyramidenmodell (s. Kap. 6) beschriebene Stufe „*Einheitsbewusstsein*" scheint in der Tat in praktisch allen Kulturen thematisiert zu werden, in denen Bewusstseinsreflexionen, mystische Kontemplationen oder Meditationsübungen anzutreffen sind. In diesem Sinne ist es nicht verwunderlich, dass Autoren wie der Psychophysiker Fechner, der Zen-Lehrer Dogen-Zenji und der Quantenphysiker Schrödinger trotz ihrer recht unterschiedlichen Ansätze in Richtung auf ein unitäres, unzertrennbares Feld konvergieren, als ob die Konzentration auf die „*Innenseite*" (z.B. das Mentale) oder auf die *Außenseite* (z.B. das Bewusstlose) zu ähnlichen nicht-dualen Konzeptionen und Erfahrungen führen würden.

18. Eudaimonia und Glückseligkeit

Glückseligkeit (*Eudaimonia* von gr. *eu*, gut und *daimon*, lenkender Geist) ist ein zentraler Begriff der griechischen antiken Philosophie, vorrangig bei Sokrates, Platon und Aristoteles. Man findet die *Eudaimonia* in dieser oder jener Form in den stoischen, epikureischen und neoplatonischen Abhandlungen bis weit in das vierte oder fünfte Jahrhundert der neuen Ära wieder.

Sokrates stellt als erster die *Eudaimonia* oder Glückseligkeit als ein für alle Menschen erreichbares Ziel dar, das mittels einer durch Vernunft begründeten und tugendhaften Lebensführung anzustreben ist.

Wie aus dem Tode von Sokrates besonders deutlich zum Ausdruck kommt, nimmt das gerechte Denken und Handeln eine zentrale Stellung innerhalb des individuellen Seelenglücks ein. Wie er im Kreise seiner Freunde und Schüler nach Einnahme des giftigen Schierlingsbechers klar machte, *tue man im Sinne des eigenen Seelenglücks noch weit besser daran, Unrecht zu erleiden als Unrecht zu tun.*

Für Sokrates war das Streben nach Gerechtigkeit aufs Engste mit dem Delphispruch verbunden: *„Erkenne dich selbst".*

Sein einfacher Lebensstil und seine staunenswerte – nicht asketische! – Körperbeherrschung machten deutlich, dass er mit Glückseligkeit oder *Eudaimonia* kein äußeres Gut wie z.B. Sinneslust, Reichtum, Prestige etc. meinte, sondern ausschließlich etwas, das sich der kontemplativen oder meditativen Seelen- oder Bewusstseinserforschung erschließen kann.

Pyrrhon von Elis (ca. 360- ca. 270 v. Chr.) gilt als Begründer der nach ihm benannten pyrrhonischen Skepsis bzw. Pyrrhonismus. Eigene Werke von ihm sind uns nicht überliefert worden. Pyrrhon vertrat die Auffassung, dass weder Sinneswahrnehmungen noch Denkleistungen in der Lage sind, den Wahrheitsgehalt von Phänomenen eindeutig festzustellen. Daraus folgt, dass der Weise (Erkennende) sich jeden Urteils letzten Endes enthält (vgl. die sog. *epochè*, auch bei Edmund Husserl). Erst durch die skeptische Haltung in Form einer umfassenden Urteilsenthaltung kann jemand die Glückseligkeit oder *Eudaimonia* bei sich entstehen lassen. Diese skeptische Haltung sah er am ehesten in der *Seelenruhe oder Ataraxia* verwirklicht.

Inwieweit Pyrrhon selbst durch Demokrit (460-371 v. Chr.) und Leukipp (5. Jh. v. Chr. aus Milet oder Abdera in Thrakien) beeinflusst wurde, ist kaum zu klären. Fest steht aber, dass wir einem ähnlichen Begriff wie *Ataraxia oder Seelenruhe* bei Demokrit begegnen, nämlich *Euthymia* (dt. etwa Wohlgemüt).
Wie sein Lehrer Leukipp geht Demokrit davon aus, dass die gesamte Natur aus unteilbaren, kleinsten Einheiten zusammengesetzt ist. Im unendlichen leeren Raum sind unendlich viele Atome unterschiedlicher Gestalten vorhanden. Wenn diese sich miteinander verbinden, dann erscheinen sie als Wasser, Feuer, Luft oder Erde und daraus als alle möglichen Dinge und Lebewesen. Weder bei den Atomen noch bei deren Eigenschaften sollte man nach einer Ursache fragen, denn Atome sind ewig.
Wie bei allen anderen Dingen ist die Seele ebenfalls ein Aggregat aus Atomen. Sie besteht allerdings aus vollkommenen, feinsten, kugelförmigen Atomen, die der Erscheinung des Feurigen entsprechen.
Demokrits Zeitgenossen nannten ihn den „*heiteren Philosophen*", weil er eine *gleichmütige Gelassenheit,* eine von Affekten wie Angst oder Hoffnung ungestörte *Wohlgemütsstimmung, nämlich Euthymia,* als *das höchste zu erstrebende Gut ansah.* Während Platon ihn – aus welchem Grund auch immer – nicht erwähnt, scheint er einen großen Einfluss auf Aristoteles gehabt zu haben.

Gelassenheit, Seelenruhe, Gemütsruhe, friedliches und gleichmäßiges Dasein, positive, heitere Grundstimmung (Euthymia) beschreiben für Demokrit die ewige Glückseligkeit, unabhängig davon wie sich die unendlichen Wirbelungen der Atome, die Dinge, die Lebewesen oder die Seelen auflösen und neu mischen.

Die großen Strömungen der griechischen Philosophie nach Demokrit, Leukipp, Pyrrhon von Elis, Sokrates, Platon und Aristoteles suchen nach einem Zustand des Bewusstseinsfriedens, der meist mit dem Ausdruck *Ataraxia* oder auch, vorrangig bei den Stoikern, mit *Apatheia* bezeichnet wird.
Ataraxia bedeutet wortwörtlich die Abwesenheit von Störung und Unordnung (altgriechisch: *tarakè*). Mit *tarakè* wird sowohl jede mentale Verwirrung, Unordnung, Störung, ja sogar jegliches *seelische* Ungleichgewicht gemeint als auch jede *soziopolitische* Störung, die die Harmonie des sozialen Lebens bis hin zum Gleichgewicht des Staatswesens bedroht bzw. zerstört. Die *Ataraxia* wurde z.B. bei dem radikalen Skeptiker Sextus Empiricus (2/3. Jh. n. Chr.) benutzt, um die ethische

Grundhaltung des jede Erkenntnis in Frage Stellenden zu beschreiben. Er benutzte auch das Bild von der „*Meeresstille der Seele*".

Pyrrhon von Elis (s. o.), Schüler des Anaxarchos (Blütezeit um 340 v. Chr.), kam im Gefolge von Alexander dem Großen in Kontakt mit Gymnosophisten (d.h. *nackten Weisen bzw. Yogis*) in Vorderindien. Er lehnte die wahre Erkenntnis ab, denn alles Erkennen sei bloße menschliche Übereinkunft und somit *tradierte Gewohnheit*. Die zentrale Aufgabe des Menschen sei nicht die Erkenntnis der Wahrheit, sondern – wenn überhaupt – *die Pflege der Gemütsruhe oder Ataraxia*. So berichtet D. Laertius (IX, 68, S. 195f.) folgende Lebenslaufepisode des Pyrrhons:

„Als auf einer Seefahrt die Mitfahrenden durch einen Sturm in verzagte Stimmung versetzt wurden, blieb er selbst ganz ruhig und weckte wieder eine zuversichtliche Stimmung, indem er auf sein Futter verzehrendes Schweinchen im Schiffe mit den Worten hinwies: 'Diese Unerschütterlichkeit sei ein Muster für das Verhalten des Weisen'".

Wenn man sich die auf Gemütsruhe stark zentrierte Lebenshaltung des Skeptikers Pyrrhon von Elis anschaut, kommt man schnell auf den Gedanken, seine allumfassende zweifelnde Erkenntnishaltung wird besonders deshalb gewählt, um Geistesverwirrungen oder -verstörungen zu vermeiden, die unweigerlich auftreten würden, sobald sich man vermeintlichen Wahrheiten anvertrauen würde. Anders ausgedrückt: Für die Skeptiker im Sinne des Pyrrhonismus zieht die unerschütterliche Bewusstseinsstille oder Gemütsruhe die Zurückhaltung des Urteils (gr. *epochè*) wie ein Schatten nach sich.

Was die Bewusstseinsstille oder Gemütsruhe angeht, lassen sich die drei philosophischen Schulen der Stoa (Stoiker), des Pyrrhon von Elis (Skeptiker) und des Epikur (Epikureer) nicht wesentlich voneinander unterscheiden.
In seinem Brief an Menoikeus (Laertius X, 122-135, S. 284) schreibt Epikur u. a.:

„Wenn wir also die Lust als das Endziel hinstellen, so meinen wir damit nicht die Lüste der Schlemmer und solche, die in nichts als dem Genusse selbst bestehen, wie manche Unkundige und manche Gegner oder auch absichtlich Missverstehende meinen, sondern das Freisein von körperlichem Schmerz und von Störung der Seelenruhe. Denn nicht Trinkgelage mit daran sich anschließenden tollen Umzügen machen das lustvolle

Leben aus, auch nicht der Umgang mit schönen Knaben und Weibern, auch nicht der Genuss von Fischen und sonstigen Herrlichkeiten, die eine prunkvolle Tafel bietet, sondern eine nüchterne Verständigkeit, die sorgfältig den Gründen für Wählen und Meiden in jedem Fall nachgeht und mit allen Wahnvorstellungen bricht, die den Hauptgrund zur Störung der Seelenruhe [Ataraxia] abgeben."

Das lustvolle Leben ist von einem einsichtsvollen, sittlichen und gerechten Leben untrennbar. Im Gegensatz zu Freude oder Fröhlichkeit, die mit Stimmungsveränderungen einhergehen und folglich der Kategorie „Bewegung" zuzuordnen sind, sieht Epikur in der *Seelen- oder Gemütsruhe* eine bewegungslose, in sich ruhende Lustempfindung. Um die beglückende „*Seelenruhe*" dauerhaft zu verwirklichen, wird die Tugend, z.b. in Form einer geduldigen, Vernunft geleiteten Einsichtnahme und Gerechtigkeitshaltung, herangezogen. Für Epikur ist Tugend das Einzige, was vom zentralen „*Ruhen der Lust*" untrennbar ist. Alles andere lässt sich von ihr abtrennen wie z.b. die schnelllebigen Sinnesfreuden. Auch der Tod lässt sich von der *Seelenruhe bzw. ruhenden Lustempfindung* trennen, denn was aufgelöst ist, ist ohne Empfindung und hat folglich mit ihr nichts Gemeinsames.

Epikur sieht im *Seelenleid* oder Seelenschmerz die Antisymmetrie zur *Seelenruhe*, der einzigen, unveränderlichen Lustempfindung. *Wenn Sinnesgenüsse und sonstige lustvolle Erlebnisse zu Seelenleid führen, ist durch Verstandeskraft bzw. nach genauer Überprüfung davon Abstand zu halten.*

Die systematische Erforschung der Natur (Universum, Weltall, Kosmos...) kann uns nach Epikur behilflich sein, um zu einer dauerhaften, unverfälschten Seelenruhe oder Seelenglück zu gelangen (vgl. hierzu D. Laertius X, 143). Es ist nicht möglich, sich von der Furcht hinsichtlich der wichtigsten Lebensfragen zu befreien, wenn man nicht über die Natur des Weltalls Bescheid weiß, sondern sich nur in Mutmaßungen mythischen Charakters bewegt. *Mithin ist es nicht möglich, ohne Naturerkenntnis zu unverfälschten Lustempfindungen zu gelangen.*

Da im Gegensatz zur Stoa fast alle Schriften Epikurs abhanden gekommen sind bzw. nur ein paar Briefe und eine Reihe von Maximen und Aussprüchen überliefert wurden, sind wir auf Texte seiner Anhänger wie auch seiner Gegner wie z.B. Cicero oder Seneca angewiesen.

Epikur übernahm weitgehend Demokrits atomistische Lehre und verzichtete ebenfalls auf transzendente oder metaphysische Annahmen. Die starken Schwankungen der kindlichen Lustempfindungen können

durch die Entstehung vernunftgeleiteter Einsicht (gr. *phronesis*) vermehrt unter Kontrolle gebracht werden.
Soziale Gerechtigkeit, Freundschaft, gegenseitige Fürsorge, maß- und rücksichtsvolles Handeln tragen wesentlich zur Sicherung und Verwirklichung der *Seelenruhe* bei. Todesfurcht, Begierden und seelische Körperschmerzen sind als die wichtigsten Hindernisse zu überwinden, will man die *Seelenruhe* für sich dauerhaft verwirklichen.
Nur die Erfüllung von Grundbedürfnissen wie Essen, Trinken und Kälteschutz wird vorausgesetzt, um erfolgreich eine stabile Bewusstseinsstille realisieren zu können. Übertriebene und überflüssige Bedürfnisbefriedigungen können schnell unbefriedigende Abhängigkeiten zur Folge haben, was sich auf die *Seelenruhe* kontraproduktiv auswirkt. In diesem Sinn schreibt Epikur an Menoikeus:

„...[und] Brot und Wasser gewähren den größten Genuss, wenn wirkliches Bedürfnis der Grund ist, sie zu sich zu nehmen. Die Gewöhnung also an eine einfache und nicht kostspielige Lebensweise ist uns nicht nur die Bürgschaft für volle Gesundheit, sondern sie macht den Menschen auch unverdrossen zur Erfüllung der notwendigen Anforderungen des Lebens, erhöht seine frohe Laune, wenn er ab und zu einmal auch einer Einladung zur kostbaren Bewirtung folgt, und macht uns furchtlos gegen die Launen des Schicksals." (D. Laertius, X, 131, S. 284)

Die menschliche Freundschaft – auch als Solidargemeinschaft gegen mögliche Anfeindungen von außen – galt Epikur als die zwischenmenschliche Beziehung, die am ehesten zur Daseinsfreude beitragen kann:

„Von allem, was die Weisheit zur Glückseligkeit des ganzen Lebens in Bereitschaft hält, ist weitaus das Wichtigste der Besitz der Freundschaft". (Hauptsatz XXVII, D. Laertius, X 148).

Ehe, Nachkommenschaft, politische Ämter betrachtete er als mögliche Hindernisse zur Seelenruhe.
Erst durch die unaufhörliche Meditation über die Seelenruhe und die Schritt für Schritt Verwirklichung der *„ruhenden Lustempfindung"* bzw. der Bewusstseinsstille kann man, so Epikur, „wie ein Gott unter Menschen leben". Daher schließt er seinen Brief an Menoikeus mit den folgenden Worten:

„Dies und dem Verwandtes lass dir Tag und Nacht durch den Kopf gehen und ziehe auch deinesgleichen zu diesen Überlegungen hinzu, dann wirst du weder wachend noch schlafend dich beunruhigt fühlen, sondern vielmehr wie ein Gott unter Menschen leben. Denn keinem

sterblichen Wesen gleicht der Mensch, der inmitten unsterblicher Güte lebt."

Der implizite Atheismus von Epikurs Welterklärung (Atomlehre, Existenz unendlich vieler Welten, Götter ohne Wirkung auf den Kosmos) wird im Werk des Dichters Lukrez (um 97 – 55 v. Chr.) in Richtung einer scharfen Kritik an Religion und Priestertum weiter entwickelt.

Obgleich die *Ataraxia oder Seelenruhe* der Epikureer, wenn nicht in der theoretischen Ableitung so doch in der Praxis, von der „*Apatheia*" oder *Leidenschaftslosigkeit* der Stoiker wahrlich nicht zu unterscheiden ist, wurden Epikureer und Stoiker im christlichen Abendland ab Augustinus völlig unterschiedlich aufgenommen und verbreitet.

Mit dem Erstarken des Christentums wurde Epikurs Lehre verhasst und verfemt, da er Furcht vor göttlicher Strafe und Hoffnung auf göttlichen Lohn zum Aberglauben erklärt hatte. Seine Lehre wurde nicht zuletzt deswegen massiv vergröbert und verfälscht.

Im Mittelalter galt er als der Widersacher des Christentums schlechthin. Dante Alighieri lässt Epikur in seiner göttlichen Komödie als Erzketzer im sechsten Kreis der Hölle in einem Eisensarg ewiglich brennen. Ab Ende des 16. Jh. beginnt man sich für seine Naturphilosophie, nicht aber für seine Ethik, wieder zu interessieren (wie z.B. Giordano Bruno, Christian Huygens, Isaak Newton). Erst im Zusammenhang mit dem Gesellschaftsvertrag als Grundlage der modernen Staatstheorie (vgl. Jean-Jacques Rousseau) wird Epikurs Auffassung über die *Seelenruhe* wieder zur Kenntnis genommen bzw. in die breite Öffentlichkeit propagiert.

19. Die Stoa oder die holofraktale Weltstille

Im Gegensatz zur epikureischen Weltanschauung erinnert die stoische Auffassung über innere Stille oder *Seelenruhe* in vielerlei Hinsichten an die indischen Upanishaden bzw. deren grundlegende Gleichung *Atman = Brahman*.

Historisch betrachtet hat die Expedition von Alexander dem Großen (356-323 v. Chr.) nach Indien in der Zeit von 327-325 schon stattgefunden, als Zenon von Kition um 300 seine eigene Philosophieschule in Athen gründete. Aus den Begegnungen mit den nackten Weisen (gr. *gymnoi sophoi* bzw. Sadhus, Yogis, Brahmanen) sind Einflüsse der Veden (z.B. Upanishaden) und sonstiger altindischer Strömungen auf post-alexandrinische, hellenistische Philosophen wohl nicht auszuschließen, zumal es auffällt, dass *fast alle vorchristlichen Stoiker aus Kleinasien stammen*.

Zenon aus Kition (Zypern, um 336-264 v. Chr.), vielleicht halb Phönizier, gelangte um 314 als junger Kaufmann nach Athen und wurde dort Schüler des Kynikers Krates von Theben. Noch vor 300 gründete er seine eigene Schule in der durch Polygnot geschmückten Halle (gr. *stoa poikilè*) am Markt von Athen, - daher der Name *Stoiker*.

Von seinen Werken sind leider keine erhalten. Dank Diogenes Laertius und anderen Überlieferungen lässt sich aber seine Lehre in wesentlichen Zügen rekonstruieren. Demnach lehrte er, dass es Ziel des Menschen sein müsse, seinen vielfältigen Begierden *nicht* nachzugeben. Den Wechselfällen des Lebens müsste man mit einer gelassenen, ruhigen Haltung begegnen, die er „*Apatheia*", d.h. die Abwesenheit von starken Affekten und Leidenschaften, nannte. Dies sei, ähnlich wie bei Epikur und Buddha, am ehesten durch die Schaffung einer seelischen Äquidistanz gegenüber Lust und Unlust zu erreichen. Über die Kontrolle der Affekte und dieser tugendhaften Äquidistanz gegenüber Lust und Unlust kann es dem Menschen gelingen, seinen natürlichen Anteil an der Weltvernunft (gr. *logos spermatikos*) bewusst auszuleben. Ähnlich dem vedischen *Brahman* durchwirkt ein göttliches Vernunftprinzip den Kosmos in allen seinen Bestandteilen. Der Mensch hat von Geburt an Anteil an dieser vernünftigen Weltseele (*Logos*). Seine Einordnung als Teil oder Bruchstück (*Fraktal*) in das Ganze (*Holon*) der durch Logos oder durch die Weltseele geformten Natur ist für Zenon die vorrangige Bestimmung des Menschen. Durch die Erziehung zur Weisheit nähert sich der Mensch dem höchsten Gut, nämlich der Weltvernunft, Weltseele oder *Logos* an, dem Inbegriff des glückenden und glücklichen Daseins. Das Individuum kann am ehesten sich der Weisheit, der einzigen und unveränderlichen Weltvernunft, dem beständigen *Logos* annähern und somit glücklich werden, indem Affektkontrolle (*Apatheia*), vor allem Freiheit von Lust, Begierden, Wut und Angst, Selbstgenügsamkeit und Unerschütterlichkeit (*Ataraxia*, Indifferenz gegen Lust und Schmerzempfindungen) unaufhörlich geübt werden. Diese sprichwörtliche stoische Ruhe übersteigt sogar das Glück der Götter, denn die leiblosen Götter sind nicht in der Lage, ihre stoische Stille im Dulden der Leibesübel zu beweisen.

Bei aller Selbstgenügsamkeit der Tugend betonten Zenon und sein berühmter Schüler Kleanthes von Assos (331-232/1 v. Chr.), dass der Mensch mit der Weltgemeinschaft aller Vernunftwesen aufs Engste verbunden sei. Denn da in allen Menschen ein und dieselbe Weltvernunft lebt, so kann es im Grunde nur *ein* Weltgesetz, *ein* Weltrecht, *einen* Weltstaat geben.

Indem der Stoiker zur inneren Stille bzw. unveränderlichen Logos-Ruhe gelangt, wird er zu einem Weltbürger, in dessen Bewusstsein sich Freundschaft, Frieden und Gerechtigkeit gleichsam als seine naturgemäßen Welttugenden voll entfalten können.

Anders als bei Epikur wird die *Ataraxia* nicht über eine individuelle Übung in optimale Glückseligkeit konzipiert. Universelle, kosmopolitische Züge eines *Welt-Ethos oder -Logos* werden von vornherein als quasi-natürliche oder angeborene Anteile des individuellen Bewusstseins angesehen. Wir sind somit schon bei den Begründern der alten Stoa, Zenon und Kleanthes, in geistiger Nähe der Upanishaden und deren fundamentaler Gleichung zwischen individuellem Bewusstsein (*ātman*) und Weltbewusstsein (*brahman*). Auch wenn zu diesem Zeitpunkt eine yogische Meditation à la Patañjali in Griechenland unbekannt zu sein scheint, setzt doch die Verwirklichung der stoischen Tugenden *Apatheia und Ataraxia* eine Menge an Verzichttraining voraus, das mit Stille, Ein- und Klarsichtgewinnung über die Natur des eigenen Weltbewusstseins zu tun haben muss.

Schon früh wurde die stoische Lehre der Griechen zum Leitbild führender Kreise der römischen Expansion seit dem 2. Jh. v. Chr. Die Idee eines Weltgesetzes oder eines Weltstaates schien, anders als in der zerfallenden griechischen Inselrepublik, im entstehenden römischen Reich eine beginnende, sich bewahrheitende Konkretisierung zu erfahren.

Panaitios (180- ca. 110 v. Chr.) und Poseidonios (135-51 v. Chr.) haben nicht zuletzt Einflüsse auf bekannte römische Stoiker oder Weltbürger wie z.B. Cicero (106-43 v. Chr.) und Scipio Aemilianus (185-129 v. Chr.) ausgeübt.

Während der römischen Kaiserzeit (ab Augustus, 36-14 n. Chr.) konzentriert sich die jüngere Stoa, zu welcher Seneca, Musonius, Epiktet und Marc Aurel gehören, auf die Tugenderziehung und individuelle Lebensführung zwecks Erreichung der Glückseligkeit. Somit geraten die früheren Schwerpunkte der stoischen Lehre wie Physik, Logik, Rhetorik immer mehr in den Hintergrund.

L. Annaeus Seneca, der u.a. Erzieher und erster Minister des Kaisers Nero war, hat eine Reihe ethischer Abhandlungen geschrieben, deren Titel eine unmittelbare praktische Zielsetzung aufweisen, so z.B. die Tröstungen (*consolationes*), die Abhandlungen über den Zorn, über Wohltaten, über die Standhaftigkeit des Weisen, über das glückliche Leben, über den Frieden der Seele oder moralische Briefe an Lucilius. Alle diese Schriften befassen sich mit praktischen Weisungen zur Lebensführung unter Vermeidung umständlicher Darlegungen theoretischer Schulauffassungen nach dem Motto „*Tun, nicht reden, lehrt die Philosophie*". Wie jeder sein eigenes Leben, das der Zeit und somit dem Tod ausgeliefert ist, zu gestalten hat, dies ist Senecas Anliegen.

Mit Seneca beginnt die sog. *römische Stoa*. Der griechische *Logos* gewinnt bei ihm zunehmend Züge eines gütigen Vaters, der für alle Lebewesen sorgt. Gerade dieser Aspekt hat ihm eine positive Rezeption innerhalb der christlichen Tradition gesichert. Ähnlich hat auch seine Hervorhebung der Milde und Freundschaft in der Erziehung zur *Seelenruhe* unübersehbare christliche Züge. Nebenbei bemerkt war sein Essay „*Über die Milde*" als Unterrichtseinheit für die Erziehung seines kaiserlichen Zöglings, des jungen Nero, konzipiert! Diese Unterrichtseinheit hat leider keinen nachhaltigen positiven Einfluss auf den erwachsenen Nero gehabt, der sogar im Jahr 65 seinen früheren Lehrer zum Freitod zwang.

In seiner Schrift *Über das glückliche Leben* beschreibt Seneca das höchste Gut und somit das höchste Ziel für den Menschen wie folgt:

IV, 2: Invicta vis animi, perita rerum, placida in actu cum humanitate multa et conversantium cura.

Die unbesiegliche Kraft der Seele, kundig der Dinge, besonnen im Handeln, mit viel Verständnis [Humanität] und Sorge um die Mitmenschen. (Übers. v. Verf.)

Wenn man berechtigterweise *die unbesiegbare Kraft der Seele mit der unerschütterlichen Bewusstseinsstille gleichsetzt*, wird hier im gleichen Atemzug folgendes als nähere Beschreibung der Bewusstseinsstille angeführt:
1. *perita rerum*: Weisheit, Erfahrenheit, gründliches Wissen über den Menschen und den Kosmos
2. *placida in actu*: Ruhe, Frieden, Milde oder Sanftmut als wesentliche Begleitung jeder Handlung
3. *cum humanitate multa*: von viel Menschlichkeit begleitet, das verbindende Menschliche in allen Menschen im Visier, d.h. auch die Vernunft, den Logos, die Würde des Menschseins mitten in seiner Handlung bewahren
4. *conversantium cura*: mit der Fürsorge für alle, die in meine jeweilige Handlung direkt oder indirekt einbezogen sind, Gewissenhaftigkeit, Achtsamkeit.

Wie aus seiner Schrift *Über die Muße* (lat. *de otio*) deutlich wird, sieht Seneca die unerschütterliche Bewusstseinsstille nicht im Gegensatz zum Handeln, sondern eindeutig als grundlegende oder belebende Kraft, die jeder Handlung zugute kommen sollte. Er stand schließlich knapp zehn Jahre an der Spitze des römischen Kaiserreiches (54-62 n. Chr.) und war Zeit seines Lebens politisch aktiv und sehr einflussreich.

In seinen kleinen Abhandlungen (z.B. *Die Seelenruhe, Über die Muße, Trostschrift an Helvia*) wie auch in seinen voluminösen Schriften (z.B. *Moralische Briefe an Lucilius, Über die Wohltaten*) beschreibt Seneca wie kein Stoiker vor ihm mögliche psychologische Wege und Strategien, um die *invicta vis animi*, die unerschütterliche Bewusstseinsstille, erfolgreich zu verwirklichen. Musonius (vor 30- nach 80), Epiktet (um 50-138) und schließlich Marc Aurel (121-180) werden dem von Seneca eingeschlagenen psychologischen Diskurs über die Verwirklichung der Bewusstseinsstille im Wesentlichen treu bleiben und diesen weiterentwickeln.

Die innere Kraft des individuellen Bewusstseins (lat. *vis animi*) wird gleichsam als ein inneres Feld konzipiert, dessen zunehmende Stärkung reine Vorherrschaft gegenüber den äußeren Kraftfeldern externer Güter garantieren soll. Es werden hier - anders als in der griechischen Stoa - viele praxisnahe Überlegungen angestellt, um die unbesiegbare Bewusstseinsstille (*invicta vis animi*) oder die Seelenruhe (*tranquilitas animi*) zum Motor des glücklichen Lebens schlechthin zu machen. In diesem Zusammenhang schlägt Seneca die konsequente, kompromisslose, systematische Befreiung des individuellen Bewusstseins von externen, aber auch inneren Gütern vor. Die Aussagen aus dem vierten Abschnitt über das glückliche Leben (lat. *De vita beata*) drücken dies m.E. recht deutlich aus:

4, 4: ...ergo exiundum at libertatem est. 4, 5: Hanc non alia res tribuit quam fortunae negligentia, tum illud orietur inaestimabile bonum, quies mentis...
Also man muss in die Freiheit aufbrechen, diese wird allein durch Verachtung des Schicksals zuteil. Dann entsteht jenes unschätzbare Gut, die Stille des Bewusstseins (Übers. v. Verf.).
Diese Befreiung geht mit einer Bewusstseinstransformation einher, die sich nicht mehr von einzelnen, schicksalsbedingten Gütern, sondern einzig und allein von der *Seelenruhe* (lat. *quies mentis*) leiten lässt. Erst indem diese Befreiung stattfindet, kann sich eine tiefe, unerschütterliche Fröhlichkeit (lat. *gaudium grande et immotum*) bzw. eine heitere Freundlichkeit und Gelöstheit der Seele (lat. *comitas et diffusio animi*) ausbreiten. Erst durch die Befreiung von dem Gewinn und Verlust von allerlei externe und interne Lust verheißenden Gütern wie z.B. Machtgelüste, Reichtümer, Geld, Wolllust, Lust- und Schmerzempfindungen, mentale Selbsteinbildung etc. kann die Stille des Bewusstseins als ihre unwandelbare Natur erfahren werden und wird damit unmittelbar verbunden. Die unerschütterliche Heiterkeit (*gaudium*), innere Güte (*comitas*) und Harmonie oder Einheit (*concordia*) sollen mitten im menschlichen Bewusstsein verankert werden.
In vielen einprägsamen Formulierungen hat Seneca die umfassende Umkehr des Alltagsbewusstseins geschildert, die mit der Abkehr von der Lust bzw. mit der Entfaltung der Bewusstseinsstille einhergeht. So z.B. *Über das glückliche Leben*:
„Du umarmst die Lust, ich halte sie im Zaum; du genießt die Lust, ich gebrauche sie; du hältst sie für das höchste Gut, ich nicht einmal für ein Gut; du tust alles um der Lust willen, ich nichts.(10-3) ...Denn was kann demjenigen fehlen, der sich außerhalb allen Verlangens gestellt hat? Was kann derjenige von außen benötigen, der das Seine ganz in sich gesammelt hat?" (16-3). (Übers. v. Verf.)

Unter den diversen Strategien, die Seneca entworfen hat, um die Umkehr des Anziehungsfeldes der äußeren und inneren Güter einzuleiten und somit zur Stärkung der Seelenruhe als Attraktor oder Gravitationsfeld des individuellen Bewusstseins beizutragen, zählt die systematische Infragestellung der „*Eigentümer-Haltung*" des Ichs gegenüber materiellen und geistigen Gütern. Da Seneca einer der reichsten Menschen des römischen Imperiums war, konnte er nicht umhin, sich intensiv mit der eigenen Lebenseinstellung zu seinen reichlichen Besitztümern auseinanderzusetzen. In seiner Schrift „*Über die Seelenruhe"* sieht er in den Besitztümern die Hauptquelle menschlichen Leidens:

I. Transeamus ad patrimonia, maximam humanarum aerumnarum materiam. (VIII, 1)
Gehen wir über zu den Besitztümern, der Hauptquelle menschlichen Leidens (Übers. v. Verf.).
Seneca schlägt allerdings nicht vor wie z.b. Diogenes (der Kyniker, 404 -323 v. Chr.) in einem Fass zu leben, d.h. alle Besitztümer rücksichtslos abzugeben. Entscheidend ist für ihn die kognitive Umstrukturierung des Bewusstseins. Mit anderen Worten: *Alle Güter oder Besitztümer sind als vorübergehende Anleihen zu betrachten.* So gesehen kann es streng genommen weder Besitzgewinn noch Besitzverlust geben. Diese bewusstseinspsychologische Umdenkstrategie hätte vermutlich nur den Spott des Diogenes auf sich gezogen, der sich über die Aufgeblasenheit seines Zeitgenossen Platon wiederholt lustig machte (vgl. D. Laertius, VI. 27-47). In seinem umfassenden Werk *Über die Wohltaten* (lat. *De Beneficiis*) wird die Trennung zwischen dem Gegenstand der Wohltat (z.B. Geld) und der Intervention des Wohltäters scharf vollzogen. Im Grunde genommen macht erst die Intention des Gebers die Wohltat aus. Daher sind weder Gold noch Silber, noch umgehend irgendetwas von den Dingen, die für die wichtigsten gehalten werden, eine Wohltat, sondern eben gerade der Wille dessen, der gewährt.
Der Wille des Wohltäters sollte sich einzig und allein an der Befreiung vom Verlangen oder Meiden von materiellen oder immateriellen Gütern orientieren, in der alleinigen Absicht, die *Seelenruhe oder Leidenschaftslosigkeit* (*Apatheia, Ataraxia*) sowohl beim Wohltäter als auch beim Adressaten der Wohltaten zu stärken.

Noch ausschließlicher als Seneca befasste sich der römische Ritter *Musonius Rufus* (vor 30 - nach 80 n.Chr.), der mit großer Wirkung in Rom lehrte, mit der Seelenruhe.
Die *Bewusstseinsstille oder Seelenruhe* soll weit mehr durch Übung als durch Belehrung erzielt werden. Hierfür empfahl Musonius das Landleben, die Mäßigkeit, die Arbeit und Schlichtheit des Lebens. Er vertrat somit eine ähnliche Position wie die griechischen *Kyniker* (ab Antisthenes, 444 bis ca. 368 v. Chr.). Bemerkenswert für seine Zeit trat Musonius für die Rechte von Sklaven ein und erkannte den Frauen die

gleiche Befähigung für die Wissenschaften wie den Männern zu. Da nur einige Fragmente aus seinen Schriften bekannt sind, bleiben wir zur Interpretation seiner Lehre fast ausschließlich auf Aussagen seiner Schüler angewiesen, zu denen Epiktet zählt.

Epiktet (um 50-138 n. Chr.) war zunächst Sklave des Epaphroditos in Rom und wurde von diesem nach dem Tode Neros frei gelassen. Epiktet hörte sehr wahrscheinlich Vorträge von Musonius Rufus. Zuerst verweilte er in Rom, das er bedingt durch den Vertreibungsedikt des Kaisers Domitian im Jahre 94 verließ, um sich bis zu seinem Tod in der kleinen Hafenstadt Nikopolis in Epirus niederzulassen. Einige Vorträge und Gespräche sind uns dank den Aufzeichnungen seines Schülers Arianus, erhalten: vier Bücher (die berühmten *Unterredungen*) und das *Handbüchlein der Moral* sowie eine Reihe kurzer Sprüche. Wie sein Lehrer Musonius konzentriert sich Epiktet ausschließlich auf Fragen der menschlichen Lebensführung und bezieht sich dabei hin und wieder auf Ideen der griechischen *Kyniker*. In seiner Suche nach der *Bewusstseinsstille* bezieht sich Epiktet auf eine kategorielle Unterscheidung in Bezug auf das menschliche Handeln, die schon bei Aristoteles in seiner nichomachischen Ethik auftaucht, die sog. *Prohairesis* (gr. *proairesis*, Entscheidung, Wahl zwischen Ergreifen oder Meiden, vgl. Aristoteles, *Nichomachische Ethik* III, 4). Demnach teilt Epiktet alle Phänomene in zwei Klassen:

1. was in unserer Gewalt steht, z.B. unser Denken, unser Tun, unser Begehren und Meiden;
2. was nicht in unserer Gewalt steht, z.B. unser Leib, Besitztümer, Ansehen, Wohlstand.

Einzig und allein kann ich über meine Bewusstseinsvorstellungen, nicht aber über die Dinge, leibliche wie äußere Ereignisse, *frei* entscheiden. Mehr noch: Die Heiterkeit der Seelenruhe oder Bewusstseinsstille verlangt nach einer Minimalisierung des Begehrens und Meidens, da Begehren und Meiden unglücklich machen, wenn das, was man begehrt, nicht gelingt oder umgekehrt, wenn das, was man meiden will, der Fall wird.
Letzten Endes gilt für Epiktet das praktisch nie erreichbare Ziel:
Gib Begehren und Meiden gänzlich auf!
Da dies aber (vorläufig) nicht praktikabel ist, *beschränke dich auf Neigung und Abneigung, aber nicht verbissen, sehr vorsichtig und stets mit Gleichmut* (vgl. *Handbüchlein der Moral*, Schmidt, 1978).

Unsere Wahl oder Bevorzugungsfähigkeit zwischen Vorstellungsneigung und -abneigung, unsere Entscheidungsfreiheit also zeigt sich für Epiktet als das wirksamste Befreiungsmittel vom begehrlichen Ergreifen und Meiden und als das beste Mittel zur Verwirklichung der unerschütterlichen Bewusstseinsstille. Solange unsere Entscheidungsfreiheit in Bezug auf unsere Bewusstseinsvorstellungen, das Einzige, worüber wir wirklich verfügen können, kaum entwickelt ist, laufen wir Gefahr in der einzigen Domäne, die in unserer Gewalt steht, nicht Herr zu sein.

Der fünfte Abschnitt des *Handbüchleins der Moral*, der spätestens seit Albert Ellis einen festen Platz in der *Kognitiven Verhaltenstherapie* eingenommen hat, lässt uns erahnen, was für eine gewaltige Aufgabe in der Beseitigung unserer Bewusstseinsunruhe vor uns liegt:

„Nicht die Dinge selbst beunruhigen die Menschen, sondern die Vorstellungen von den Dingen."
Und weiter schreibt Epiktet:
„So ist z.B. der Tod nichts Furchtbares – sonst er auch dem Sokrates furchtbar erscheinen müsse – sondern die Vorstellung, er sei etwas furchtbares, das ist das Furchtbare. Wenn wir also unglücklich, unruhig oder betrübt sind, wollen wir die Ursache nicht in etwas anderem suchen, sondern in uns, d.h. in unseren Vorstellungen." (Schmidt 1978, S. 24.)

Was wir wahrhaftig unser eigen nennen, sind einzig und allein unsere Vorstellungen. Gleichzeitig wird uns mitgeteilt, dass gerade diese unsere Vorstellungen uns bei unüberlegten Entscheidungen mit Leichtigkeit ins Unglück stürzen können. Man braucht nicht die Psychoanalyse bzw. die Entdeckung der triebhaften, unbewussten Vorstellungen, um die ungeheuren Aufgaben zu erahnen, die auf jemanden warten, will er seine Vorstellungen, seine ureigene Unglücksquelle in die unversiegbare Quelle des Glücks, die allein glücklich machende Bewusstseinsstille umwandeln.

Es ist aber die frohe Botschaft Epiktets und mit ihm nicht nur der Stoiker, sondern auch von Platon, Aristoteles und Epikur, *dass es in uns eine natürliche Kraft des Bewusstseins gibt, die, wenn sie richtig entwickelt und gebraucht wird, uns von der Versklavung durch eigene, irreführende Vorstellungen allmählich und schließlich für immer befreien kann.*

Die meisten Texte aus dem *Handbüchlein* (52 Paragraphen) und aus den *Unterredungen* bestehen aus kurzen Merksätzen, die einem Individuum bei der größten und lohnendsten Herausforderung seines ganzen Lebens, nämlich beim befreiten Umgang mit seinem eigenen Bewusstsein behilflich sein sollen.

Einer der bekanntesten Leit- und Merksätze ist m.E. das immer wieder zitierte „*Ertrage und Entsage*" (lat. *sustine et abstine*). Dieser Satz wurde in der Renaissance zu Recht als Merkspruch gewählt, um die Stoßrichtung der *römischen Stoa* kurz und prägnant zu charakterisieren.

„*Ertrage*": Versuche nicht zu ergreifen oder zu vermeiden, was nicht in deiner Gewalt steht.

„*Entsage*": Versuche Stille in deiner Bewusstseinsvorstellung zu erreichen, indem du dich Schritt für Schritt vom Sog deiner begehrenden Vorstellungen befreist.

Solange wir uns keine bewusste, stabile Kontrolle unserer Ergreifungs- und Vermeidungsneigungen angeeignet haben, wird uns die Unterscheidung (gr. *diairesis*) zwischen dem, was in unserer Gewalt steht und was nicht, kaum gelingen. Unsere Urteilskraft steht dermaßen unter dem Einfluss trübender Leidenschaften, Begierden und sonstiger Wünsche, dass wir uns ohne es zu wissen in Bereiche hineinwagen, in denen wir zum Spielball unkontrollierbarer Faktoren werden. Erst der weitgehende Verzicht auf triebhaftes Ergreifen und Meiden klärt unser Bewusstsein und gibt uns allmählich die Kraft, unser Bewusstseinsfeld umzupolen. Mit jedem Entsagen (lat. *abstinentia*) stärken wir gleichsam die innere Ruhe oder Stille des gesamten Bewusstseinsfeldes, was die Vorherrschaft einzelner Vorstellungen in diesem Feld abschwächt.

Alle Strategien und Merksätze sind für Epiktet wirksam, sofern sie auch in kleinsten Handlungsschritten dazu beitragen, die *Seelenruhe oder Bewusstseinsstille* zum alleinigen und unveränderlichen Attraktor unseres Erlebnis- und Handlungsfeldes machen zu lassen.

Genauso wie beim Yoga, Buddhismus, Taoismus etc. wird die Konzentration des Bewusstseins auf Vorstellungen (Gedanken, Gefühle, Stimmungen) lebenslänglich geübt. Auch wenn das Wort „*Meditation*" bei Epiktet nicht vorkommt, lassen sich viele von ihm vorgeschlagene Übungen nicht von gängigen Achtsamkeitsschulungen oder meditativen Exerzitien unterscheiden, die bei Lao-tse, Patañjali und sonstigen Buddha-Traditionen vorkommen.

Hierzu ein paar Lehrbeispiele aus dem *Handbüchlein* und den *Unterredungen*:

(*Handbüchlein*, 3. *Bedenke das eigentliche Wesen der Dinge.*)

"Bei allem, was deine Seele verlockt oder dir einen Nutzen gewährt, oder was du lieb hast, denke daran, dir immer wieder zu sagen, was es eigentlich ist. Fang dabei mit den scheinbarsten Dingen an. Wenn du einen Krug liebst, so sage dir: 'Es ist ein Krug, den ich liebe'. Dann wirst du nämlich nicht deine Fassung verlieren, wenn er zerbricht."

"Bei allem denke daran, immer wieder zu sagen: Das ist vergänglich, nicht von sich aus existent."

Nichts anderes schlägt Buddha zum Meditationsgegenstand vor. Konzentriere dich unaufhörlich auf die Vergänglichkeit aller Dinge (Pali: *anicca*)! Die bedingte Existenz oder Vergänglichkeit (im Buddhismus „Leerheit") aller Dinge wird von Buddha wie von Epiktet als Quelle des Leidens bzw. der seelischen Unruhe angesehen. Erst die meditative oder konzentrative Bewusstmachung dieser „Leerheit" ermöglicht das Entsagen oder die definitive Umpolung des Bewusstseinsfeldes in Richtung *Apatheia, Ataraxia*, ja Nirwana.

Weiteres Beispiel (*Unterredungen* III, 3)

"Wie ein Wasserbecken ist die Seele; wie ein Strahl, der ins Wasser fällt, sind die Vorstellungen. Sobald das Wasser bewegt wird, glaubt man, dass auch der Strahl sich bewege und doch ist das nicht der Fall. Und wenn jemand wankend wird, so verwirren sich doch nicht seine Fähigkeiten und Tugenden, sondern der Geist, in dem sie sind. Ist es ruhig, so sind es auch jene."

Dieses anschauliche Bild erinnert an Aussagen von vedischen Sehenden oder Zen-Buddhisten wie z.B. an das 29. *Koan* aus dem Mumonkan, der seit Generationen buddhistischen Adepten als Übungsvorlage für Meditation dient:

"*Vom Wind flatterte eine Tempelfahne und zwei Mönche stritten sich darüber. Der eine sagte „Die Fahne bewegt sich", der andere sagte: „Der Wind bewegt sich."* Sie diskutierten hin und her, konnten aber die Wahrheit nicht finden. Der sechste Patriarch sagte: *„Nicht der Wind bewegt sich, nicht die Fahne bewegt sich, euer Geist ist es, der sich bewegt."* (*Mumonkan*, S. 165)

Diese Beispiele reichen aus, um viele Parallelen zwischen stoischer Reflexion über und Konzentration auf die Bewusstseinsstille mit yogischen, buddhistischen, vedischen oder taoistischen Meditationen zu belegen.

Marc Aurel (121-180 n. Chr.) war römischer Kaiser von 161 bis zu seinem Tod im Jahr 180. Viele Jahre verbrachte Marc Aurel vorwiegend im Feldlager. Hier verfasste er die *Selbstbetrachtungen*, die zur Weltliteratur zählen. Schon als Jugendlicher bevorzugte Aurel das einfache Leben eines stoischen Philosophen. Gerechtigkeits- und Wahrheitsliebe, eine besondere Hochachtung für die Freiheit des Einzelnen, gleichzeitig aber auch für das Wohl des Staates, Selbstgenügsamkeit und Zurückhaltung sind unübersehbar. Seine Selbstermahnungen zeugen davon, dass er bestrebt war, Wort und Tat in Einklang zu bringen. So z.B. „Selbstbetrachtungen" VI, 30: *„Hüte dich, dass du nicht ein tyrannischer Kaiser wirst! Ringe danach, dass du der Mann bleibst, zu dem dich die Philosophie bilden wollte."*

Während Epiktet nicht zuletzt durch seine teilweise *kynische* Einstellung ins volle Leben greift, neigt Marc Aurel dazu, sich auf sich selbst zurückzuziehen und aus der Mitte seiner klaren Bewusstseinsstille für sein tägliches Tun zu schöpfen. Auch kreist er wie die anderen Stoiker um die *Seelenruhe* wie um den einzigen Attraktor allen menschlichen Denkens, Fühlens und Handelns. Wie kein anderer Stoiker vor ihm thematisiert Aurel den Wirkzusammenhang der *heilsamen Seelenruhe* mit dem gerechten, gütigen Tun und der damit unmittelbaren einhergehenden Heiterkeit der durchdringenden „*Naturvernunft*".

Anders als Epiktet oder Seneca schreibt Aurel eine Art Tagebuch und richtet seine meditativen Merksätze ausschließlich an sich selbst. Es handelt sich also nicht um Vorlesungsskripte oder Briefe, die für Schüler oder Freunde gedacht waren. Gerade dieser Feldtagebuch-Stil macht seine Schriften für den Psychologen oder Psychotherapeuten besonders interessant. Es gewährt Einblick in die dynamische Eigenwelt eines Stoikers, der sich im Prozess befindet, die heilsame Seelenruhe bei sich selbst Schritt für Schritt zu verwirklichen.

Ein nicht zu übersehendes Meditationsthema in Aurels Tagebuch, das vermutlich zur Stärkung seiner Motivation dient, kreist um die Vergänglichkeit aller Lebensphänomene. Viele Aussagen seiner Betrachtungen fokussieren auf die Flüchtigkeit oder Impermanenz der Naturerscheinungen. Kaum ist ein x-beliebiges Etwas entstanden, ist es schon längst im Vergehen begriffen. Das buddhistische „*anicca*", die Impermanenz oder Vergänglichkeit der Phänomene, findet man bei Marc Aurel als ein zentral rekurrentes Thema, das den Reden Buddhas diesbezüglich in nichts nachsteht.

Beispiele:
II, 12 Wie schnell doch alles verschwindet! In der Welt, die Menschen selbst, in der Zeit ihr Andenken!
II, 7 Die Dauer des menschlichen Lebens ist ein Augenblick, das Wesen (Universum) ein beständiger Strom...

IV, 3 Erwäge ohne Unterlass: Die Welt ist Verwandlung, das Leben Einbildung!
IV, 36 Betrachte unaufhörlich, wie alles Werdende kraft einer Umwandlung entsteht, und gewöhne dich so an den Gedanken, dass die All-Natur nichts so sehr liebt, wie das Vorhandene umzuwandeln, um daraus Neues zu ähnlicher Art zu schaffen.
IV, 43 Die Zeit ist ein Fluss, ein ungestümer Strom, der alles fortreißt. Jegliches Ding, nachdem es kaum zum Vorschein gekommen, ist auch schon wieder fortgerissen, ein anderes wird herbeigetragen, aber auch das wird bald verschwinden.
V, 23 Fast nichts hat Bestand und uns nahe liegt jener gähnende Abgrund der Vergangenheit und Zukunft, in dem alles verschwindet.
VI, 15 Eine unaufhörliche Flut von Veränderungen erneuert stets die Welt, so wie der ununterbrochene Lauf der Zeit uns immer wieder eine neue, unbegrenzte Dauer in Aussicht stellt. Wer möchte nun in diesem Strome, wo man keinen festen Fuß fassen kann, irgendeines von den vorübergehenden Dingen besonders Wert schätzen? Es wäre gerade so, als wenn sich jemand in einen vorübergehenden Sperling verlieben wollte, der ihm in einem Augenblick wieder aus den Augen entschwunden ist...
VI, 36 Asien, Europa – Winkel der Welt; der ganze Ozean – ein Tropfen des Alls! ... Die ganze Gegenwart ein Augenblick der Ewigkeit! Alles klein, veränderlich, verschwindend!

Quer durch alle 12 Kapitel seiner Feldnotizen findet man solche Reflexionen über die Kurzlebigkeit des Bewusstseinsaugenblicks (höchstens ein paar flüchtige Sekunden) mitten in einem Ozean aus Vergangenheit und Zukunft.

Ähnlich Buddha sieht Aurel die Anhaftung an die Kurzlebigkeit des Bewusstseinsaugenblicks als die Quelle allen Leidens. Die mögliche Befreiung aus einer solchen Anhaftung sieht er auch darin, sich systematisch von vergänglichen Begierden und Wünschen endlich loszumachen. Die *heilsame Stille*, die heitere Gelassenheit, die *unerschütterliche Seelenruhe*: Wie kann sie entdeckt und verwirklicht werden?

Für Aurel ist die Antwort eindeutig:

Handle nach dem ehernen Gesetz der All-Natur oder der Weltvernunft, das das Gesetz deiner natürlichen Vernunft ist. Oder mit seinen eigenen Worten:

IV, 25 „Mach einmal den Versuch, wie es sich als rechtschaffener Mensch lebt, der mit dem vom Weltganzen ihm beschiedenen Schicksal zufrieden ist und in seiner eigenen, rechtschaffenen Handlungsweise und seiner wohlwollenden Gesinnung sein Glück findet."

Eine Fülle von Aussagen kreist immer wieder um die freudige Gelassenheit, die heitere Selbstzufriedenheit. Letztere entsteht, indem naturgemäß entsprechend der menschlichen Vernunft gelebt wird. Indem dies verwirklicht wird, kann die All-Natur oder Weltvernunft gleichsam holofraktal verwirklicht werden. Das Wohlwollen, das gerechte Handeln, das Gemeinwohl stets im Herzen, dies alles beschert allein die heilsame Stille, die glückliche, heitere Seelenruhe. Auch wenn die All-Natur zufällig und anarchisch wäre - was Aurel nur als Gedankenexperiment anführt, nie aber als Wirklichkeit akzeptiert - würde er unerschütterlich bleiben und entsprechend seiner gemeinnützigen Menschennatur leben, *in stiller Güte und Gerechtigkeit*. Wenn es ihm nicht länger gewährt wäre als nur drei Stunden zu leben, würde er auch alles daran setzen, in diesen drei Stunden seiner Menschennatur entsprechend zu leben. Die bedingungslose Hervorhebung menschlicher All-Güte erinnert an das Bodhisattva-Ideal des Mahayana-Buddhismus, das ungefähr zur gleichen Zeit (2. Jh. n. Chr.) - aber weit von Rom entfernt - entstand.

Begreift man das gerechte, gütige Tun als die wahre heilsame Natur eines jeden Menschen, gleichzeitig als die unversiegbare Quelle der heiteren Gelassenheit in jedem von uns, dann ist m. E. psychologisch-psychotherapeutisch vieles geleistet. Mitten im ununterbrochenen, schnelllebigen Strom der Zeit scheint eine invariante oder konstante Natur des menschlichen Wesens zu existieren, die uns im Grunde überall und jeder Zeit unverändert zur Verfügung steht. Dieses heilsame, Glück bringende Hilfsmittel ist durch unsere Vernunftnatur gegeben und kann in jeder Situation uneingeschränkt zum Leben geweckt werden.

Was erschwert aber den freien Zugang zu dieser naturgegebenen Güte und somit zur heilsamen Bewusstseinsstille?

Unkontrollierte Triebregungen, Begierden und leidenschaftliche Bedürfnisse oder Wünsche jeder Provenienz (z.B. Habgier, Machtgelüste, Ruhmsucht, Hass, Neid, Selbstsucht) stellen für Aurel die Haupthindernisse dar.

Da Begierden das Seelengleichgewicht gefährden und somit die Wahrnehmung der in sich ruhenden Natur menschlicher Vernunft erschweren, schlägt Aurel den radikalen Verzicht auf Begierden und Leidenschaften vor. Falls diese optimale Lösung nicht sofort zu verwirklichen wäre, empfiehlt er die freiwillige Einschränkung auf das schlicht Notwendige zwecks gesundem Lebens- und Wohlergehen. Erst durch den systematischen Verzicht auf unnötige Begierden und Leidenschaften gelangt der Mensch laut Marc Aurel über seinen Körper und seine Seele zur kugelförmigen, perfekt symmetrischen, ewiglichen Vernunft (vgl. VIII, 41: *In den der Vernunft angehörigen Kreis pflegt fürwahr nichts anderes störend einzugreifen: Denn diesen tastet weder Feuer noch Eisen noch ein Gewaltherrscher, nicht Lästerung noch sonst etwas an. Solange eine Kugel besteht, bleibt sie eben rund nach allen Seiten).*

Der Vergleich der menschlichen Vernunft mit einer Kugel macht deutlich, dass eine perfekte, invariante *Kugelsymmetrie* die unveränderbare, wahre Natur der Menschen in sich birgt.

Die heilsame Stille, die Güte, die unerschütterliche Ruhe bilden die perfekte Sphäre, die ewigliche Invariante und vollkommene Symmetrie und Harmonie, die mitten im Veränderungswirrwar die ewigliche Wahrheit erblickt und nach außen wie ein Licht leuchtet:

„Die Seele hat gewissermaßen eine Kugelform: Sofern sie sich weder nach irgendeiner Seite hin ausdehnt, noch in sich selbst zurückzieht, weder sich verflüchtigt, noch erliegt, wird sie leuchten wie ein Licht und die Wahrheit von allem und folglich auch die in ihr selbst befindliche erblicken." XI, 12.

„Eine gerundete Kugel, der wirbelnden Kreisbahn sich freuend, bist du darauf bedacht, nur die Zeit, die du lebst, d.h. die Gegenwart, ganz zu durchleben, so wird es dir möglich sein, den Rest deiner Tage bis zum Tod ruhig, edel und dem Genius in dir hold hinzuhängen." XII, 3.

Kurzum: Je mehr die Begierden und Aversionen getilgt werden, wird die heilsame Seelenstille zu einer leuchtvollen Wahrheitskugel, *die nicht zuletzt dank der holofraktalen Äquivalenz zwischen individueller und universeller Vernunft ein universelles, kosmischen Ausmaß annehmen kann.*

In diesem Sinn betont Aurel, ähnlich einem modernen Quantenphysiker, *das Prinzip der unzertrennbaren Totalität allen vernünftigen Handelns.*

IV, 40 Stell dir stets die Welt als ein Geschöpf vor, das nur aus einer Materie, aus einem einzigen Geist besteht. Sieh wie sich alles der einer Empfindung desselben fügt; wie vermöge einheitlicher Triebkraft alles sich bildet, wie alles zu allen Ereignissen mitwirkt, alles mit allem Werdenden in begründetem Zusammenhang steht und vor welche Art die innige Verknüpfung und Wechselwirkung ist.... Denn das Weltganze würde verstümmelt werden, wenn du aus dem Zusammenhang und Zusammenhalt, wie der Bestandteile so denn auch der wirkenden Ursachen auch nur das Geringste lostrennen wolltest. Du trennst es aber los, so viel es bei dir steht, wenn du damit unzufrieden bist und es gewissermaßen wegzuräumen suchst (V, 8).

Allein die Begierdelosigkeit ermöglicht eine Art quantenpsychologische Äquivalenz zwischen Weltnatur und individueller Vernunft (vgl. auch hierzu die Äquivalenz Atman und Brahman). Denn das leiseste Unzufriedensein kommt einer illusionären Loslösung oder Trennung *vom faktisch unzertrennbaren Weltganzen* gleich. Umgekehrt ausgedrückt: Die vollkommene Seelenruhe, die unerschütterliche Bewusstseinsstille, die heitere Glückseligkeit entspricht einzig und allein der ewiglichen in sich invarianten, ungebrochenen „*Supersymmetrie*" *des Weltganzen*. Die Angleichung „Mikro-Makrokosmos" und somit die ultimative Integration der menschlichen Vernunft in die Weltvernunft geschieht durch die Transformation des Bewusstseins in die kugelförmige, heitere Seelenruhe, in die Bewusstseinsstille, die unzertrennbare Geist - Materie, Information und Energie.

Da Aurels Tagebuch- oder Aphorismus-Stil nur der eigenen Selbstermahnung diente, wird man eine systematische Darlegung seiner bevorzugten Selbstverwirklichungstechniken vergeblich suchen können. Güte, Sanftmut, Milde, Bildung gerechter Meinungen, die auf das Gemeinwohl gerichtet sind, Meidung von überflüssigen, unwahren und negativen Vorstellungen sich selbst und anderen gegenüber, hat er sich als zentrale Programmpunkte mit dem Ziel der Erreichung der Leidenschaftslosigkeit oder *Apatheia* bzw - positiv formuliert - der heiteren Seelenruhe oder der stabilen, stressfreien Bewusstseinsstille aufgestellt.
Wie aus den Selbstbetrachtungen generell hervorgeht, kreisen die Überlegungen des römischen Kaisers darum wie die Stille mitten in unserem Bewusstsein tagtäglich zu verwirklichen ist, so dass sie sich immer mehr als eine grundfeste, unerschütterliche, invariante, sich selbst belohnende, ja erheiternde Geisteshaltung etablieren kann.

20. Kaschmirisch-shivaitische Übungsvorschläge zur universellen Bewusstseinsstille

Der „Vijñanabhairava" (etwa: *universales, göttliches Bewusstsein*) ist einer der bekanntesten Texte der kaschmirisch-shivaitischen Tantra-Tradition, der vermutlich im 7. oder 8. Jh. n. Chr. entstanden ist.
Dieser Text stellt gleichsam ein pragmatisches Kompendium von 112 meditativen Übungen dar, die alle darauf zielen, das „erleuchtete, höchste Bewusstsein" zu erreichen. Auch wenn sich der spirituell-religiöse Entstehungskontext von demjenigen der Yoga- oder Zen-Traditionen deutlich unterscheidet, setzt die Durchführung der vorgeschlagenen Übungen keine spezielle Ritualkenntnis oder Glaubensannahme voraus. Gerade dieses Merkmal macht die *Vijñanabhairava*-Schrift für eine psychologische Reflexion leichter zugänglich als viele andere vedische Sakraltexte.

Anders als das Patañjali-Yogasutra, das von einer prinzipiellen Trennung oder gar Dualität von Mentalem und Materie ausgeht, vertreten kaschmirisch-shivaitische Texte eindeutig eine *monistische* Grundposition, ähnlich wie viele taoistische oder vedantische Traditionen.
Im Folgenden werden nur einige Übungen exemplarisch angeführt und besprochen.

Übung Nr. 20, Vers 43: Nijadehe sarvadikkam yugapad bhāvayed viyat; nirvikalpamanās tasya viyat sarvam pravartate.
Man soll gleichzeitig und in alle Richtungen seinen Körper und die Umgebung als leer [von unabhängiger Existenz] betrachten. Sobald keine Begriffe mehr vorhanden sind, wird man die Leere [Stille] überall [im Bewusstsein] erfahren. (Übers. v. Verf.; die in eckigen Klammern befindlichen Wörter können als Explikationen verstanden werden.)

Die Übung Nr. 20 verlangt, dass sich keine Raumrichtung durch irgendein Merkmal von anderen Richtungen unterscheidet. Dies impliziert wiederum, dass keine Lust-Unlust-Bevorzugungen mehr möglich sind. In allen Daseinsrichtungen soll *gleichzeitig* die Leere, das Fehlen von unbedingten selbstständigen Entitäten, die einheitliche, ununterscheidbare Stille aller Dinge, Lebewesen, Bewusstseinsformen etc. erfahren werden. Um diese Leere oder Stille möglichst einheitlich und intensiv zu erfahren, soll das Bewusstsein (skrt. *manas*) von allen seinen

Begriffen (Konzepten, Meinungen, Denkkategorien, Konstrukten etc.) geleert werden. Je vollständiger beide Bedingungen erfüllt werden, nämlich *1. in allen Richtungen gleichzeitig Leere erfahren;* *2. alle Meinungen, Denkkategorien etc. vom Bewusstsein entfernen,* umso klarer wird sich das unendliche Bewusstseinsfeld als leer und still erweisen bzw. erfahren lassen.

Die Homogenität und Isotropie für alle Raumrichtungen und alle Zeitformen erweist sich hier als eine Voraussetzung, um die eigentliche Stille oder Leere des Bewusstseinsfeldes wahrnehmen zu können. Leere oder Stille – sofern keine Lustzuneigung oder Unlustabneigung mehr bevorzugt und keine Meinung dieser oder jener Form anzutreffen ist – kann im Prinzip vorurteilsfrei und grenzenlos erfahren werden.

Übung Nr. 2. Vers 53: Evam eva jagat sarvam dagdham dhyātvāvikalpatah; ananyachetasah pumsah pumbhāvah paramo bhavet. Wiederum, indem er in höchst unerschütterlicher Konzentration über das überall brennende Universum meditiert, erlangt der Mensch höchst mögliches [maximal befreites, erleuchtetes] Bewusstsein. (Übers. v. Verf.).

Diese Übung schließt sich der vorherigen Übung an. Nachdem wir uns den eigenen Körper von Kopf bis Fuß, von den ersten Flammen bis zur vollständigen Gesamtverbrennung wiederholt vorgestellt haben, gehen wir nun an die Verbrennung des gesamten Universums. Nachdem *alles* (eigener Körper, Masse, Raum-Zeit einschließlich dunkler Materie und Antimaterie) gründlich *„abgebrannt"* oder in ein stringförmiges, schwarzes Loch für immer verschwunden ist, erfahren wir die bleibende, mentale Stille oder Leere, gleichsam in der h/2-Schwingung des Quantenvakuumfeldes.

In vielen vedischen Traditionen tauchen diese oder ähnliche meditative Übungen auf als rituelle Opferzeremonien für Brahman oder den jeweils höchsten Gott. Solche Übungen finden man ebenfalls in vielen anderen Mystikschulen, z.B. in der christlichen Mystik der brennenden Liebe zu und in Gott (das „Ich" opfert sich z. B. den Flammen der reinen Liebe Gottes als Meditations- oder Kontemplationsthema). Indem wir auf der Basis der zweiten Übung fortschreiten, sollen wir irgendwann den Punkt erreichen, an dem sich die Leere oder Stille mit oder ohne, vor, während oder nach dem Feuer fest einstellt. Es hieße, den *Vijñanabhairava*-Text missverstehen, würden wir eine solche Übung nur als kurzzeitige, imaginative Aufgabe ansehen. Vielmehr sollen durch wochen-, monate- oder gar jahrelange Übungen tiefgreifende Erfahrungen, stabile Erlebensmuster bzw. grundlegende Bewusstseinstransformationen eingeleitet werden.

Übung Nr. 3. Vers 61: Ubhayor bhāvayor jnāne dhyātvā madhyam samāshrayet; yugapach cha dvayam tyaktvā madhye tattvam prakāshate.
Man soll sich zuerst auf zwei Ideen oder Objekte konzentrieren und nach langem Verweilen bei ihnen, sie beide fallen lassen und bei der Lücke dazwischen verbleiben. In dieser Lücke [Leere] taucht die Realität [das eigentliche Bewusstsein] auf. (Übers. v. Verf.).

In den asiatischen Schriften findet man selten knappe, originelle und leicht nachvollziehbare Formulierungen solcher Übungen wie hier im *Vijñanabhairava*-Text.
Die „*Leere dazwischen*" lässt sich quantenphysikalisch oder quantenbitmäßig als die *Superposition* verschiedener Eigenzustände (z.B. Spin nach oben, Spin nach unten, [s. Quantenbit Kap. 13, Exkurs]) auffassen. Es ist zwar genau dazwischen, ist allerdings nicht gleichbedeutend mit „rein gar nichts", sondern macht gerade den Unterschied zwischen dem klassischen Bit und dem Quantenbit, zwischen der klassischen Physik und der Quantenphysik aus. Indem die „*Mitte*" zwischen zwei definierten Zuständen intensiv fixiert wird, erhält man die einmalige Chance, das leere, stille, superponierte Bewusstseinsfeld hautnah zu spüren.

Weitere Übungen variieren den Inhalt der gewählten Objekte. Beispielsweise können eine Wolllust erregende Vorstellung und eine Ekel erregende Vorstellung gewählt werden. Nach einer Weile der Konzentration auf beide – zunächst abwechselnd, dann gleichzeitig – wird konsequent die gesamte meditative Achtsamkeit auf den Raum dazwischen – analog einer Leertaste – gerichtet, d.h. die vorherigen konträren Vorstellungen werden gänzlich fallen gelassen.

Übung Nr. 4, Vers 87: Evam eva durnishāyām krishnapakshāgame chiram; taimiram bhāvayan rūpam bhairavam rūpam eshyati.
Ebenfalls soll man sich auf die tiefe Dunkelheit des Himmels während einer mondlosen Nacht konzentrieren, wenn man die Stille des Bewusstseins erreichen möchte. (Übers. v. Verf.).

Hin und wieder trifft man auf Übungen, die den blauen Tageshimmel oder den dunklen Nachthimmel, den dunklen Boden eines tiefen Brunnens oder das dunkle Innere eines Gefäßes als Übungsgegenstände für die Meditation vorschlagen. Die nicht fassbare, quasi endlose Form des blauen Himmels wird gern als Paradigma der Bewusstseinsleere oder -stille genommen. Es wird hierbei angenommen, dass der Meditierende von seiner intensiven Betrachtung des endlos erscheinenden Himmels allmählich in die Stille des Bewusstseins übergleiten kann.

Übung Nr. 5, Vers 104: Vihāya nijadehāsthām sarvatrāsmīti bhāvayan; dṛdhena manasā dṛshṭyā nānyekshinyā sukhī bhavet
Indem die Bindung an den eigenen Körper gelockert wird, soll man sich ohne irgendeine Ablenkung auf „Ich bin überall" konzentrieren. Erst dann wird man glücklich. (Übers. v. Verf.).

Diese Übung erinnert z.T. an Assagioli (s. Kap. 27) der die systematische Desidentifizierung von eingeschränkten Sichtweisen über die individuelle Identität vorschlägt.
Die prinzipielle Holomorphie aller Quanten- und Bewusstseinsfelder ist sicher kompatibel mit dem hier vorgeschlagenen Thema der Meditation: „Ich bin überall". Die hier gewählte Formulierung entspricht der traditionellen vedischen Formel „tat tvam asi" (das, d.h. dies alles, bist du!). Erst durch eine umfassende, tiefgreifende Bewusstseinsumschulung, die von der empirischen Identifikation mit dem raumzeitlich-lokalen Körper ausgeht und sich langsam in Richtung Probeidentifikation mit allem, was gerade der Fall ist, entwickelt, kann ein währendes Glücksgefühl auftauchen. Jede Abweichung von diesem tiefen Glücksgefühl deutet demnach darauf hin, dass jemand sich wieder vorrangig mit einem vorübergehenden Körper identifiziert.

Übung Nr. 6, Vers 122: Vastvantare vedyamāne sarvavastushu shūnyatā; tām eva manasā dhyātvā vidito'pi prashāmyati.
Wenn wir einen ganz bestimmten Gegenstand wahrnehmen, sind die zahllosen anderen Gegenstände wie leer. Wenn wir uns auf diese Leere konzentrieren, bleibt das Bewusstsein still, auch wenn wir an den ganz bestimmten Gegenstand weiterhin denken. (Übers. v. Verf.).

Indem wir uns auf die Abwesenheit aller anderen Gegenstände konzentrieren, bringen wir das diskursive oder konzeptuell-differenzierende Bewusstsein zum Stillstand. Unterscheidungen jeder Art schwinden zunehmend vom Bewusstsein. Auch wenn der anfänglich betrachtete Gegenstand noch wahrgenommen wird, kann diese Wahrnehmung das inzwischen stabile Bewusstseinsfeld der Stille nicht mehr rückgängig machen.

Die Erfahrung der Stille durch die Konzentration auf das nicht Vorhandensein *unzähliger* Gegenstände impliziert also, dass Denk- und Wahrnehmungsdifferenzierungen des Mentalen außer Kraft gesetzt werden. Dadurch macht sich das Feld der Leere oder Stille breit, was Glück und inneren Frieden nach sich zieht.

Übung Nr. 7, Vers 136: Indriyadvārakam sarvam sukhaduhkhā disangamam; itīndriyāni samtyajya svasthah svātmani vartate.
Durch den Kontakt mit den Sinnesorganen entstehen Lust und Unlust. Man soll sich von den Sinnesorganen und ihren Objekten loslösen und dadurch zum [absoluten] Selbstbewusstsein gelangen. (Übers. v. Verf.)

Diese im *Vijñanabhairava* vorletzte Übung (*dhāranā* 111) macht deutlich, dass der Rückzug von den Sinnesorganen und ihren Objekten als die zentrale Vorbedingung für die volle Entfaltung der Bewusstseinsstille und des damit einhergehenden Glücks angesehen wird. Darin unterscheidet sich der kaschmirische Shivaismus nicht vom Patañjali-Yoga und generell auch nicht von den Kernaussagen der meisten Weisheitslehren.

Nicht zuletzt durch seine Fülle an Meditationsübungen (ca. 112), die oft sehr pragmatisch-psychologisch und recht prägnant (mit nur zwei kurzen Sätzen) formuliert werden, ist der *Vijñanabhairava*-Text weit über die kaschmirische Yoga-Literatur hinaus bekannt geworden.
Auch wenn die religiöse wie auch philosophische Tradition, worauf dieser Shivaismus fußt, eine ganz andere als diejenige des Yoga, des Zen- und taoistischen Buddhismus ist, zielt sie ebenfalls auf das stabile Erreichen der dem Bewusstsein innewohnenden Leere oder Stille. Diese Schrift verzichtet weitgehend auf Ritualhandlungen und Glaubensannahmen und zeugt von einem unerschütterlichen Vertrauen in die universelle Erkenntnisfähigkeit des Menschen.

Die Vielfalt der vorgeschlagenen Meditationsübungen vertritt implizit die grundlegende Annahme, dass ein und dasselbe Ziel durch eine kaum zu überschauende Vielzahl an schöpferischen Verwirklichungswegen erreichbar sei. Da die meisten der hier beschriebenen Wege vorwiegend aus psychologischen Meditationsmethoden bestehen, fühlt man sich als moderner Psychologe und Psychotherapeut unmittelbar angesprochen. Denn auf Schritt und Tritt hört man die unüberhörbare Botschaft: Im schöpferischen Umgang mit dem menschlichen Bewusstsein kann jeder von uns mitten in der eigenen Stille wahres, ja grundsolides Glück definitiv finden.

21. Hesychasten und Quietisten: eine christliche Bewusstseinsstille?

Das psychologische Thema „*Bewusstseinsstille*" ist in östlichen Traditionen wie Yoga, Taoismus, Buddhismus, Shivaismus unübersehbar. Die Lehren über Nirwana, Tao, Samādhi, Zen *kreisen seit Jahrtausenden um die Stilllegung von Leidenschaften und Vorstellungen aller Arten.*
Für eine Psychologie der Stille, die ihren Gegenstand transkulturell, d.h. über partikulare, kulturelle Einflüsse hinaus untersuchen möchte, lohnt es sich, die Bewusstseinsstille im Kontext anderer, jahrhundertelanger Kulturströmungen zu thematisieren.
Das Christentum, das seit 2000 Jahren im Mittelmeerraum und in Europa - den asiatischen Religionen ähnlich - zahlreiche kulturelle Variationen kennen gelernt hat, bietet ein interessantes Forschungsfeld in Bezug auf unser Thema an.
Dem Thema „*Stille*" begegnet man hier vor allem im Kontext *des Hesychasmus und des Quietismus*. Beide Ausdrücke, der eine griechisch *hesychia*, der andere lateinisch *quies*, verweisen auf *Stille, Ruhe*. Beide Ausdrücke haben auch zu vielen heftigen Diskussionen und Kontroversen im Christentum geführt, was bewusstseinspsychologisch aufhorchen lässt.

Hesychasmus

Der Terminus Hesychast findet man vereinzelt im 4. Jh. n. Chr. bei Autoren wie Chrysostom (354-407) oder Evagrius Ponticus (ca. 345-399).
Evagrius Ponticus gebraucht noch Stille (gr. *hesychia*) als Synonym für *Apatheia*, ähnlich Epiktet, um einen Zustand *unerschütterlicher Ruhe*, abseits von allen möglichen Leidenschaften und lasterhaften Gedanken (gr. *logismoi*) zu beschreiben. In seiner Abhandlung über das Gebet schreibt er z.B.:
Kap. 52. „*Der Gebetszustand ist ein habitueller Zustand unerschütterlicher Ruhe. Er führt den Menschen, der die Weisheit liebt und der durch eine tiefe Liebe wahrhaftig vergeistigt ist, zu den höchsten Höhen der Wirklichkeit.*"
53. „*Der Mensch, der wirklich beten möchte, muss nicht nur seinen Zorn und seine Begierden zu beherrschen lernen, sondern sich darüber hinaus*

auch von allen Gedanken befreien, die auf irgendeine Weise mit den Leidenschaften zu tun haben."
89. *„Wache darüber, dass du dich während dieses Gebetes an keine Vorstellungen hängst, sondern in tiefer Stille verharrst."*
70.*"...das wirkliche Gebet weist die Gedanken zurück."*
119. *„Selig ist jener Geist, der, während er betet, frei ist von allem Gegenständlichen, ja sich sogar aller Gedanken entledigt hat."*
149. *„Wenn du mit innerer Aufmerksamkeit das Gebet suchst, wird es dir nicht vorenthalten, denn die Aufmerksamkeit ist das Mittel, das ihm am besten den Weg bereitet. Sie musst du also pflegen."* (Aus Evagrius Ponticus, 1986, S. 99-124).

„In tiefer Stille verharren, habitueller Zustand unerschütterlicher Ruhe" kennzeichnet für Evagrius wie für viele Kappadozier und sog. *Wüstenväter* das Gebet zu Gott. Diese Stille wird nicht nur durch Leidenschaften, sondern auch durch bloße Gedanken oder Vorstellungen, auch wenn letztere neutral wären, verstört. Interessant ist auch der letzte Satz (aus Kap. 149). *Es scheint, dass die innere Aufmerksamkeit oder Achtsamkeit als eine zentrale Bewusstseinsfähigkeit erkannt wurde, um die innere Stille zu vertiefen und zu einem habituellen Zustand zu entwickeln.*

Im 6. Jh. beschreibt der Terminus „*Hesychast"* vor allem einen Einsiedler, der sich dem unaufhörlichen Beten, der unablässigen Wiederholung von kurzen, mantra-ähnlichen Gebeten Tag und Nacht widmet (vgl. z.B. Johannes Klimakos, 579-649). Dieser Einsiedler praktizierte eine Art von christlichem Yoga und lehrten Beten als eine Form, Leidenschaften und allerlei Gedanken abzuwerfen. Diadochos, Bischof von Photice (um 400-486), lehrte selbst, durch Evagrius und Makarios den Ägypter beeinflusst, eine Art *Japa-Yoga* zu bevorzugen, bei dem die unaufhörliche Anrufung des Namen Jesus (*Jesus-Gebet*) am ehesten zur Herbeiführung der Bewusstseinsstille beitragen kann. Entsprechend seiner Methode sollte der Hesychsast beim Einatmen ständig „*Jesus Christus, Sohn Gottes"* und beim Ausatmen „*sei mir armem Sünder gnädig"* mental aussprechen. Diadochos glaubte, dass die so Betenden schon hier auf Erden die Vereinigung mit Gott erleben würden.
Symeon der Neue Theologe (949-1022) gilt als einer der Autoren, worauf das „*hesychastische Gebet"* als zentrale Tradition des Berges Athos im Besonderen und der orthodox-christlichen Kirche im Allgemeinen zurückgeht. Mit Gregor Palamas (1296-1359), Athosmönch und spä-

terer Bischof von Thessaloniki, der den Hesychasmus gegen andere Theologen (z.B. Barlaam aus Kalabrien) erfolgreich verteidigte und ihm seine bis heute in der *orthodox-christlichen Kirche* gültige Form und Begründung gab, wurde das hesychastische Beten in der Stille gleichsam kodifiziert. Die ruhige und andauernde Anrufung von „Jesus-Christus" (*Jesus-Gebet*) rückt in verschiedenen mantra-ähnlichen Variationen in den Mittelpunkt des mönchischen Lebens. Nicht selten wird dabei eine Gebetsschnur (vgl. die *japamālā*) benutzt. Bestimmte Sitzhaltungen und Atemkontrollen werden systematisch durchgeführt. Es wird z. B. vorgeschlagen, auf einem niedrigen, etwa 20 cm hohen Schemel zu sitzen. Kopf und Schultern werden gebeugt und die Augen in Richtung auf das Herz gerichtet. Mitunter wird sogar empfohlen, längere Zeit den Kopf auf oder zwischen den Knien zu halten.

Die Verwirklichung einer andauernden tiefen Stille soll zu Vollkommenheit führen, nämlich der liebenden Vereinigung mit Gott im „*warmen Herzen*". Die Herzenswärme erweist sich dabei als entscheidend, denn die Kontemplation Gottes und Vereinigung mit ihm geschieht nicht auf kognitiv-intellektueller Ebene, sondern ausschließlich in der kognitiv-emotionalen, ganzheitlichen, empfangenen Herzenswärme, die dank den Herzenstränen über die eigenen und fremden Verfehlungen und Leiden eine gleichsam unendliche Weite erlangt, die Gott – selbst unendliche Liebe und Barmherzigkeit – empfangen kann. Die Parallelen mit den Bodhisattva-Traditionen sind hier nicht zu übersehen. *Höchste Weisheit* (Intellekt, Wissen, Erklären, Verstehen...) geht Hand in Hand mit *tiefstem Mitgefühl* (Mit-Leiden, Empathie, Herzenswärme), wenn es darum geht, Nirwana zu betreten oder mit Gott vereint zu sein.

Gregor Palamas beschreibt die Hesychia wie folgt:

„*Hesychia ist Stillesein des Geistes und der Welt, Vergessen des Niedrigen, geheimnisvolles Erkennen des Höheren, das Hingeben der Gedanken an etwas besseres als sie selber sind. So schauen die, die ihr Herz durch solch heilige Hesychia gereinigt und sich auf unaussprechliche Weise mit dem alles Denken und Erkennen übersteigenden Licht vereinigt haben, Gott in sich selbst wie in einem Spiegel.*" (vgl. Jungclausen, 1999, S. 16/17).

Der Mensch soll, wie bei Buddha, aber auch bei Meister Eckhart, alles loslassen, was bestimmte Erkenntnisvorstellungen in ihm wecken kann, um das stille Sein des Geistes und der Welt erfahren zu können. Der stetige Anker in einer solchen Situation erweist sich als der Name „Jesus-Christus".

Über den Berg Athos verbreitete sich der Hesychasmus in alle christlich-orthodoxen Länder (z.B. Bulgarien, Russland). 1782 erschien in Venedig die *Philokalia*, eine Sammlung über das hesychastische Gebet aus der Zeit vom 3. bis zum 15. Jh. Dieses Buch gilt bis heute als Vademecum für die sog. Theosis oder die Gottesverwirklichung im eigenen, stillen, warmen Herzen.

Heutige Autoren wie Kallistos Ware und Emmanuel Jungclausen (z.B. *Unterweisung im Herzensgebet*, 1999; *Hinführung zum Herzensgebet*, 1999) versuchen die *Philokalia*-Tradition in unsere postmoderne Zeit hineinzuentwickeln. Ihre Ausführungen sind m. E. für einen Psychologen und Psychotherapeuten der Bewusstseinsstille (s. Kap. 28, 29) von Interesse. Daher folgen hier einige Auszüge aus ihren Anleitungen:

- *„Das Ziel ist nicht nur das 'Gebet des Herzens', sondern das 'Gebet des Geistes im Herzen', denn unser bewusstes Verstehen einschließlich unserer Vernunft ist eine Gabe von Gott und soll zu seinem Dienst eingesetzt und nicht etwa verworfen werden."* (Ware & Jungclausen, *Herzgebet*, 1999, S. 51).
- *„Es ist (dann) nicht mehr ein Gebet zu Jesus, sondern das Gebet von Jesus selbst... Bis dahin war es der Pilger, 'der das Gebet spricht'; jetzt entdeckt er, dass das Gebet 'sich selbst spricht', sogar wenn er schläft, denn es ist eins geworden mit dem Gebet Gottes in ihm."* (S. 53-54)
- *„Mach dir beim Gebet in deiner Vorstellung kein Bild von Gott, vom Himmel oder von sonst etwas!... Im Gebet sollen wir nicht auf eine Ikone schauen, sondern nach der Einstimmung auf die Gegenwart ohne Bild beten – einzig im Bewusstsein: 'Der Herr ist da, ganz nah, näher als ich mir selber nahe bin!', und so gläubig und vertrauensvoll das Gebet sprechen."* (S. 71/72)
- *„Das einzige Gefühl, dem man bewusst im Gebet nachgehen darf, ist das Gefühl der Zerknirschung und der eigenen Unwürdigkeit."* (S. 72)
- *„Halte dein Herz rein von Hass, Neid und verurteilenden Gedanken, damit Gott deine Gebete hören kann! Vergib jedem, damit Gott dir vergeben kann. Sei gütig und barmherzig, damit Gott dir gnädig sein kann."* (S. 75).

Die christlich-orthodoxe Kirchenlehre geht von der praktischen Möglichkeit aus, Gott innerhalb der Bewusstseinsstille im „*reinen, warmen Herzen*" direkt zu erfahren. Nebenbei gemerkt hat die christlich-orthodoxe Kirche *keine Inquisition gekannt, die die psychologischen Phänomene der Gotteserfahrung misstrauisch unter die Lupe nahm.*

Mystische Lichterfahrungen und -visionen, die von Hesychasten oft berichtet wurden, lassen sich im Kontext der Transfiguration Jesu auf den Berg Tabor einordnen oder schlichtweg als Herabkunft des Heiligen Geistes interpretieren. Immer wieder haben die Hesychasten die wache Achtsamkeit oder Aufmerksamkeit (gr. *nepsis*) sowie Geduld und Ausdauer besonders hervorgehoben, um das Bewusstsein von seinen Leidenschaften und Gedanken allmählich zu entleeren. Die ichbezogene, aktive Suche nach mystischen Erfahrungen wird allerdings als gefährlich und irreführend bewertet, zum Teil mit ähnlichen Argumenten wie in Bezug auf die *Siddhis* im Yoga bzw. in der vedischen Tradition.

Die römisch-lateinische Kirche und viele protestantische Traditionen haben im Gefolge der intellektualisierenden Scholastik bzw. der universitären Theologie den Hesychasmus abgelehnt oder gar nicht einmal zur Kenntnis genommen.
Hesychastische Grundkategorien wie *Hesychia, Gnosis, Nous (höchste Vernunft), Metanoia, Apatheia, Theosis (perfekte Einswerdung mit Gott, „Gotteswerdung")* werden bis heute – wenn überhaupt – nur am Rande zur Kenntnis genommen. Oftmals wird gar „*Metanoia*" fälschlicherweise mit „*Dianoia*" (lat. *ratio*, dt. *Vernunft*) gleichgesetzt und somit missverstanden, (s. Kap. 7).
Interessant ist hier anzumerken, dass die modernen Psychologen und Psychotherapeuten – bedingt durch die mittelalterliche, aristotelische Scholastik – die Rationalität oder Vernunft im Sinne der „*Dianoia*" verstehen. Die Intuitionsgabe als höchste Form der menschlichen Vernunft ist ihnen genauso fremd wie den römisch-katholischen Theologen seit Thomas von Aquin (1225-1274)! Carl-Gustav Jung stellt bekanntlich eine Ausnahme dar.

Ähnlichkeiten mit den asiatischen Meditationsschulen (etwa vom Yoga bis zum Zenbuddhismus) wurden schon angedeutet. In wesentlichen Punkten kann man - trotz mitunter gewaltigen Kulturunterschieden - folgende Gemeinsamkeiten feststellen:

- Die Hesychasten zielen auch auf eine maximale Einschränkung von Leidenschaften und auf eine Minimierung des üblichen Lust-Unlust-Raumes.
- Sie versuchen ebenfalls, das Mentale von störenden Vorstellungen zu entleeren und dadurch eine unvergleichliche Bewusstseinsstille zu erzielen.

- Sie heben hervor, wie die Bodhisattva-Lehre der Buddhisten, dass diese Stille den gesamten Menschen (das Herz) betrifft, nicht nur eine intellektuelle Erfahrung. Zu dieser Gesamterfahrung gehören das Mitgefühl und die bedingungslose Liebe gegenüber dem Anderen dazu.
- Auch diesbezüglich gibt es eine klare, kontinuierliche Achtsamkeit, gepaart mit Geduld und Ausdauer, die als besonders geeignetes Mittel zur Erreichung der Bewusstseinsstille angesehen wird. Hier gibt es also ebenfalls deutliche Übereinstimmungen.
- Die persönliche Beziehung zu einem Gott oder einer Gottheit wird als wesentlich für die Erreichung des höchsten Zieles (Union mit Gott, Theosis) des Hesychasten angesehen. Diesbezüglich gibt es zumindest eine partielle Übereinstimmung. Im Yoga Patañjalis wie in manchen Formen des Mahayana-Buddhismus gilt die Zentrierung der Achtsamkeit auf eine Gottheit (z.B. Ishvara im Yoga, transzendentale Bodhisattvas im tibetischen Buddhismus). Obgleich die Vereinung mit einem persönlichen Gott nur gelegentlich im Buddhismus (z.B. vollkommene Identifizierung mit deifizierten Bodhisattvas) vorkommt, findet man dies in vielen hinduistischen Traditionen (z.B. Identifikation mit den versöhnlichen und unversöhnlichen Aspekten Shivas im kaschmirischen Shivaismus, s. Kap. 20).
- Die hesychastische Hervorhebung von Lichterfahrungen und spiritueller Herzenswärme findet man auch in etlichen Yoga-Formen. Hier ist an erster Stelle der Kundalini-Yoga zu erwähnen. Der tantrische Buddhismus und viele shivaische Traditionen beachten solche tantrischen Phänomene zumindest als Kennzeichen einer fortgeschrittenen Entwicklung zur Erleuchtung.
- Die hesychastische Hervorhebung bestimmter Entwicklungsstufen von der äußeren Gebetspraxis bis hin zur höchsten Gotteskontemplation im stillen Herzen (Metanoia, Theoria, Theosis) findet man im Yoga wie im Buddhismus, denke man z.B. an die drei letzten Stufen des Patañjali-Yoga.
- Das unabhängige Rezitieren von mantra-ähnlichen Gebetsformeln und die Einhaltung bestimmter Körperhaltungen sowie die Benutzung einer Gebetsschnur finden sich nicht nur bei Hesychiasten und dem Japa-Mālā-Yoga, sondern in vielen religiösen Gruppierungen quer über die Kulturen.

- Die Bevorzugung einer Einsiedler- oder mönchischen Lebensform weitab von ablenkenden, konsumzentrierten Umgebungen ist schließlich kein Spezifikum der Hesychasten, da eine solche Art von Abseitsbewegung in mehr oder weniger strenger Form ein rekurrentes Thema bei spirituellen und religiösen Gruppierungen über zahlreiche Kulturen hinweg darstellt.

Sicher gibt es, wie für alle spirituellen Bewegungen, spezifische Kennzeichen des Hesychasmus. Für eine transkulturelle Psychologie der Stille, die über eine breite Vielfalt an Kulturen Texte und Praktiken vergleicht, erweist sich der Hesychasmus als ein innerhalb des Christentums spezifisches *Denk- und Erfahrungssystem*. Wenn man aber die einzelnen darin vorkommenden Verhaltens- und Erlebenskomponenten von einem übergreifenden psychologischen Standpunkt her betrachtet, schwindet der Eindruck der Spezifität zunehmend. Gerade wenn es darum geht, die „*reine Stille*" mental zu erfahren, erweist sich das Festhalten an Konzepten und Begriffen als höchst problematisch, zumal wenn dogmatische und normative Belange damit einhergehen.

Sündenfall, Dreifaltigkeit Gottes, Rettung des Sünders, Gottes Gnade, Herabkunft des Heiligen Geistes, göttliche Offenbarung u.ä.m. sind sicher Begriffe oder Konstrukte, die im Rahmen christlich-theologischer Reflexionen eine wichtige Position einnehmen. Für die genaue Beschreibung der bewusstseinspsychologischen Erfahrung von Stille oder Leere sind solche Annahmen und Konstrukte meist hinderlich, weil sie eine phänomenologische Beobachtung oder deskriptive Beschreibung eines x-beliebigen mentalen Vorgangs von vornherein mittels „Glaubensnormen oder -dogmen" versperren oder gar ausschließen.

Zugegeben: Das Sich-Loslösen von solchen Konstrukten fällt einem schwer und ist auch nicht auf Anhieb evident, weil sich die Übenden ständig auf Kategorien und Konstrukte beziehen, die von ihrer jeweiligen Übungskultur vorgegeben werden. Es ist aber anzunehmen, dass die Vorherrschaft dieser konzeptuellen Hilfsmittel in dem Grad abnimmt, in dem Bewusstseinsformen erreicht werden, bei denen begriffliche Unterscheidungen oder kategorielle Bestimmungen nicht mehr greifen. Gerade die hesychastische „*Metanoia*", die die sog. *Dianoia*-Ebene, d.h. die diskursiv-begriffliche Ebene, hinter sich lassen will, kann schlechterdings auf die Produktionen der diskursiven Vernunft – so theologisch fundiert sie auch sein mögen – zurückgreifen, wenn es darum geht, die *Metanoia*-Erfahrungen zu beschreiben.

Hinzu kommt, dass die Phänomene, die auf den höheren Entwicklungsstufen der Bewusstseinsstille erscheinen, immer stärker einer Art Unentscheidbarkeit analog den Heisenberg'schen Unbestimmtheitsrelationen oder der Gödel'schen Unvollständigkeit (vgl. van Quekelberghe, 2005, S. 67) unterliegen.

Der Quietismus

Dem Hesychasmus der christlich-orthodoxen Christenheit entspricht der Quietismus in der lateinischen Kirche, zumindest dem Begriff nach, denn *hesychia* und *quies* bedeuten beide so etwas wie Stille oder Ruhe. Der Quietismus bezeichnet eine religiöse Bewegung, die im 16. und 17. Jh., vorrangig in Spanien, Italien und Frankreich anzutreffen ist. Da aber der Quietismus die stoische *Apatheia* (Leidenschaftslosigkeit) und *Ataraxia* (Seelenruhe) innerhalb der spirituellen oder ekstatischen Gotteserfahrung besonders hervorhebt, lassen sich eine Reihe von mittelalterlichen religiösen Bewegungen als Vorläufer des Quietismus auffassen.

Hierzu gehören beispielsweise die *„Brüder und Schwestern des Freien Geistes"* (13.-14. Jh.) in der Rheinebene oder die *Alumbrados* Andalusiens (16. Jh.). Beide Gruppierungen strebten eine erfahrbare, erlebniszentrierte Religion an und betonten dabei die passive Vereinigung der menschlichen Seele mit Gott im Diesseits, die auch zu Ekstasen und Visionen führen kann. So gesehen, gibt es durchaus Parallelen mit der hesychastischen Bewegung, die allerdings bereits im 3. bis 4. Jh. während des Frühchristentums begann.

Anders als die christlich-orthodoxe Kirche reagierte die römische Autorität schon lange vor der Reformation zunehmend negativ, teilweise sogar höchst brutal, auf diese christlichen Bewegungen.

Durch die universitäre Theologie, die sich ab dem 13. Jh. als normierende Macht zu etablieren begann und ein streng aristotelisches Welt- und Gottesbild vertrat (vgl. z.B. Thomas von Aquin), wurden diese eher volkstümlichen Bewegungen nicht nur marginalisiert, sondern durch scharfe Kontrollinstanzen wie die katholische Inquisition systematisch verfolgt. Margareta Porete (ca. 1260-1310), die vermutlich zum Kreis der *„Brüder und Schwestern des Freien Geistes"* gehörte, wurde wegen ihrer inspirierenden Schrift „*Le miroir des simples âmes anéanties"* (deutsch: *Der Spiegel der einfachen und vernichtigten Seelen*) in Paris am 1. Juni 1310 öffentlich - mitsamt ihrer Schrift - verbrannt.

Der berühmte dominikanische Prediger und Theologe Meister Eckhart (ca. 1260-1327/8) wurde häretischer Überzeugungen in der Art der *Brüder und Schwestern des Freien Geistes* verdächtigt und einem langwierigen Prozess unterzogen. Dadurch, dass er sich bestens mit der damaligen universitären Theologie auskannte, konnte er auf hohem geistigem Niveau seine Position verteidigen. Für ihn war die menschliche Vernunft – ähnlich dem *Nous* (s. *Metanoia,* Kap. 7) in der griechisch-orthodoxen Kirche – durchaus in der Lage, Gott in seiner Wesenhaftigkeit zu erkennen und in ihm ihre von Natur aus angelegte Perfektion erlangen.

Mit Eckhart taucht eine Art spirituelle *Psychologie der Stille* auf, die auf Konzepte und Argumentationen der universitären Theologie zurückgreift. Die natürliche Freiheit oder Unabhängigkeit des Individuums, das allein durch den Gebrauch der menschlichen Vernunft zur innigsten Vereinigung mit Christus führt, ohne sich der äußerlichen Kirchenautorität zu unterwerfen, präfiguriert die Lehre Luthers um ca. 200 Jahre und geht sogar in der spirituellen Autonomie der menschlichen Vernunft gegenüber dem Kirchenamt *weit* über Luther hinaus! Da jedoch Eckhart der Häresie angeklagt wurde, gerieten seine Schriften schnell in Vergessenheit. Einzig und allein über die Wirkung eines seiner Schüler, nämlich Johannes Tauler (ca. 1300-1361), dessen Werke die „*Theologia Deutsch*" mitbeeinflussten, übte Eckhart eine gewisse indirekte Wirkung auf Luther aus.

In einer seiner sog. „*Deutschen Predigten*" (Quint, 1997, 4. Aufl.), die nicht an Theologiestudenten, sondern primär an fromme Laien gerichtet waren, befasste sich Eckhart direkt und ausdrücklich mit der *inneren Stille*. Es handelt sich um Predigt Nr. 45 „*In omnibus requiem quaesivi*" (dt. *Ich habe Ruhe gesucht in allen Dingen*). Dieser Satz stammt aus dem Buch Jesus Sirach (Ekklesiast) des Alten Testaments, das thematisch um die Weisheit kreist. In seinem Kommentar zu diesem kaum bekannten Bibelsatz hebt Eckhart zu einer unvergleichlichen und wie oft bei ihm zu einer theologisch äußerst kühnen Lobrede der *Seelenruhe* an. Er sagt nämlich gleich zu Anfang:
„Fragte man mich, ich sollte bündig Auskunft darüber geben, worauf der Schöpfer abgezielt habe damit, dass er alle Kreaturen erschuf, so würde ich sagen: (auf) *Ruhe*. Fragte man mich zum Zweiten, was die Heilige Dreifaltigkeit in allen ihren Werken insgesamt suche, ich würde antworten: *Ruhe*. Fragte man mich zum Dritten, was die Seele in allen ihren Bewegungen sucht, ich würde antworten: *Ruhe*. Fragte man mich

zum Vierten, was alle Kreaturen in allen ihren natürlichen Strebungen und Bewegungen suchen, ich würde antworten: *Ruhe.*"

Anschließend geht Eckhart auf seine vier Behauptungen näher ein. Schöpfer und Geschöpf zielen nur auf eines ab: Ruhe, Stille. Eckhart ist eindeutig klar: Alles, Schöpfer und Geschöpf, konvergiert und zielt auf allen Ebenen, sei es eine menschliche Seele, ein lebendiges Tier, eine Pflanze oder ein lebloser Stein, auf die *„Nullpunkt-Energie"*, auf die *jedem Wesen innewohnende Ruhe oder Stille*. Alle Fluktuationen, ob psychisch oder physisch, zielen ständig auf den Energie-Nullpunkt ab, ohne ihn – im Fall des Quantenvakuums – faktisch zu erreichen, nur theoretisch als postulierten statistischen Mittelwert, dessen „Standardabweichung" in der Regel das halbe Wirkungsquantum nicht übersteigt.

Warum gilt nun die universelle Seelen- und Weltruhe als einziger Attraktor, wonach alles strebt, was sich regt?

Die Antwort Eckharts lässt darüber keinen Zweifel zu:

„Denn Gott schmeckt die göttliche Natur, d.h. die Ruhe, so wohl, und sie ist ihm so wohlgefällig, dass er sie aus sich herausgestellt hat, um aller Kreaturen natürliches Begehren zu reizen und an sich zu ziehen."

Gott selbst gefällt seine eigene, göttliche Natur – die Ruhe, die Stille – so sehr, dass er sie überall in seinem Schöpfungswerk gleichsam hinaushaucht. Anders ausgedrückt: *Das gleichsam Göttlichste in Gott selbst, die Stille, wurde seinem Werk, den Geschöpfen, nicht vorenthalten, sondern weitergegeben.*

Nicht aber in äußeren Gütern und Werken kommt der Mensch zur Ruhe, sondern einzig und allein in der in ihm selbst von Gott angelegten Bewusstseinsstille. Die tief im Innern von Natur aus vorhandene reine Stille, die göttliche Ruhe selbst, kann durch achtsame Meditation (Andacht) immer stärker erfahren werden.

Eckhart sagt nämlich:

„Wodurch wird die Seele rein? Dadurch, dass sie sich an geistige Dinge hält. Dadurch wird sie erhoben. Je höher sie erhoben wird, umso lauterer wird sie in ihrer Andacht, und je lauterer sie in ihrer Andacht wird, umso kräftiger werden ihre Werke." (Predigt Nr. 45)

Die achtsame meditative Andacht oder Konzentration auf die innere Bewusstseinsstille führt zu einer Reinigung oder Läuterung. Beunruhigende Affekte und Vorstellungen schwinden dank der Andacht. Dadurch wird die Meditation reiner und stärker. Dies führt wiederum zu einer starken Ruhe im Herzen, im ganzen Menschen.

An dieser Predigtstelle erwarten uns überraschende Worte des Meisters:
"... Der Mensch kann Gott nichts Lieberes bieten als Ruhe. Des Wachens, Fastens, Betens und aller Kasteiung achtet und bedarf Gott nicht im Gegensatz zur Ruhe. Gott bedarf nichts weiter, als man ihm ein ruhiges Herz schenke: Dann wirkt er solche heimlichen und göttlichen Werke in der Seele, dass keine Kreatur dabei zu dienen oder (auch nur) zuzusehen vermag; ja, nicht einmal die Seele unseres Herrn Jesu Christi kann da hineinlugen. Die ewige Weisheit ist von so feiner Zartheit und so schamhaft, dass sie nicht zu dulden vermag, dass dort, wo Gott allein in der Seele wirkt, irgendwelche Beimischung irgendwelcher Kreatur sei." (Predigt Nr. 45)

Ein ruhiges Herz, so geläutert auch immer, bedarf einer Entgrenzung, um mit Gott vereinigt zu werden, gleichsam die allerletzte Läuterungsstufe. Dank der *grenzenlosen* Liebe bricht die beruhigte Seele in Gott ein und wird mit Gott vereinigt:
"Dann aber tritt die oberste Kraft hervor – das ist die Liebe – und bricht in Gott ein und führt die Seele mit der Erkenntnis und mit allen ihren Kräften in Gott hinein und vereinigt sie mit Gott." (Predigt Nr. 45)
Wie im Bodhisattva-Buddhismus wird hier deutlich, dass die *Höchste Weisheit oder die Höchste Erkenntnis* der grenzenlosen Freundschaft, des grenzenlosen Mitgefühls bedarf, um jemanden an das Erleuchtungsufer zu führen und ihn in einen Bodhisattva (= erleuchtetes, erleuchtendes Wesen) zu transformieren.
Im letzten Abschnitt seiner Predigt bezieht Eckhart die Elementen-Physik seiner Zeit in das natürliche Streben nach göttlicher Ruhe ein:
"Dem Stein wird der Bewegungstrieb, beständig zur Erde hinzustreben, nimmer benommen, so lange er nicht auf der Erde aufliegt. Ebenso tut das Feuer: Das strebt aufwärts und eine jegliche Kreatur sucht ihren naturmäßigen Ort."

Die Anziehungskraft der Stille ist somit universell. Sie ist Gott, den Lebewesen und den Elementen gleichermaßen fundamental. Die universelle Ruhe oder Stille ist daher *ohne Maß*, grenzenlos, weil sie Maß aller Dinge ist: Information, Energie, Materie. Weil sie maßlos ist, kennt auch ihre Anziehungskraft, nämlich die Liebe, keinerlei Maß.
Die universelle maßlose Ruhe ermöglicht schließlich die Gleichheit aller Kreaturen mit ihrem Schöpfer, was durch den letzten Satz der Predigt besonders hervorgehoben wird:
"Und darin verraten sie [die Kreaturen] die Gleichheit mit der göttlichen Ruhe, die Gott allen Kreaturen zugeworfen hat."

Aus diesem Auszug Eckharts über die Bewusstseinsruhe wird u.a. klar, dass eine solche psychologische Sichtweise bis heute mit den meisten kirchlichen Dogmen in Konflikt gerät.
Anders als bei den Hesychasten wird bei Meister Eckhart weder Mantra (z.B. Jesus-Gebet) noch ständige Wiederholung desselben erwähnt. Vielmehr betont er die *„Andacht"* als ein Mittel der inneren Abgeschiedenheit und Gelassenheit. Er zielt dabei auf die Eigenliebe, das Ich und seine vielfältigen Wunschgedanken und Strebungen. Die innere Ruhe oder Stille kann nur erlangt werden, wenn vom Ich und seiner Eigenliebe *gelassen* wird. In der Predigt Nr. 7 (*justi vivent in aeternum*) liest man u.a.:
„Alle Liebe dieser Welt ist gebaut auf Eigenliebe. Hättest du die gelassen, so hättest du die ganze Welt gelassen."
Um gegenüber dem Ich und allen Kreaturen die Grundeinstellung der Gelassenheit, des „Let it be" zu realisieren, sollte man ständig die Kreaturen als ein reines Nichts ansehen. Erst durch eine solche Vernichtigung oder Entleerung vom Ich und der Welt kann Gott (die Fülle) in die Seele Einzug nehmen. Immer wieder betont Eckhart, dass man sich ständig bemühen soll, sich von Ich-Bindungen frei zu machen. Hier empfiehlt er von Bildern, Wünschen und eigenen Willensvorstellungen ledig zu werden. „Ledig werden" ist für ihn mit der Einstellung der inneren Gelassenheit und Abgeschiedenheit gleichbedeutend. Man kann faktisch unzählige Bilder im Kopf haben. Entscheidend ist aber für Meister Eckhart die Gesamteinstellung des „Frei- oder *Ledig*-Werdens" gegenüber den Ich-Bindungen.
„Wäre ich von so umfassender Vernunft, dass alle Bilder, die sämtliche Menschen je (in sich) aufnahmen und (zudem) die, die in Gott selbst sind, in meiner Vernunft stünden, doch so, dass ich so frei von Ich-Bindung an sie wäre, dass ich ihrer keines im Tun noch im Lassen, mir Vor noch mir Nach als mir zu eigen ergriffen hätte, dass ich vielmehr in diesem gegenwärtigen Nun frei und ledig stünde für den liebsten Willen Gottes und ihn zu erfüllen ohne Unterlass, wahrlich, so wäre ich Jungfrau ohne Behinderung durch alle Bilder, ebenso gewiss, wie ich's war, da ich noch nicht war." (Predigt Nr. 7)
Hier klingt schon die Sichtweise des späteren Quietismus im 17. Jh. deutlich an. Der Mensch mit allen seinen Willensbekundungen soll so ledig werden, wie er war, als er noch nicht war. Erst dann und dadurch kann Gottes Wille wirklich geschehen.
Durch die von ihm vorgeschlagene systematische *„Entbildung aller Bilder"* (vgl. sein *Traktat vom Edlen Menschen*) und *Entäußerung* seiner

Ich-Bindungen lernt der Mensch Gott und seine Kreaturen als *eins* zu erfahren.
Das **eins** werden mit Gott und seinen Kreaturen kennt keine Unruhe mehr. Das „ledige Gemüt", das „Sich-Lassen", die „innere Gelassenheit" ermöglichen die „eine Stille" gleichermaßen in Gott und in allen Kreaturen zu erfahren. Sofern die göttliche Ruhe oder Stille jederzeit und überall im Gemüt einbricht, vermag die Mannigfaltigkeit der Bilder, der Ich-Bindungen, der Eigenvorstellungen den Menschen nicht mehr zu zerstreuen.

Man wird aus den Texten schwerlich eine detaillierte Anweisung für die Hinführung zu „*einer Stille in allen Dingen*" finden. Meister Eckhart neigt m. E. zu einer kontemplativen Andachtsmethode, die auf die Bildung einer ganzheitlichen Einstellung oder Gemütslage achtet. Demnach sollte man sich daran gewöhnen, die maßlose Stille eines von allerlei Bildern und Ich-Strebungen immer mehr entäußernden, ledigen Gemüts in jeder Lebenssituation zu erfahren.

Dadurch, dass Meister Eckhart fast immer wie vom Blickwinkel der obersten Andacht- oder Meditationsstufe (skrt. *samādhi*) spricht und schreibt, wird man vergebens in seinen Schriften streng gegliederte, schrittweise Anleitungen wie z.B. beim Patañjali-Yoga finden können. In dieser Hinsicht ähnelt er in seinen Unterweisungen Dogen-Zenji (vgl. Kap. 13), der ebenfalls von der höchsten „*unendlichen Erleuchtungsstufe*" aus das Zazen oder *Shikantaza* erläutert.
Inhaltlich findet man in den Schilderungen Eckharts zahlreiche Parallelen zum Yoga (z.B. die Abgeschiedenheit von den Ich-Regungen und Sinnesablenkungen), mit dem Zen und Tao durch die leere und abhängige Existenz der Welt und des Ichs (nach Eckhart: *ein lauter Nichts*), mit der Stoa durch die Einengung der Lust-Unlust auf ein Minimum und die Zentrierung auf gleich bleibende Ruhe und Gleichmut (Ataraxia und Apatheia), mit dem kaschmirischen Shivaismus (z.B. in *allen* Dingen Shiva bzw. Gott ergreifen), mit den vedischen Rishis in der fundamentalen Äquivalenz von Atman und Brahman (z.B. Gott und die individuelle Seele sind grundsätzlich eins: „*Wo die Seele ist, da ist Gott, und wo Gott ist, da ist die Seele*".
Die Ähnlichkeiten mit den stoischen, taoistischen, vedischen und buddhistischen Traditionen sind offenkundig und vielfältig. Andererseits lassen sich tiefgehende Übereinstimmungen mit vielen christlichen Mystiktraditionen feststellen, vor allem mit den hesychastischen und quietistischen Strömungen.

Über seine Schüler Seuse (1295-1366) und Tauler (um 1300-1361) sowie über Nikolaus von Kues (1401-1464) wirkte der Quietismus Eckharts weiter. Bis heute wird dieser Theologe von den christlichen Kirchen regelrecht gemieden, da er solche Institutionen *höchstens* als Hilfsmittel anerkennt und die spirituelle Selbstständigkeit und Freiheit des Einzelnen gegenüber Dogmen und Riten jeder Art unmissverständlich vertritt.

Der Quietismus der *Brüder und Schwestern des Freien Geistes* und der Beginen und Begarden des 13. und 14. Jh. findet eine Weiterentwicklung in den christlich-mystischen Schulen der *Alumbrados* oder *Illuminados* (Erleuchtete), die in Spanien zu Beginn des 16. Jh. in Erscheinung treten. Diese mystische Bewegung, die aus kleinen, wenig organisierten Gruppen entstanden war, strebte eine reine und innere Form der Spiritualität an.

Die *Alumbrados* (vgl. z. B. Hamilton, 1992) sahen in der passiven Vereinigung der menschlichen Seele mit Gott den Kern- und Angelpunkt der christlichen Religion. In diesem Zusammenhang befürworteten sie individualpsychologische Phänomene wie Ekstasen und Visionen. Anzumerken ist hier, dass die sog. *Amalrikaner* (nach Amalrich von Bène [gestorben zwischen 1204 und 1207] benannt) zu Beginn des 13. Jh. zum Teil ähnliche Positionen wie die *Alumbrados* vertraten. Sie wurden aber sehr schnell als Häretiker verurteilt, vermutlich weil neben deren stark meditativer Auslegung der Spiritualität nicht nur die kirchliche Autorität, Sakrament und Schrift abgelehnt wurde, sondern auch weil sie für die Verwerfung des Papstes als *Antichrist* plädiert hatten.

Der Franziskaner Francisco de Osuna (ca. 1492- ca. 1540), der das damals in Spanien recht bekannte Werk „*Abecedario Spiritual*" (1527; *ABC des kontemplativen Betens,* 1994) schrieb, gehörte sehr wahrscheinlich dieser *Alumbrados*-Bewegung an. Francisco de Osuna bezog sich wie Meister Eckhart auf die mystische Theologie des Pseudo-Dionysius, wonach die Überwindung des diskursiven Denkens durch eine sich hingebende Liebe und eine intensive Übung der geistlichen Tugenden allein verspricht, die Einung mit Gott zu verwirklichen.

Der Franziskaner de Osuna macht aus dem „*Nicht-Wissen*" ein schlichtes „*Nicht-Denken*" (span. *no pensar nada,* ich denke an rein gar nichts). Darin ist er mit vielen *Alumbrados* einig: Jede eigene Denk- und Vorstellungstätigkeit soll eingestellt werden. *Erst dann kann Gott wirken.* Ein Teil der *Alumbrados,* die sog. *Bejados* – die sich Lassenden –, ging sogar so weit, alle Eigentätigkeiten einzustellen. In diesem

Kontext vertraten sie die Auffassung, man dürfte ruhig in Sünde leben, so lange *kein Eigenwille mehr* wahrzunehmen war. Die *stille, ruhevolle Wachheit*, die von diesen *Alumbrados* gepriesen wurde, erinnert zum Teil an die Samādhi- und Satori-Bewusstseinszustände der östlichen Meditation!

In Osunas Ansatz hat die Institution Kirche mit ihren zahlreichen Ritualen und Dogmen keine entscheidende Relevanz mehr. Dies wird zwar von de Osuna und ähnlichen Autoren nicht explizit durchdacht, wird aber bei allen späteren quietistischen Bewegungen des 17. Jh. in Europa mehr oder weniger deutlich thematisiert.

Einige Schriften Osunas kamen auf den römisch-katholischen Index. Sein Hauptwerk „*ABC des kontemplativen Betens*" blieb vermutlich ausgespart, weil darin die Christusliebe eine besonders zentrale Rolle einnimmt und weil – wahrscheinlich viel entscheidender – diese Publikation unter der Bevölkerung schnell beliebt und sehr weit verbreitet wurde.

Teresa von Avila (1515-1582), deren Einfluss weit über Spanien hinaus auf die gesamteuropäische Spiritualität kaum zu übersehen ist, vertiefte sich 23-jährig (1538) anlässlich einer längeren, schweren Krankheit in die Lektüre von Osunas *ABC des kontemplativen Betens*. Es sind im erhaltenen Exemplar der Teresa von Avila nicht weniger als 300 Unterstreichungen und Anmerkungen festgestellt worden (vgl. Lorenz, 2003).

Teresa von Avila begann, ihr Beten entlang diesen Anweisungen neu zu gestalten. Alle Sinneswahrnehmungen, die eigenen Gedanken und Gemütsregungen sollen bewusst aus dem Bewusstsein herausgejagt werden. Erst dann kann die allumfassende, unbegrenzte Christusliebe in das ***entleerte*** Bewusstsein, in ***die Bewusstseinsstille*** einziehen.

Ihr literarisches und spirituelles Hauptwerk, die „*Innere Burg*" (span. *Castillo interior*) begann Teresa 1577 zu redigieren, knapp 5 Jahre vor ihrem Tod. Darin wird die Seele als eine konzentrisch aufgebaute Kristallburg dargestellt. Um in die Burgmitte, d.h. tief in das eigene Bewusstsein zu gelangen, bedarf es des Gebets bzw. der Meditation. Während die ersten drei Wohnbereiche (span. *moradas*) – ähnlich der ersten Stufe des Patañjali-Yoga – mit den reinigenden Wirkungen des Verzichts auf allerlei Ablenkungen und irreführende Ich-Aufblähungen zu tun haben, kann in der vierten Wohnung die innere Sammlung, d.h. das systematische Versiegen lassen der äußeren Wahrnehmungen und Bedürfnisse, eingeleitet werden. Im gewissen Sinne befinden wir uns hier auf dem „*Pratyāhāra*-Niveau" bzw. auf der fünften Stufe des Patañjali-Yoga (vgl. Kap. 9).

Die nächsten drei Wohungen (5, 6 und 7) entsprechen weitgehend den drei letzten Stufen des Patañjali-Yoga, nämlich dem sog. *Samyama*.
In der fünften Wohnung wendet sich die innere Sammlung immer tiefer nach innen. In dieser Wohnung angelangt, kann es dann passieren, dass zentralleibliche Funktionen wie Atmung oder Bewegung dem Bewusstsein nicht mehr bewusst zurückgemeldet werden:

„*... Ein Hinscheiden, das voller Wonne ist, weil die Seele, obgleich sie in Wirklichkeit noch im Körper ist, ihn zu verlassen scheint, um besser in Gott zu sein, und zwar so, dass ich jetzt noch nicht weiß, ob dem Leib dabei noch genug Leben zum Atmen bleibt. (Eben habe ich darüber nachgedacht, und es scheint mir, als atme er dabei nicht. Tut er es doch, so merkt die Seele es jedenfalls nicht.)*" (aus *Die innere Burg*, 1979, S. 83).

Im Zuge der Beschreibung der fünften Burgwohnung bringt Teresa das Bild der spirituellen Verlobung mit Christus dank dem inneren Gebet ein. D. h., das innere Gebet, die innere Meditation dient dazu, sich auf die Vereinigung mit Gott vorzubereiten bzw. diese intensive Einigung einzuleiten.

Mit der fünften Wohnung lässt sich am ehesten die erste Samyama-Stufe (*dhāranā*) vergleichen. Hier findet man das „*No pensar nada*" Osunas wieder. Das Gebet beginnt, sich von mentalen, diskursiven Aktivitäten loszulösen. Spezifische Gedanken und Gefühle verschwinden mehr und mehr und tragen somit zur Herstellung einer tiefen Bewusstseinsstille wesentlich bei.
Die Entleerung des Bewusstseins von seiner Geistestätigkeit führt unmittelbar in das mentale „Quantenvakuum" hinein, d.h. in die sechste und siebte Burgwohnungen. Erst durch die radikale Entleerung des Ich-Bewusstseins von Gedanken und Gefühlen kann die Bewusstseinsstille die Stille Gottes gleichsam empfangen. Dies geschieht weitgehend in der sechsten Wohnung. Mitten im nun aufgegebenen diskursiven Verstand - in der „*dunklen Nacht*" gemäß dem Modell von Johannes vom Kreuz (1542-1591) - breitet sich eine *grenzenlose* Ruhe aus, welche die Seele überrennt, eine „*andächtige und gnadenvolle Sammlung und die Bereitschaft zum Lobe Gottes.*"
In der siebten Wohnung findet gleichsam der christliche Samādhi statt, d.h. die vollkommene Fusion in oder Einung mit Gott.
Teresa schreibt darüber:

„Es lässt sich nichts weiter davon sagen, als dass die Seele, ich meine: der Geist dieser Seele – soweit man dies verstehen kann – eins geworden ist mit Gott." (1979, S. 193)
„Habt ihr einmal die Wonnen dieser Burg erfahren, werdet ihr in allen Dingen Ruhe finden, seien sie auch voller Qual und Mühe – aus der Hoffnung, dass ihr dorthin zurückkehren könnt. Die Hoffnung kann euch niemand rauben." (S. 216-217)

Mögliche Einflüsse der Sufi-Mystik auf Teresa von Avila und ihren Mitstreiter Johannes vom Kreuz sind wiederholt belegt worden (vgl. z.B. Lorenz, 2003; Baralt, 1985). Was den Letzteren angeht, sind die Belege nicht von der Hand zu weisen. Allein die Methode, das Erfahrene zuerst in einem Gedicht zum Ausdruck zu bringen und anschließend zu kommentieren, geht auf die islamische Sufi-Mystik zurück. Es sei hier daran erinnert, dass Muslime (Mauren) mitunter weite Teile Spaniens ab dem 8. Jh. bis Ende des 15. Jh. bewohnt hatten und die spanische Kultur wesentlich mitgeprägt haben.

In Bezug auf Teresa von Avila sieht Baralt (1985) eindeutige Parallelen zur spirituellen Schrift *„Maquamat"* von Abdul Hassan al Nuri (9. Jh.), der ebenfalls die mystische Erkenntnis Gottes mit einem konzentrisch gebauten „inneren Schloss" vergleicht und darin auch sieben Wohnbereiche unterscheidet. Es ist nicht ausgeschlossen, dass Teresa, die in ihrer Jugend maurisch beeinflusste Literatur las, schon früh in Kontakt mit der Schloss-Metapher aus der Sufi-Mystik gekommen sein könnte.

Wie auch immer hat Teresa von Avila das kontemplative Beten analog einer yogischen Meditation konzipiert, wonach die Ruhe oder Stille des Bewusstseins systematisch (bis etwa zu ihrer fünften oder sechsten Burgwohnung) eingeübt wird. Entsprechend der Tradition der *Alumbrados* sollen dabei die diskursiven Bewusstseinstätigkeiten gänzlich überwunden werden, d. h., alle Überlegungen, Begründungen, konzeptuelle Dialoge, innere Selbstgespräche bis hin zur Wiederholung von Gebetsformeln (vgl. Mantra- oder Japa-Yoga) eingestellt werden. Das innere Ruhegebet stellt zweifelsohne einen unübersehbaren Schwerpunkt der Mystik oder des spirituellen Weges nach Teresa von Avila dar. Obgleich sie hin und wieder verdächtigt wurde, im Grunde eine *„Alumbrada"* zu sein, gelang es ihr, anders als ihrem Mitstreiter Johannes vom Kreuz, von diesem nahe liegenden Verdacht freigesprochen zu werden, und sogar zur Kirchenlehrerin der katholischen Kirche (1970) ernannt zu werden.

Der spanische Spiritualitätslehrer Miguel de Molinos (1628-1697) erweist sich durchaus in der „*Alumbrados*-Tradition" stehend wie Teresa von Avila und Johannes vom Kreuz. Obgleich er im Prinzip eine recht ähnliche Psychologie des kontemplativen Betens oder Meditierens vertrat wie Johannes vom Kreuz oder Teresa von Avila, ging Molinos in die Theologiegeschichte als der Hauptvertreter des **Quietismus** ein.

Seine Hauptschrift erschien 1675 unter dem Titel „*La guia espiritual*" mit dem Beisatz „*Der die Seele zerlegt und sie über den inneren Weg zum Erlangen der vollkommenen Kontemplation und zum reichen Schatz des inneren Friedens bringt.*"

Zehn Jahre lang wurde diese Schrift Molinos durch die römisch-katholische Inquisition als konform mit der kirchlichen Lehre angesehen. Molinos unterhielt zu dieser Zeit eine freundliche Beziehung zum Kardinal Odescalchi, der 1676 zum Papst Innozenz XI. ernannt wurde. Erst 1685, vor allem durch den jesuitischen Einfluss auf Ludwig den XIV, der sich als tragende Säule des Katholizismus verstand, wurde das Hauptwerk Molinos erneut untersucht und diesmal von der römischen Inquisition als Häresien enthaltende Schrift begutachtet. Sein Autor wurde daraufhin (1687) gefangen genommen und starb zehn Jahre später im Gefängnis.

Diese Wende traf zur gleichen Zeit zwei französische Quietismus-Vertreter, die am Hof von Ludwig dem XIV. großen Einfluss ausübten, nämlich Madame Guyon (1648-1717) und den Bischof Fénelon. Letzterer war sogar über Madame de Maintenon (zweite Ehefrau von Ludwig dem XIV.) zum Erzieher des Enkels des Königs ernannt worden. Während Fénelons Schrift „*Maximen der Heiligen*" durch ein päpstliches Breve 1699 gerügt wurde, verbrachte Madame Guyon Jahre in einem französischen Gefängnis.

Die Jesuiten - wie auch Luther - vertreten die strenge Auffassung, dass Gott sich nur durch seinen Sohn Jesus Christus mitteilt und wiederum - hier anders als Luther! - nur über die Amtskirche vermittelt werden kann. So gesehen schien das „*Guia espiritual*" von Molinos - zumindest in seinem letzten Teil - sich von dieser theologischen Position radikal zu entfernen. Molinos vertrat nämlich ein dreistufiges, spirituelles Modell:

1. Die Anfänger wenden sich zunächst der Kirche und ihren Unterweisungen ohne Bedenken zu.
2. In der zweiten Stufe findet die völlige Hingabe an Jesus-Christus statt.

3. *Schließlich, auf der dritten und höchsten Stufe, schwinden Kirche und Jesus-Christus mitsamt allen diskursiv-konzeptuellen Unterscheidungen des Ich. In dieses ichlose, stille Bewusstsein kann nun Gott allein hindernisfrei einziehen.*

Da in der dritten Phase nicht nur die Kirche, sondern auch das Ich selbst mit allen seinen diskursiven und volitiven Anteilen aufgelöst werden muss, wird die Liebe zu Gott gleichsam subjektlos und somit frei von allen möglichen Eigenwünschen und -willen, - darunter auch ewiges Leben erlangen wollen, ein moralischer oder christlich lebender Mensch sein zu wollen, etc.. Der bekannte Quietismus-Streit (vor allem zwischen Bossuet und Fénelon) über die „reine, ich-freie Liebe" gehört unmittelbar hierzu.

Die vorgetragene Auflösung der Kirchenlehre bis hin zu allen ichgefärbten Willensneigungen führte Ende des 17. Jh. zu einer europaweiten Ablehnung des Quietismus. Dieses Ergebnis scheint eher als eine ungeschickte Konzession des Papstes Innozenz XI. gegenüber dem französischen Sonnenkönig, der ihn in vielen Angelegenheiten stark unter Druck gesetzt hat.

Ein Blick auf den letzten Teil des *„Guia espiritual"* (das dritte Buch) verrät nur gelegentlich und meistens zwischen den Zeilen die von Jesuiten und Ludwig dem XIV. in dieser Schrift angeblich *„entdeckte Zersetzungskraft"*. Beispiele aus dem dritten Buch, Kap. 12, Abs. 119:

„Innere Einsamkeit besteht im Vergessen aller Kreaturen, im Loslassen von ihnen, in einer vollkommenen Nacktheit von allen Affekten, Wünschen, Gedanken und vom eigenen Willen. Das ist die wahre Einsamkeit, wo die Seele in den Armen ihres höchsten Gutes mit einer sanften und inneren Gleichmut ruht."

3. Buch, Kap. 16, Abschnitt 157:

„Diese ausdauernd innerlichen Seelen sind nach außen hin nackt und gänzlich in Gott diffundiert, den sie unaufhörlich anschauen...; sie leben in Gott und von ihm; sie glänzen mehr als tausend Sonnen..."

4. Buch, Kap. 19, Abs. 195:

„Die Seele soll sich als tot fühlen gegenüber ihrem Willen, Wünschen, Zielen, Verstand, Denken. Sie soll wollen als ob sie nicht will, wünschen als ob sie nicht wünscht, ...
Oh, was für eine glückliche Seele ist diejenige, die so gestorben und vernichtet ist! Sie lebt nicht mehr in sich selbst, weil Gott in ihr lebt..."

Interessant ist u. a. die *Als ob*-Formulierung. D. h., es handelt sich um eine psychologische Einstellungsbildung, die einerseits vielfältige menschliche *Konventionen* anerkennt, sie andererseits als nicht unbedingt wirklich auflöst. Hin und wieder wird man an die *Als ob-Philosophie* Vaihingers (1852-1933) erinnert, der, wie kein anderer zuvor, die Unterscheidung zwischen Wirklichkeit und konventioneller Wahrheit systematisch besprach.

Die meisten asiatischen Weisheitslehren kennen ebenfalls die Hauptunterscheidung zwischen beispielsweise konventionellen, in sich vielfach gebrochenen Wahrheiten einerseits und der einzigen Wahrheit oder unzersplitterten Wirklichkeit andererseits. Shankara (788-820) hat bekanntlich von dieser Unterscheidung auf subtilste Art und Weise Gebrauch gemacht.

Wenn man bereit ist, die *Als ob-Einstellung* im Zusammenhang mit der spirituellen Ich-Verleugnung gelten zu lassen, dann lassen sich zahlreiche Schriften der christlichen Spiritualität im 16. und 17. Jh. als Quietismus auffassen. Ähnlich urteilt auch Henri Bremond, Verfasser einer 13-bändigen Geschichte der französischen Mystik (*Histoire littéraire du sentiment religieux en France,* zwischen 1914 und 1933 erschienen).

Schon in der mittelalterlichen, Prä-Eckhart-Ära der christlichen Mystik treffen wir auf Autoren, die für einen vollständigen Verzicht auf *Als ob*-Ich-Funktionen bzw. für eine radikale Ich-Verleugnung eintraten. Die Schrift „*Spiegel der einfachen vernichteten Seelen*" (Le miroir des simples âmes anéanties) von Marareta Porete, welche schon um 1275 in Umlauf gewesen ist, enthält quietistische Aussagen, die kaum noch zu übertreffen sind. Die Stilllegung der Ich-Aktivitäten erinnert mitunter an die Bewusstwerdung der Leere (skrt. *shunyatā*) bezüglich der konventionellen Phänomene in *Prajñāpāramitā*-Buddhismus. Die am Schluss erlangte Passivität der allumfassenden Leere oder Stille ist von diesem Standpunkt aus Ergebnis einer überaus aktiven – wenn auch konventionellen – Meditationsarbeit.

Zu einer typisch quietistischen Meditation oder Andacht gehören folgende Schritte oder Stufen, die in nichts dem radikalen Loslassen im Buddhismus nachstehen:

1. *Verzicht (Loslassen von) auf äußerliche Dinge*
2. *Verzicht auf körperliche Bequemlichkeit*
3. *Verzicht auf spirituelle und religiöse Rituale aller Arten*

4. *Verzicht auf den Wunsch eines ewigen individuellen Seelenlebens*
5. *Verzicht auf die eigens gefühlte Neigung zur Tugend*
6. *Verzicht auf sämtliche Tugenden*
7. *Verzicht auf die kontemplative Meditation über das innere, spirituelle Leben*
8. *Gott enteignet die Seele von jedem Akt der Hingabe oder Liebe.*
9. *Gott enteignet die Seele von ihren Willensregungen.*

Je weiter (etwa von 1 bis 9) jemand in den Quietismus fortschreitet, umso stärker wird die ruhige, passive Einstellung des Bewusstseins. Schließlich kann nur noch Gott wirken (vgl. 8 und 9), denn die individuelle Seele bzw. das Selbstbewusstsein hat sich so vom Ich entledigt, dass sie *von sich aus* nicht einmal fähig wäre, Gott zu lieben.

Wie man sieht, je umfassender die quietistische Einstellung verwirklicht wird, umso paradoxer und problematischer wird sie vom Blickwinkel einer diskursiv-argumentativen Vernunft wahrgenommen.

Für die Quietisten selbst erscheint eine solche Lage weniger paradox oder problematisch, weil sie generell die diskursiv-argumentative Vernunft (gr. *dianoia*) nur als eine *Unterkategorie* einer höheren und höchsten Vernunft (gr. *nous*) ansehen, die jede diskursiv- und argumentativ-logische Form *prinzipiell* überschreitet.

Diese kontemplative Vernunft ähnelt der Superpositions- und Verschränkungslogik der Quanteninformatik. Sie ermöglicht die fundamentale Seelenruhe oder Bewusstseinsstille in ihrer Einfachheit und grenzenlosen Ganzheit zu erfassen und alle ihre möglichen kulturellen Ausformungen (s. Kap. 7.) als im Grunde unwesentliche Modifikationen zu betrachten.

Der Quietismus von Molinos, Guyon, Fénelon und vielen anderen wurde nicht zuletzt durch Ludwig den XIV. und seinen massiven Druck auf die damalige römisch-katholische Kirchenleitung als Häresie diffamiert. Ab dem 18. Jh. – wenn überhaupt – werden die mystischen Strömungen nur noch im Rahmen einer kirchlich autorisierten Volksfrömmigkeit geduldet. Auch wenn manche quietistischen Aspekte im deutschen Pietismus (vgl. z.B. Petersen, Spener) zu finden sind, indem die individuelle Bibelauslegung mit entsprechenden Visionen und Ekstasen nicht nur geduldet, sondern gar gefördert wird, wird man doch das Loslassen von Schriften und Glaubensannahmen einerseits und das willenlose Ruhe-Gebet andererseits nur noch höchst spärlich belegen können.

Die beginnende Aufklärung (ab Mitte des 18. Jh.) unterstützte die diskursiv-argumentative Vernunft erheblich und verstärkte innerhalb der christlichen Kirchen die zunehmende Eindämmung der Mystik im Rahmen *diskursiver Gebete*. Die stille, ichlose Kontemplation, das innere Gebet des christlichen Yogas, wird bis heute nach wie vor als *Quietismus-Irrweg* angesehen.

Durch die Entstehung der universitären Psychiatrie im beginnenden 19. Jh. (vgl. vor allem Charcot, 1825-1893) wurden die Anhänger von Mystik-Traditionen zunehmend als psychopathologische Fälle mit reichlichen Halluzinationen, Wahnvorstellungen und hysterischen Symptomen wissenschaftlich diagnostiziert.
Die zu Beginn des 20. Jh. entstandene Psychoanalyse unterstützte die diskursiv-rationale Universitätstheologie beinahe noch intensiver als die Aufklärung der Enzyklopädisten im 18. Jh.!
Die spirituellen Strömungen der sog. *Wüsteneinsiedler* (ab dem dritten Jh.), des frühen Hesychasmus und des breiten Quietismus - etwa von Margareta Porete (13. Jh.) bis Fénelon (17. Jh.)-, die die Bewusstseinsstille und Stilllegung als ihr Zentrum und Motor angesehen hatten, sind in der ersten Hälfte des 20. Jh. weitgehend ausgestorben.

Erst mit dem Jesuiten Teilhard de Chardin (1881-1955), Paläontologe und Mystiker, entsteht eine christliche Spiritualität, die erneut mit der kirchlich kontrollierten Frömmigkeit bricht. Die naturwissenschaftliche Evolutionslehre wird hier zum ersten Mal seit Giordano Bruno in eine spirituelle, christliche Gesamtschau integriert. Christus wird bei Teilhard de Chardin zum Omegapunkt einer spiritualisierten Menschheit, entsprechend bestimmten Stufen (z.B. Planetarisation, Bildung der Noosphäre). Die christuszentrierte kosmische Evolution knüpft wieder *nolens volens* an Gnostikbewegungen des frühen Christentums (2. bis 4. Jh.) an. Unnötig zu sagen, dass diese Neo-Gnostik à la Teilhard de Chardin bis heute in der nach wie vor äußerst diskursiv-rationalen Universitätstheologie der christlichen Kirchen kaum Zuspruch gefunden hat.

Durch die in der zweiten Hälfte des 20. Jh. deutliche Zunahme asiatischer Spiritualitätsströmungen bedingt – vorrangig durch die intensive Ausbreitung von Tao-, Buddha- und Vedanta-Lehren im Westen – feiert die uralte Debatte über die *göttliche Seelenruhe*, das nicht-diskursive Ruhe-Gebet des Hesychasmus und Quietismus u. ä. m. eine Art comeback.

Für beobachtende Bewusstseinspsychologen der christlich-spirituellen Strömungen seit den sog. Wüstenvätern, spätestens aber seit Meister Eckhart, erinnern die aktuellen Kontroversen über christliche Meditation und Spiritualität an die heftigen Streitigkeiten um den breiten Quietismus von Porete und de Osuna bis Molinos, Guyon und Fénelon. Die Akteure (Sorbonne-Theologen, Päpste, Inquisitoren, einflussreiche Kirchenprälate) tragen zwar nicht mehr Namen wie Heinrich von Virneburg, Erzbischof von Köln und Verfolger von Beginen, Begarden und von Meister Eckhart, Papst Johannes XXII. oder Innozenz XI., Prälat Bossuet; die diskursiv-rationalen Argumentationsfiguren sind aber über Jahrhunderte beinahe unverändert geblieben. Teilweise hängt dies mit der seit dem 13. Jh. stark diskursiv-rationalen Universitätstheologie zusammen. Für diese Theologie bleiben die nicht-diskursiven Bewusstseinsphänomene aus der Meditation oder Kontemplation im Grunde genommen unbegreifbar. Mehr noch, sie müssen aus amtskirchlichen Autoritätsgründen wohl unbegreifbar bleiben.

Es würde den Rahmen dieses Buches über Bewusstseinsstille sprengen, würden wir nun Punkt für Punkt die heutigen Argumentationsfiguren in der Rezeption der asiatischen Meditationen bzw. des taoistischen, vedischen oder buddhistischen Quietismus durch die christlichen Kirchen (vorrangig katholisch und evangelisch) in den letzten Jahrzehnten - etwa von 1960 bis heute - besprechen wollen.

Stattdessen wird hier exemplarisch auf einige wenige bekannte Pioniere kurz eingegangen. Christliche Spiritualitätslehrer, die sich mit der asiatischen Meditationsspiritualität intensiv auseinandergesetzt haben, sind beispielsweise:

Henri Le Saux (1910-1973)
Thomas Merton (1915-1968)
Hugo Enomya-Lassalle (1898-1990)
Willigis Jäger (geb. 1925)

Diese vier christlichen Spiritualitätslehrer gehörten als Mönche und Priester katholischen Ordenskongretationen an, die alle ihren Schwerpunkt auf kontemplatives Beten seit Jahrhunderten gesetzt haben. Henri Le Saux wie Willigis Jäger gehören dem Benediktinerorden an, dem ältesten abendländischen Mönchsorden, der auf den Regeln von Benedikt von Nursia (480-547) aufbaut. Thomas Merton war Zisterzienser, - ein kontemplativer Mönchsorden, der von Bernard von Clairvaux (1090-1153) gegründet wurde. Lassalle war Jesuit, eine von Ignaz von

Loyola (1491-1556) gegründete Ordenskongregation, die auf meditationsähnliche Exerzitien großen Wert legt. Es handelt sich also um Menschen, die sich lebenslang der spirituellen Kontemplation verpflichtet haben, und denen man diesbezüglich von vornherein eine gewisse Professionalität in puncto „*Psychologie der Stille*" zubilligen kann.

Henri Le Saux trat 19-jährig in die Abtei St. Anne de Kergonan (Frankreich) des Benediktinerordens ein. Als katholischer Priester und Mönch ging er 1948 nach Indien und versuchte zeitlebens das hinduistische mit dem christlichen Mönchstum in seine eigene Person zu integrieren (vgl. hierzu die umfassende Biographie von Hackbarth-Johnson (2003)).

Schon früh, im Jahre 1949, begegnet Henri Le Saux Sri Ramana (1879-1950) im Ashram von Tiruvannamalai. Alsbald wird diese Begegnung mit dem indischen Sadhu, der dem Advaita-Vedanta nahe stand, zum Anlass einer mehr als 20 Jahre währenden Auseinandersetzung mit diesem spirituellen Lehrer. Dank den umfangreichen Tagebuchnotizen von Henri Le Saux lässt sich der komplexe biographische Prozess im Ringen um eine integrierte, spirituelle Identität bei einer gleichzeitig vollen Anerkennung von Christentum *und* Hinduismus rekonstruieren. Alle denkbaren Aspekte einer Konfrontation zwischen zwei fremden Kulturen (z.B. Inklusionismus, Exklusionismus, Pluralismus, Integrismus etc.) finden sich bei diesem sehr persönlichen Versuch eines *bedingungslosen* Dialogs zwischen katholischem Christentum und Advaita-Vedanta wieder.

Henri Le Saux ist wie kaum ein anderer Christ vor ihm in den hinduistischen Vedanta eingetaucht und hat die theologischen und psychospirituellen Konflikte, die dabei entstehen müssen, in einer Grundsätzlichkeit erlebt, die diesen Fall als besonders lehrreich erscheinen lässt.

Lange Zeit vertrat er den Standpunkt, dass das Christentum einer höheren Ordnung angehöre als die Vedanta-Tradition. Gegen Ende seines Lebens aber, nicht zuletzt aufgrund entscheidender meditativer Erfahrungen, fand er seine spirituelle Identität jenseits fest verankerter Kulturpositionen. Diese spirituelle Konvergenz übersteigt als bewusstseinspsychologische Struktur in seinen Augen beide von ihm angeeigneten spirituellen Traditionen. Die dabei entstehenden Bewusstseinserfahrungen sieht er als einander äquivalent an: die Erfahrung des Atman als Brahman im Vedanta und die Erfahrung des „*Ich bin als Gott im Herzen*" im Christentum. Auf der relativ-konventionellen Ebene

kommen uns die klar gemachten Unterscheidungen wie real vor. Auf der absoluten Wahrheitsebene gäbe es aber nur *das Eine*.
Die kulturellen Formen und Symbole (Dogmen, Glaubens- und Verhaltensvorschriften, Rituale etc.) haben nur ihren Wert, sofern sie letzten Endes zur Erfahrung des nicht-dualen Einheitsbewusstseins hinführen oder beitragen.
In dem Maße, in dem sich eine solche „interreligiöse" Existenz entfaltet, kann bei wachsender Spiritualisierung der kulturell vorgefundenen Riten, Symbole und Formen eine *transreligiöse* Ebene erreicht werden, wo das Reich der leeren Namen und Formen (skrt. *nama-rūpa*) bewusstseinspsychologisch überwunden wird, in Richtung einer transkulturellen, transpersonalen bzw. universellen Bewusstseinsstille.

Thomas Merton (1915-1968), der durch seine Autobiographie „*The seven storey mountain*" (1948) schlagartig bekannt wurde, hat sich ab 1955 intensiv mit tibetischem und Zenbuddhismus beschäftigt und lernte Daisetz Suzuki (1870-1966) kennen, der zahlreiche englische Übersetzungen buddhistischer Texte sowie englischsprachige Schriften über den Zenbuddhismus veröffentlicht hat.
Daisetz Suzuki hielt lange Jahre englischsprachige Vorträge an europäischen und vor allem US-amerikanischen Universitäten über den Zenbuddhismus ab und trug somit wesentlich zur Bekanntwerdung und Verbreitung dieser japanischen Richtung des Buddhismus im Westen bei. Durch direkte und briefliche Kontakte übte er einen Einfluss nicht nur auf Thomas Merton, sondern auch auf führende Psychologen und Psychotherapeuten aus wie z.B. Carl G. Jung, Erich Fromm, Karen Horney und Alan Watts, auf die humanistische Bewegung am Esalen-Institut, d.h. auch z.B. auf Fritz Perls, Rollo May, Carl Rogers, Alexander Lowen, Moshe Feldenkrais, Ida Rolf.

Erst 1968 (in seinem Todesjahr) unternahm Thomas Merton eine Asienreise. In einer Reihe von Begegnungen, u.a. mit dem Dalai Lama, erfährt Merton eine innere Bestätigung seiner meditativen Erfahrungen und Reflexionen. In „*Zen and the Birds of Appetite*" (1967) und „*Mystics and Zen-Masters*" (1967) bespricht er Ähnlichkeiten und Unterschiede zwischen diesen zwei spirituellen Wegen. Dabei prägte er die damals originelle Formel: „*Ich versuche so gut ich kann, Buddhist zu werden und somit ein besserer Christ!*" Gern zitierte er in diesem Zusammenhang den christlichen Bischof Ambrosius (339-397): „*Alles was wahr ist, egal wer es gesagt hat, kommt von Heiligen Geist.*"

In *„Zen and the Birds of Appetite"* findet man Aussagen, die keinen Zweifel daran lassen wie Merton die Konvergenz beider spirituellen Traditionen behauptet:
„Zen is perfectly compatible with Christian beliefs and indeed with Christian mysticism (if we understood Zen in its pure state, as metaphysical intuition)." (S. 47)

Man findet auch wiederholt Passagen, in denen Merton die Hindernisse in Bezug auf eine lebendige Bewusstseinserfahrung schildert, die seiner Meinung nach das Herzstück beider Traditionen ausmacht.
Bewusstseinsstille, Ich-Entleerung und grenzenloses Mitgefühl verstand er als wesentlich buddhistisch und christlich zugleich. Neben seinem Engagement für die Begegnung zwischen Buddhisten und Christen, setzte er sich in Schriften und Taten für die Stärkung des äußeren Friedens ein, z.B. für Martin Luther King und gegen den Vietnam-Krieg. Insofern erinnert er als engagierter meditierender Christ in vielerlei Hinsichten an Thich Nhat Hanh.

Wie Henri Le Saux scheint er eine transreligiöse und transkulturelle Ebene als sichere Konvergenz hinter den auftrennenden Dogmen, Riten und Glaubensvorschriften in den letzten Wochen seiner Asienreise erfahren zu haben. Tagebucheintragungen kurz vor seinem jähen Ableben lassen dies mit Recht vermuten.

Hugo Enomya-Lassalle gilt als Pionier der praktischen Annäherung zwischen japanischem Zenbuddhismus und Christentum. Zwei Jahre nach seiner Priesterweihe (1927) kam er als Jesuit und Missionar nach Japan.
In Hiroshima kam er 1939 in Kontakt mit Zen-Kreisen und nahm 1943 in Tsumano bei Shimada Roshi an seinem ersten Zen-Sesshin teil. Am 6. August 1945 überlebte Enomya-Lassalle den Atombombenangriff der Amerikaner in Hiroshima. Zu dieser Zeit träumte Lassalle immer noch davon, durch die Wandlung des Buddhismus die Japaner zu christianisieren. Er nahm an diversen Sesshins (Meditationswochen) unter der Leitung von Harada Sogaku Roshi (1870-1961) teil. Die Einübung in die Zen-Meditation begriff er damals als eine Vorbereitung zur christlichen Mystik. Um aber „katholische Sesshins" abhalten und damit buddhistische Japaner bekehren zu können, musste Lassalle eine von einem Zen-Meister akzeptierte Erleuchtungserfahrung (jap. *kensho* oder *satori*) vorweisen.

Ab 1967 sah Enomya-Lassalle die zenbuddhistischen und christlich-mystischen Erfahrungen zunehmend als nicht-dual, überrational und einander äquivalent an. Differenzen seien für ihn nur in der unterschiedlichen Interpretation infolge verschiedener religiöser Traditionen begründet.

Die Anerkennung seiner Zen-Praxis durch Yamada Ko-un Roshi am 31. Juli 1973 führte ihn dazu, eine tiefe, unzertrennbare Einheit zwischen christlicher Mystik und Zen-Erleuchtung anzunehmen.
Die Kritik katholischer Theologen wie z.B. von v. Balthasar oder Sudbrack, aber auch von Zen-Buddhisten wie z.B. Kapleau, ließen nicht auf sich warten. Beide Lager betrachteten die neu angenommene Position von Enomya-Lassalle, nämlich die zügellose Symbiose von Zen und christlicher Mystik als einen doppelten Verrat an Buddhismus und Christentum.

In seiner letzten Schaffensperiode von 1973 bis zu seinem Tod im Jahr 1990, tendierte Enomya-Lassalle offenbar zu einer transkulturellen, transpersonal-psychologischen Haltung, die von der Existenz eines nicht-dualen und nicht-diskursiven *„Supramentalen"* ausging.

Willigis Jäger (geb. 1925) ist wie Le Saux ein Benediktinermönch. Als Leiter einer ökumenischen Mission kam er wiederholt nach Asien und auch nach Japan, wo er ab 1969 im Zentrum von Hugo Enomya-Lassalle in Shinmeikutsu übte. Alsbald wurde er auch Schüler des Yamada Ko-un Roshi und von ihm 1980 beauftragt, Zen in Deutschland zu lehren. Er gründete in Würzburg das Meditationszentrum St. Benedikt und erhielt 1996 die Übertragung der vollen Lehrerlaubnis (jap. *inka shamei*). In seinen neueren Publikationen wie z.B. *„Westöstliche Weisheit"* (2007) vertritt er eine transkonfessionelle, spirituelle oder religiöse Erfahrung, die die kulturellen Konfigurationen (westliche vs. östliche Weisheitslehren) der meditativen oder kontemplativen Erfahrungen prinzipiell übersteigt. Es gibt für ihn so etwas wie eine transkulturelle ewige Weisheit, die allerdings nicht außerhalb dieser Welt zu suchen ist, weil sie sich vollends mitten in dieser Welt offenbart und weiter entwickelt.
Diese eher transpersonal- und transkulturell-psychologische Sicht der spirituellen Wege erinnert weitgehend an die *Integrale Spiritualität* von Ken Wilber (2007), der allerdings als freier Schriftsteller abseits von kirchlichen oder universitären Institutionen tätig ist.

Alle vier o.g. christlichen Spiritualitätslehrer haben mit vielen Hindernissen und Rede- bzw. Schreibverboten seitens der Amtskirche zu tun gehabt. In dem Maße, in dem sie die Überlegenheit oder die wesentliche Andersartigkeit des christlichen Glaubens gegenüber den asiatischen Meditationsformen in Frage stellten, wurden sie in ihren Handlungs- und Äußerungsmöglichkeiten durch amtskirchliche Interventionen behindert und weitgehend eingeschränkt.

Die amtskirchlichen Reaktionen gegenüber dem Benediktinermönch Willigis Jäger scheinen sich seit dem 13. Jh. und Meister Eckhart oder seit Molinos und Innozenz dem XI. kaum geändert zu haben. So warf ihm 2001 die Glaubenskongregation unter der Leitung von Kardinal Josef Ratzinger (ab 2005 Papst Benedikt der XVI.) vor, Glaubenswahrheiten seiner persönlichen Erfahrung unterzuordnen und erteilte ihm Rede-, Schreib- und Auftrittsverbot. Im Januar 2002 untersagte ihm das Bischöfliche Ordinariat in Würzburg die Ausübung jeder öffentlichen Tätigkeit.

Alle vier christlichen Spiritualitätslehrer geben der *Psychologie der Stille* implizit Recht, indem sie auf einen Bereich der Bewusstseinserfahrung hinweisen, der sich letzten Endes den kultur- und geschichtsbedingten Dogmen, Ritualen, Symbolen etc. entzieht. Es scheint, dass ab einer bestimmten spirituellen Bewusstseinsentwicklung diskursive Unterscheidungen nicht mehr greifen können, und dass die binäre Ja-Nein-Logik an jeder Ecke zu kurz greift.

Wie die christlichen *Hesychasten und Quietisten* vor ihnen, werden sie gegen Ende ihrer spirituellen Entwicklung mit universellen Konstanten der Spiritualität immer wieder konfrontiert, wie zum Beispiel:

1. Die spirituelle Entwicklung konvergiert auf den scheinbar einzigen Attraktor: die Ruhe, Leere oder Stille des eigenen Bewusstseins.
2. Allein die Einengung des Lust-Unlust-Spielraums führt zur Stille und zum Glück.
3. Oder umgekehrt: Die Ausweitung der Ich-Strebungen nach Lust bzw. der Ich-Unlust-Vermeidungen führt zum Leiden und zum Unglück.

Die christlichen oder nicht-christlichen Wege und Ziele unterscheiden sich immer weniger voneinander bzw. konvergieren immer mehr aufeinander, je intensiver die Einengung des Lust-Unlust-Spielraums gelingt und dadurch die Bewusstseinsstille klar und bewusst emporkommt.

Auf dem Hintergrund dieser *universellen Spiritualität*, macht es psychologisch wenig Sinn, von einer – sagen wir – *christlichen* Stille in Abhebung von einer beispielsweise *buddhistischen* Leere oder *einer yogischen Ruhe* zu sprechen.

22. Metaphern über Ich als Inhalt und Ich als Kontext

In den Weisheits- und spirituellen Traditionen von Ost und West, von Nord (z.b. arktischer Schamanismus) und Süd (z.b. lateinamerikanische Umbanda-Kulte) finden sich Metaphern in Hülle und Fülle, die sich mit der Thematik *„ich-zentriertes, unreines, leidendes Bewusstsein"* vs. weitgehend *„ichlose, über Glück und Unglück erhabene Bewusstseinsstille"* befassen.

Das *Nicht-Anhaften* an gegenständlichen Ich-Wünschen bzw. generell an Ich-Inhalten, ob in der Form der Annäherung (*ich möchte dieses oder jenes!*) oder der Vermeidung (*ich möchte dieses oder jenes nicht!*) wird in vielen Kulturen als beste Medizin seit Jahrtausenden angepriesen.

Das *„Ich-als-Kontext"* erweist sich dabei als an keinen Inhalt in welcher Form auch immer (Körper, Gedanken, Gefühle) *fest* gebunden. Es wird zu einer inhaltslosen Beobachtungsfunktion, die sich am ehesten als eine selbstbewusste Stille mitten im Bewusstsein beschreiben lässt. Diese inhaltslose Beobachtungsfunktion des Bewusstseins kann man unter der Bezeichnung *„Ich-als-Kontext"* verstehen.

Die Unterscheidung zwischen *Ich-als-Inhalt* vs. *Ich-als-Kontext* geht auf den kognitiven Verhaltenstherapeuten Hayes (2004) zurück. Er spricht in diesem Zusammenhang auch von einer transzendenten Erfahrung des Ich oder Selbst (engl. *„transcendent sense of self"*), die auf ein Selbst vor den Inhalten, d.h. vor ad hoc-Identifizierungen mit bestimmten Hier-und-jetzt-Perspektiven abzielt.

Die Unterscheidung zwischen *Ich-als-Inhalt* und *Ich-als-Kontext* innerhalb der neuen kognitiven Verhaltenstherapie (vgl. Heidenreich & Michalach, 2004) weist m.E. auf eine ausgeprägte östliche Sicht des Bewusstseins hin, das durch die Loslösung von Ich-Inhalten eine therapeutische Leidensbefreiung möglich macht.

Die folgenden Metapher-Beispiele über das Kontext-Inhalt-Verhältnis findet man in vielen Weisheits- oder spirituellen Traditionen immer wieder:

1. *die innere Gelassenheit oder Stille der meditativen Achtsamkeit vs. die Ich-Leiden und -Leidenschaften [Ich-Inhalte],*
2. *der anfangs- und endlose Ozean des stillen Bewusstseins vs. die entstehenden und vergehenden „Ich-Wellen",*

3. *der blank polierte oder kristallklare Spiegel vs. die oft trüben, aber ephemeren „Ich-Spiegelungen".*

ad 1. Die innere Gelassenheit der meditativen Gelassenheit [Ich-als-Kontext] vs. Ich-Leiden und -Leidenschaften [Ich-Inhalte]
Innere Stille, Ruhe oder Gelassenheit werden generell als Therapeutikum für die in Leiden und Leidenschaften verstrickte „Seele" von fast allen Weisheits- und spirituellen Traditionen erkannt und dringend empfohlen. Eine spirituell orientierte Psychotherapie würde m. E. ihr zentrales Anliegen verfehlen, wenn sie nicht so etwas wie innere Ruhe in den Vordergrund ihrer Bemühungen stellen würde. Generell wird mit der Entdeckung und Pflege der inneren Stille mitten im eigenen Bewusstsein, ein *„ubiquitärer Ort"* beschrieben, der sich dem Entstehen und Vergehen von Leiden, Kümmernissen oder Leidenschaften entzieht.

Die Bewusstseinsstille lässt sich zwar erspüren und näher beschreiben, sie kennt aber die unbegrenzte Potentialität, das Können allen Könnens, d.h. keine übliche Einschränkung. So z.B. ist für uns diese Stille zeitneutral, so dass die Zeit ewiglich weiterlaufen kann, und dass die Stille sich selbst gegenüber unverändert bleibt. Mit anderen Worten: *Auch wenn die Zeit immer weitergehen würde, wirkt es so, als ob sie still stünde, ohne Anfang, ohne Ende, ohne Dazwischen,* **einfach so.**

Die Bewusstseinsstille scheint durch alle Bewusstseinsräume und -felder hindurchzugehen und verhält sich dabei nicht anders als die Stille eines dehnungslosen Punktes. Paradox oder nicht erweist sie sich weder an Sein noch an Nicht-Sein gebunden. Sie weilt genauso gelassen in reinen Potentialitäten wie in den wildesten Realitäten…

Auch wenn wir unsere eigene Bewusstseinsstille unterschiedlich stark erspüren können, befindet sie sich scheinbar unabhängig von unserer Wahrnehmung, jederzeit und überall in allen Dingen und Nicht-Dingen, mitten im Quantenvakuum und seinen unendlichen Fluktuationen, gleichsam zeitlos, endlos, ohne Anfang.

Im Vergleich zur Metapher der Stille lenkt der Begriff „Quelle" eher vom Bewusstsein ab, auf etwas, das vorher ist, eine Art Vorbedingung. Bewusstseinsstille lenkt nicht auf ein vorheriges oder nachheriges Etwas ab. Sie ist bedingungslos ursprünglich und gegenwärtig.

Diese ubiquitäre, unitäre und singuläre *„eine Stille"* in jeder Bewusstseinsoperation wie in jedem Bewusstseinsinhalt ist zwar sofort zugänglich; sie wird aber nie als therapeutische Ressource thematisiert. Jedenfalls wird sie nicht als grundlegende Beschreibungskategorie von Bewusstsein (engl. *mind*) oder Bewusstheit (engl. *awareness*) erwähnt, will man einmal von gut gemeinten Therapievorschlägen absehen, wie z. B. „*Beruhigen Sie sich! Seien Sie mal ganz ruhig! Entspannen Sie sich!*". Oder „*Mein Herz schlägt ganz ruhig und regelmäßig, ich bin ganz ruhig*" (vgl. Autogenes Training).

Während wir bei der Durchsicht der gesamten Psychologie- und Psychotherapieliteratur des 20. Jh. (*immerhin ein paar 100.000 Titel!*) bezüglich Bewusstseinsstille leer ausgehen, begegnen wir in den seit Jahrtausenden bestehenden spirituellen und sophologischen Traditionen der Bewusstseinsstille *sowohl* als grundlegendem Merkmal der Seele *als auch* als zentralem Heilungsziel und -mittel derselben, wenn nicht auf Schritt und Tritt, so doch auffallend häufig.

Dass eine Rückkehr zur Seelenruhe (die berühmte *Ataraxia* der Stoiker) die unsäglichen Leiden und Schmerzen dieser Welt lindern bzw. gar vollkommen heilen kann, darauf wird man über die relativ engen Grenzen der zahlreichen Schulen und Sekten immer wieder hingewiesen. Es bedarf aber keiner religiösen Dogmen oder Glaubensannahmen, um die ubiquitäre Dimension der Bewusstseinsstille in jeder Bewusstseinserscheinung sofort und kristallklar zu erspüren.
Da die Gelassenheit oder Ruhe kein beliebiger Inhalt des Bewusstseins ist, sondern wesenhaft zu ihm gehört, kann sie nicht anders sein als ubiquitär, unitär, inkommensurabel und singulär. Somit ist sie im gewissen Sinne der jeweils größtmögliche, inhaltslose *Kontext*.
 Dies impliziert wohl, dass kein gedankliches Konstrukt sie je erfassen könnte. Damit geht einher, dass die Bewusstseinsstille nicht in äußere Stille (*die Dinge*) und innere Stille (*das Mentale*), auch nicht in vergangene, gegenwärtige oder künftige Stille teilbar ist. Da ihr keine räumliche oder zeitliche Bewegung anhaften kann, bleibt sie überall und jederzeit mit sich selbst absolut identisch. Wir können höchstens Hinweise, Fingerzeige, „*pointers*" überlegen, die einer bestimmten Person, je nach Erziehung, Kultur, individueller Erfahrung, Mentalität etc. mehr oder weniger einleuchtend sein können. Im Kontext einer profanen Psychologie oder Psychotherapie eignet sich m. E. die Bewusstseinsstille als Fingerzeig oder „*pointer*" recht gut.

ad 2. Der grenzenlose Ozean der stillen Achtsamkeit [Ich-Kontext] vs. die hin und wieder „stürmischen Ich-Wellen" [Ich-Inhalte]

Das große Wasser oder der *Ozean* bzw. für Bergkulturen der riesige *Weltberg* (z.B. Meru) gelten beinahe als kulturinvariante Archetypen für

die eigentliche Realität oder die „*wirkliche Wirklichkeit*". Demgegenüber erscheinen die unzähligen „*Ich-Geschichten*" wie *Wellen*, die für eine kurze Weile an die Oberfläche hochsteigen, um alsbald wieder in die unendliche Weite des Meeres einzutauchen.
Der sog. „*Dirac-See*" oder das *Quantenvakuum*, woraus alle physikalischen Phänomene wie Fluktuationen emporkommen und darin *real oder virtuell* wieder verschwinden, sind in der modernen Quantenphysik beliebte Annahmen, die zum Teil verblüffende Ähnlichkeiten mit uralten spirituellen Metaphern zeigen (vgl. van Quekelberghe, 2005). Im Patañjali-Yoga wird die Beseitigung der Leiden erzeugenden Ich-Wellen (skrt. *vṛttis* = Wellen) zum *Hauptanliegen* der achtsamen Meditation gemacht (vgl. Kap. 9).
Solange noch leichte Kräuselungen des Wassers, sprich leiseste Beunruhigungen in Form von Gedankenabfolgen, Stimmungsschwankungen oder Vorstellungsbildern die Bühne des Bewusstseins betreten und Beachtung erwarten, kann das Yoga-Samādhi, d.h. das Bewusstsein als Kontext – und nicht etwa das Bewusstsein als Inhalt – nicht zum Vorschein kommen. Für Patañjali kann allein im vom Ich und allen seinen Inhalten befreiten Bewusstsein die einzige Realität klar aufkommen. Erst dann können die „*Ich-Wellen*" nicht mehr als vom Ozean unabhängige Phänomene, sondern als Erscheinungen oder Fluktuationen einer unteilbaren Totalität oder Einheit, eben eines singulären „*großen Wassers*" erfahren werden. Die beste Medizin oder das Psychotherapeutikum, das in dieser Metapher gleichsam enthalten ist, weist darauf hin, dass wir uns soweit beruhigen können, dass der grenzenlose, kraftvolle Ozean mitten in uns bzw. in unserem achtsamen Herzen wieder spürbar werden kann.

ad 3. Der Spiegel der meditativen Achtsamkeit [Ich-Kontext] und die ephemeren Ich-Spiegelungen [Ich-Inhalt]

In vielen schamanischen Traditionen gehört ein Spiegel unbedingt zum Ritualkleid des Initiierten. Der ganze Kosmos spiegelt sich darin wie in der Seele (*Seele = der innere See*) des Schamanen. Nicht selten wird auch die Seele oder – modern ausgedrückt – das Bewusstsein als der *Spiegel der Wirklichkeit oder Wahrheit* angesehen.
In den spirituellen Traditionen des Zenbuddhismus (z.B. Fa-Tsang), des Sufismus (z.B. Rumi) oder des Christentums (z.B. Gregor von Nazianz) ***kann nur eine vom Ego ungetrübte reine Achtsamkeit „Gott oder die Große Leere" in sich widerspiegeln.***

Die Erfahrung der *Großen Stille oder die Gottesschau* erfordert ein von Ich-Leiden, Kümmernissen oder Beunruhigungen „*blank poliertes Herz*" bzw. eine inhaltsbefreite, reine Achtsamkeit. Spürbare Fortschritte der spirituellen oder meditativen Achtsamkeit, der gelassenen Akzeptanz von Bewusstseinsinhalten und des Mitgefühls sich selbst und allen anderen Lebewesen gegenüber, machen sich erst breit, indem die Ich-Inhalte als flüchtige „*ichlose*" Vorgänge klar erkannt werden, vgl. hierzu die Vipassana-Meditation als *Klarsicht-Weg*. Dafür ist es wohl ratsam, zwischen den Ich-Inhalten als Leiden schaffenden Spiegelungen und der Achtsamkeit als nicht erfassbarem Kontext oder glasklarem Spiegel immer wieder zu unterscheiden, sich darin zu üben und auf jeden Fall sich daran ständig zu erinnern.

Erweiterte Identitätsbildung durch meditative Achtsamkeit: Weg von Ich-Inhalten, hin zum „Ich als Kontext"

Indem die Meditation eine diskursive oder beurteilende Bewusstseinsmodalität (vgl. Kap.7) nicht weiter unterstützt, verlieren die durch Werturteile gebildeten Identitätsmodalitäten („*Ich bin genau das und jenes nicht*") an Zentralität und Bedeutsamkeit. Sie werden weder negiert noch unterdrückt, werden aber immer mehr zu sekundären konventionellen Annahmen.

Demgegenüber findet eine stark erweiterte Identitätsbildung statt. Charakteristisch hierfür ist die Öffnung des Meditierenden gegenüber sich scheinbar grenzenlos erweiternden Möglichkeiten. Dank der wenig bewertenden, urteilsfreien Akzeptanz erkundet das Bewusstsein sozusagen seinen endlosen Grund. In diesem Zusammenhang hilft die Metapher „*Blauer Himmel und weiße Wolken*" dies zu verdeutlichen. Der Meditierende entdeckt allmählich die (unendliche) Weite des „*blauen Himmels*" in seinem eigenen Bewusstsein und mitten drin seine bisherigen Identitätsbildungen (die „*weißen Wolken*").

Diese im Prinzip grenzenlose Erweiterung seines „*Ich-Bewusstseins*" führt zu einer Relativierung der bisherigen Identitätsbildung und zu einer zunehmenden Distanzierung von allzu festgelegten diskursiven Identitäten. Stattdessen erscheint – spätestens auf der höchsten Meditationsstufe – der endlose „*blaue Himmel*" als Maß für die neue Identitätsbildung. Indem die *Weite* des Bewusstseins durch die Meditation mehr und mehr offen gelegt wird, ist zu erwarten, dass die fest geglaubten Identitäten (die „*weißen Wolken*") allmählich relativiert werden. Durch eine solche Relativierung wird das allzu krampfhafte Festhalten an den fest geglaubten Identitäten lockerer. Die entlang diesen Identitäten erkannten „Freuden und Leiden" verlieren an Überzeugungs- und Aussagekraft. Denn die unendliche Weite des „*blauen Himmels*", die immer gegenwärtiger wird, verändert wohl die allzu engen und rigiden Perspektiven unterschwellig und nachhaltig.

Indem sich das grenzenlose Bewusstsein ausbreitet, gewinnt der Übende nicht nur einen Einblick in die Entstehung seiner festgelegten Identitäten, sondern auch in die festen Identitäten anderer Menschen und die daraus ableitbaren Verhaftungen und Leiden.

Durch die nützliche Einsicht in frühere, unzulässige Festlegungen der eigenen Ich-Identität kann der Meditierende ähnlich unzulässige Festlegungen bei anderen Menschen leichter wahrnehmen. (Nicht zuletzt deswegen ist eine vertiefte Einübung in die Meditation für Psychotherapeuten dringend zu empfehlen!).

Die schrittweise meditative Entdeckung des grenzenlosen Bewusstseins als *Grundlage* für alle Identitätsbildungen ermöglicht mehr Selbstakzeptanz, inneren Frieden, Gelassenheit und allmähliches Loslassen von allzu eng selbstgestrickten und verstrickten Konditionierungen.

Das Meditieren negiert auf keinen Fall die Nützlichkeit konventioneller Identitäten (z.B. Körpergröße, Geschlecht, Geburtsdatum etc.) mit dem Ziel sozialer, überlebenswichtiger Kommunikation. Es kann aber zunehmend klar machen, dass das eigene, grenzenlose Bewusstsein auf keinen Fall auf solche Daten oder Eigenschaften reduzierbar ist. Im Gegenteil: Indem eine Relativierung oder Distanzierung in Gang kommt, kann der Ursprung vieler psychischer Leiden, Störungen oder Kränkungen klarer wahrgenommen werden. Wenn ein solcher Ursprung bzw. die eigentliche Ursache erkannt wird, nimmt die therapeutische Auswirkung der Meditation zwangsläufig zu.

Therapeutisch-meditative Öffnung zum Bewusstsein als dem grenzenlosen „Ich-Kontext"

Das erste Lehrbeispiel des Bi-Yän-Lu, „*Niederschrift von der smaragdenen Felswand*" (eine sehr bekannte Zen-Buddhistische Koansammlung, vgl. Gundert, 1983), richtet unsere Aufmerksamkeit auf die grundlegende Grenzenlosigkeit inneres menschlichen Bewusstseins:

„*Wu-Di von Liang fragte den Großmeister Bodhidharma:*
‚*Welches ist der höchste Sinn der Heiligen Wahrheit?'* Bodhidharma sagte: 'Offene Weite, nichts von heilig.' Der Kaiser fragte weiter: 'Wer ist das uns gegenüber?'*
Bodhidharma erwiderte: 'Ich weiß es nicht.'

Der Kaiser konnte sich nicht in ihm finden. Bodhidharma setzte dann über den Strom und kam nach We." (S. 37).

In den *Bi-Yän-Lu*-Kommentaren zu diesem Lehrtext wird der Kaiser Wu-Di von Liang wie ein in Lehrsätzen und dogmatischen Formeln befangener Geist vorgeführt. Die rituelle Frage des Kaisers nach dem eigentlichen Kern bzw. nach dem Sinn und Zweck des Buddhismus wird von Bodhidharma treffend beantwortet: *"Offene, grenzenlose, unendliche Weite."*

Der Zusatz „nichts von heilig" wird hinzugefügt, um u.a. unnötige konzeptuelle Begrenzungen oder relative Konventionen, Deutungen oder religiöse Vorschriften, die vom Wesentlichen ablenken können, von vornherein beiseite zu schieben.

Auf die zweite Frage des Kaisers, wer Bodhidharma eigentlich sei, sagt dieser - wohl im Einklang mit seiner ersten Antwort (*„die offene Weite"*) – „ich weiß es nicht". Denn zu „Weite des Bewusstseins" haben konzeptuelle Einschränkungen keinen Zugang.

Die räumliche endlose Weite ist eine Metapher, die ähnlich dem *„ortlosen Wind"* oder dem *„unfassbaren Ozean"* auf das begrifflich unfassbare Bewusstsein in jedem von uns verweist. In vielen asiatischen oder gnostischen Traditionen begegnet man immer wieder der Metapher der *„unendlichen Weite"* als Chiffre für die höchste Wahrheit oder das absolute Bewusstsein. Beispielsweise wird in Vijñanabhairava oder im Shiva-Sutra des kaschmirischen Shivaismus die räumliche, grenzenlose Weite zum Symbolbild Shivas oder des absoluten Bewusstseins gern benutzt.

Auch wenn die Gnostik (z.B. Plotin oder die Nag-Hammadi-Schriften) – ähnlich dem Advaita-Vedanta – die Metapher des *„Ewig-Einen"*, das sich in der bunten Vielfalt ohne Unterlass offenbart, deutlich bevorzugt, findet man ebenfalls dort die eine, grenzenlose und unteilbare Weite als ein beliebtes Sinnbild der ersten, letzten oder einzigen Wirklichkeit.

Weil die *„offene Weite"* unseres Bewusstseins durch zahllose Themen und Gegenstände besetzt wird, gelingt es uns nur selten, sie unmittelbar zu spüren. Eine spirituelle oder meditative Hinwendung zum eigenen Bewusstsein kann demnach nur bedeuten, die „offene Weite" zu verdeutlichen, indem der durch allerlei Inhalte versperrte Blick nach innen wieder geöffnet wird.

Allein die spirituelle oder meditative Öffnung des Bewusstseins zu seiner eigenen ursprünglichen Weite ermöglicht die Beseitigung vieler unnötiger Leiden. Denn das Haften an mehr oder weniger einschränkenden Scheuklappen lässt die unendliche Weite entschwinden und damit die eigentliche Bezugsgröße, in deren Ermangelung viele Probleme sofort entstehen.

Generell können eine spirituelle Bewusstseinsentwicklung oder eine meditative Bewusstseinsschulung dazu dienen, die „*offene Weite*" des Bewusstseins in möglichst vielen Lebenssituationen klar zu sehen. Jeden Schritt in diese Richtung kann man als Fortschritt der spirituellen oder meditativen Übung betrachten.

Die „*offene Weite*" stellt gleichsam den unveränderlichen, unhinterfragbaren Grund oder Kontext von Bewusstseinsinhalten dar. Das allmähliche Schwinden des leidenschaftlichen Anhaftens an Bewusstseinsinhalten ermöglicht die Bewusstwerdung der „*offenen Weite*" jenseits der konventionellen Grenzen der Selbstdefinitionen.

Eine solche Umschaltung von den spezifischen Identitätsinhalten in Richtung Kontext impliziert kein Abheben von bekannten, konkreten Situationen zugunsten abstrakter Spekulationen. Ähnlich dem 9-Punkte-Problem bzw. seiner Lösung über eine konkrete Raumerweiterung (vgl. van Quekelberghe, 2007) bedeutet die „*Ich-Desidentifikation*" eine progressive Relativierung der psychischen Leiden und Leidenschaften. Erst dadurch gewinnt man viel Spielraum, um Probleme besser angehen und lösen zu können. Die spirituelle oder meditative Bewusstseinstransformation in Richtung „*offene Weite*" setzt nicht unbedingt einen intensiven Bezug zu asiatischen oder gnostischen Sichtweisen voraus. Beim näheren Hinsehen wird man im Buddhismus, im Yoga oder anderen atheistisch orientierten Traditionen etliche Meditationsübungen entdecken, die deutlich an theistisch orientierte Traditionen erinnern. Mehr noch: Theistische und nicht-theistische Sichtweisen und Praktiken können sich auf dem Weg zur „*offenen Weite*" gegenseitig fördern. Die Gefahren des Anhaftens an Bewusstseinsinhalte sind so zahlreich und subtil, dass eine rein atheistische Position keine Garantie für eine spirituell umfassendere Bewusstseinstransformation als eine durch und durch theistische Spiritualität geben kann.

Erst bei äußerst „ich-entleerten Weisen" – ob in theistischen oder nicht-theistischen Traditionen – wird die „*offene Weite*" des eigenen Herzens oder Bewusstseins über lange Zeit hinweg feststellbar sein. Bei den meisten Patienten und Therapeuten wird man solche Bewusstseinstransformationen wohl selten antreffen.

Man kann davon ausgehen, dass viele Verhaltens- und Bewusstseinsveränderungen, die eine dauerhafte Öffnung oder Erweiterung des meditativen Bewusstseins - z.B. im Sinne weniger Anhaftung an Ich-Inhalten - und eine meditative Erweiterung in Richtung „*Ich als*

Kontext" anstreben, zu einer merklichen Linderung psychischer Leiden und Probleme führen.

Selbstverständlich wird in allen Bereichen, in denen der Erwerb spezieller kognitiver Leistungen die entscheidende therapeutische Rolle (z.B. bei Lerndefiziten) einnimmt, die spirituelle oder meditative Bewusstseinsschulung zu vernachlässigen sein. In Bereichen aber, in denen existenzielle Probleme wie z.b. schwere Schicksalsschläge eine wichtige Rolle spielen, wird eine Bewusstseinstransformation im Sinne der Metapher „*offene Weite"* wohl von Vorteil sein. In Bezug auf die Psychotherapeuten gilt dies dementsprechend. Allerdings ist anzunehmen, dass die durch Therapeuten erzielten Fortschritte in Richtung „*offene Weite"* wohl allen Patienten zugute kommen können.

23. Das Ich und die Bewusstseinsstille als Fundament des Glücks

Form ist Leere, Leere ist Form.

Diese bekannte Feststellung aus dem Herz-Sutra, dem kürzesten Sutra der Prajñāpāramitā (vgl. Kap. 14), bezieht sich auf alle Gegenstände, d.h. auch auf selbstreferentielle Konstrukte wie das Ich, das Selbst, das Subjekt oder das Mentale.
Der Buddhismus ist eine psychospirituelle Tradition, die schon lange vor der *Prajñāpāramitā*-Bewegung und ihrer intensiven Hervorhebung der Leerheit (skrt. *shunyatā*) in den ursprünglichen Lehrreden des Buddhas nicht nur die Impermanenz (skrt. *anicca*) der selbstreferentiellen Bewusstseinsanteile - allen voran das Ich - stark in den Vordergrund schob, sondern auch darüber hinaus dem „Ich" und ähnlichen Konstrukten (z.B. Subjekt, Selbst, Person, Individuum etc.) *substantielle Realität radikal absprach.*
Diese Leugnung substantieller Realität betraf sogar eine der vedischen Kernaussagen, nämlich die Gleichung des individuellen Bewusstseins (skrt. *ātman*) mit dem universellen Bewusstsein (skrt. *brahman*). Wenn der Buddhismus selbstreferentielle, mentale Gegenstände wie auch stoffliche Gegenstände als verursacht und in Abhängigkeit begreift und somit als veränderlich und leer betrachtet, finden sich in hinduistischen Traditionen ähnliche radikale Positionen wie z. B. im Advaita-Vedanta Shankaras oder im kaschmirischen Shivaismus. In den westlichen Traditionen findet man ebenfalls eine ausgeprägte Distanzierung gegenüber der Realität von selbstreferentiellen Konstrukten. Sie erscheint aber erst, nachdem man wie in der christlichen Mystik oder im Gnostizismus ein recht hohes Bewusstseinsentwicklungsniveau erlangt hat.

Während sich die ursprünglichen Lehrreden (z.B. *majjhimanikāya*) des Buddhas auf die Ichlosigkeit des individuellen Lebens konzentrieren und wenig Aussagen über die das Individuum begleitenden Umstände machen, bezieht sich die Prajñāpāramitā-Bewegung auf die universelle, kosmische Substanzlosigkeit und sieht in jedem Phänomen die inhärente, uneingeschränkte Leerheit. Diese Sichtweise ist offensichtlich nicht aus spekulativ-abstrakten Überlegungen entstanden. Vielmehr hängt sie mit dem achtgliedrigen buddhistischen Weg und seiner systematischen Einengung des Lust-Unlust-Raumes eng zusammen. Indem Triebregungen und Strebungen, Wünsche und Befürchtungen aller Art auf quasi

Null tendieren, leert sich das Bewusstsein von der Quasi-Totalität seiner potenziellen Gegenstände. Übrig bleibt dadurch die Subjekt- und Objektleere, die - sofern sie *indirekt* eine semantische Bedeutung noch innehaben kann - als Stille erfahren wird. Streng genommen gehört der Subjekt- und Objektleere keine semantische Bedeutung. Sie ist sozusagen reine „*Qubit-Information*" und somit äquivalent zur Quantenvakuumenergie.

Stille ist zwar äquivalent zu Leere, erscheint aber - sofern sie bewusst erfahren werden kann - *indirekt* als eine sinnvolle, semantische Information. Mit anderen Worten: *Indirekt* bedeutet hier, dass die erfahrene Bewusstseinsstille ihre sinnvollen, semantischen Eigenschaften nicht aus sich selbst heraus bzw. inhärent hat, sondern einzig und allein dadurch, dass hier die „schlichte Leere" als stille Erfahrung innerhalb eines Bewusstseinsfeldes auftritt.

Sobald das „Ich" als substanzlos und nicht wirklich existent erkannt wird, kann die alles durchgreifende Einheit der Stille hindernislos erfahren werden.

Wie macht sich die erfahrene Leere bzw. die Bewusstseinsstille bemerkbar?

Die *erfahrene* Leere oder Stille kennt jeder Mensch, der gedankenverloren einen ruhigen Augenblick genießt. Nach einer angestrengten, mühevollen Tätigkeit stellt sich schon allein aus organismischen Erholungsgründen eine natürliche Entspannungsreaktion ein.

Die parasympathische oder trophotrope Modalität dient nicht zuletzt dazu, Augenblicke der Stille vor und nach einem Leistungsanstieg zu ermöglichen und auch genießen zu lassen. Ausgedehnte Pausen während der und unmittelbar nach der Mahlzeit, das Tagträumen, die Siesta, das entspannte Zuhören einer Lieblingsmusik, das Sich-Schlafenlegen und das Einschlafen, dies alles ermöglicht nicht allein die Dominanz des parasympathischen oder trophotropen Systems, sondern beschert dem Organismus Eindrücke und Gefühle der Ruhe, der Gemütlichkeit, des inneren Friedens, kurzum der Stille. Wenn dabei eine leichte Trance hinzukommt, d.h., wenn ansonsten belastende Gedanken und Gefühle mitten in solchen Augenblicken der gemütlichen Stille für eine längere Weile nicht mehr hineinplatzen und diese Stille stören, kann man sicher von einer *gewissen Stille-Erfahrung* sprechen.

Auch wenn solche gemütlichen Stille-Momente mitunter ziemlich ausgedehnt und intensiv werden können, scheinen sie doch von Anfang an nur als erfreuliche Stille-Zeiten oder gemütliche Trancezustände recht vorübergehend und inselhaft zu bleiben. Es dauert in aller Regel nicht lange und sie müssen sorgvollen, ernsthaften und mitunter recht ungemütlichen Bewusstseinszuständen weichen. Die tranceähnliche erlebte Stille gehört dann der Vergangenheit an und es müssen erneut Anstrengungen gestartet werden, um wieder neue Ruhe-Zeiten erfahren zu können.

Solche Ruhe-Zeiten oder Stille-Inseln unterliegen wie ihr Gegenteil, nämlich die Strecken der Unruhe oder die Krisenzeiten, dem Ich, seinen Aktivitäten, Vorstellungen und Emotionen. Mit anderen Worten: Die Ruhezeiten sind direkt von den diversen Ich-Steuerungen des Lust-Unlust-Raumes abhängig. Sofern Stille-Inseln glückliche Momente ermöglichen, stehen auch die damit einhergehenden Glücksgefühle unter der Ich-Regie und seiner Lust-Unlust-Raum-Schwankungen.

Die meisten Weisheitslehren - nicht nur der Buddhismus! - haben die Ich-Regie als Verwalter des Lust-Unlust-Raumes und als Produktionsstätte von Stille-Inseln sowie passageren Glücksgefühlen erkannt. Deshalb haben sie immer wieder die Ich-Regie als fundamentale Instanz menschlichen Glücks hinterfragt. Die geforderte maximale Einengung des Lust-Unlust-Raumes und damit auch des Lust-Spielraumes, die in der Stoa (vgl. Kap. 19) besonders klar zum Ausdruck kommt, zielt wohl darauf hin, das Ich von zweifelhaften, vorübergehenden Lust- und Glückszuständen abzubringen und auf eine zeitlich *unabhängige* Seelenruhe hin zu konzentrieren. Indem sich die Ich-Regie auf Erkennen und Verwirklichen einer invarianten und fundamentalen Seelenruhe konzentriert, erhebt sie sich selbst nicht mehr zum Maß oder Kriterium aller Dinge, sondern wird zum nötigen Instrument oder Werkzeug, um die Bewusstseinsstille erfahren zu lassen.

Die so verstandene Bewusstseinsstille erscheint nicht mehr als ein vorübergehender, inselhafter Ich-Bewusstseinszustand, sondern vielmehr als ein unveränderliches und konstitutives Fundament des Bewusstseins und seiner zentralen Konstruktionen wie Ich-Identität, Person, Individuum, Selbst, etc.

Viele Weisheitslehren sehen in der mehr oder weniger expliziten *Seelenruhe* den Ursprung eines stabilen Glücks. Sofern aber das Ich nicht dazu dient, die fundamentale Seelenruhe in Erfahrung zu bringen, wird es selbst zum Haupthindernis auf der Suche nach Glück.

****

24. Das Ich als psychologisches Haupthindernis zum Glück

Der Bodhisattva-Mahayana-Buddhismus wie auch die vedantischen, taoistischen, sufischen, jüdischen oder christlichen Mystik-Schulen haben das Ich als Haupthindernis auf dem Weg zum währenden Glück entdeckt und auf vielfältige Art und Weise seit Jahrtausenden beleuchtet. Trotz der mitunter sehr unterschiedlichen Ansätze bleibt diesen verschiedenen Traditionen gemeinsam, dass das Ich zum psychologischen Haupthindernis in der Suche nach Glück wird, *sobald es sich nicht mehr als schlichtes Hilfsmittel in der Verfolgung der Bewusstseinsstille bzw. der Seelenruhe versteht.*

Mit anderen Worten: *Sobald sich das Ich als Zentrum und Fundament des Erlebens und Erkennens konstituiert, laufen wir Gefahr, unser Suchen nach Bewusstseinsstille und währendem Seelenglück zugunsten allerlei passageren Lust- und Wunschregungen aufzugeben.*

So gesehen erweist sich der Bodhisattva-Buddhismus, der die Leerheit aller Phänomene propagiert, nicht so sehr als Erkenntnistheorie, sondern vielmehr als radikaler Infragesteller einer *egomanen Position*, wonach sich alles zu richten und zu fügen hätte.

Die mystischen Schulen vertreten im Grunde eine ähnliche Strategie, indem sie die Leere oder Nichtigkeit des individuellen Ichs in der Einung mit der einzig möglichen Wirklichkeit (z.B. Gott, Tao, Brahman, Shiva etc.) hervorheben.

Sofern das Ich mit einem allumfassenden Einheits- und Wirklichkeitsprinzip gleichgesetzt wird, etwa in dem Sinne von der einen und einzigen Bewusstseinsstille, stellt es kein psychologisches Hindernis mehr in der Suche nach Erkenntniswahrheit und auch Glück.

Das individuelle Ich: eine raumzeitliche, lokale Konvention?

Die erste Person singular „Ich" erscheint als zentrale Figur des Bewusstseins und nimmt eine scheinbar nicht wegzudenkende Position mitten in allen Bewusstseinsvorgängen, Meinungen, Gefühlen etc. des Individuums ein. Die Individualität wird vor allem, wenn nicht ausschließlich, durch die raumzeitliche Lokalität des eigenen Körpers geprägt.

Die Eigenbewegungen des belebten und bewussten Leibes bringen eine gewisse Autonomie dieser raumzeitlichen Lokalität gegenüber der jeweiligen Umgebung. Gleichzeitig entsteht dank der wesentlich selbstreflexiven und selbstreferentiellen Eigenschaft des Bewusstseins mit der autonomen raumzeitlichen Lokalität des Körpers eine bevorzugte Beobachterposition, etwa: Bewusstheit dieses autonomen Körpers hier und jetzt.

Eine solche selbstreflexive Beobachterposition erscheint dem Beobachter selbst invariant und symmetrisch unter allen vorstellbaren Beobachtungsveränderungen. Dies führt zum selbstreflexiven Eindruck einer unter allen eingenommenen Beobachtungspositionen unveränderlichen Position des Beobachtens, die wir gemeinhin als „*Identität*" wahrnehmen und als „*Ich-Identität*" beschreiben. Diese selbstreflexive Identitätswahrnehmung könnte man als ein universelles Beobachtungsprinzip abstrakt fassen, etwa wie eine einheitliche Identitätsinvarianz. Dadurch aber, dass die belegte und bewusste raumzeitliche Lokalität des eigenen Körpers als wesentlich zur reflexiven Identitätsinvarianz wahrgenommen wird, entsteht die uns bekannte und intime „*individuelle Ich-Identität*". Ein solches Konstrukt erscheint nicht zuletzt durch die Anbindung an die raumzeitliche Lokalität des eigenen (autonomen) Körpers wie einmalig in Zeit und Raum. Die Fragwürdigkeit des individuellen „Ich" hängt mit seiner hybriden Konstruktion eng zusammen: nämlich ein untrennbares, individuelles Konglomerat von einer reflexiv-abstrakten Beobachtungsidentität einerseits und einer lokal-autonomen, körperlichen Eigenheit andererseits.
Die einmalige, kontinuierliche und untrennbare Ich-Identität wird gesellschaftlich nicht einer abstrakten Beobachtungsposition, sondern in aller Regel allein dem Konglomerat aus eigener abstrakten Identität und eigenem konkreten Körper zugeschrieben.

Psychologisch wurde schon früh (z.B. Freud, Piaget) auf die allmähliche Entwicklung der individuellen Ich-Identität hingewiesen. Dabei wurde angenommen, dass langwierige Lernprozesse nötig sind, um die reichhaltige Vielfalt einer individuellen Ich-Identität aufzubauen. Zahlreiche psychiatrische Erkrankungen (z.B. Psychosen, senile Demenz, Dissoziationsstörungen) zeigen u. a., dass die über mehrere Entwicklungsstufen aufgebauten Ich-Identitäten krankhaften Verformungen unterstellt werden können, bei denen eine individuelle Ich-Identität gemäß den jeweiligen kulturellen Gepflogenheiten kaum noch dingfest zu machen ist.

Konventionelle Identitätsgefühle

Obgleich die individuelle Ich-Identität lern- und entwicklungspsychologisch bedingt wird und mitunter unübersehbaren Veränderungen obliegt, berichten die allermeisten Menschen über ein stabiles Ich-Identitätsgefühl, das sich selbst über Jahre, bis sogar Jahrzehnte, annähernd gleich bliebe.
Auch wenn mitunter drastische Körper- und Bewusstseinsveränderungen stattgefunden haben, können die Ich-Identitätsvorstellung und das Ich-Identitätsgefühl im Großen und Ganzen aufrechterhalten werden.
Vom Blickwinkel der Seelenruhe oder der Bewusstseinsstille, worauf sich Ich-Identitätsvorstellungen und -gefühle zwangsläufig beziehen und gründen, erscheint die landläufige Annahme einer jahre- bis jahrzehntelangen Ich-Identität als selbstverständlich.

In Analogie zum Quantenvakuum, worauf sich physikalische Kräfte, Eigenschaften und Felder beziehen, ist anzunehmen, *dass die Ich-Identitätsvorstellungen und -gefühle auf die zugrundeliegende Bewusstseinsstille oder Seelenruhe zurückzuführen sind.* Je weniger die eigene Körperlichkeit mit ihren Lust-Zu- und Unlust-Abneigungen wahrgenommen wird, umso invarianter erscheint auch die Ich-Identität. *Mit der zunehmenden Loslösung vom eigenen Körper und seinen Bedürfnissen nähert sich die Ich-Identität der Bewusstseinsstille an.* In dem Maße, wie die wahrgenommene Körperdimension in den Hintergrund gerät, nimmt der individuelle Charakter der Ich-Identität ab. Umgekehrt: *Je mehr die eigene Körperlichkeit in den Bewusstseinsvordergrund gerät, umso individueller und einmaliger erweisen sich die Ich-Identitätsvorstellungen und -gefühle.*

Durch Yoga, Meditation, religiöse Kontemplation oder spirituelle Mystik verlieren eigenkörperliche Lust- und Wunschregungen an Wichtigkeit. *Folglich wird die Wahrnehmung der Ich-Identität immer stärker mit der Wahrnehmung der invarianten Bewusstseinsstille gleichgesetzt.*
Diese innere Stille oder Leere wird dann vom Individuum als Kern- oder Wesensmerkmal seiner Ich-Identität erfahren. Es dürfte aber klar sein, dass dieses Wesensmerkmal – auch wenn es als höchst intim oder individuell erscheinen mag! – für alle individuellen Ich-Identitäten ein und dasselbe ist.

Wir können nicht direkt beweisen oder erfahren, dass dies der Fall ist. Man müsste dafür die Erfahrung der Bewusstseinsstille nacheinander als unterschiedliche Individuen machen, die sich alle mit ihrer inneren Bewusstseinsstille - gleichsam weg von der eigenen Körperlichkeit - intensiv identifizieren würden. Eine solche Erfahrung bleibt uns *vermutlich* für immer verwehrt. Wir können aber aus kognitiven Überlegungen heraus davon ausgehen, dass die „*innere Bewusstseinsstille*" die Gleiche für alle Individuen sein muss, sofern sie rein, d.h. kaum noch mit der individuellen eigenen Körperlichkeit erfahren wird.

So gesehen tragen die meditativen, kontemplativen und mystischen Selbsterkenntnispraktiken zur Angleichung der individuellen Ich-Identität mit dem Wesensmerkmal des Bewusstseins bei, nämlich der Bewusstseinsstille oder -leere.
Sobald wir uns aber mit einzelnen Ich-Identitätsaspekten identifizieren, die weg von diesem Wesensmerkmal führen, laufen wir unmittelbar Gefahr, uns vom Auf und Ab, nämlich von Ich-, Lust- und Unlust-Regungen abhängig zu machen.
Mit anderen Worten: Wir verlassen das Reich der „*ungeborenen und unsterblichen Stille*" und begeben uns immer mehr in den Bereich des Auf und Ab von vergänglichen und sterblichen Ich-Identitätskonzepten. Hierzu gehört die Identifikation mit bestimmten Körpereigenschaften wie z.B. Schönheit oder besonderen Körperleistungen, die beispielsweise gegenüber Alterungs- oder Krankheitsprozessen anfällig sind. Dies gilt im Allgemeinen für einen x-beliebigen eigenen Körperaspekt, denn Vergänglichkeit, Krankheit, Tod sind davon nie wegzudenken.

Da die Bewusstseinsstille *jederzeit und überall* vorhanden ist, wird man von kausalen und lokalen Anbindungsnotwendigkeiten befreit, wenn man bereit ist, sich ganz und gar und ausschließlich damit zu identifizieren.
Auch wenn Meister Eckhart, die Hesychasten und Quietisten die intensive Identifikation mit der individuellen Bewusstseinsstille hin und wieder vorschlagen, wird eine solche Identifikation in den taoistischen, buddhistischen, yogischen und vedantischen Traditionen meist systematisch und klar vertreten. Dabei hebt jede dieser asiatischen Traditionen besondere Aspekte einer derartigen individuellen Ich-Identität hervor. Der yogische Weg fokussiert z.B. auf die Stilllegung aller Ich-Inhalte (Vorstellungen, Gefühle), um in den Genuss der „invarianten Stille" zu gelangen. Buddhistische Wege, insbesondere der Bodhisattva- und Prajñāpāramitā-Weg, fokussieren auf die *Ichlosigkeit und Leere* aller Erscheinungen, die jede Form von Individualität auf dem Gebiet der Ich-Identitätsfindung von vornherein ausschließt. Taoistische und vedanti-

sche Wege sehen in der Angleichung der individuellen Ich-Identität mit Tao, Brahman oder Shiva den Aspekt der sog. „Ich-Identitätsfindung".

Zur allgemeinen Problematik der Ich-Identität

In Analogie zur (diffeo-)geometrischen Auffassung der Gravitation durch die allgemeine Relativitätstheorie kann man sich die Fluktuationen der Ich-Identität in Abhängigkeit von der Intensität der Lust-Unlust-Prägungen vorstellen. Unter *Null-Leidenschaftskurvatur* („Nullspannung") lässt sich eine Ich-Identität vorstellen, bei welcher keinerlei Lust-Zuneigung oder Unlust-Abneigung mehr vorhanden ist. Da die Leidenschaft in Form der positiven Lust-Zuneigung und/oder in Form der negativen Unlust-Vermeidung auf Null gebracht wird, erhält der Lust-/Unlust-Spielraum eine *„Leidenschaftskurvatur"* gleich null. In diesem leidenschaftslosen Umfeld wird die Ich-Identität mit der Bewusstseinsstille bzw. -leere genau gleich. Umgekehrt: Bei einer maximalen „Leidenschaftskurvatur" wird die Ich-Identität durch die Lust-Zuneigung und/oder Unlust-Abneigung bestimmt.

Die *Ich-Identität* fluktuiert somit zwischen 0 (keine *Leidenschaftskurvatur*) und 1 (max. *Leidenschaftskurvatur*). Je mehr sich das Ich der Bewusstseinsstille - also der Null-Kurvatur - nähert, umso wesentlicher wird die Stille für die eigene Identität. Dadurch verliert das Ich als raumzeitliche Körperlichkeit an Gewicht und Bedeutung. Potenzielle Leiden durch Täuschungen und Enttäuschungen schwinden zunehmend. Die stille Heiterkeit eines Buddhas oder Bodhisattvas breitet sich somit immer mehr aus.

Umgekehrt: Je mehr sich das Ich von intensiven Leidenschaften bestimmen lässt, umso stärker gerät das Ich in Turbulenzen und somit in potenzielle Leiden. Seine Ich-Identität kann dermaßen fluktuieren, dass sie u.U. droht, unter dem enormen Leidenschaftsdruck bzw. der zunehmenden *Leidenschaftskurvatur* zerrissen zu werden. Allerlei leidenschaftliche Süchte, narzisstische Selbstliebe oder Selbstsucht, vielfältige Ich-Identitätsstörungen gehen mit der zunehmenden *Leidenschaftskurvatur* einher. Beide Extreme, d.h. 1. 0-Kurvatur oder Ich-Identität = Stille und 2. 1-Kurvatur oder überspannte bis zerrissene Ich-Identität, sind bei den meisten Menschen eher selten zu beobachten.

Es scheint, dass gesellschaftliche Normen oder Konventionen einen Ich-Identitätsspielraum mittlerer Leidenschaftskurvatur implizit definieren. Da sich die meisten Menschen ihrer Ich-Identität entsprechend den gesellschaftlichen Konventionen, d.h. in aller Regel im Bereich mittlerer

Leidenschaftskurvatur definieren, neigen sie dazu, diesen Bereich **als ideale Norm** *anzusehen, die auf jeden Fall anzustreben ist.* Gesellschaftliche Konventionen über die gesunde Ich-Identität sind mitunter so stark verbreitet, dass solche **normierende Konventionen zu Realitäten werden**. *Dies führt psychologisch dazu, dass die meisten Menschen in der Ich-Identität keine Konvention mehr, sondern eine unerschütterliche Wirklichkeit sehen.*

Anders ausgedrückt: In den meisten Gesellschaften werden die bloßen Konventionen über Ich-Identität mit real existierenden Entitäten gleichgesetzt. Dies führt dazu, dass kaum Menschen anzutreffen sind, die ihr Ich als bloße Konvention, als eine *façon de parler* ansehen. Es scheint, dass es zur gesellschaftlichen Konvention über Ich-Identität gehört, letztere auf jeden Fall als *real-existierendes Faktum und auf keinen Fall als bloße Konvention wahrzunehmen.*

Durch die unkritische, gleichsam automatische Bejahung der reellen Existenz einer festen Ich-Identität werden die beobachtbaren, enormen Fluktuationen zwischen 0 - und 1 -*Leidenschaftskurvatur* dieser Identität immer weniger im eigenen Bewusstsein festgestellt. Insbesondere im Falle der 0-*Leidenschaftskurvatur*, bei welcher sich die Identität der unveränderlichen Bewusstseinsstille angleicht, können die gesellschaftlichen Ich-Konventionen definitiv nicht mehr mithalten.

Diese Auffassung, wonach die ichlose Bewusstseinsstille das zentrale Merkmal der Ich-Identität sei, scheint den herrschenden moderngesellschaftlichen Konventionen über das menschliche Bewusstsein dermaßen zu widersprechen, dass sie in der modernen Psychologie, Psychiatrie und Psychotherapie **nie erwähnt oder diskutiert wird.**

Die Ich-Existenz wird durch gesellschaftliche Konventionen - nicht zuletzt durch Sprachmuster (*Ich* denke, *Ich* fühle, *Ich* will, statt etwa: *Es* wird gedacht, *Es* wird gefühlt) - auf dermaßen vielen Ebenen seit frühester Kindheit kontinuierlich verstärkt, dass kaum ein Mensch, auch die Experten (Psychologen, Pädagogen, Psychiater, Psychotherapeuten) nicht, die Konventionen wie Ich-Existenz, Ich-Identität in Frage stellt.

Sobald aber jemand bereit ist, sich durch regelmäßige Meditations-, Kontemplations- oder Selbstreflexionsübungen systematisch mit dem Bewusstsein auseinanderzusetzen, dabei seinen leidenschaftlichen Lust-Unlust-Spielraum drastisch einzuengen und in Frage zu stellen, wird er die gesellschaftliche Konventionalität von Konstrukten wie individueller Ich-Identität oder existenziellem Ich-Gefühl entdecken.

25. Hauptmerkmale des Egos

Mitten in den meisten bewusstseinsbegabten Lebewesen agiert ein schillernder Regisseur, der dazu neigt, sich selbst als zentrale, unumgängliche Figur des individuellen Lebensdramas wahrzunehmen: ***das Ich oder das Ego.***

Solange sich das Ich oder Ego bewusst auf die alles durchdringende Leere oder Stille des Bewusstseins bezieht, werden dadurch seine Rolle und Funktion relativiert und gewissermaßen im Einklang mit ihr durchgeführt.
Sobald aber das Ego die innere Stille und äußere Leere vergisst und alles dafür tut, sich selbst als allein relevante Größe anzusehen, tauchen Probleme über Probleme auf. Das Ich oder Ego, das sich im Bewusstsein als nützlicher Akteur niedergelassen hat, eignet sich gleichsam die Merkmale der Bewusstseinsstille an und macht sie zu seinem *ureigenen Eigentum*. Nach einer Weile merkt es nicht mehr, dass ihm diese Merkmale oder Eigenschaften nur sekundär, nämlich als Bevollmächtigtem, gehören. Das Ego ist somit einem *Usurpator* gleich, der die Bewusstseinsstille in den Außenrand seiner Interessen und Aktivitäten verlegt.

Homogenität, Isotropie und Invarianz bzw. allseitige Symmetrie beschreiben zu Recht die allgegenwärtige Leere und Bewusstseinsstille.

Selbstidentität, etwa im Sinne einer erkennenden Rückkopplung, scheint ein Kernmerkmal der Bewusstseinsstille zu sein: Eine Stille, die sich als identisch zu sich selbst erfährt, d.h., worin Subjekt und Objekt fusioniert haben, eins sind. Die Selbstidentität der Bewusstseinsstille erweist sich also nicht einfach als äußere, bewusstlose Realität, sondern erfasst sich selbst als Objekt und Subjekt zugleich, ist somit einem einzigen, einmaligen erkennenden Qubit in Superposition mit sich selbst vergleichbar. Diese Identität, die die bewusste Rückkopplung - Subjekt und Objekt zugleich - in Superposition ermöglicht, bedarf selbst keines bewussten Egos und Ichs. Denn sie ist selbst ganz Ego, ganz Subjekt und ganz Objekt in gleichzeitiger Superposition. Entsprechend Nagarjunas *tetragrammatischer Logik* (s. Kap. 13.): Selbstidentische Bewusstseinsstille ist sowohl ganz Subjekt als auch ganz Objekt, aber auch weder

Subjekt noch Objekt. Diese fundamentale, selbstidentische Stille, die sich mal als innere Bewusstseinsstille, mal als äußere kosmische Leere überall und jederzeit kundtut, entspricht lokal-zeitlich jeder Form von partikularer Selbst-Identität, unabhängig davon, ob sie sich dessen bewusst ist oder nicht.

Die menschliche Ich-Identität stellt somit eine partikulare Ausformung der fundamentalen, sich selbst identischen Stille dar. Mit anderen Worten: *Sie ist als Ich-Identität nichts anderes als die kosmische Leere oder die Bewusstseinsstille mit menschlichem Antlitz.*

Wenn dies erkannt wird, dann kann man wahrhaftig von sich sagen: *„Ich habe keinen Anfang und kein Ende, bin unveränderlich, ewiglich, überall hier, in jedem Jetzt, etc., etc."*

Solche mystisch-spirituellen Aussagen werden möglich, weil die grundsätzliche Identifikation mit der Stille/Leere erkannt wurde. Die so erkannte „Ich-Identität" impliziert automatisch alle anderen Aspekte der Stille/Leere wie etwa Selbstständigkeit, Einheit, Einfachheit, Einmaligkeit. Ein Blick auf unsere vermeintliche Ich-Identität zeigt dies zweifelsfrei:

- Unsere Ich-Identität nehmen wir nicht nur im Wesentlichen als unveränderbar wahr, sondern auch als etwas, das im Wesentlichen unabhängig von anderen Wesen ist und bleibt. Gerade im Bereich des selbstbewussten Planens und Entscheidens zögern wir nicht, unsere Souveränität als selbstverständlich anzunehmen. Die Vorstellung, wonach wir Marionetten, Handlanger äußerer fremder Kräfte, also wie Zombies wären, stößt bekanntlich - auch in der wissenschaftlichen Psychologie - auf eine breite Ablehnung. Willens- und Entscheidungsfreiheit werden zur *Selbstständigkeit* des Ichs fast automatisch dazu gezählt, obgleich – von der fundamentalen Stille/Leere her betrachtet – *nichts* darauf hindeutet. Die Stille/Leere ist unabhängig und selbstständig, denn sie lässt sich nicht auf etwas anderes zurückführen oder davon ableiten.

- Die Eigenschaft „Einheit" scheint die Ich-Identität ebenfalls von der Stille/Leere abzuleiten. Denn es gibt nur eine einzige Bewusstseinsstille, eine einzige kosmische Leere. Sie kann weder geteilt noch vermehrt werden. Sie bleibt unverändert und eins. Alle lebendigen Organismen scheinen im Regelfall dieses Einheitsprinzip oder Einheitsmerkmal auf allen Evolutionsebenen anzunehmen. So beschert Augustinus jedem menschlichen Leib eine einfache, unsterbliche Seele. Die Eigenschaft „*Bewusstsein*" wird bei höhren Lebewesen auch nur *einmal* pro Organismus vergeben. Wie Fechner (s. Kap. 17) schon tiefschürfend

feststellte: Jeder selbstständig lebensfähige Wurmteil wird als eine Einheit betrachtet. Wenn zwei Wurmteile einen lebendigen ganzen Wurm wieder hergeben, wird die neue Entität nicht additiv betrachtet, so eins + eins = zwei, sondern gestalt- und ganzheitspsychologisch als eine einzige Identität. Umgekehrt: Wenn siamesische Zwillinge mit einem gemeinsamen Gehirn hirnchirurgisch erfolgreich getrennt werden, gibt es sofort nicht mehr eine, sondern zwei getrennte Einheiten oder Identitäten...
Man könnte in Bezug auf eine zentrale Einheit pro Organismus von einem verallgemeinerten *Pauli-Ausschließungsprinzip* sprechen: Wenn beispielsweise ein Elektron eine Quantenposition eingenommen hat, kann im ganzen Universum kein zweites Elektron diese Quantenposition mehr einnehmen. Analog dazu lehnen wir kategorisch die extensive Klonifizierung unserer eigenen „Ich-Identität" ab. Die Vorstellung, es gäbe einen einzigen - oder gar beliebig viele - Menschen, die unsere genaue Replik wäre(n), schließen wir instinktiv aus. Neben dem generalisierten Pauli-Prinzip glauben wir fest an einem Non-Cloning-Prinzip! Wiederum: *Eine solche atavistische Vorstellung rührt von der fundamentalen Einheit der Stille/Leere her.* Denn letztere ist nicht nur absolut eins, sie ist auch *einmalig*. Eine Klonifizierung der fundamentalen Stille/Leere erscheint jedem zu Recht als absurd, eine *contradictio in adjecto*.

Wir sehen also, dass die wichtigsten Merkmale der menschlichen *Ich-Identität* wie Selbständigkeit, Einheit, Konstanz, Einmaligkeit allem Anschein nach aus der Interaktion des lokalen lebendigen Organismus mit der fundamentalen Stille abgeleitet werden können. *Ich-Identität, Ich-Selbstständigkeit, Ich-Einheit und Ich-Einmaligkeit* sind auf jeden Fall gültig solange wir die selbstidentische, selbstständige, einheitliche, einfache und einmalige Stille/Leere im Blickfeld haben. Sobald wir aber von der Zentrierung auf die fundamentale, selbstidentische Stille/Leere abrücken, können alle eben genannten Ich-Eigenschaften nicht mehr aufrechterhalten werden. Mit anderen Worten: Wenn wir in unserem Ich nicht mehr die unitäre, selbstidentische Grundstille einzig und allein sehen, dann werden wir automatisch Vielfalt, Veränderung, Abhängigkeit, Mannigfaltigkeit.

Wenn wir von der grundsätzlichen Superposition von Ich und Stille/Leere ausgehen, dann können wir auf Anhieb verstehen, warum ein beliebiges individuelles Ich solche antinomische Eigenschaften wie „sich selbst identisch" und „dauernd veränderbar und veränderlich" auf sich vereinen kann. Problematisch wird die Triftigkeit dieser Superposition, wenn die in jedem Handelnden innewohnende Bewusstseinsstille außer Acht gelassen wird.

Die behauptete Identität wirkt nur noch wie eine *formelle Konvention*, wie eine Flasche mit dem identischen Etikett, wobei die Inhalte ständig wechseln. Dieser Vergleich hinkt insofern, als die Flasche selbst, mit oder ohne Inhalt, ständig wechselt. Allein das Etikett, d.h. *die abstrakte Ich-Idee*, kann unveränderlich bleiben. Die abstrakte Bezeichnung wie eine Matrikelnummer oder Namensgebung ist ziemlich das Einzige, das sich selbst gleich bleibt. Sobald aber alle paar Minuten die Bezeichnung, also Matrikelnummer oder Name, verändert wird, dann tritt einzig und allein die fundamentale Stille/Leere als wirklich unveränderlich auf. *Das Ich schwindet als Inhalt und Struktur. Es wird als leer und existenzlos erkannt.* In seiner Loslösung von der Bewusstseinsstille wird die Auffassung einer existenziellen Person, einer Ich-Identität, eines existierenden Ichs empirisch unhaltbar. Das Ich erweist sich dann als uneingeschränkte Fiktion und reine Konvention, eine bloße *façon de parler*. Nachdem der Mythos einer abseits der Bewusstseinsstille existierenden, unveränderlichen Ich-Identität eingesehen wurde, folgt die Unhaltbarkeit weiterer Behauptungen wie zum Beispiel:
- *das Ich ist einmalig*
- *das Ich ist selbstständig*
- *das Ich ist einheitlich.*

Diese drei Merkmale erweisen sich, ähnlich wie für die Ich-Identität, als uneingeschränkte Fiktion und reine Konvention. Kaum jemand ist aber bereit, eine dermaßen ich-vernichtende Feststellung zu akzeptieren. *Erst wenn jemand die mitten in seinem Bewusstsein allgegenwärtige, einmalige, selbstständige, einfache, einheitliche Stille ein wenig erfahren hat, wird er einer solchen ich-vernichtenden Feststellung gegenüber tendenziell offener.*

Anscheinend haben in der Geschichte der Menschheit nur äußerst wenig Menschen die Bewusstseinsstille so intensiv erfahren, dass sie bereit waren, auf den eigenen *Ich-Fetisch* gänzlich zu verzichten bzw. wirklich *ich-frei* zu leben. Man geht in der Regel davon aus, dass Menschen wie Lao-tse, Buddha, Franz von Assisi ziemlich nahe dran gewesen sein müssen. Wenn es so war, dann müssen sie Erfahrungsaussagen über die Stille/Leere bzw. über Tao, Nirwana oder Gott gemacht haben, die von einer unzweifelhaften Konvergenz der Ich-Identität und der fundamentalen Stille/Leere zeugen.

In der Tat: Die uns bekannten Aussagen über z.B. Tao, Nirwana oder Gott bestätigen diese Annahme. *Invarianz (Symmetrie), Homogenität, Isotropie, Identität, ungeteilte Einheit, Selbstständigkeit, Einmaligkeit* erscheinen in Bezug auf die Beschreibung der erfahrenen Bewusstseinsstille als äquivalent. Da aber eine solche gegenständliche Betrachtung eine Dualität „Subjekt-Objekt" zumindest indirekt einführen würde, *müssen* alle Menschen, die diese Konvergenz eingesehen und erfahren haben, zum gleichen Verhalten greifen:

Schweigen.

Und, falls sie nicht schweigen wollen, *müssen* sie die **Nicht-Aussagbarkeit** dieser Konvergenz ansprechen. Mit anderen Worten: Sie *müssen* zu Aussagen greifen wie zum Beispiel:
„Das Tao, das ausgesagt wird, ist nicht das Tao" (Tao te king, Vers Nr. 1)
Nirwana lässt sich mit Worten oder Gedanken nicht begreifen. Gott übersteigt jegliches Menschenkonzept u.ä.m....

Ein Blick in die Weltspiritualität überzeugt uns davon, dass eine solche Konvergenz quer über kulturelle Diversifikationen immer wieder angetroffen wird. Falls das *„individuelle Ich"* in Richtung auf die Bewusstseinsstille konvergiert, kann es nicht umhin, eine solche unaussprechbare Vereinheitlichung festzustellen und folglich der regelrechten Auflösung seiner Ich-Annahmen (Ich-Überzeugungen, -Glauben, -Konstrukte etc.) selbst beizuwohnen!

26. Über die Einmaligkeit der Ich-Identität als kartesianisches Ego

Wie wir wiederholt festgestellt haben, erweist sich die Bewusstseinsstille einzig und allein als einmalig und einzigartig. Sie ist also, im wahrsten Sinne des Wortes, individuell, d.h. unteilbar und unreplizierbar. Ihre maximale Individualität impliziert aber eine maximale Universalität. Daher folgt, dass sich Pauls Bewusstseinsstille von Peters Bewusstseinsstille nicht mehr unterscheiden lässt. Am Limit stellt sich die maximale Stilllegung des Bewusstseins durch Peter als *absolut* identisch mit der maximalen Stilllegung von Pauls Bewusstsein. Beide, Peter und Paul, erreichen gleichzeitig die volle Individualität *und* die grenzenlose Universalität. Sie sind keine siamesischen Bewusstseinszwillinge; sie sind bewusstseinsmäßig absolut eins.

Solange aber sich Peter und Paul in der von der fundamentalen Stille usurpierten und eingebildeten Einmaligkeit ihrer Ich-Identitäten wähnen, werden sie das „*Ich denke, also bin ich*" (lat. *cogito, ergo sum*) von René Descartes als unzweifelhaften Beleg ihrer individuellen, getrennten Ich-Identitäten und folglich ihrer jeweiligen „Einmaligkeit" wahrnehmen. Erst über den Umweg der erfahrenen Bewusstseinsstille wissen oder zumindest erahnen wir, dass es sich nicht um eine *Wahr*nehmung, sondern um eine *Fehl*attribuierung oder -interpretation handelt.

Der Quantentheoretiker Erwin Schrödinger war der erste Physiker, der seine Übereinstimmung mit den Upanishaden und den östlichen Denktraditionen (1959) bekundete, lange vor Fritjof Capra (1984) und Gary Zukav (1985). In seinem Artikel „*Das arithmetische Paradoxon*" stellte Schrödinger die Existenz vom kartesianischen individuellen Bewusstsein radikal in Frage und plädierte als Anti-Descartes nicht nur für das Aufgeben des Dualismus von Denken und Sein oder Geist und Materie, sondern auch für die Entlarvung der pseudo-individuellen und pseudo-einmaligen Ich- und Bewusstseinsidentitäten.
Der Oxford-Philosoph Derek Parfit hat, wie auch Douglas Hofstadter und Daniel Dennett, das kartesianische Ego mit seiner eingebildeten Einmaligkeit und vermuteten Selbstidentität in einer Reihe von Teleportationsgedanken-Experimenten unter die Lupe genommen und dabei psychologisch interessante Reaktionen auf diverse Szenarien

festgestellt (vgl. hierzu Parfit, 1984; Hofstadter, 2007; Hofstadter und Dennett, 1986, Dennett, 1991, 2006).

Wir beginnen mit dem ersten Parfit-Szenario der Teletransportation:

- **Teleportation-Szenario I**
Ich gehe in den Teletransporter. Ich war schon mehrmals auf unserer Mars-Station, aber bislang nur über den klassischen Raketentransport. Diesmal befinde ich mich auf der Erde und werde gleich - indem ich auf den grünen Knopf drücke - auf der Mars-Station sein.

Nachdem ich den grünen Knopf gedrückt habe, werde ich für eine Weile bewusstlos. Der Scanner wird alle meine Gehirn- und Körperinformationen der Mars-Station übermitteln und anschließend mein Gehirn und Körper vernichten. Der Replikator auf Mars wird mich mit neuen Zellen blitzschnell, gemäß der übermittelten Information, neu zusammenbauen. Kurz danach werde ich auf Mars aufwachen.

Ich stelle dann fest, dass alle Gedanken- und Körperphänomene - sogar die kleine Wangenverletzung durch meine heutige Rasur -, die mir vor der Teleportation bewusst waren, ausnahmslos wieder da sind. Ich schließe daraus, die Teleportation ist voll geglückt. Meine Ich-Identität und individuelle Einmaligkeit sind komplett vorhanden.

- **Teleportation-Szenario II**
Einige Jahre später bin ich wieder auf Erde und, wie üblich, gehe ich in den Teletransporter. Nun eröffnen mir die Techniker: Dank der neueren Scanner-Technologie werde ich diesmal nicht bewusstlos werden! Wenn ich bereit bin, eine Stunde zu warten, werde ich sogar von der Erde aus mein teleportiertes Ich auf der Mars-Station via Fernsehschirm beobachten können. Mittlerweile erfahre ich vom Chefingenieur, dass der neue Scanner meinen nicht teleportierten Körper ernsthaft geschädigt hat. Mein auf Erden gebliebener Körper wird mit Sicherheit in wenigen Stunden sterben.

Etwas später werde ich gerufen und ich kann mich per Bildschirm quicklebendig und höchst erfreut über die geglückte Teleportation auf Mars sehen.

Mein kartesianisches Ego auf Mars versucht mich auf Erde zu trösten: Es versichert mir, dass es sich um meine Frau und Kinder genauso wie ich kümmern wird, dass es das Buch, an dem ich gerade arbeite, mit allen meinen Absichten weiterschreiben und veröffentlichen wird.

Während das erste Szenario für unser kartesianisches Ego kein Problem darzustellen scheint, haben wir beim zweiten Szenario doch schwerwiegende psychologische Bedenken!

Warum eigentlich?
Der neue Scanner hat mich nicht vernichtet. Nun neige ich – ob *Wahrnehmungsgestaltgesetz der Nähe* oder nicht – instinktiv dazu, mich mit dem kartesianischen Ego auf Erde zu identifizieren und mein teletransportiertes Ego auf Mars als uninteressante, obgleich perfekte Kopie zu bewerten. Ich ertappe mich vielleicht, ihn als unverschämten Usurpator, als eine nicht ernstzunehmende Replik anzusehen, die sich obendrein bester Gesundheit erfreut. Dass ich auf Erden in ein paar Stunden sterben werde, finde ich auf keinen Fall witzig und die einfühlsame Rede meines teleportierten Egos tröstet mich kaum. Vielleicht wünsche ich mir sogar, dass dieser Typ auf Mars ebenfalls in wenigen Stunden sterben wird. Dieses gemeinsame Schicksal würde u.U. diesen Mars-Usurpator ein Stück weit rehabilitieren und ihn in meinen irdischen Augen als mein „*echtes Ich*" glaubwürdiger machen.

Parfit, Dennett und Hofstadter haben viele Variationen über die Thematik des „teleportierten kartesianischen Egos" ins Spiel gebracht und darüber psychologisch und bewusstseinstheoretisch reflektiert. Immer wieder kommen wir darauf zurück, dass das kartesianische Ego die Einmaligkeit und Einzigartigkeit seiner wahrgenommenen einheitlichen Ich-Identität reklamiert.

Die quantenphysikalische und psychologische Superposition hat in einer kartesianischen Ego-Welt gar nichts zu suchen. Die *lokale* Entfernung im Szenario II (Ich auf Erde vs. Ich auf Mars) kann gemäß dieser Ego-Welt nicht überwunden werden. Die *nicht-lokale gleichzeitige* Präsenz einer gesamten Ich-Identität auf Mars *und* auf Erde erscheint in der *lokalen* Ego-Welt von Descartes als absolut unantastbar.

Erst wenn ich bereit bin, von solchen lokalen Annahmen mich loszulösen und meine eigentliche Ich-Identität ausnahmslos in der *nicht-lokalen, einmaligen, sich selbst identischen Bewusstseinsstille zu positionieren*, kann „Ich" über meine schier unendliche Superposition und Teleportation auf alle denkbaren Planeten *lokal und nicht-lokal* schmunzeln...

Es scheint mir, dass die „*vier Nachtwachen*" des Buddhas, die ihn bekanntlich zum Erwachen (vgl. Kap. 12) führten, vieles mit dem Teleportationsgedankenexperiment von Parfit, Hofstadter oder Dennett zu tun haben. Anders ausgedrückt: *Wäre Buddha bei seiner pseudo-*

einmaligen kartesianischen Ego-Sichtweise in dieser Nacht geblieben, wäre er – wie die meisten Menschen vor und nach ihm – nicht zum Erwachen gelangt. Erst durch seine tief empathische Probeidentifikation mit allen Menschen vor und nach ihm und darüber hinaus mit allen Lebewesen und bewusstlosen Dingen, bricht er mit den lokalen Pseudo-Ich-Identitäten à la Descartes und geht in die *nicht-lokale Superposition* der möglichen, bewussten und bewusstlosen, Ich-Identitäten über (skrt. *nirvanā*).

Danach kann die kartesianische Ego-Sichtweise nur noch als eine bloße konventionelle Verabredung angesehen werden, die für sich keinerlei existenzielle und einmalige Ich-Identität beanspruchen soll und darf.

In diesem Sinne lässt sich Buddhas berühmtes Lächeln wie ein durch und durch empathisches Schmunzeln über die Leidenschaften und Leiden erzeugende Vorstellung von kartesianischen Egos nachempfinden.

Die raumzeitliche Entfernungsmetrik unserer lokalen Körper wird im noch nicht erwachten Bewusstsein zum Kriterium von prinzipiellen nicht-lokalen Gegebenheiten wie z.B. Bewusstsein und Ich-Identität quasi *automatisch* angenommen. Die kontinuierliche Gewöhnung an ein lokal-körperliches Etwas wird schnell selbstverständlich und hindert massiv die Wahrnehmung der unveränderbaren, nicht-lokalen Stille/ Leere in allen Erscheinungen. Obgleich wir zumindest erahnen, dass wir unzulässige, dogmatische Verallgemeinerungen unserer Körperlokalität auf *nicht-lokale* Gegebenheiten tätigen, sind wir ohne intensive und wiederholte Erfahrung/Wahrnehmung der alles durchdringenden Bewusstseinsstille nicht in der Lage, unsere kartesianische Pseudo-Ich-Identität loszuwerden.

Da wir aber aus den bisherigen Weisheitslehren und spirituellen Traditionen quer über die menschlichen Kulturen wissen,
1. dass das mentale Leiden wesentlich mit trügerischen Ich-Identitätsannahmen einhergehen und
2. dass eine beginnende Abseitsposition von solchen unhaltbaren kartesianischen Ego-Einstellungen eine Leidensabnahme nach sich zieht,
können und wollen wir nicht aufhören, nach gangbaren Wegen zu suchen, die uns einer dauerhaften Leidensfreiheit näher bringen würden.

In den nächsten Kapiteln nehmen wir daher die vielfältigen modernen Psychotherapien unter die Lupe, um dadurch neue, zusätzliche Impulse erhalten zu können.

27. Assagiolis Psychosynthese und die Desidentifizierung von Ich-Identitätsinhalten

Die individuelle Ich-Identität lässt sich als Ergebnis oder Produkt von lebenslangen Identifizierungsprozeduren auffassen.
Auch wenn wir im Alltag von einer *konstanten Ich-Identität* ausgehen, spüren wir doch in einer Vielzahl von Interessen- und Tätigkeitsbereichen kleine, inhaltliche Schwankungen. Bestimmte Meinungen und Neigungen, die wir noch vor einigen Wochen oder Monaten als unserem ureigenen Identitätsprofil gehörig betrachteten, können sich dermaßen von unserem „*Kern-Ich*" losgelöst oder an dessen Peripherie verlagert haben, dass wir sie ungern noch zu unserer Identität zählen würden. Es scheint, dass die individuelle Ich-Identität nicht so sehr von genau anzugebenden Inhalten, sondern eher von diffusen, ganzheitlichen Identitätsgefühlen abhängig ist, die mit lauter ungeprüften Vertrauensvorschüssen einhergehen.

In der Geschichte der modernen Psychotherapie hat **allein** der transpersonale Psychologe Roberto Assagioli (1888-1974) die **Ent-identifizierung** von den *Ich-Identitätsinhalten* als entscheidende Vorbedingung für die volle Selbstwerdung erkannt und dementsprechend seine vorgeschlagene Psychotherapierichtung, die sog. Psychosynthese, ausgebaut.
Viele Übungen der Psychosynthese (z.B. *Übungen zur Gralssage, zur Göttlichen Komödie, zum Erblühen einer Rose*; vgl. hierzu Assagioli, 1978) zielen primär auf eine *Entwerdung* der angenommenen Ich-Identität, um im Zuge dieser systematischen *Ent-Identifizierung* eine Transformation des Bewusstseins in Richtung eines integrierten Selbst entlang einer prinzipiell *grenzenlosen* Identifizierungsprozedur zu entwickeln.

Assagioli hat demnach die heutige Unterscheidung zwischen „*Ich-als-Inhalt*" vs. „*Ich-als-Kontext*" lange vor Steven Hayes (2002) antizipiert und sie früh zur Grundlage der Psychosynthese gemacht. Er betrachtete die Ich-Entwerdung oder die *progrediente Desidentifizierung von Ich-Identitätsinhalten* (Körpervorgänge, Vorstellungen, Meinungen, Gefühle, Interessen etc.) als die unerlässliche Bedingung für den Aufbau eines integrierten Selbst.
Ausgehend von einer x-beliebigen individuellen Ich-Identität setzte er die *Desidentifizierung oder Ich-Entwerdung* als ersten und zentralen Schritt seiner symboldramatischen Therapie ein. Sein Ziel blieb aber das

höhere transpersonale Selbst, das alle Identifikationsmöglichkeiten beinhaltet und darüber hinaus transzendiert. In dieser Hinsicht scheint sich sein therapeutisches Ziel nicht wesentlich von Jungs Individuation oder Selbstwerdung im Sinne von der *Transformation des individuellen Ichs in die totale Psyche* zu unterscheiden.
Die Distanzierung von Ich-Identitätsinhalten geht für Assagioli Hand in Hand mit dem Aufbau des integrierten Menschen, eines vollständigen Selbst, das im Idealfall alle unter- und überbewussten Aspekte in sich vereint.

Der hier vertretene Standpunkt betont - wie bei Assagioli - die zentrale Funktion der *Ich-Entwerdung (Desidentifizierung)* für die Psychotherapie und Bewusstseinstransformation. Es wird aber - anders als bei Jung oder Assagioli - weder ein voll *integriertes Selbst* noch eine *totale Psyche* im Sinne Jungs als Endziel der Psychotherapie oder der spirituellen Bewusstseinstransformation angesehen. Vielmehr scheinen die Ich-Entwerdung der persönlichen Ich-Identität und die Vollidentifizierung mit dem integrierten Selbst auf das Gleiche hin zusammenzufallen (lat. *coincidentia oppositorum*, der Zusammenfall der Gegensätze), nämlich die äußere bzw. innere Leere, das Quantenvakuum bzw. die Bewusstseinsstille. Die Desidentifizierung von allen möglichen bewussten und unbewussten Inhalten und die Vollidentifizierung mit allen möglichen bewussten und unbewussten Inhalten führen zum gleichen Ergebnis: die Leere oder die Grundstille.
Mit anderen Worten: Die fortschreitende Entwerdung oder Des-identifizierung dient nicht dazu, Platz für eine „*totale Psyche*" oder ein „*transpersonales, überbewusstes Selbst*" zu machen. Nein, ... denn hätte *das höhere Selbst* (Assagioli) oder *das individuierte Selbst* (Jung) irgendeinen Inhalt, müsste die Identifizierung damit selbst Gegenstand einer weiteren Ich-Desidentifizierung oder -Entwerdung werden.

Beide Wege, nämlich weg von einer beliebigen Selbstidentifizierung oder hin zur Identitätsbildung in Richtung *transpersonales Selbst, totale Psyche, vollkommene Individuation* sind m.E. einander äquivalent. Für die Sufi- und christliche Mystik wie auch für weite Teile der asiatischen Weisheitstraditionen sind die *maximale* Ich-Entwerdung (z.B. Ich = Leere, Nichts) und die *maximale* Ich-Erweiterung (z.B. Ich = Brahman, Shiva oder Tao) nur zwei scheinbar konträre Wege. *Die konsequente Verfolgung der maximalen Ich-Identitätsentwerdung führt zur maximalen Ich-Identitätserweiterung und umgekehrt.*

Der hier vertretene Standpunkt einer Psychologie und Psychotherapie der Stille sieht in den Angeboten der Psychosynthese (das *integrierte transpersonale Selbst*) oder der Analytischen Psychotherapie (das *Selbst*), sofern letztere als endgültige Bewusstseinstransformationsziele angesehen werden, psychologische und psychotherapeutische Modelle, die - anders als viele östliche Weisheitslehren - die unerschütterliche **Konvergenz von maximaler Ich-Entwerdung und maximaler Ich-Werdung verfehlen**...

Eine solche Aussage stellt sich für die moderne Psychologie und Psychotherapie als besonders verheerend dar. Denn wenn wir die Ansätze Assagiolis und Jungs als die beinahe einzigen Entwürfe einer Psychologie und Psychotherapie der Ich-Entwerdung oder der Desidentifizierung von den Ich-Inhalten bezeichnen können, würde dies wohl bedeuten, dass *die gesamte moderne Psychologie und Psychotherapie das zentrale Ergebnis bzw. die einzige Konstante jahrtausendalter Weisheits- und Mystiktraditionen schlicht und einfach übersehen oder missverstanden hat:*

Maximale Ich-Entwerdung = maximale Ich-Werdung.
Oder um es in der Form einer Minimax-Gleichung zu formulieren:
Minimale Ich-Identität = Maximale Ich-Identität.

Im Sinne dieser invarianten Erkenntnis aus kulturübergreifenden, jahrtausendalten Weisheits- und Mystiktradition nehmen wir im nächsten Kapitel weitere moderne psychotherapeutische Schulrichtungen genauer unter die Lupe: Haben sie die therapeutischen Funktionen der Ich-Desidentifizierung oder umgekehrt der Ich-Vollidentifizierung thematisiert? Und wenn ja, gibt es dadurch bestimmte Aspekte, die für *die Psychologie und Psychotherapie der Stille* nutzbringend weiter entwickelt werden könnten?

28. Achtsame Stille: Ziel und Mittel der Psychotherapie

Die Weisheitslehren aus allen Kontinenten haben die ichlose Bewusstseinsstille, die abseits vom kurzlebigen Auf und Ab leidenschaftlicher Ichregungen und -strebungen anzutreffen ist, als Mittel *und* Zweck der Heilung psychischer Leiden erkannt.

Obgleich die modernen westlichen Psychotherapien, die seit Franz Anton Mesmer (1734-1815), Sigmund Freud oder Pierre Janet (1859-1947) entstanden sind, anders als die großen Weisheitstraditionen selten älter als ein Jahrhundert sind und wahrhaftig nicht vor Weisheit strotzen, kann man sich doch fragen, *was aus diesen westlichen Psychotherapien ein paar Jahrhunderte bis hin zu einigen Jahrtausenden überleben könnte...*
Klassische Weisheitslehren aus dem Buddhismus, Konfuzianismus, Yoga oder Stoizismus blicken immerhin über ein paar tausend Jahre zurück und haben Dutzende Generationen trotz manchmal erheblicher Kulturschwankungen maßgeblich geprägt und in vielerlei Hinsichten geholfen.
Die hier vertretene Position ist durch und durch „*sophologisch*", sprich weisheitsorientiert. Insofern kann es im Folgenden nicht darum gehen, eine „*neue Therapie*" zusätzlich zu den Dutzenden bereits bestehenden westlichen Therapieformen entstehen zu lassen. Vielmehr geht es vorrangig darum, die *transkulturelle Weisheit der Bewusstseinsstille als Mittel und Ziel für jedwede psychotherapeutische Intervention effizienter als bisher zu machen.*

Die Loslösung vom Lust-Unlust-Raum, die Dezentrierung von einseitigen Ich-Setzungen, die Infragestellung von kurzlebigen Glücksverheißungen, die kritische Konfrontation mit fragwürdigen Lebenszielen, dies alles gehört zu einem weisheitszentrierten oder sophologischen Umgang mit psychischem Leiden.
Die Stille und Stilllegung des Bewusstseins bietet sich in diesem Zusammenhang als „sophologisches Mittel und Ziel" par excellence für eine x-beliebige westliche Psychotherapie an, deren Lebensspanne bisher kaum mehr als ein Jahrhundert übersteigt.

Wenn man die zahlreichen westlichen Therapien in einige Großgruppen mit dem Ziel eines besseren Überblicks einteilen will, wird man mindestens fünf derartige Gruppen feststellen können:

1. die psychoanalytischen und tiefenpsychologischen Modelle und Verfahren,
2. die verhaltenstherapeutischen Modelle und Verfahren,
3. die humanistischen und transpersonalen Modelle und Verfahren,
4. die kommunikationstherapeutischen Modelle und Verfahren,
5. die körpertherapeutischen Modelle und Verfahren.

Eine integrative wissenschaftliche Psychotherapie, die über die ideologischen Schulgrenzen (vgl. Grawe, 2000, 4. Aufl.) hinausgeht und eine breit angelegte Grundlegung anstrebt, wird das heutige disparate, wenig übersichtliche Psychotherapiefeld eines Tages neu ordnen und strukturieren helfen.

Eine weisheitsorientierte, auf Bewusstseinsstille zentrierte Psychotherapie kann m.E. dazu beitragen, eine solche integrative Psychotherapie zu verwirklichen und ihr eine breite und sogar kulturübergreifende Reflexions- und Begründungsbasis zu geben.

Eine vor allem auf kulturübergreifende Weisheit und Bewusstseinsstille zentrierte Psychotherapie braucht daher nicht, sich *neben* den bereits reichlich existierenden Therapiemodellen und -verfahren zu etablieren. Vielmehr soll eine solche Ausrichtung versuchen, über die bereits existierenden Ansätze im Geiste der „*Weisheit und Bewusstseinsstille*" zu reflektieren und sie nicht zuletzt dadurch effizienter und integrativer zu gestalten.

In diesem Sinne dient die folgende Auseinandersetzung mit einigen wichtigen Verfahren aus den oben angeführten fünf Psychotherapiegruppen.

1. Bewusstseinsstille und die psychoanalytischen bzw. tiefenpsychologischen Ansätze

Die klinische Hypnose, die Psychoanalyse und eine Reihe von tiefenpsychologischen Ansätzen, zu denen zahlreiche Therapierichtun-gen gehören wie die Individualtherapie Adlers, die Analytische Therapie Jungs, das Katathyme Bilderleben Leuners – um hier nur einige zu nennen – haben allesamt die vor-, unter- oder unbewussten Kräfte und Strukturen des Bewusstseins zum Hauptgegenstand der therapeutischen Behandlung erhoben. Dabei wurden Regression, Fixierung, Übertragung,

Widerstand, Abwehr, intrapsychische Konflikte etc. unter diversen Namen und mit verschiedenen Modellen und Verfahren immer wieder neu thematisiert.

Wie Freud es unmissverständlich zum Ausdruck brachte, zielen die tiefenpsychologischen Ansätze im Grunde darauf, das Vor-, Unter- oder Unbewusste so weit wie möglich *bewusst* zu machen und somit die intrapsychischen Konflikte, Prozesse und Strukturen in aller Deutlichkeit behandeln zu können. Der Lust-Unlust-Raum (z.B. der Sexualtrieb und seine Besetzungsobjekte) kann erst durch folgende Schritte still gelegt werden:
1. wenn dieser bewusst gemacht wird
2. und wenn er bewusst kontrolliert und bis zu seiner endgültigen Auflösung zunehmend eingeengt wird.

Das „freie Assoziieren" kann sicher dazu dienen, die Ich-Fixierungen und -Strebungen bewusst zu machen und sich allmählich davon zu distanzieren. Sofern eine *progressive Endidentifizierung* von den diversen Assoziationen (Vorstellungen, Gefühlen, Stimmungen, Wünschen etc.) stattfindet, nähert sich der Patient der *„frei schwebenden Aufmerksamkeit"* des Therapeuten an.

„Freies Assoziieren" und „frei schwebende Aufmerksamkeit" gleichen sich notwendigerweise einander an, je weniger Assoziationen, sprich Wünsche, Triebregungen, Angst- und Wutvorstellungen spontan ins Bewusstsein emporkommen. Die Stille wird in dem Maß spürbar, indem Wunschvorstellungen und Affektregungen auf Null konvergieren. *Therapeut und Patient können dann gemeinsam die „frei schwebende Aufmerksamkeit" genießen und vertiefen.* Da kaum noch „Assoziationen" frei aus dem stark eingeengten und voll bewussten Lust-Unlust-Raum aufsteigen, *muss* die Aufmerksamkeit oder Achtsamkeit von Patienten oder Therapeuten zwangsläufig auf die Bewusstseinsstille selbst gerichtet werden. Kurzum: Die achtsame Stille richtet sich am Schluss einzig und allein auf sich selbst. Die Bewusstseinsstille von Therapeut und Patient schwebt frei in sich selbst, an *keine* Assoziation mehr gebunden.

Die achtsame Bewusstseinsstille erfährt sich frei schwebend und bewusst in ihrer eigenen Stille.

„Es, Ich und Über-Ich" samt ihren zahllosen bewussten und unbewussten Produktionen haben sich, wie Assoziationswolken im weiten Himmel der schwebenden Stille aufgelöst. Oder, um eine andere beliebte Metapher zu gebrauchen, die oberflächlichen Assoziationswellen, die zu

Anfang höchst leidenschaftlich und stürmisch waren, sind im tiefen Ozean des *klaren Bewusstseins* (skrt. *samādhi*) spurlos verschwunden.

Einer der wenigen Psychoanalytiker, die die stille Konvergenz des freien Assoziierens mit der „frei schwebenden Aufmerksamkeit" verstanden und thematisierten, ist zweifelsohne Karen Horney (1885-1952). Erst nach ihrer Begegnung mit dem Zen-Autor Daisetz T. Suzuki im Winter 1950/51 begann sie, meditative Grundprinzipien in ihre Vorlesungen am „American Institute for Psychoanalysis" einzubeziehen. Horney sah auf Anhieb eine tiefe Beziehung zwischen der mitfühlenden Achtsamkeit im jeweiligen Hier und Jetzt – wie im Zenbuddhismus propagiert – und der psychoanalytischen Aufforderung zum „freien Assoziieren" (Analysand) und zur „frei schwebenden Aufmerksamkeit" (Analytiker). Sie verstand diese Form der Aufmerksamkeit – anders als die damals übliche Auffassung der meisten Analytiker – nicht als eine neutral-distanzierte, eher kognitive Haltung. Vielmehr vertrat sie die Auffassung, dass Analytiker eine zen-ähnliche „unbegrenzte, nicht urteilende, aber warmherzige Empfänglichkeit" anstreben sollten (*Final Lectures*, 1987, S. 20). Horney sah in dieser freien, mitfühlenden Achtsamkeit mitten in der Bewusstseinsstille ein für Therapeuten und Patienten gemeinsames Ziel. Sie schreibt z.B. (1987, S. 19-21):

„...*Herzlichkeit der Aufmerksamkeit bedeutet ganz da zu sein zum Dienst des Patienten, aber mit einer Art Selbstvergessenheit...*

...*Den besten Rat, den ich geben kann, ist, dass wir jede Einzelheit aufkommen lassen und sie eine ihr gebührende Zeit betrachten.*" (Übers. v. Verf.).

Spätere Psychoanalytiker wie Epstein (1995), Rubin (1996) oder Magid (2002) haben die Konvergenz der zen-meditativen Haltung mit der „*Grundhaltung der frei schwebenden Aufmerksamkeit und Assoziation*" im Sinne Horneys verstanden und weiter ausgearbeitet.

Magid geht dabei so weit, moderne Psychoanalyse und Zen in eine psychoanalytische Zen-Praxis zu integrieren.

Er schreibt z.B.:

„*Ich hoffe klar zu machen, dass Zen und Psychoanalyse innerhalb eines konzeptionellen Einheitsmodells von Selbst und Praxis verstanden werden können. In diesem Buch will ich daher – als ein Symbol für die Integration, die mir möglich erscheint – das Wort „Praxis" benutzen, um das, was in der Psychoanalyse und in der Zenmeditation vor sich geht, zu erfassen. Ob in der Arbeit mit einem Analytiker oder einem [Meditations-] Lehrer, ob auf der Couch oder auf dem Meditationskissen; was vor allem praktiziert wird, ist die Aufmerksamkeit, die achtsame*

Bewusstheit in jedem Entstehungsaugenblick unserer Gedanken und Gefühle." (Magid 2002, S. 5, Übers. v. Verf.).
Die enge Paarung zwischen Psychoanalyse und Zen-Meditation erweitert den Blickwinkel auf die Modelle und Techniken der Therapie in Richtung einer allumfassenden Stille. Dadurch verlieren viele Pseudoentitäten wie „Ich, Selbst, Widerstand, Abwehr, Es, Über-Ich etc." ihre Zentralität, was die Stille-Entdeckung und -Erfahrung jenseits solcher konzeptuellen Hindernisse möglich macht.

Die analytische Psychotherapie nach C.G. Jung wie auch die Psychosynthese nach R. Assagioli betonen beide die Selbstwerdung im Sinne der „totalen Psyche", d.h. die Integration der persönlichen und kollektiven – bewussten wie unbewussten – Aspekte im maximal erweiterten Ich oder Selbst (vgl. Jungs Individuation und Assagiolis Psychosynthese, Kap. 27). Solche Therapiemodelle implizieren eine konsequente Dezentrierung oder Entidentifizierung von gängigen Ich-Vorstellungen und -Annahmen.

Obgleich beide Tiefenpsychotherapeuten östlichen Meditationsmodellen und -praktiken gegenüber offen stehen, gehen sie doch nicht so weit, die Bewusstseinsstille als explizites Ziel und Mittel der Psychotherapie zu thematisieren.

Jung sieht zwar die Superposition der Selbstfülle (gr. *pleroma*) und der Ich- und Selbstentleerung (gr. *kenosis*) im Sinne der altgriechischen Gnostik wie auch der mittelalterlichen Alchemie. Nirgendwo findet man aber die handlungsbezogenen Anleitungen, die die symbolische Fülle des archetypischen individuierten Selbst als erfahrbare universelle Stille beschreiben bzw. als therapeutisch relevant betrachten würden.

Mitunter hat man – vor allem bei Jung – den Eindruck, dass auf die Ich-Entleerung eine integrierte Fülle an inhaltlichen Selbstsymbolen fast automatisch folgt, und dass sich das erweiterte, individuierte Ich bzw. Selbst an der Fülle der „*totalen Psyche"* genussvoll erfreut.

Taoistische und zenbuddhistische Weisheitstraditionen betrachten die Fülle des im Sinne der archetypischen Symbolik integrierten bzw. individuierten Menschen eher als eine Täuschung, sofern sie nicht im gleichen Atemzug als „leere Stille" bewusst erfahren wird. Die Identifizierung mit symbolischen Inhalten ohne gleichzeitig die Angleichung mit der allumfassenden Leere oder Stille kann somit – wenn die Superposition von Fülle und Leere zugleich nicht bedacht wird – zu erweiterten Ich-Vorstellungen führen, die statt den Lust-Unlust-Raum aufzulösen, *subtil-narzisstische Genussrelikte beim Therapeuten wie beim Patienten aufrechterhalten oder gar stärken können.*

Unnötig zu sagen, dass eine solche „*Individuationstherapie*" eher Hindernisse auf dem Weg zur uneingeschränkten Erfahrung der allgegenwärtigen, unveränderlichen Bewusstseinsstille hervorrufen würde.

Es sind noch viele psychodynamische Therapien, wie z.b. katathymes Bilderleben, Psychodrama oder Individualtherapie. Bei näherer Durchsicht bringen sie in Bezug auf die Fokussierung auf die Bewusstseinsstille keine nennenswerte neuere Erkenntnis im Vergleich zu den obigen Ausführungen.

2. Bewusstseinsstille und die verhaltenstherapeutischen Ansätze

Erst durch die „dritte Generation" der Verhaltenstherapie (Hayes, 2004), wurden innerhalb der kognitiven Verhaltenstherapie (abgek. VT) Aspekte oder Dimensionen der *meditativen Achtsamkeit und Stille* zum ersten Mal berücksichtigt.

Zur ersten VT-Generation gehören Beiträge von Autoren wie Skinner, Eysenck, Marks oder Rachman. Es wäre müßig, im Kontext dieser ersten VT-Generation nach meditationsähnlichen Themen, geschweige denn nach Stille als Mittel und Ziel der VT zu suchen.

Autoren wie Beck, Ellis, Mahoney und Meichenbaum vertreten die zweite VT-Generation. Insofern sie Formen der kognitiven Umstrukturierung besonders hervorheben, können die Verfahren der zweiten VT-Generation u. U. dazu dienen, ich-entidentifizierende Prozesse einzuleiten und generell die kognitiven Strategien im Umgang mit dem „Ich" zu reflektieren und zu hinterfragen.

Dichotomisch-kategorielle Trennungen, unlogische Annahmen und kognitive Vorstellungen über das „Ich" werden teilweise durch solche Strategien in Frage gestellt. Obgleich die kognitive Umstrukturierung in Bezug auf vielfältige Ich-Funktionen therapeutisch anwendbar wäre, kam sie bis heute in diesem Zusammenhang nur zögerlich zum Vorschein.

Erst durch die *dritte* VT-Generation, wozu Linehan, Hayes, Teasdale und Segal zählen, wird auf umfassende Erlebens- und Handlungskontexte fokussiert, die bestimmte Gedanken, Emotionen und Verhaltensweisen möglich machen. Auch wenn weite „Kontexte" wie Lebenslauf, transgenerative Familienmuster, religiöse Traditionen in der Praxis wenig berücksichtigt werden, leugnet Hayes auf keinen Fall ihre mitunter entscheidende Wirkung.

Durch die prinzipielle Kontexterweiterung soll eine „*defusion*" (dt. etwa Entwirrung) der angenommenen Ich-Identitätsinhalte eingeleitet werden,

wobei der Aufbau von *Akzeptanz*-Fertigkeiten und die *meditative Achtsamkeit* auf den jeweiligen Augenblick besonders gestärkt werden.
Nicht zuletzt durch die Unterscheidung zwischen einem beobachtenden Ich, das sich weitgehend von konkreten Inhalten löst, und einem Ich, das sich verstärkt mit bestimmten Gedanken, Emotionen und Verhaltensweisen inhaltlich identifiziert, eröffnet sich eine transpersonale oder transzendente Erfahrung des individuellen Ich oder Selbst.
Hayes (2004, S. 20-21) spricht in diesem Zusammenhang von einem „*transcendent sense of self*", das auf eine Ich-Wahrnehmung *vor* den Inhalten und *vor* einzelnen ad hoc-Identifizierungen mit bestimmten Hier-und-Jetzt-Perspektiven abzielt.
Die konzeptuelle Nähe von Hayes' *Acceptance and Commitment Therapy* (abgek. ACT) zu buddhistischen Ich-Auffassungen sowie meditativen Praktiken aus Zen- und Vipassana-Traditionen sind m. E. kaum zu übersehen. Die Unterscheidung zwischen „*Ich-als-Inhalt*" und „*Ich-als-Kontext*" weist auf jeden Fall auf die Bewusstseinsstille als nicht mehr zu überbietenden Kontext hin. Erst durch die achtsame Meditation und die bedingungslose Akzeptanz von *beliebigen Ich-Inhalten* kann die mitten in jedem Bewusstsein befindliche, unveränderliche Stille hindernisfrei erkannt werden. Dies geschieht vor allem, indem das „*Ich-als-Kontext*" mittels bedingungsloser Akzeptanz und Achtsamkeit zunehmend lernt, sich nicht sofort mit „*Ich-Inhalten*", sprich Gedanken, Meinungen, Gefühlen, Stimmungen, Verhaltensweisen, physiologischen Vorgängen etc. automatisch und unreflektiert zu identifizieren.
Hayes scheint sich dieser Entwicklungsrichtung der ACT bewusst zu sein, denn er erwähnt bei der Darstellung vom „*transcendent sense of self*" die bekannte Schachbrett-Metapher von Assagioli (1978, S. 211-217) in Bezug auf die Behandlung psychischer Probleme und Konflikte. Diese Metapher besagt u.a., dass wir uns nicht mit einzelnen guten Gefühlen und Gedanken (z.B. einzelne weiße Schachfiguren) oder gegen einzelne schlechte Gedanken und Gefühle (z.B. einzelne schwarze Schachfiguren), sondern einzig und allein mit den *unbegrenzten* Spielmöglichkeiten oder Varianten des Schachspiels als „*Kontext*" identifizieren sollten (vgl. hierzu kaschmirischer Shivaismus, Kap. 20, Ich als Theaterbühne vs. Ich als Theaterfigur).

Linehans Weiterentwicklung der „*Dialektischen Verhaltenstherapie*" (engl. *Dialectic Behavior Therapy*) hat vieles gemeinsam mit der ACT von Hayes. Innere Achtsamkeit und radikale Akzeptanz werden von Linehan als zwei zentrale Komponenten ihrer dialektischen Verhaltenstherapie besonders hervorgehoben. Diese Komponenten zielen auf die Entstehung einer *neuen Gesamteinstellung* beim Patienten, die man am ehesten mit dem Ausdruck *mitfühlende und loslassende Ich-Gelassenheit* bezeichnen könnte. Das von Linehan und Mitarbeitern (vgl. Robins, Schmidt & Linehan, 2004) beschriebene „*Wise Mind*" verweist auf die Kultivierung einer kontemplativen oder meditativen Grundeinstellung, die mit den meisten in diesem Buch dargelegten Weisheitstraditionen weitgehend konform geht. Auch wenn Linehan nicht explizit von der Dimension „*Bewusstseinsstille*" als therapeutischem Ziel und Mittel spricht, scheint dennoch die semantische Nähe des sog. „*Wise Mind*" mit dieser Dimension kaum übersehbar zu sein. Der von Linehan und Kabat-Zinn (2003) inspirierte Therapieansatz von Teasdale und Segal (*Mindfulness Base Cognitive Behavior Therapy,* abgek. MBCT, vgl. Segal, Williams & Teasdale, 2001) gehört ebenfalls dieser dritten Generation der Verhaltenstherapie an.

Auch wenn es heute zu früh ist, für die künftige Verhaltenstherapie die Relevanz einer solchen Weiterentwicklung genau einzuschätzen, hat diese Weiterentwicklung doch schon jetzt genügend gezeigt, dass auch verhaltenstherapeutische Ansätze in der Lage sind, hinter der Problematik der Ich-Identität (vgl. *Ich-als-Inhalt vs. Ich-als-Kontext*) die Zentralität von Weisheitslehren, meditativen Praktiken und Bewusstseinsstille in Bezug auf Zielsetzung und Durchführung der Psychotherapie herauszuarbeiten.

3. *Bewusstseinsstille und die humanistischen/transpersonalen Therapieansätze*

Anders als die tiefenpsychologischen und verhaltenstherapeutischen Schulrichtungen, die sich zumindest um ein zentrales Hauptparadigma wie „das Unbewusste" oder „das Lernen" jeweils einordnen lassen, sind die humanistischen und transpersonalen Ansätze von vornherein äußerst disparat. Die folgende Auswahl ist somit recht aleatorisch: *Gesprächstherapie* (Rogers), *Gestalttherapie* (Perls), *initiatische Therapie* (Graf Dürckheim), *holotrope Atemtherapie* (Grof).

Rogers Gesprächspsychotherapie hat vor allem mit Therapeutenvariablen wie bedingungslose Zuwendung und Wärme (*unconditional regard*) und Empathie (*empathy*) eine Gesamteinstellung des Psychotherapeuten geschildert, die im Wesentlichen an das „*Wise Mind*", die Akzeptanz und Achtsamkeit bzw. die mitfühlende und loslassende Ich-Gelassenheit von Hayes und Linehan erinnert.

Rogers nahm m.E. folgerichtig an, dass sich die Realisierung dieser Gesamteinstellung durch den Therapeuten unmittelbar auf die Transformationspotentialitäten des Patienten positiv auswirken würde. Im gewissen Sinne ging er implizit davon aus, dass der Patient sich selbst gegenüber diese Therapeutengesamteinstellung einnehmen würde.

Obwohl dies nicht explizit gemacht wird, soll der Patient eine ähnliche Einstellung und Umgangsform gegenüber seinen Ich-Problemen und -Leiden einnehmen wie sein Therapeut. Durch das Modelllernen der *unbedingten Akzeptanz und empathischen Achtsamkeit* wird wohl erwartet, dass Selbstvertrauen, Veränderungsmotivation und aktive Selbstverantwortung geweckt und gestärkt werden, so dass sich neue Sichtweisen und Lösungsansätze frei entwickeln können.

Auch wenn meditative Selbstreflexionen und die achtsame Stilllegung des leidenschaftlichen Bewusstseins nie direkt von Rogers thematisiert wurden, dürfte dennoch klar sein, dass „*unconditional regard*" und „*empathy*" beim Therapeuten wie beim Patienten eine optimale Basis leisten, auf deren Grundlage die mitfühlende Bewusstseinsstille gedeihen und therapeutisch wirksam werden kann.

Abgesehen davon, dass sich Fritz Perls gegen Ende seines Lebens intensiv mit Zenbuddhismus befasste, erinnern viele Aspekte der *Gestalttherapie* an eine zenorientierte Weisheitstradition. So z. B. wird der unmittelbaren Erfahrung ein hoher Stellenwert zuerkannt. Das bewusste „*Hier und Jetzt*" erhält in diesem Zusammenhang eine zentrale therapeutische Funktion.

Die achtsame Konzentration auf den allein direkt erfahrbaren Augenblick wird in der klassischen Gestalttherapie zum Hauptfaktor des therapeutischen Geschehens. Die Vergangenheits- und Zukunftsaspekte verleiten wohl dazu, den Lust-Unlust-Raum mit seinen zahlreichen Zu- und Abneigungen zu öffnen. Dadurch droht das jeweilige Ich sich mit diesen Aspekten mehr oder weniger intensiv zu identifizieren. Erst durch eine Einengung der Achtsamkeit auf die einige Sekunden dauernde Bewusstseinsspanne kann die alles durchdringende Stille des aktuellen Augenblicks bewusst werden. Durch die ständige und ausschließliche Fokussierung auf einen eng umrissenen Augenblick wird die Wahrnehmung einer umfassenden Ich-Identität *unmöglich* gemacht. *Der jeweils erfahrene Augenblick (nicht mehr als einige Sekunden) macht jedem deutlich, dass jede Form von dauerhafter Struktur, wie etwa Ich, Selbst oder Identität abstrakter Natur sei und nur als Idee – wenn überhaupt – existieren kann.*

Streng genommen ermöglicht die achtsame Fokussierung auf den Augenblick nur den direkten Einblick in die innere Bewusstseinsstille, die allein als unumgängliche Grundlage für alle, länger als einen Augenblick andauernden, mentalen Konstrukte wie Vorstellungen, Gefühle oder Handlungen dienen kann. Es ist schon erstaunlich, dass Fritz Perls die therapeutische Wirksamkeit der Augenblickserfahrung intuitiv erfasste, dass er aber anscheinend nicht merkte, dass die Einengung auf die augenblickliche Hier-und-Jetzt-Bewusstheit (engl. *here and now awareness*) auf die unveränderliche, alles durchdringende Stille/Leere hinführt. *Jedenfalls finden sich keine nennenswerten Beschreibungen oder Hinweise auf die Bewusstseinsstille oder Seelenruhe in den gestalttherapeutischen Protokollen oder Schriften von Fritz Perls.*

Karlfried Graf Dürckheim (1896-1988) gehört zu den europäischen Pionieren der *transpersonalen Psychotherapie*. Ähnlich Assagioli unterschied Dürckheim zwei Therapierichtungen: die *pragmatische* und die *initiatische* Richtung.

Die Pragmatische Therapie zielt vorrangig darauf, die Voraussetzung für ein gesichertes, sinnvolles und gemeinschaftliches Leben in der Welt wiederherzustellen, den Menschen also welttüchtig zu machen.

Hauptteil der *Initiatischen Therapie* ist dagegen, das menschliche Wesen (gleichsam das „*Ich-als-Kontext*") hinter den persongebundenen Masken und Rollenfunktionen („*Ich-als-Inhalt*") zu erspüren bzw. zu erfahren. Anders als C.G. Jung verstand Graf Dürckheim seine *Initiatische Therapie* als einen Integrationsversuch von Ost und West. Er sah im Zenbuddhismus keinen Gegensatz zum christlichen Weg der Selbstwerdung, sondern eine ausgezeichnete Möglichkeit, die abendländische Kontemplation mit der östlichen Meditation therapeutisch zu verbinden und dadurch den initiatischen Weg effizienter zu beschreiten.

Graf Dürckheim sah den initiatischen Therapieweg sowohl in der Erfahrung eines überweltlichen Sinnes, die – ähnlich einer Gipfelerfahrung (engl. *peak experience*) – im Nu geschehen kann, als auch in der lebenslänglichen Transformation, die durch solche Gipfel- oder Initialerlebnisse in Gang gesetzt wird.

Andersartigkeit, Unfassbarkeit, Weite, Unendlichkeit, Herzenswärme sind typische Merkmale *initiatischer Erfahrungen*, die mehr auf das „*Ich-als-Kontext*" als auf das „*Ich-als-Inhalt*" hinweisen. Graf Dürckheim hat seine spirituell orientierte Initiatische Therapie einer Vielzahl nicht-verbaler Äußerungsformen (zeichnen, malen, meditieren, japanische Kampfkünste) weitgehend geöffnet. Er versprach sich dadurch eine größere Effizienz für das Erreichen des therapeutischen Ziels, das er gern mit Ausdrücken wie „Öffnung des Wesensauges, große Durchlässigkeit, Transparenz für Transzendenz" bezeichnete. Er selbst hat Initialerlebnisse im Zusammenhang mit taoistischen und zenbuddhistischen Meditationen erfahren, was die *„Öffnung seines Wesensauges"* gegenüber der inneren Bewusstseinsstille erheblich förderte.

Als einer der wenigen humanistischen und transpersonalen Psychotherapeuten hat Graf Dürckheim die *„innere Stille"* als Hauptziel der Therapie bezeichnet. Immer wieder findet man in seinem Werk (vgl. z.B. Dürckheim, 1994, 2003) deutliche Hinweise auf die innere Stille als zentrales Anliegen therapeutischen Wirkens.

Er schreibt z.B.:

„Die Menschen, von denen Stille ausgeht, weil sie innerlich still sind, sind selten geworden. An die Stelle organisch wachsender Stille, die aus dem Wesen kommt, ist die „Ruhe", das sich „Still-Legen" aus Selbstsucht getreten. Die vorübergehende Ruhe, die aus einer „Übung" oder Selbstdisziplin kommt, ist jedoch ganz anders als die Stille, die eine innere Verfassung kundtut, die keiner Willenshaltung bedarf, um zu halten." (S. 31, Durchbruch zum Wesen, 1994)

„Das Aufgeben des eitlen Ichs mit seinem Wunsch, um jeden Preis zu gelten, seinen Wahn, das Leben müsste seiner Vorstellung entsprechen, und seinen Willen, sich auf dem Platz zu verschanzen, den es in der Welt und im eigenen Spiegelbild einnimmt, ist vielleicht die schwerste Aufgabe, die dem Menschen von innen gestellt ist. Die Unentwegtheit des Ich ist Wurzel und Nährgrund all der dämonischen Mächte, die den Menschen der Stille berauben." (S. 35)

Die *„innere Stille"* als Mittel und Ziel der Therapie hat Graf Dürckheim, wohl wie kein anderer Psychotherapeut vor ihm, *zum zentralen Anliegen seines therapeutischen Wirkens gemacht.*

Im *holotropen*, erweiterten Bewusstsein – wohl im Gegensatz zum eingeengten, körperzentrierten hylotropen Zustand – sah Stan Grof eine therapeutische Möglichkeit, zahlreiche psychische Leiden - zumindest partiell - zu überwinden.

Nach Grof erleichtert die *holotrope Atemtherapie* den Zugang zu allen Hauptbereichen der Bewusstseinserweiterung, denen zahlreiche außergewöhnliche Erfahrungen angehören wie beispielsweise:

- allerlei Identifikationen mit anderen Menschen, mit Vorfahren, Tieren, Pflanzen und sogar anorganischen Systemen,
- Einheitserlebnisse wie die Erfahrung kosmischen Bewusstseins, Erfahrung universeller Archetypen, energetische Phänomene des feinstofflichen Körpers,
- transpersonale Erfahrungen wie Synchronizitätsphänomene, übernormale körperliche Leistungen, spirituelles Heilen, allerlei Psi-Phänomene.

Solche bewusstseinserweiternde Erfahrungen entsprechen der archetypischen Struktur des *„Sterbens und Geborenwerdens"*, die sich entlang von vier sog. perinatalen Matrizen entfaltet:
PM-I: *Das amniotische Universum*; PM-II: *Kosmisches Verschlungensein und Ausweglosigkeit*; PM-III: *Der große Kampf von Tod und Wiedergeburt*; PM-IV: *Tod und Wiedergeburt*.

Für Grof sprengen solche Bewusstseinsstrukturen und -erfahrungen die üblichen Trennungen der klassischen Physik zwischen Materie, Energie und Information sowie die geläufigen Trennungen zwischen Ich und Welt. Im deutlichen Gegensatz zu Descartes und Newton sah er in der Quantenphysik und im holographischen bzw. holonomischen Paradigma eine Möglichkeit, die leidensträchtige Einengung der Ich-Identität in Richtung eines über Tod und Geburt hinausgehenden und erfahrbaren Einheitsbewusstseins zu überwinden. Demnach sah Grof die holotrope Atemtherapie als ein holofraktales oder holonomes Verfahren, das Erfahrungen des kosmischen, unitären Bewusstseins über die vielfältigen, scheinbaren Eingrenzungen hinaus ermöglicht. Obwohl er die Erfahrung der kosmischen Leere/Stille hin und wieder anspricht und Parallelen seines Ansatzes zum tibetischen Buddhismus (Grof, 1997) ausdrücklich betont, wird man vergeblich nach genauen Ausführungen Grofs über die innere Stille/Leere des erweiterten Bewusstseins suchen. *Es scheint, dass er – ähnlich C.G. Jung – aus lauter Faszination vor der Fülle von Phänomenen der maximalen Bewusstseinserweiterung nicht gewillt ist, die allumfassende Bewusstseinsstille/-leere als Haupttherapieziel wahrzunehmen und dementsprechend zentral zu thematisieren.*

4. Bewusstseinsstille und die familiensystemischen Ansätze

Obgleich die Kommunikations- und familiensystemischen Ansätze kaum auf die innere Stille als therapeutisches Mittel und Ziel fokussieren, tragen sie zumindest dazu bei, das *„Ich-als-Kontext"* gegenüber dem *„Ich-als-Inhalt"* bewusst zu machen.

Egal ob man die systemische Schulrichtung von Selvini-Palazzoli, die transgenerative Schule oder die Familienaufstellung nach Satir vertritt, wird man damit konfrontiert, die individuelle Ich-Identität im Kontext eines Gruppensystems zu entdecken. Gleichzeitig wird einem auf vielfältige Weise bewusst, wie wichtige Identitätskomponenten oder -merkmale in funktioneller Abhängigkeit von anderen Menschen und ihren Interaktionen entstehen und verändert werden können. Umgekehrt lernt man die mögliche Einflussnahme eigener Einstellungen und Verhaltensweisen auf andere Mitglieder des Systems kennen. Transgenerative Familienansätze (z.B. *Genogrammanalyse*) können sogar die funktionelle Abhängigkeit vom „*Ich-als-Inhalt*" über mehrere Generationen und umfassende gesellschaftshistorische Kontexte besonders hervorheben.

Indem jemand über Verfahren wie Genogrammanalyse, zirkuläres Befragen oder Familienaufstellung lernt, sich empathisch mit anderen Personen zu identifizieren, kann u. U. eine heilsame Entidentifizierung bzw. Distanzierung von allzu eingeengten und festgelegten Identitätsschemata und -gefühlen entstehen.

Obwohl die familiensystemischen Ansätze eine solche heilsame Entidentifizierung nur punktuell vorantreiben, ließen sich *in einem meditativen Übungskontext* sowohl die empathische Probeidentifizierung mit anderen als auch die systematische Bewusstmachung und Distanzierung von erkannten Identitätsskripten samt ihren emotionalen Abhängigkeiten so weit ausloten, dass die ihnen inhärente bzw. allen gemeinsame „innere Stille" erfahrbar würde. Die von Buddha durchgeführte Probeidentifizierung mit den diversen Freuden und Leiden unzähliger Lebewesen in der Nachtwache vor seinem stillen Erwachen (s. Kap. 12) erinnert in der Tat an eine vertiefte Meditation über die wechselseitigen funktionellen Abhängigkeiten der „*Ich-Identitätsinhalte*", wodurch sich die einheitliche, unveränderbare Leere/Stille breit machen kann.

5. *Bewusstseinsstille und die körperzentrierten Therapieansätze*

Wie schon durch Grofs holotrope Art der Therapie deutlich wurde, können körperzentrierte Psychotherapieansätze zu allerlei Bewusstseins-erweiterungen bis hin zu Erfahrungen der „kosmischen Leere" führen. Nicht zuletzt wegen der hier aufgestellten Äquivalenz zwischen Materie, Energie und Information ist wohl damit zu rechnen, dass körperzentrierte Ansätze zu genau so tiefen Erfahrungen der inneren Bewusstseinsstille führen können wie tiefenpsychologische oder transpersonale Therapiestrategien.

Die in den 20er Jahren des 20. Jh. zeitgleich, aber unabhängig voneinander, entwickelten Körperentspannungsverfahren von Johannes Schultz und Edmund Jacobson, nämlich Autogenes Training und Progressive Relaxation, erinnern in vielen Hinsichten an manche Yogaformen, die wie *Hatha- und Prāna-Yoga* eine tiefe Bewusstseinstransformation vorwiegend über die Regulierung von Körperfunktionen (v. a. Atmung, Muskulatur) herbeizuführen versuchen.

Johannes Schultz ließ sich weitgehend durch die östliche Yoga-Tradition inspirieren. Vor allem in der von ihm beschriebenen AT-Oberstufe schildert er verschiedene Verfahren, die dazu dienen, die Ruhe-Übungen der Grundstufe so zu vertiefen, dass das Mentale der gesamten Person zu einer tiefen, alle Erlebnisse und Handlungen durchdringenden Ruhe gelangen kann. Dadurch aber, dass in der klinischen Praxis nur die AT-Grundstufe zur Anwendung kommt, bleibt leider die AT-Potentialität im Zusammenhang mit der gesamten Stilllegung des Mentalen unbenutzt.

Es gibt keinen nachweisbaren Yoga-Einfluss auf Jacobsons *Progressive Relaxation*. Dennoch verlangt Jacobsons ursprüngliches PR-Training eine so intensive Konzentrationsschulung auf die Gesamtmuskulatur, dass dadurch die subtilsten chronischen Muskelverspannungen aufgedeckt werden können, was nach langjähriger Übung - ähnlich den Asanas des Hatha-Yoga - zu einer tiefen, um sich greifenden, mentalen Ruhe führen kann. Leider sind die heutigen PR-Trainings - meistens als unterstützende Maßnahmen im Rahmen anderer, übergreifender Verfahren - dermaßen auf ein Minimum reduziert worden, dass dadurch eine tief gehende Bewusstseinsstille praktisch nicht erreicht wird.

Viele westliche Körpertherapien (z.B. von Alexander, Lowen, Boyesen, Rolf) gehen auf die Pionierarbeit von Wilhelm Reich zurück. In seiner Vegetotherapie versuchte Reich die „*neurotische Charakterpanzerung*" aufzulösen. Wilhelm Reich war nämlich der Auffassung, wie viele Körpertherapeuten nach ihm, dass Angst-, Wut- oder generell Affekt-Blockaden das freie Fließen der psychischen Energie erschweren und zu leidensvollen Verspannungen führen. Indem aber die Blockaden aufgelöst werden, kann die psychische Energie, die er symbolisch „*orgastische Potenz*" nannte, wieder spannungsfrei und schöpferisch fließen, was dem ganzen Organismus, Körper und Seele, zugute kommt. Wie Wilhelm Reich vertreten viele Körperpsychotherapeuten die Vorstellung einer unitären, psychophysischen Energie. Sie gehen daher implizit davon aus, dass sich die Herstellung einer spannungsfreien, schöpferischen Körperenergie unmittelbar in Form von spannungsfreier oder stiller psychischer Energie umsetzt. Diese Annahme entspricht weitgehend vielen indischen Yoga-Ansätzen sowie der Grundeinstellung chinesischer Heilverfahren (z.B. *Tai-Chi, Ki-Gong*).

Nicht zuletzt durch die kartesianische Trennung zwischen „Körper und Geist" sowie das daraus entstandene Auseinanderdriften von „Körper- und Seelenmedizin" ist die psychophysische oder psychosomatische Einheit der Bewusstseinsstille in Praxis und Theorie in den Hintergrund geraten. Im großen Ganzen tragen die vielfältigen, recht heterogenen Körperpsychotherapien - von der Alexander-Technik über Bioenergetik bis hin zu Rebirthing und Rolfing - dazu bei, *an die grundlegende Psychophysik der Bewusstseinsstille bzw. ihre Relevanz für die Psychotherapie aktiv zu erinnern.*

29. Psychotherapie als meditative Zentrierung auf und Verschränkung mit der Grundstille

Außer der *Initiatischen Therapie* von Graf Dürckheim gibt es kaum eine Psychotherapie, die sich eindeutig und explizit zum Ziel gesetzt hat, die alles durchdringende *Leere oder Stille des Bewusstseins* zum zentralen Anliegen heilsamen Wirkens zu machen.

Vielmehr findet man eine Vielzahl von Konstrukten wie *„das individuelle Selbst, die voll funktionierende Person, das voll bewusste und befreite Ich, die integrierte und ausgeglichene Identität, das weise Bewusstsein (wise mind)"* etc.

Vom Blickwinkel der fundamentalen *Grundstille* gesehen scheinen solche Konstrukte eher von der Zentralität der unitären Bewusstseinsstille abzulenken. In der physikalischen Sprache des Quantenvakuums handelt es sich um Konstrukte oder Zielsetzungen, die statt auf den niedrigstmöglichen Quantenenergiezustand hinzuweisen in Richtung eines sekundären *falschen* Quantenvakuumzustands, d.h. eines Zustandes höheren Energieniveaus ablenken, der zwangsläufig früher oder später zum wahren Vakuumzustand sich durchtunneln wird.

Zugegeben: Außerhalb der *Initiatischen Therapie* Graf Dürckheims findet man die z. Zt. breit angelegte Psychotherapeutenmeinung, wonach *Meditation und Psychotherapie* voneinander in Ziel und Methode zu unterscheiden sind. Allein auf dem Gebiet der Meditationsschulung scheint demnach die Zentrierung um die eine mentale Stille sinnvoll und möglich zu sein. Äußerliches Schweigen und innere Bewusstseinsstille gelten bislang vorwiegend für meditative Ansätze. Dagegen wird seit den ersten „Talking Cure"-Ansätzen von Breuer und Freud innerhalb der Psychotherapie viel zu viel gesprochen und überlegt, so dass das Ziel der einsamen Erfahrung der *Grundstille* schon allein durch die verstärkten Sprech- und Nachdenktätigkeiten innerhalb der Psychotherapie ins Wanken kommen muss!

Zweifelsohne hat die gut hundertjährige Psychotherapie mit den ersten Versuchen von Janet, Breuer und Freud eine Heilungstradition entstehen lassen, die eine *klare Trennung* zwischen meditativer Praxis einerseits und psychotherapeutischer Praxis andererseits postuliert.

Abgesehen von einigen wenigen Ansätzen lässt sich in der Tat die psychotherapeutische Praxis seit ca. 1890 auf Anhieb von den Methoden und Zielen der Meditation unterscheiden. Hinzu kommt, dass Meditation meist im Zusammenhang mit religiösen Glaubensformen und spirituellen Praktiken auftritt, was mit dem eindeutig säkulären Auftreten der modernen klinischen Psychologie und Psychotherapie reichlich kontrastiert.

Erst im letzten Jahrzehnt haben meditative Verfahren in die Psychotherapiepraxis zunehmend Einzug genommen. Autoren wie Kabat-Zinn (1994), Linehan (1993), Hayes et al. (1994), Rubin (1996), Segal et al. (2001), Piron (2006), Magid (2002) haben im Zusammenhang mit der Thematik *Akzeptanz und Achtsamkeit* die Einverleibung bestimmter meditativer Aspekte und Techniken soweit einbezogen, dass solche Ansätze zum integrierten Bestandteil des therapeutischen Programms geworden sind.

Bei allen diesen Integrationsversuchen, die seit ca. Mitte der 90er Jahre die psychotherapeutische Praxisszene weltweit betreten haben, sind die religiösen Komponenten der einbezogenen meditativen Verfahren (vorrangig Zen und Vipassana) weitgehend unterdrückt oder beseitigt worden, so dass Bezeichnungen wie shivaitisch oder zenbuddhistisch meist nicht mehr bedeuten als ein Hinweis auf die kulturelle Ursprungsquelle der integrierten meditativen Komponenten.

Indem meditative Tätigkeiten von ihren religiösen Glaubens- und Ritualaspekten weitgehend getrennt werden, lassen sie sich ohne allzu große Probleme mehr und mehr in die moderne Psychotherapie einbeziehen.

Im Folgenden wird versucht, eine Psychotherapiepraxis zu konzipieren, die dem hier vertretenen „*unitären Bewusstseinsquantenfeld*" bzw. der angenommenen „*einen Stille*" soweit wie möglich entsprechen würde.

Der meditativ-therapeutische Umgang mit dem Ich als mögliche Psychotherapiepraxis

Zentral für die meditativ-therapeutische Achtsamkeit ist die gegenwärtige Erfahrung und Akzeptanz der ubiquitären, feldunitären, immer gegenwärtigen und prinzipiell erfahrbaren *einen Stille,* so wie sie sich durch Meditationsübungen dem Bewusstsein selbst mitteilt, nämlich als *Bewusstseinsstille.*

So gesehen – und dies wohl im Einklang mit den Weisheitstraditionen der Menschheit – stellt sich das Ich wie die superponierte Quantenkatze

Schrödingers, eben als *möglicher Förderer* **und** *möglicher Zerstörer* der Bewusstseinsstille bzw. der gegenwärtigen Erfahrung und Akzeptanz der ubiquitären und feldunitären einen Stille/Leere dar.

Die januskopfartige Doppelfunktion des Ich soll dem stillezentrierten Psychotherapeuten klar vor Augen stehen, möglichst bei allen seinen therapeutischen Aktivitäten. Da die Förderungs- und Zerstörungsaspekte eines jeden „Ich" miteinander so verschränkt sind wie z.B. *Wellen- und Teilchenaspekte eines Photons*, wird jeder auf Anhieb verstehen *wie problematisch der Rekurs auf Ich-Funktionen und -Identitäten in der Psychotherapie sein kann*. Jedes *„wise mind"* - unabhängig ob Christ, Taoist, Buddhist, Great Spirit-Anhänger etc. - wird uns dringend raten, *„Willst du die eine Stille, das ewige Glück, die Christus - oder Buddha-Natur, das Tao oder Nirwana etc. erfahren, dann lass dein Ich ohne Murren fallen!"*

Nach Durchsicht bisheriger Meditations- und Weisheitslehren kann man in der Tat feststellen: Ausnahmen zu dieser Grundregel (*lass dein Ich ohne Murren fallen!*) gibt es und kann es m. E. auch nicht geben.

Erst durch die Meditation über und Konzentration auf die *Leere oder Stille* der Bewusstseinsinhalte kann besonders bewusst werden, dass die Ich-Tätigkeiten im Grunde beiläufig und sekundär sind.

Dank der Konzentration des Bewusstseins auf sich selbst kann die angeblich zentrale und unabdingbare Position des Ich oder der subjektiven Ich-Identität in Frage gestellt werden. Durch die meditative Ausrichtung auf das Bewusstsein entsteht die vorrangige Vorstellung oder das primäre Gefühl, dass Gedanken, Vorstellungen und Emotionen aus der Leere/Stille des Bewusstseins entstehen, vergehen und verschwinden. Die meisten Aktivitäten erscheinen nicht mehr als Produktionen einer abstrakten Ich-Einheit oder Ich-Identität, sondern vielmehr als *Geschehnisse oder Wirksamkeiten*, die von sich aus in aller Stille ablaufen.

Je weniger Gedanken, bildliche Vorstellungen oder wechselhafte Stimmungen das Bewusstsein bevölkern, umso überflüssiger wird der Rückgriff auf eine abstrakte Vereinheitlichungskategorie wie Ich, Selbst, Subjekt, Identität etc. Sofern kaum noch abstrakte Gedanken, sensumotorische Bilder oder wechselhafte Gefühle die Bewusstseinsstille oder Meditationsleere okkupieren, wird die Funktionslosigkeit vom Ich evident.

Das gilt anscheinend für alle vorstellbaren Ich-Ebenen (z.B. theoretische, subjektive, objektive, empirische, experimentelle Ebene). Spätestens wenn die Bewusstseinsstille nur noch gelegentlich von einer wie aus dem Nichts auftauchenden Vorstellung erschüttert wird, gewinnt man einen Eindruck über die *Zweitrangigkeit der Ich-Identität.* Ihre ursprünglich gedachte zentrale und unabdingbare Position wird dann als weitgehend unbegründet angesehen.

Es scheint, als ob die zentrale Wichtigkeit des Ich *proportional* zur Anzahl von Bewusstseinsinhalten zunehmen würde. Mit anderen Worten: Je weniger die Bewusstseinsstille wahrgenommen wird, umso wichtiger und zentraler wird das Ich. Es erscheint wie eine notwendige, ja rettende Ordnungs- und Strukturierungsdimension in der mitunter chaotisch anmutenden Flut an Vorstellungen und Gefühlen.
In einem gewaltigen Strom von disparaten Gedanken und Gefühlen erweist sich jede Einheit stiftende Regel oder mehr noch jede Form von Invarianz (z.B. die sog. *Ich-Identität*), als willkommene Orientierungs- und Strukturierungsstütze. Sobald aber dieser gewaltige „*Vorstellungsstrom*" dank der konzentrativen Rückbesinnung auf die innere Bewusstseinsstille zu einem kaum wahrnehmbaren Vorstellungsrinnsal versiegt, kann auf Zentrierungs- oder Strukturierungsstützen wie das „Ich" weitgehend verzichtet werden.

Ichlose meditative Bewusstseinsstille und Flow-Bewusstsein

Csikszentmihalyi (1975, 1990, 2004) hat zu Recht das Flow-Bewusstsein als *terminus technicus* für eine besondere Tranceform des Bewusstseins eingeführt.
Ähnlich wie für die hypnotische Trance handelt es sich um einen durchgehenden Absorptionszustand, in dem jemand seine jeweilige Tätigkeit als fließend, konzentriert, störungsfrei, mühelos, harmonisch etc. wahrnimmt.

Der Flow-Zustand entspricht einer optimalen Resonanz innerer Anteile mit äußeren Umfeldfaktoren. Dank der vollen Konzentration auf eine bestimmte, mitunter komplexe Tätigkeit genügen die unmittelbaren Rückmeldungen zur autonomen Steuerung und Sinngebung. Die ausgeübte Tätigkeit genügt gleichsam sich selbst; sie wirkt somit autotelisch, was in der Regel eine problemlose Übereinstimmung zwischen Anforderung der Situation und Fähigkeit des Handelnden impliziert. Mit anderen Worten: Die Konzentration auf die oder Absorption in der Tätigkeit scheint die Zeit anzuhalten bzw. führt zu einer trancetypischen Zeitwahrnehmungsveränderung. Sorgen, Zweifel, Ablenkungen jeder Art schwinden im Flow-Zustand zunehmend.

Das Verschwinden von inneren und/oder äußeren Störungsfaktoren macht *die Bewusstwerdung einer übergreifenden Ich-Funktion bzw. einer Ich-Identität subjektiv überflüssig.* Im Flow-Zustand werden die Ich-Leistungen dermaßen in die durchgeführte Tätigkeit integriert, dass sie gleichsam die Existenz einer *Ich-Identität* vergessen lassen oder gar überflüssig machen. Ähnlich der hypnotischen Trance handelt es sich beim Flow-Bewusstseinszustand um *wohltuende innere Ruhe oder Stille ausstrahlende Tätigkeiten.*
Die o. g. Charakteristika des Flow-Zustandes treffen weitgehend für meditative Tätigkeiten zu, bei denen die Ich-Identität oder -Kontrollinstanz immer mehr in den Hintergrund gerät bzw. gar überflüssig wird.
Flow gehört zur Trancegruppe (vgl. van Quekelberghe, 2005) und kann - ähnlich wie Humor, Entspannung, Todesnaherfahrung...- dazu beitragen, die Erfahrung der ichlosen meditativen Stille voranzubringen.
Da eine meditative Psychotherapie die Entfaltung der ichlosen Stille, Leere oder Ruhe als vorrangiges Thema und Ziel erachtet, bietet die Trancegruppe zahlreiche Möglichkeiten an, Ich-Annahmen in Frage zu stellen und somit überflüssige Hindernisse zur Wahrnehmung der ichlosen, ubiquitären Bewusstseinsstille zur Seite zu schieben.

Psychotherapie als Verschränkung von Bewusstseinsstille und Ich-Wahrnehmungen

Getreu der Annahme eines unitären Bewusstseinsquantenfeldes, worin das Superpositions- und Verschränkungsprinzip fest etabliert ist, kann eine meditative, auf die Bewusstseinsstille zentrierte Psychotherapie nicht umhin, die bestehenden Ich-Wahrnehmungen und -Leistungen unablässig mit der inneren Stille und äußeren Leere in Verschränkung (engl. *entanglement*) zu bringen.
Da aber zahlreiche Ich-Leidenschaften jemanden unter Stress stellen und nicht selten in Turbulenzen oder Leiden stoßen, gerät paradoxerweise die in jedem Augenblick voll enthaltene Stille immer mehr außer Acht. So unverständlich oder gar idiotisch dies erscheinen mag: Die in jedem wahrnehmbaren Augenblick bedingungslose, freigegebene Stille muss meist mühsam erlernt und gleichsam wieder angeeignet werden, obwohl sie uns seit eh und je begleitet.

Offenbar verschränkt sich unsere sog. Ich-Identität eher mit zahlreichen schnelllebigen Leidenschaften als mit der einzigen und zeitlosen Leere oder Stille. Sofern sich das Ich bzw. die Ich-Identität mit den Leidenschaftsgegenständen verschränken, entsprechen sie immer mehr den Grundmerkmalen der klassischen Alltagswelt oder der klassischen Physik.

In dieser Alltagswelt wird das Ich zu einer festen Entität, die vielfältig kausal mit seinen Leidenschaften verbunden wird. In dem Maße, in dem Leidenschaften das Ich miteinbeziehen, gerät es in unruhige, mitunter turbulente Stressfelder, was kurz- bis langfristig vielfältige psychische Leiden nach sich ziehen kann.

Je mehr sich das Individuum erlebt als
- dual, d.h. z.B. isoliert oder getrennt von anderen, von der Natur, von der Stille
- lokal, d.h. z.B. gebunden an Leidenschaften, an allerlei Wünsche und Ziele
- kausal, d.h. als Spielball von allerlei inneren und/oder äußeren Ursachen
- skalierbar, d.h. z.B. als eine externe, messbare Entität mit festen Eigenschaften,

umso weniger wird die ihm innewohnende Stille erfahrbar und die damit heilsame Verschränkung möglich.

Umgekehrt, *je mehr* sich jemand wahrnimmt,
- als nicht entitätisch, z.B. fließend, vergänglich, ich-los
- als nicht-dual, z.B. eins mit anderen, mit der Natur, der Leere oder Stille
- als nicht-lokal, z.B. an Leidenschaften und vielerlei Wesen und Dingen nicht festklebend, sondern davon weitgehend losgelöst
- als nicht-kausal, z.B. nicht vorwiegend von raumzeitlichen Bedingungen abhängig, nicht an symbolischen Sinn- und Bedeutungsgefügen gebunden
- als nicht-skalierbar, z.B. nicht mit messbaren Eigenschaften identisch,

umso mehr öffnet er sich der seinem Denken, Fühlen und Handeln zugrunde liegenden Bewusstseinsstille.

Das Doppelpentagramm (s. Kapitel 5, S. 36) kann somit dem meditativen Psychotherapeuten als brauchbare Orientierung dienlich sein. Alles was den Patienten vom inneren, sekundären Pentagramm (z.B. Entität, Lokalität etc.) weg bzw. hin zum äußeren, primären Pentagramm (z.B. Nicht-Entität, Nicht-Lokalität etc.) leitet, bringt ihn sicher in die Zone der ichlosen, heilsamen und seelenruhigen Bewusstseinsstille. Erst durch die Öffnung des Patientenbewusstseins für das äußere Hauptpentagramm kann die Verschränkung seiner Ich-Konstruktionen und -Erfahrungen mit der allgegenwärtigen unitären Stille eingeleitet werden. In dem Maß aber, in dem das Ich in der Seelenruhe verankert wird, gewinnt das imaginäre Ich an Beruhigung und Leidenschaftslosigkeit. Weniger Angst, Sorgen, Ärger, Neid, Trauer, Freude, Zweifel etc. sind die natürliche unmittelbare Folge davon.

Die Frage nach dem Wie der Verschränkung von imaginärem Ich mit der inneren Stille und äußeren Leere

Nachdem das therapeutische Ziel der progressiven Ich-Entbindung von Leidenschaften und Leiden bei gleichzeitig zunehmender Ich-Anbindung an die jederzeit und überall vorhandene Bewusstseinsstille eindeutig erkannt wurde, stellt sich für den Praktiker die Frage nach einer konkreten psychotechnischen Handhabung.

Auch wenn diese naheliegende Frage berechtigt ist, sollte doch vorab klar daran erinnert werden, dass es wohl unübersehbar viele kreative Wege gibt und geben muss, um die Ich-Entbindung von Leidenschaften und Ich-Anbindung an Stille voranzubringen. Die in diesem Buch skizzierten Weisheitstraditionen (z.b. Zenbuddhismus, Stoizismus, kaschmirischer Shivaismus) sind in diesem Zusammenhang ein wohl unerschöpfliches Reservoir an Inspirationsquellen für die schöpferische Gestaltung von Zugangswegen zur Stille.

Abgesehen davon kreisen konkrete Empfehlungen für den Praktiker um die Entwicklung und Gestaltung von Verfahren, die eine *Metaperspektive* über das Patienten-Ich so eröffnen, dass eine Bewusstwerdung der wohltuenden heilenden Stille möglich wird. Dies impliziert Verfahren, die eine Ich-Distanzierung oder Ich-Entidentifizierung zugunsten der Seelenruhe ermöglichen.

Die ruhige Gelassenheit gegenüber allerlei Ich-Konstruktionen (z.B. Pläne, Wünsche, Ängste, Aversionen etc.) verlangt nach einer wohlwollenden empathischen Distanz zu sich selbst. Folglich sind alle konkreten Verfahren willkommen, die eine solche Distanz zu sich selbst fördern.

Wohlwollende, gelassene Ich-Distanzierungsmethoden können selbstverständlich paradoxer Natur sein. Hierzu zählen z.B. die sehr genauen Annäherungen an die Ich-Konstruktionen. Die wissenschaftliche Methode, sich Phänomene möglichst genau anzusehen, ist wohl die erfolgreichste und bekannteste Distanzierungsmethode!

Anders als im Alltag nähert man sich wissenschaftlich dem zu untersuchenden Phänomen so weit, dass dadurch eine sachliche Distanz zum Phänomen erst möglich wird.

Der achtsame, meditative Umgang mit den diversen kognitiven, emotionalen, behavioralen Ich-Tätigkeiten lässt sich weitgehend dieser wissenschaftlich-paradoxen Distanzierungsmethode zuordnen. Allein die genaue, anhaltende Beobachtung einer Ich-Tätigkeit verändert die Wahrnehmung, Bewertung und Durchführung dieser Tätigkeit. Durch die wissenschaftsähnliche Betrachtung eines Phänomens wird nämlich eine *Metaperspektive* eingeführt, die eine breitere Beobachtung und Reflexion ermöglicht.

Zahlreiche konkrete Verfahren der Gestalttherapie haben schon früh die paradoxe Distanzierungsmethode gewinnbringend angewandt. Hierzu gehören z.B. Techniken wie

- *„Stay with it". Statt wie üblich über einen Gedanken, ein Gefühl oder ein Verhalten wie über ein äußeres Faktum zu berichten, wird mittels dieser Übung versucht, sich im jeweiligen ausgewählten Phänomen einzufühlen und dabei den Werdeprozess minutiös zu beobachten und zu erfahren. Allein schon diese achtsame Einstellung gegenüber dem Phänomen kann nicht selten eine beruhigende Veränderung einleiten, auch wenn – streng genommen – keinerlei direkte Veränderung damit intendiert wird.*

- *Die Erfahrung zeitlich und/oder räumlich dehnen. Viele therapeutische Techniken des sog. Zeitlupentempos und des Zoomings gehören hierzu. Auch hier wird nicht primär der Versuch unternommen, irgendwas zu ändern, sondern vielmehr dank der künstlichen Zeitdehnung die Aufmerksamkeit auf bestimmte Aspekte eines Problems zu lenken, die sonst unter den alltagsüblichen Bedingungen kaum Chance hätten, einigermaßen bewusst zu werden.*

- *Wiederholung (engl. rehearsal). Hierzu gehört vor allem eine bestimmte Erfahrung, z.B. ein Gedanke, ein Gefühl oder ein Verhalten zu wiederholen mit oder ohne Übertreibung. Solche Übungen gehören zu wissenschaftlich-paradoxen Distanzierungsmethoden, weil dank der zunehmenden Konzentration auf etwas, neue Aspekte automatisch beobachtet bzw. bewusst werden können. Durch die behutsame Wiederholung bestimmter Angst-, Aversions- oder sonstiger Gefühle auslösender Ich-Tätigkeiten entsteht allmählich eine Metaperspektive, die meist eine entspannende, gelassene Distanzierung ermöglicht. Mitunter können bestimmte Tätigkeitsaspekte gezielt übertrieben werden, um dadurch unterschwellige Merkmale deutlicher oder bewusster wahrzunehmen.*

- *Reversal/Umkehr-Techniken. Durch die gezielte künstliche Kontrastierung von Ich-Tätigkeiten (z.B. schüchternes Verhalten durch penetrantes, histrionisches Auftreten ersetzen) können unterschwellige*

Bedürfnisse, Wünsche, Tendenzen etc., die ansonsten im Hintergrund blieben und womöglich für andauernde Spannungen sorgen würden, bewusst gemacht und somit der achtsamen Gelassenheit oder Serenität im Umgang mit problematischen Ich-Performanzen dienlich werden.
- Unfinished business. Hier gilt es, sich wichtigen rekurrenten Themen, die auf nicht abgeschlossene Handlungsgestalten hinweisen, mit der wissenschaftlich-paradoxen Distanzierungsmethode zu nähern. Dabei sollen dann mit gezielter Aufmerksamkeit unterschwellige Spannungsmomente erspürt werden, um zu einer diesbezüglich abschließenden Gelassenheit zu gelangen. Insbesondere sollen die Ich-Annahmen oder -Tätigkeiten beschrieben und erfahren werden, die der Vertiefung der Seelenruhe im Wege stehen.
- Body awarenes bzw. achtsame sensumotorische Körperempfindungen. In diesem Zusammenhang kann auf eine enorme Vielfalt an Verfahren zurückgegriffen werden. Die bekannten Rosine- und Bodyscan-Übungen von Jon Kabat-Zinn (2003, s. auch van Quekelberghe, 2007) gehören hierzu, wie auch zahlreiche Gestalt-, Focusing- und Achtsamkeitsübungen (vgl. Perls et al., 1979; Gendlin, 1978, Germer et al., 2005).

Außer den wissenschaftlich-paradoxen Distanzierungsmethoden gibt es viele schlichte Distanzierungsverfahren, die vor allem konkrete räumliche und/oder zeitliche Ich-Entidentifizierungsversuche anstreben.
Übungsbeispiele findet man in vielen imaginativen Therapieformen. Allerdings sind solche Übungen selten auf die Wahrnehmung der Bewusstseinsstille primär gerichtet. Vielmehr werden sie meist als ad hoc Lösungen für bestehende Erlebens- und Verhaltensprobleme empfohlen. Eine Ausnahme stellt hier die Weisheitstherapie (Baumann & Linden, 2008) dar, die von vornherein solche Übungen als Training von Weisheitskompetenzen anstrebt, zu denen u. a. gezählt werden:

1. Fähigkeit zur Einnahme einer Metaperspektive über sich selbst
2. Empathiefähigkeit
3. Emotionswahrnehmung und Akzeptanz
4. Serenität (Gelassenheit)
5. Fakten und Problemlösewissen
6. Kontextualismus
7. Wertrelativismus
8. Nachhaltigkeitsorientierung
9. Ungewissenheitstoleranz
10. Selbstdistanz und Anspruchsrelativierung

In diesem Sinn schlagen Baumann & Linden (2008) u.a. eine Reihe von unmittelbaren Distanzierungsübungen, wie z.B.

„Bitte stellen Sie sich vor, Sie schreiben im hohen Alter mit viel Distanz ihre eigene Biografie mit allen Wechselfällen Ihres bewegten Lebens. Wie würden Sie die aktuelle, schwierige Lebensphase beschreiben und bewerten? Kann man aus der Ferne diese Lebensphase auch mit eher Gleichmut und Humor beschreiben?" (S. 107)

Eine andere, in der bisherigen Psychotherapie kaum angewandte direkte Ich-Distanzierungs- oder Entidentifizierungsmethode könnte man als *sättigende Probeidentifikation* bezeichnen. Diese Methode wurde von Buddha während der Erleuchtungs-Nachtwache (s. Kap. 12) systematisch angewandt. Sie ist auch in vielen schamanischen Traditionen üblich. Es geht nämlich darum, sich mit jedem einzelnen Lebewesen soweit wie möglich empathisch bzw. so intensiv wie möglich zu identifizieren. Dabei ist ratsam, sich zunächst einmal mit Lebewesen zu identifizieren, die unter ähnlichen Problemen wie wir leiden oder gelitten haben. Durch solche Identifizierungsübungen kann eine empathisch durchlebte Stille entstehen, die ein tiefes Einheitsbewusstsein in sich birgt.

Sättigende Probeidentifikationen sind anders als die Rosine- und Bodyscan-Übung eher für fortgeschrittene Therapiepatienten gedacht, die eine intensive stille Erfahrung im Kontext des Einheitsbewusstseins anstreben.

Generell gehören meditative Übungen und Techniken, die die problematischen, nicht selten leidensvollen Einschränkungen der Ich-Identität aufrütteln wollen, schon zu einer fortgeschrittenen meditativen Psychotherapie. Dies gilt auf jeden Fall für Verfahren der achtsam-meditativen Psychotherapie, die jede Selbstsymbolik und Lebenssinn-Semantik sprengen. Solche Übungen und Verfahren zählen zu einer transpersonalen oder spirituellen Psychotherapie, sofern sie auf eine umfassende Bewusstseinstransformation im Sinne eines nicht-dualen Einheitsbewusstseins zusteuern (s. Kap. 6).

****

30. Meditative Psychotherapie und die Infrasemantik-Ebene

Obwohl die achtsamkeits- oder meditationsorientierte Psychotherapie primär in das nicht-duale, leere „*Bewusstseinsquantenfeld*" führen sollte, ist man als Psychotherapie-Praktiker doch gut beraten, diese Zielsetzung nicht allzu sehr – zumindest zu Therapiebeginn – in den Vordergrund zu stellen. Dem Meditationsfortgeschrittenem dürfte aber intuitiv klar sein, dass der intensive Umgang mit Bewusstseinsstille recht bald die Vorläufigkeit, Brüchigkeit und schließlich Unhaltbarkeit von Sinn- und Sinnlosigkeitsdimensionen evident machen wird.

Achtsame Meditation oder Beobachtung des eigenen Bewusstseins führt nämlich zur „*leeren Stille*" bzw. „*stillen Leere*". Kulturgebundene Meditationsschulen, sofern sie die Praxis der achtsamen Konzentration des Bewusstseins auf sich selbst fördern, müssten m. E. weit über eine kulturabhängige Selbstsymbolik oder Sinnspielart hinausführen.

Leider bleiben die dabei benutzten sprachlichen Hinweismittel weitgehend kulturell geprägt. So werden in der Mahayana-Tradition des Buddhismus von Nagarjuna oder Dogen Zenji Sprachausdrücke wie z.B. „*Form ist Leere, Leere ist Form*" gebraucht. In der christlichen Sprache von Meister Eckhart wird auf die leere Stille mit Ausdrücken wie „*lediges Gemüt*" hingewiesen.

Sobald wir uns *achtsam* dem eigenen Bewusstsein zuwenden, können wir – in welcher Kultur auch immer – nicht anders als in *die eigenschaftslose Stille/Leere* hineinzustolpern. Im gewissen Sinne liegt es daran, dass das Bewusstsein als „*grenzenloses Können allen Könnens*" (s. van Quekelberghe, 2005) zur breitmöglichsten Inhaltsfülle die breitmöglichste Kontextleere zur Verfügung stellt. Wenn man so will: Eben genau diese Potentialität bezeichnet das Bewusstsein, das sich als solchem bewusst wird.

Die *eine Bewusstseinsstille* fällt somit mit der Fülle aller möglichen Bewusstseinsinhalte virtuell oder prinzipiell zusammen. Dieses Zusammenfallen oder Nicht-Dualität verlangt nach der Aufgabe einer inhaltlichen Sinndimension.

In den meisten psychologischen, philosophischen, sophologischen und psychotherapeutischen Abhandlungen zur Meditation (oder Konzentration, Kontemplation, Selbstreflexion etc.) oder zu Bewusstseinsfor-

schung wird kaum auf das unbedingte Loslassen von der Informationssemantik bzw. Sinnsuche eingegangen, wenn man in den nichtdualen, mentalen Bereich eintreten will.
Der Leere oder Stille als einzigem Feld haftet im Grunde keinerlei Sinn. Sie ist über Sinn oder Unsinn erhaben.
Nicht zuletzt dadurch ermöglicht sie auch das Entstehen und Vergehen von allerlei sinnhaften Inhalten oder Dimensionen. Leere oder Stille lässt sich wie in der Gestaltpsychologie gleichsam als ultimativer Hintergrund oder Kontext verstehen, aufgrund dessen Figuren oder Inhalte semantische Funktionen übernehmen können.

So betrachtet bietet die Bewusstwerdung der allgegenwärtigen Leere oder Stille die Entstehung von lebensübergreifenden Sinnkonstellationen an. Erst durch die Akzeptanz einer von Sinnbildung unabhängigen Bewusstseinsstille wird das mögliche Feld für sinnträchtige Lebensgeschichten geschaffen.
In den vielfältigen, sinnstiftenden, kulturgebundenen Konzepten wie Buddha-Natur, Tao, Gott, das Eine ohne das Zweite, die Liebe, die Leere etc. - sofern sie als semantische Sackgassen erfahren werden -, kann sich das meditative, nicht-duale Bewusstsein hindernislos ausbreiten. So lange aber Gott, Buddha-Natur, Tao, das Eine, die Liebe etc. als *sinnstiftende* Kategorien die Bühne des Bewusstseins betreten, wird die überall anzutreffende Stille nur dual erfahren werden können. Es ist daher klar, dass eine auf meditativer Achtsamkeit und Akzeptanz basierte Psychotherapie von Anfang an darauf zielen soll, eine bedeutungsträchtige Ich- oder Selbstwerdung eher als eine wenig hilfreiche Ich-Verirrung oder -Verwirrung anzusehen.

Indem aber das geradezu „*sinnsüchtige Ich*" von seiner penetranten Sinnsuche allmählich lernt loszulassen, macht sich die Wahrscheinlichkeit breit, dass die „*Infrasemantik-Ebene*" erreicht wird und peu à peu an Gewichtigkeit und Zentralität gewinnt.

Quantenwissenschaften und Bewusstseinskonzentrationsmethoden tragen wesentlich dazu bei, die Grenzen des *sekundären* Pentagramms in Richtung *primäres* Pentagramm (s. Kapitel 5, S. 36) zu überschreiten, nämlich in Richtung *Nicht-Entität, Nicht-Kausalität, Nicht-Skalierbarkeit, Nicht-Lokalität sowie Nicht-Dualität.*
Sobald diese Ebene erreicht wird, schwinden die „*sinnvollen Ordnungen*" in Zeit und Raum. Dadurch geraten nicht nur die klassisch-physikalischen Phänomene, die bekanntlich auf festen Entitäts-, Lokalitäts-

und Kausalitätskategorien basieren, ins wanken. Auch die klassisch-psychologische Semantikwelt mit ihren symbol- und sinnträchtigen Beziehungsgefügen verliert allmählich ihren Halt. Wo beispielsweise weder lokale Gegebenheiten noch kausale Mittel-Zweck-Relationen mehr anzutreffen sind, gleichsam mitten in der „*Grundstille*", wie ließe sich noch über Sinn und Zweck des Lebens sinnbezogen meditieren?
Es wird jedem einsichtig werden, dass Fragen nach dem Sinn (oder Sinnlosigkeit) von irgendetwas (z.B. Dinge, Handlungen, Ich-Identitäten) hier ausgedient haben. Die Konzentration des Bewusstseins auf sich selbst führt unmittelbar und notgedrungen zur „*Infrasemantik-Ebene*".
Die erfahrene Stille überschreitet auf einmal alle denkbaren Sinnspiele. Sie lässt sich nicht mehr mit Sinnnetzen fangen. Die bewusst gewordene Stille oder Leere entschlüpft sozusagen jeder bestimmten Semantikform, was hier mit dem Ausdruck „*Infrasemantik*" bezeichnet wird. Angekommen auf dieser Ebene verlieren die Sinngefüge ihre unhinterfragte, instinktive Selbstverständlichkeit.

Die Ich-Identitäten, die individuellen Lebensgeschichten mit ihren oft verschachtelten, tiefschürfenden Sinngefügen, die symbolträchtigen Ideale samt ihren existenziellen Garantien einer unerschütterlichen Ordnung, das alles und viel mehr wird in der erreichten Bewusstseinsstille und somit in der Infrasemantik-Ebene wie ausgespielte Sinnspiele entlarvt.

Zugegeben: Die meisten Meditierenden, Psychotherapeuten und fast alle Patienten *meiden die Infrasemantik-Ebene und die damit einhergehende innere und heilsame Stille.* Vielmehr versuchen sie Meditation, Psychotherapie und Leiden in *immer besser* funktionierende Sinnnetze einzugliedern, statt sich auf *eine offene Akzeptanz gegenüber der erfahrbaren infrasemantischen Bewusstseinsstille einzulassen...*

Achtsame Akzeptanz der infrasemantischen Stille

Bei nicht-meditativen oder nicht-achtsamen Psychotherapeuten kann man ohne weiteres einsehen, dass sie die Semantik-Ebene nie verlassen und darin brauchbare Wege zu „*gemeinen Neurosen*"[7] gemeinsam mit den Patienten zusammen basteln. Im Gegensatz dazu sollte man m. E.

---

[7] Bekanntlich sah Freud als ausreichendes Ziel der Psychoanalyse die Überführung der pathologischen Neurosen in die allgemeine "gemeine Neurose". Die mögliche Überschreitung der Semantik-Ebene hat er weder in gesellschaftlicher noch individualpsychologischer Hinsicht je thematisiert.

von meditativen Psychotherapeuten erwarten, dass sie die *Bewusstseinsstille* als therapeutisch zentral und unverzichtbar beachten, was wohl die Bereitschaft zur Auseinandersetzung und zum Umgang mit der infrasemantischen Stille voraussetzt.

Die verbreitete Angst bzw. Ablehnung in Bezug auf die *infrasemantische Stille oder Leere* bleibt so lange bestehen, bis letztere als äußerer Bewusstseinsbereich wahrgenommen wird. Sobald aber die Stille als wesentlicher (und im Grunde genommen ausschließlicher) Bestandteil des eigenen Bewusstseins erfahren wird, schwinden nicht nur die Widerstände und Ängste. Im Gegenteil, je intensiver und tiefer die *Stille-Erfahrung in der infrasemantischen Ebene* wird, umso kraftvoller und heilsamer wirkt sie sich in allen scheinbar sinnvollen oder sinnlosen Lebenszusammenhängen aus.

Insofern gibt es ein Bewusstsein, das sich oberhalb der Sinngrenze erfährt und dadurch nie zur Ruhe kommen bzw. nie im vollen Einklang mit sich selbst sein kann. Denn jede dort erlebte Stille oder Leere erweist sich als sekundär (vorübergehend, schnelllebig, oberflächlich etc.) und sie schmilzt bei jedem stärkeren anhaltenden Stress, geschweige denn bei einem traumatisierenden Belastungsereignis, wie Butter an der Sonne.

Das achtsame, auf Stille gerichtete Bewusstsein birgt in sich das Potenzial, die *infrasemantische Ebene* zu erreichen und somit die primäre (unvergängliche, endlose, abgrundtiefe, etc.) Stille *unterhalb* der Sinngrenzen zu kontaktieren.

Die achtsame Akzeptanz eines „Unendlichkeitshorizontes" mitten in jeder sinnträchtigen Bewusstseinskomponente menschlichen Erlebens und Handelns eröffnet den direkten Zugang zur infrasemantischen Ebene.

Mit anderen Worten: Indem der Psychotherapeut sich selbst und seinen Patienten mit der unendlichen oder grenzenlosen Offenheit der einen stillen Leere in Kontakt bringt, ermöglicht er das Eintauchen in das unitäre Bewusstseinsquantenfeld bzw. in die prinzipielle Unendlichkeit des eigenen Bewusstseins.

Jeder Schritt in Richtung „gelassenes Loslassen von Sinnkonstruktionen" ermöglicht die Akzeptanz der unendlichen, grenzenlosen Stille, über Sinn und Unsinn erhaben. So lange sich der Patient an semantischen Vorstellungen, Sinngefügen, abstrakt- oder konkret-symbolischen äußeren Idealen (z.B. ein von Erfolg gekröntes Leben, eine zu rettende Menschheit, eine Gott gewollte Berufung, ein voll entfaltetes Selbst, etc., etc.) klammert, kann er die heilsame Kontaktnahme mit seiner unendli-

chen infrasemantischen Bewusstseinsmodalität nicht direkt wahrnehmen. Er kann zwar hoffen, sich mittels einer anscheinend dauerhaften Sinnkonstruktion *vorläufig zu stabilisieren*. Gleichzeitig aber verfehlt er die Möglichkeit, eine infrasemantische, tiefgehende Verankerung seines Erlebens und Handelns einzuleiten.
Indem der achtsamkeits- und akzeptanzorientierte Therapeut die *infrasemantische Ebene der Stille* mit eröffnet, trägt er dazu bei, seine Patienten über die Stabilisierung durch mehr oder weniger passagere Sinngefüge hinweg in Kontakt mit einer endlosen, an keine Sinnkonstruktion gebundene Bewusstseinserweiterung zu bringen. Allein schon die bedingungslose, offene Akzeptanz der Möglichkeit eines Zugangs zur infrasemantischen Ebene der Stille lässt sich als ein untrügerisches Kennzeichen der meditativen, achtsamen Psychotherapie anführen.

Aus den obigen Darlegungen und Reflexionen über die achtsame Akzeptanz der infrasemantischen Stille oder Leere wird allmählich klar, dass sinnträchtige Unterscheidungen innerhalb der auf Bewusstseinsstille zentrierten Psychotherapie als Kulturrelikte zu betrachten sind. Mit anderen Worten: Genauso wenig wie es einen Sinn macht, zwischen buddhistischen, taoistischen, christlichen, sufischen oder schamanischen *Bewusstseinsstillen* unterscheiden zu wollen, kann es im Grunde keinen Sinn haben, von buddhistischen, hinduistischen, sufischen, christlichen, konfuzianischen, etc. Psychotherapieschulen der Achtsamkeit und Akzeptanz zu sprechen.
Letzten Endes ist jede Psychotherapie, die auf die Bewusstseinsstille oder Seelenruhe zusteuert, keine kultur- und somit keine sinnabhängige Angelegenheit. Allmählich werden die kulturellen Grenzen auf dem durch gelassene Achtsamkeit und Akzeptanz ermöglichten „Unendlichkeitshorizont" mitten im eigenen Bewusstsein als zu überwindende Sinnhindernisse wahrgenommen.

Die Superposition von Sinnkonstruktionen und infrasemantischer Stille

Das unitäre Bewusstseinsquantenfeld lebt gleichsam aus und durch Superposition. Mit anderen Worten: Jede Pseudodualität wie „*hier die Welle, dort das Teilchen*"; „*hier die lebendige Katze, dort die tote Katze*", erweist sich im Bewusstseinsquantenfeld als die halbe Wahrheit. Demnach verhindert die Superposition die gängige Vorstellung, es gelte allein eine infrasemantische Stille-Ebene als unabhängige, letzte Wahrheit und Wirklichkeit zu erreichen und auszubauen. So didaktisch und klar nachvollziehbar diese Vorstellung nun ist, entspricht sie dennoch nicht dem in den Quantenfeldern herrschenden Superpositionsprinzip. Vielmehr gilt es, die infrasemantische Stille zu erfahren und maximal auszubauen, *indem* aber die semantischen Sinnbildungen weiterhin mit viel Achtsamkeit und Akzeptanz vorangetrieben werden.

So paradox es klingen mag: Es gilt psychotherapeutisch, eine große Achtsamkeit und Akzeptanz sowohl hinsichtlich der leeren Stille auf der Infrasemantik-Ebene zu pflegen als auch nicht davon abzulassen, mit ebenfalls großer Achtsamkeit und Akzeptanz, bei der Wahrnehmung, Durchführung oder Lösung von Sinnbezügen mitten auf der semantischen Ebene voranzuschreiten. Erst durch die Achtsamkeit-Superposition oder -Verschränkung in Bezug auf beide Ebenen lassen sich therapeutische Fortschritte erzielen.

Die alleinige Konzentration auf die leere Stille ist zwar didaktisch zulässig und im gewissen Sinne streckenweise empfehlenswert. Sie soll aber nicht als primäre und letztgültige Interventionsmaßnahme verstanden werden. So produktiv meditative Erlebenspausen, Schweigestunden oder systematische Blockierungen mancher Sinneskanäle sein können, dienen sie zunächst vorwiegend dazu, auf die Existenz einer infrasemantischen Stille-Ebene erstmals aufmerksam zu machen.

Die bewusste Weiterentwicklung dieser Erfahrungsebene bedarf vorrangig der unabhängigen Konfrontation mit sinnträchtigen, stark unterschiedlichen Lebenssituationen. Erst durch den kontinuierlichen „Superpositionsimpetus" von leerer Stille und jeweils konkreten und hautnahen Sinnkonstruktionen kann die in allen Phänomenen tiefgreifende und einzigartige *eine Stille bzw. Grundstille* wahrlich vernommen werden.

So betrachtet verlangt die Superposition der Semantik-Ebene mit der Stille-Ebene den Übergang von einer passageren, inselhaften Meditationsübung zu einer stetigen Meditationshaltung, die sich unabhängig von den schwankenden, ständig variierenden Sinnkonstellationen in allen Erlebnissen und Handlungen mehr und mehr ausbreitet.

Der achtsame Psychotherapeut soll also die Aufmerksamkeitslenkung seiner Patienten auf die unveränderliche leere Stille des Bewusstseins nur streckenweise, d. h. gleichsam als nützliche Einübung, vertreten. Sobald und so oft wie möglich soll er gleichzeitig Stille- und Sinnsuche wie aus einem Guss betrachten und voranbringen. Erst dadurch kann er der ubiquitären Superposition im Bewusstseinsquantenfeld am ehesten gerecht werden.

Meditative Psychotherapie als Förderquelle achtsamer Stille

Auf der Basis des Bewusstseinsquantenfeldes erscheint die meditative Psychologie und Psychotherapie als eine mögliche Förderquelle oder -maßnahme der unaufhörlichen, in jedem Augenblick sprudelnden „*achtsamen Stille*" in und außerhalb des Bewusstseins.

Die meditative Psychologie und Psychotherapie wird so reflektiert und gestaltet, dass sich die endlose, überall und jederzeit anzutreffende „*achtsame Stille*" mitten in jedem Bewusstseinsakt hindernisfrei äußern kann.

Die achtsam-meditative Psychologie und Psychotherapie, die sich auf die ubiquitäre Stille/Leere konzentriert, kann nicht umhin, den Menschen in Kontakt mit der fluktuierenden, schöpferischen, aber auch gleichzeitig – wegen der Superposition – sich selbst gleich bleibend zu bringen. Je mehr und je tiefer (intensiver, breiter, erlebnisnäher...) die Achtsamkeitspsychologie und -psychotherapie dazu beitragen kann und wird, jedem Menschen die allzeitige Stille bewusst zu machen, desto mehr überschreitet sie die oberflächlichen Kulturgrenzen.

Auch wenn gelegentlich von einer buddhistischen, sufischen, konfuzianischen, christlichen oder indianischen „*achtsamen Stille*" bzw. von entsprechenden buddhistischen, sufischen, etc. psychologisch-psychotherapeutische Meditation fördernden Hilfsmitteln die Rede sein kann, so dürfte klar sein, dass die *eine Stille* die kulturreligiösen oder kulturphilosophischen Grenzen sprengt.

Wenn jemand, etwa aufgrund seiner starken kulturbedingten Glaubensannahmen dazu nicht in der Lage ist, sollte dies zwar als semantisches Hindernis erkannt und thematisiert werden. Dennoch sollten solche kulturbedingten Grenzen soweit wie möglich benutzt werden, um die therapeutische Erfahrung der Grundstille voranzubringen.

Die eine Stille bzw. das Bewusstseinsquantenfeld ist sicher *kein* Privateigentum des Buddhismus, Indianertums, Christentums, etc. Mit gleicher Sicherheit ist aber auch anzunehmen, dass die *achtsame Stille* kein Eigentum der kulturellen Menschheit ist. Und obwohl dies im Prinzip leicht erkannt werden kann, dürfte hier die psychologisch-psychotherapeutische Reflexion und Förderung der *Grundstille* an subtile Grenzen der semantischen Ebene geraten.

Nicht zuletzt wegen solcher möglichen subtilen Einschränkungen auf der Semantik-Ebene bedarf die psychologisch-psychotherapeutische Förderung der Stille einer noch weit tieferen Reflexion und Erforschung als im vorliegenden Essay geschehen....

Nachwort

Das Bewusstseinsquantenfeld erweist sich als höchst paradox, so auch die Stille und ihre Psychologie.

Wo jemand weitgehend – wenn nicht gar ausschließlich – leere Buchseiten mit, wenn überhaupt, einigen passenden, kurzen Gedichten gespickt erwarten würde, sieht er sich bis zum Nachwort mit lauter Wörtern, mitunter langen, verschachtelten Sätzen konfrontiert.
Ein Blick durchs Fenster meiner Schreibstube verrät ähnliches. Es gibt zwar keine Wörter weit und breit zu hören oder zu lesen. Dafür zahlreiche Felder, unzählige Bäume, eine Autobahn, etliche Straßen, eine lange Bergkette am Horizont, darauf eine rötliche, untergehende Sonne, die durch die Wolkendecke spärlich leuchtet. Weit entfernt: ein einsamer Traktor, der seinen Weg durch die Felder sucht. Auch Motorgeräusche. Ganz in der Nähe einige Vöglein, die die letzten Sonnenstrahlen musikalisch begleiten.

Jenseits und diesseits des Fensters – mitten in Gedanken und im Vogelgezwitscher, stets neu, stets alt – eine unaufhörliche Stille, eine tiefe und heilsame Stille, wie aus dem Nirgendwo, die aber ... Mut und Kraft gibt, eine Weile inne zu halten und mitschöpferisch-gelassen weiter zu gehen.

Namensverzeichnis

Adler, A. 33, 44-5, 238
Alexander, F. M. 250-1
Alexander der Große 147, 151
Amalrich von Bène 187
Ambrosius 198
Anaxarchos 147
Antisthenes 157
Aquin, T. v. 63, 177, 180
Aristoteles 145-6, 157-8
Aryadva 110
Ashvaghosa 98-9, 101
Aspect, A. 49
Assagioli, R. 170, 233, 235, 241-3, 246
Augustinus 150, 224
Aurobindo, G. 64

Balthasar, H.-U. v. 199
Baralt, L. W. 189
Barlaam 175
Baumann, K. 261, 262
Beck, A. T. 242
Bekenstein, J. D. 28-30
Bell, J. S. 49
Benson, H. 12-3, 132
Berkeley, G. 140
Bhāvaviveka 110
Bodhidharma 121, 208-9
Bohr, N. 32, 140
Bossuet, J. B. 191, 195
Boyesen, G. 250
Bremond, H. 192
Breuer, J. 253
Bruno, G. 150, 194
Buddha 9, 48, 79, 92-104, 115-136, 151, 160-2, 175, 212-3, 220, 226, 231, 249, 262
Bühler. K. 133

Capra, F. 229
Casimir, H. B. G. 85

Cattell, R. B. 33
Chandrakīrti 110
Chao-chu 134
Christus 174-81, 188-94
Chrysipp 48
Chrysostom, J. 173
Cicero 148. 153
Comte, A. 63
Csikszentmihalyi, M. 256

Daisetz Suzuki 197, 240
Dante, A. 150
Davies, P. C. W. 24
Deikman, A. 70-1
Demokrit 146-8
Dennett, D. 229-31
Descartes, R. 27, 53-4, 89, 229-32, 248
Diadochos 174
Diogenes 156
Dirac, P. 15, 24, 31, 85
Dogen Zenji 53, 135, 263
Dürckheim, K. Graf 244-47, 253
Dürr, H.-P. 143

Eckhart 63-4, 118, 175, 181-186, 195, 201, 219, 263
Einstein, A. 24, 30, 49, 88, 103
Eisai-Zenji 136
Ellis, A. 158, 242
Epiktet 48, 153-161, 173
Epikur 48, 63, 147-152, 158
Epstein, M. 240
Evagrius Ponticus 173-74
Eysenck, H.-J. 33, 242

Faraday, M. 30-1
Fa-Tsang 206
Fechner, G. T. 5, 34, 53, 139-44, 224
Feldenkrais, M. 197
Fénelon, F. 190-95
Feynman, R.P. 97-100, 129

Francisco de Osuna 187
Franz von Assisi 226
Freud, S. 32, 33, 44-5, 163, 217, 237-9, 253, 265
Fromm. E. 197

Gendlin, E. T. 261
Germer, C. K. 261
Gödel, K. 180
Görnitz, B. 28, 52, 111
Görnitz, T. 28-30, 52, 111
Grawe, K. 238
Gregor von Nazianz 206
Grof, S. 244, 247-9
Gundert, W. 208
Guyon, J.-M. 190, 193, 195

Hackbarth-Johnson, C. 196
Hamilton, A. 186
Hartmann, E. v. 63
Hassan al Nûri, A. 189
Hawking, S. W. 28-30
Hayes, S. C. 203, 233, 242-45, 254
Heidenreich, T. 203
Heisenberg, W. 15, 17, 24, 28, 30, 42, 85-6, 103, 109, 180
Hofstadter, D. 229-31
Horney, K. 198, 240
Hui-Neng 62, 121-4, 127, 133
Husserl, E. 63, 145
Huygens, C. 150

Innozenz XI. 190-1, 195, 200

Jacobson, E. 11-2, 250
Jäger, W. 195, 199-200
Janet, P. 237, 253
Jaynes, F. T. 25
Jerven, W. 123
Johannes vom Kreuz 188-90
Jung, C.G. 12, 33-4, 45-6, 63, 177, 184, 197, 234-5, 238, 241, 246, 248
Jungclausen, E. 175, 176

Kabat-Zinn, J. 13-4, 244, 254, 261
Kamalashīla 110
Kant, I. 63-4
Kapleau, P. 199
Kleanthes von Assos 152
Klimakos, J. 5-6, 174
Köhler, W. 45
Konfuzius 48
Kopernikus 46
Krates von Theben 151
Kues, N. v. 63-4, 186

Laertius, D. 147-151, 156
Lamoreaux, S. K. 85
Lao-tse 20, 38, 48, 61, 104, 117, 122-4, 160, 226
Lassalle, E. 195, 198
Le Saux, H. 195-6, 198
Lersch, P. 33
Leukipp 146
Leuner, HC. 12, 238
Lewin, K. 31, 45
Lieh-tse 122
Linden, M. 261-2
Linehan, M. M. 242-45, 254
Lorenz, E. 187, 189
Lowen, A. 74, 197, 250
Lucilius 153-4
Ludwig XIV. 190-93
Lukrez 150
Luther, M. 181, 190

Ma Tsu Tao-i 136
Magid, B. 240-1, 254
Mahoney, M. 242
Makarios 175
Mani 89
Marc Aurel 153-4, 161-65
Marks, I. M. 242
Maslow, A. 60
Maxwell, J. C. 17, 30
May, R. 197
Meichenbaum, D. 242

Menoikeus 147-9
Merton. T. 195-98
Mesmer, F. A. 237
Michalach, J. 203
Mittwede, M. 82
Molinos, M. de 190, 193, 195, 200
Mumon 127-9
Musonius, R. 153-7

Nagarjuna 53, 62-5, 104-5, 109-12, 117, 123, 129, 137, 223, 263
Natsoulas, T. 69
Nero 153, 157
Newton, I. 97, 103, 150, 248

Ockham, W. v. 88-90

Palamas, G. 174-5
Panaitios 153
Parfit, D. 229-31
Parmenides 53, 61
Patañjali 73-87, 129, 132, 152, 178, 206
Penrose, R. 91
Penzias, A. A. 41
Perls, F. S. 33, 197, 244-6, 261
Petersen, J. W. 193
Piaget, J. 217
Piron, H. 254
Planck, M. 41
Platon 46, 48, 53, 61-3, 145-6, 156-8
Plotin 48, 53, 61-3, 209
Podolsky, P. 49
Porete, M. 180, 192, 194-5
Poseidonios 153
Pseudo-Dionysius 105, 187
Puthoff, H. E. 67
Pyrrhon von Elis 145-7

Quekelberghe, van R. 43, 61, 109, 130, 180, 206, 210, 257, 261, 263
Quint, J. 182

Rachman, S. 242
Ratzinger, J. 200
Reich, W. 74
Reiter, A. 58
Riess, A. G. 24
Robins, C. J. 244
Rogers, C. R. 109, 197, 244-5
Rolf, I. 197, 250
Rosen, N. 49
Rousseau, J.-J. 150
Rubin, J. B. 240, 254
Rumi 206

Schelling, F. W. J. 140
Schmidt, H. 158
Schmidt, H. III 244
Schrödinger, E. 15-6, 52, 100, 112, 123, 143-4, 229, 254
Schultz, J. 11, 250
Segal, Z. V. 14, 242, 244. 254
Selvini-Palazzoli, M. 249
Selye, H. 11
Seneca, L. A. 148, 153-6, 161
Seng-Chao 122
Sextus Empiricus 146
Shankara 53, 61-4, 137, 192, 213
Shannon, C. E. 25-8
Shāntideva 110
Shen-Hsiu 121-2
Sogaku, H. 198
Sokrates 145-6, 158
Spaarnay, M. 85
Spener, P. J. 193
Spinoza, B. 63, 89-90, 140
Sri Ramana 196
Steinberg, E. 50
Sudbrack, J. 199
Symeon d. N. Theologe 174
Szondi, L. 33

T´ ang Wu-Tsung 122
Tausch, R. 109
Tausch, A. 109

Teasdale, J. D. 242, 244
Teilhard de Chardin, P. 194
Teresa von Avila 187-190
Thich Nhat Hanh 198
Tschuang-tse 122-4
Turing, A. 25

Vaihinger, H. 192

Ware, K. 176
Watts, A. 125, 197
Weizsächer, C.-F., v. 28
Wellek, A. 33, 45
Wheeler, A. 27-8, 42
Wilber, K. 57, 61, 64-5, 199
Wilhelm, R. 104

Williams, J. M. 244
Wilson, R. W. 42
Wittgenstein, L. 60
Wolpe, J. 12

Yamada Ko-un 199
Zarathustra 89
Zeilinger, A. 50
Zenon von Kition 151
Zukav, G. 229

Sachverzeichnis

Achtsame Stille 96, 237, 240, 269
Achtsamkeit 13-4, 70-1, 75, 92-6, 101, 108-9, 130-2, 154, 159, 169, 174, 177-8, 203-07, 239-45, 254, 264, 267-8
Advaita-Vedanta 137, 196, 209, 213
Aktive Imagination 12
Akzeptanz 28, 108-9, 207-8, 243-5, 254-5, 264-68
All-Natur 162-3
Alltagsbewusstsein 35-6, 57-8, 63, 69, 106, 112, 155
Apatheia 18, 146, 150-2, 156, 160, 165, 173, 177, 180, 185
Astrophysik 24
Ataraxia 18, 145-153, 156, 160, 180, 185, 205
Atheismus 89, 150
Attraktor 40, 57, 61, 132-3, 155, 159, 161, 182, 200

Behaviorismus 63, 125
Bewusstseinsfeld 31-3, 37, 40, 43-5, 67-70, 74-5, 80-1, 86, 92, 99, 105, 127, 159-60, 168-71, 214
Bewusstseinspsychologie 32, 44, 49, 64, 80, 83, 115, 134
Bewusstseinsquantenfeld 23, 27, 34-6, 50, 52-4, 67, 88, 113, 115, 131
Bewusstseinsraum 18
Bewusstseinsstufen 57
Bioenergetik 74, 251
Bloch-Sphäre 111
Bodhisattva 62, 104-09, 113, 115-18, 121, 125-8, 134-5, 138, 175, 178, 183, 216, 219
Bodhisattva-Gelübde 106-7
Buddha-Natur 115, 117-8, 127-30, 136, 255, 264
Buddhismus 18, 30, 54, 70-1, 74, 79, 91-2, 102-05, 107, 113, 115, 118, 121-2, 124-5, 131, 133, 159-60, 163, 171, 173, 178, 192, 197-9, 209-10, 213, 215-6, 237, 248, 263, 269

Christentum 71, 103, 150, 173, 179-80, 194, 196, 198-9, 206, 269

Deautomatisierung 70-2
Dialektische Verhaltenstherapie 244
Diamant-Sutra 118-9, 121
Dianoia 177, 179, 193
Diskursive Vernunft 61
Dualismus 54, 65, 88, 89, 229

Einheitsbewusstsein 59-65, 109, 196, 248, 262
Empathie 80, 99, 109, 175, 244
Energiefluktuation 15, 43, 85
Entropie 25-30, 91, 93
Epikureismus 18, 77, 92
EPR 49
Eudaimonia 145
Euthymia 146

Flow-Bewusstsein 256-7
Gesamtpentagramm 35-6
Gesprächstherapie 244
Gestaltpsychologie 31, 52, 103, 264
Glück 6, 19, 47-8, 67, 76-83, 88-92, 98-101, 107, 113, 116-19, 152, 158, 163, 171-2, 200, 203, 213, 215-6, 255
Glückseligkeit 79, 145-6, 149, 152-3, 165
Gnosis 177
Gnostik 194, 209, 241
Grundstille 9-11, 14, 18-19, 28, 37-41, 48, 51, 68, 77, 101, 225,

234, 253, 265, 268-9
Herz-Sutra 30, 105, 116
Hesychasmus 173, 175-7, 179-80, 194
Hesychia 173, 175, 177, 180
Higgsfeld 17, 31, 91
Hinduismus 69, 137, 196
Holon 61, 151
Holotrope Atemtherapie 244, 247-8
Hyperraumzeit 91
Ich-Identität 208, 215, 217-26, 229-34, 244-5, 248-9, 255-7, 262, 265
Informationsentropie 25, 112
Infrasemantik-Ebene 264-5, 268
Initiatische Therapie 244, 246
Invarianz 32, 43-46, 223, 227, 256
kartesianisches Ego 229-31

Katathymes Bilderleben 242
Kensho, 135, 198
Koan 127-8, 132-38, 160
Kognitivismus 125
Kohomologie 43
Kontemplation 27, 51, 64-67, 144, 175, 190, 194-6, 218, 246, 263
Kontemplative Vernunft 61, 193

Leidenschaftskurvatur 220-1
Logos 64, 151-4

Mandala 45-6
Mantra 73, 131-33, 174-5, 178, 184, 189
Mantrisierung 130-2
Materiebegriff 30
Meditationspraxis 122, 133
Meditationsschulung 71, 81, 86-7, 121, 253

Meditationsübung 92, 132, 142, 144, 171, 210, 254, 268
Meditationsverfahren 18, 35
Meditative Psychotherapie 257, 263, 269
Metanoia 177-81
Metaperspektive 259-61
Metapher 57, 60, 189, 203-4, 206-09, 211, 239, 243
Monismus 54, 65, 88
M-Theorie 26
Mumonkan 127-35
Mystik 27, 57-8, 103, 168, 189, 192, 194, 198-9, 213, 218, 234

Nachtwache 97-101, 231, 249, 262
Negentropie 91
Nicht-Dualität 51-3, 263-4
Nicht-Lokalität 48-52, 258, 264
Nihilismus 101, 105
Noether-Theorem 44
Nullpunkt-Energie 16, 131, 142, 182

Pauli-Prinzip 225
Pentagramm 35-37, 258, 264
Pfadintegral 97-101, 129
Photonpolarisation 110
Planck-Ära 17, 41-2, 54
Planck-Schwelle 41-2, 44, 54
Polaritätsgesetz 45
Positivismus 63, 125
Prägnanz-Gesetz 45
Prakriti 54
Protyposis 29, 60, 111-2
Pseudodualität 267
Psychoanalyse 63, 125, 158, 194, 238, 240-1, 265
Psychophysik 9, 41, 53, 109, 139-44, 251
Purusha 54, 81
Pyramidenmodell 57, 109, 144

Pyrrhonismus 145, 147

Quantenfeldtheorie 27, 30-2, 40
Quanteninformatik 27-31, 42, 49, 110-2, 193
Quantenmechanik 23, 30, 97, 103
Quantenphysik 9, 16, 26-32, 35, 52, 65, 88, 103, 106-7, 110, 113, 116, 142, 169, 206, 248
Quantenvakuum 9-10, 15-8, 23-4, 35, 38, 39-43, 50, 53, 67, 85-88, 111, 113-118, 139, 142-3, 182, 188, 204, 206, 218, 234, 253
Quantenvakuumenergie 15, 24, 88, 214
Quantenvakuumfeld 10, 15-23, 43, 67, 91, 116, 123, 168
Qubit 28-30, 39-43, 65, 110-2, 214, 223
Qubit-Logik 65, 110
Quietismus 173, 180, 184, 186, 190-5

Satori 91, 127, 135-6, 187, 198, 237
Seelenruhe 11, 21, 75, 90, 145-65, 180-1, 193-4, 205, 215-18, 259, 261, 267
Shivaismus 54, 171, 173, 178, 185, 209, 213, 243, 259
Spiritualität 27, 58, 186-7, 192-95
Stoizismus 18, 77, 89, 92, 237, 259
String-Theorie 44-5
Superposition 9, 15, 17, 35-6, 40, 43, 48-9, 53, 87, 89, 97-101, 105, 108-12, 130, 142, 169, 223, 225-6, 231-2, 241, 267-9
Supersymmetrie 18, 26, 31, 39, 44-6, 91-3, 165

Symmetrie 24, 35, 43-6, 51, 91-2, 135, 164, 223, 227
Symmetriebrechung 17-8, 44-5, 91-3
Systematische Desensibilisierung 12

Taoismus 18, 54, 69-70,. 89, 92, 104, 121-125, 159, 173
Teleportation 230-1
Tetralemma 112-3
Theosis 91, 176-8
Totale Psyche 34, 45-6, 234
Trance-Bewusstsein 58

Vedanta 30, 194, 196
Verschränkung 35-6, 40, 48-9, 52, 100, 105-6, 109-110, 253, 257-9, 268
Vipassana 207, 243, 254

Weltspiritualität 227
Weltvernunft 151-2, 163, 165
Weisheitslehren 18-21, 67-70, 77, 92, 105, 125, 171, 192, 199, 215, 232, 235, 237, 244, 255
Wirkungsquantum 30, 39, 116, 182

Yoga 9, 11, 54, 70, 73, 75-9, 83, 86, 94, 159, 171, 173-4, 177-9, 187-9, 194, 206, 210, 218, 237, 251, 250
Yogasutra 73, 75, 77, 80-1, 83

Zazen 137-8, 185
Zenbuddhismus 124, 177, 197-8, 206, 240, 245-6, 259

Literaturverzeichnis

Aristoteles (1991). *Die Nichomachische Ethik.* München: DTV.
Assagioli, R. (1978).*Handbuch der Psychosynthesis.* Freiburg: Aurum Verlag.
Baralt, L. W. (1985). *Huellas del Islam en la literature española.* Madrid.
Baumann, K. & Linden, M. (2008). *Weisheitskompetenzen und Weisheitstherapie.* Lengerich: Pabst Science Publishers.
Bekenstein, J. D. (1973). Black holes and entropy. *Physical Review,* D7, 2333.
Benson, H. & Wallace, R. K. (1972). Decreased drug abuse with Transcendental Meditation – a study of 1862 subjects. *Drug Abuse, Proceedings of the International Conference.* Philadelphia: Lea & Febiger, pp. 369-376.
Benson, H. (1975). *The relaxation response.* New York: William Morrow.
Bremond, H. (1914-1933). *Histoire littéraire du sentiment religieux en France.* Paris : Presse de la Renaissance. (*Reprint*, Auszüge 2008).
Capra, F. (1984). *Das Tao der Physik.* München: Barth Verlag.
Chuang Tzu (1974). *Inner Chapters.* (translated by G. Feng & J. English). New York: Random House.
Csikszentmihalyi, M. (1975). *Beyond boredom and anxiety.* San Francisco: Jossey-Bass.
Csikszentmihalyi, M. (1990). *Flow: The psychology of optimal experience.* New York: Harper Collins.
Csikzentmihalyi, M. (2004). *Flow im Beruf.* Stuttgart: Klett-Cotta.
Davies, P. C. W. (2005). Quantum vacuum friction. *Journal of Optics B: Quantum & Semiclassical Optics, 7,* S40-S46.
Deikman, A. (1966). Implications of experimentally produced contemplative meditation. *Journal of Nervous and Mental Diseases, 142,* 101-116.
Deikman, A. (1996). „I" = Awareness. *Journal of Consciousness Studies, 3,* 350-356.
Dennett, D. C. (1991). *Consciousness explained.* New York: Little, Brown.
Dennett, D. C. (2006). *Sweet Dreams. Philosophical obstacles to a science of consciousness.* Cambridge, Mass.: MIT Press.
Dogen Zenji (1983-1986). *Shobogenzo. Die Schatzkammer der Erkenntnis des Wahren Dharma.* Bd. I, II. Zürich: Theseus-Verlag.
Dürckheim, K. Graf (1994). *Durchbruch zum Wesen.* Bern: Hans Huber.
Dürckheim, K. Graf (2003). *Hara. Die Erdmitte des Menschen.* Bern: Scherz Verlag.
Dürr, H.-P. (Hrsg.) (1988). *Physik und Transzendenz.* Bern: Scherz Verlag.
Eckhart, Meister (1977). *Deutsche Predigten und Traktate,* herausgegeben und übersetzt durch J. Quint. München: Hanser.
Einstein, A. (1905). Zur Elektrodynamik bewegter Körper. *Annalen der Physik, 17,* 891ff.

Einstein, A. (1916). Die Grundlage der allgemeinen Relativitätstheorie. *Annalen der Physik, 49*, 769-822.

Einstein, A. & Stern, O. (1913). Einige Argumente für die Annahme einer molekularen Agitation beim absoluten Nullpunkt. *Annalen der Physik, 40*, 551ff.

Einstein, A., Podolsky, P. & Rosen, N. (1935). Can quantum-mechanical description of physical reality be consiedered complete? *Physical Review, 47*, 777-780.

Epiktet (1978). *Handbüchlein der Moral und Unterredungen.* (Einleitung und Übersetzung durch H. Schmidt). Stuttgart: Kröner.

Epiktet (2001). *Handbüchlein der Moral. Griechisch/ Deutsch.* Stuttgart: Reclam.

Epstein, M. (1995). *Thoughts without a thinker.* New York: Basic Books.

Evagrius Ponticus (1986). *Praktikos. Über das Gebet.* Münsterschwarzach: Vier-Türme-Verlag.

Fechner, G. T. (1860). *Elemente der Psychophysik* (Bd. I, II). Leipzig: Breitkopf u. Härtel (*reprint*, Bristol: Thoemmes Press, 1999).

Feynman, R. P. (1948). A relativistic cut-off for classical electrodynamics. *Physical Review, 74*, 939-946.

Francisco de Osuna, (1994). *ABC des kontemplativen Lebens.* (Original: *Abecedario Spiritual*, 1527). Freiburg: Herder.

Freud, S. (1920). *Jenseits des Lustprinzips.* In Studienausgabe, Bd. III, *Psychologie des Unbewussten.* Frankfurt a. M., Fischer, 1975, S. 213-272.

Gendlin, E. T. (1978). *Focusing.* New York: Everest House.

Germer, C. K., Siegel, R. D. & Fulton, P. R. (Eds.) (2005). *Mindfulness and psychotherapy.* New York: Guilford Press.

Görnitz, T. (1988). *Abstract Quantum Theory* and Space-Time-Structure. Part I. Ur-Theory, Space Time Continuum and Bekenstein-Hawking-Entropy. *International Journal of Theoretical Physics, 27*, 527-542.

Görnitz, T. (2006). *Quanten sind anders, die Verborgene Einheit der Welt.* Heidelberg, Spektrum Akademischer Verlag.

Görnitz, T. & Görnitz, B. (2008). *Die Evolution des Geistigen. Quantenphysik – Bewusstsein – Religion.* Göttingen: Vandenhoeck & Ruprecht.

Grawe, K. (2000). *Psychologische Therapie.* Göttingen: Hogrefe.

Grof, S. (1997). *Kosmos und Psyche.* Frankfurt a. M.: Krüger.

Gundert, W. (1983). *Bi-Yän-Lu. Meister Yüan-wu's Niederschrift von der smaragdenen Felswand.* Frankfurt a. M.: Ullstein.

Hackbarth-Johnson, C. (2003). *Interreligiöse Existenz. Spirituelle Erfahrung und Identität bei Henri Le Saux.* Frankfurt a. M.: Peter Lang.

Hamilton, A. (1992). *Heresy and mysticism in sixteenth-century Spain: the Alumbrados.* Cambridge: Clarke.

Hartmann, E. v. (1869). *Die Philosophie des Unbewussten.* Leipzig (*reprint* 1993; Karben: Petra Wald).

Hawking, S. W. (1975). Particle creation by black holes. *Comm. Math. Phys., 43*, 199-220.

Hayes, S. C. (2002). Buddhism and acceptance and commitment therapy. *Cognitive and Behavioral Practice, 9,* 58-66.

Hayes, S. C. (2004). Acceptance and commitment therapy and the new behavior therapies. In S. C. Hayes, V. M. Follette, M. M. Linehan (Eds.), *Mindfulness and Acceptance* (pp. 1-29). New York: Guilford Press.

Hayes, S. C., Jacobson, N. S., Follette, V. M. & Doughter, M. J. (Eds.) (1994). *Acceptance and change: Content and context in psychotherapy.* Reno, NV: Context Press.

Heidenreich, T. & Michalach, J. (2004). *Achtsamkeit und Akzeptanz in der Psychotherapie. Ein Handbuch.* Tübingen: DGVT-Verlag.

Hofstadter, D. (2007). *I am a strange loop.* New York : Basic Books.

Hofstadter, D. & Dennett, D. C. (1986). *Einsicht ins Ich.* Stuttgart: Klett.

Horney, K. (1987). Final lectures. In D.H. Ingram (Ed.), *Final lectures.* New York: Norton.

Jacobson, E. (1935). *You must relax: A practical method of reducing the strains of modern living.* Chicago: The Book House for Children.

Jäger, W. (2007). *Westöstliche Weisheit.* Visionen einer integralen Spiritualität. Berlin: Theseus Verlag.

Jaynes, F. T. (1957). Information theory and statistical mechanics. *Physical Review, 106* (4), 620-630.

Jerven, W. (1986). *Laotse. Tao te king.* München: Barth Verlag.

Jungclausen, E. (1999). *Unterweisung im Herzensgebet.* St. Ottilien: EOS Verlag.

Kabat-Zinn, J. (1994). *Wherever you go, there you are: mindfulness meditation in everyday life.* New York: Hyperion Press.

Kabat-Zinn, J. (2003). *Gesund durch Meditation* (10.Aufl.). Bern: Scherz Verlag.

Klimakos, J. (1987). *Die Leiter zum Paradiese.* Heppenheim: Kastner.

Laertius, D. (1998). *Leben und Meinungen berühmter Philosophen.* Hamburg: Felix Meiner Verlag.

Lamoreaux, S. K. (1997). Demonstration of the Casimir force in the 0.6 to 6 mm range. *Physical Review Letters, 78* (1), 5-8.

Linehan, M. M. (1993). *Cognitive-behavioral treatment of borderline personality disorder.* New York: Guilford Press.

Lorenz, E. (2003). *Wege in die Weite. Die drei Leben der Theresa von Ávila.* Freiburg: Herder.

Lowen, A. (1998). *Bioenergetik als Körpertherapie.* Hamburg: Rowohlt.

Magid, B. (2002). *Ordinary mind. Exploring the common ground of zen and psychotherapy.* Boston: Wisdom Publications.

Magid, B. (2008). *Ending the pursuit of happiness.* New York: Wisdom Publishers.

Marc Aurel (2003). *Selbstbetrachtungen.* Stuttgart: Reclam.

Marc Aurel (2005). *Selbstbetrachtungen*. Projekt Gutenberg, EText Nr. 15028.
Maslow, A. H. (1968). *Toward a Psychology of Being*. New York: John Wiley & Sons.
Merton, T. (1948). *The seven storey mountain*. New York: Hartcourt Brace.
Merton, T. (1967). *Mystics and Zen Masters*. New York: Noonday Press.
Merton, T. (1967). *Zen and the birds of appetite*. New York: New Directions.
Miguel de Molino (1675) *La guia spiritual*. Madrid & Rom; (*The spiritual guide which disentangles the soul and brings it by the inward way to the getting of perfect contemplation and the rich treasure of internal peace*. Venice, 1685, vgl. www.adamford.com/molinos/src/s-guide.pdf).
Mittwede, M. (2005). *Spirituelles Wörterbuch Sanskrit-Deutsch*. Heidelberg: Sathya Sai.
Mumon (1989). *Die torlose Schranke Mumonkan*. München: Kösel.
Natsoulas, T. (1997). Blindsight and Consciousness. *American Journal of Psychology, 110*, 1-33.
Newton, I. (1687). *Philosophiae naturalis principia mathematica*. (Reprinted by University of California Press, 1999).
Parfit, D. (1984). *Reason and Persons*. New York: Oxford University Press.
Patañjali (1987). *Yogasutra. Der Yogaleitfaden des Patañjali*. Hamburg,: Papyrus Verlag.
Penrose, R. (2005). *The road to reality. A complete guide to the laws of the universe*. New York: Vintage Books.
Penzias, A. A. & Wilson, R. W. (1965). A measurement of excess antenna temperature at 4080 Mc/s. *Astrophys. Journal, 142,* 419.
Perls, F. S., Hefferline, R. F. & Goodman, P. (1979). *Gestalttherapie. Wiederbelebung des Selbst*. Stuttgart: Klett-Cotta.
Piron, H. (2006). Die Dimension des Bewusstseins in der Meditation und in der Verhaltenstherapie. In Abteilung für Gesundheits- und Klinische Psychologie (Hrsg.), *Impulse für Gesundheitspsychologie und Public Health* (S. 243-261). Tübingen: DGVT.
Porète, M. (1997). *Le miroir des âmes simples et anéanties*. Paris : Albin Michel.
Puthoff, H. E., Little, S. R. & Ibison, M. (2002). Engineering the zero-point field and polarizable vacuum for interstellar flight. *Journal of British Interplanetary Society, 55,* 137-144.
Reich, W. (1989). *Charakteranalyse*. Köln: Kiepenheuer & Witsch (*reprint*).
Reiter, A. (2008). Transformation des Bewusstseins in der spirituellen Psychotherapie. In A. Reiter & A. Bucher (Hrsg.), *Psychologie –Spiritualität –Interdisziplinär*, S. 86-101. Eschborn bei Frankfurt a. M.: Klotz Verlag.
Riess, A. G. et al. (Supernova Search Team) (1998). Observational evidence from supernovae for an accelerating universe and a cosmological constant. *Astronomical Journal, 116,* 1009-38.

Robins, C. J., Schmidt, H. III, Linehan, M. M. (2004). Dialectical behavior therapy: Synthesizing radical acceptance with skifllful means. In S. C. Hayes, V. M. Follette, M. M. Linehan (Eds.), *Mindfulness and acceptance* (pp. 30-44). New York: Guilford Press.

Rogers, C. R. (1951). *Client Centered Therapy.* Boston: Houghton Mifflin.

Rubin, J. B. (1996). *Psychotherapy and Buddhism: Toward an integration.* New York: Plenum Press.

Rueda, A. & Haisch, B. H. (2005). Gravity and the quantum vacuum inertia hypothesis. *Annalen der Physik, 14,* No. 8, 479-498.

Schrödinger, E. (1935). Die gegenwärtige Situation in der Quantenmechanik. *Die Naturwissenschaften, 23,* 807ff.

Schrödinger, E. (1959). Die vedantische Grundansicht. Aus: *Geist und Materie,* S. 67-72. Braunschweig: Vieweg & Sohn.

Schultz, J.H. (1932). *Das Autogene Training (Konzentrative Selbstentspannung). Versuch einer klinisch-praktischen Darstellung.* Stuttgart: Thieme Verlag.

Segal, Z.V., Williams, J. M. G. & Teasdale, J. D. (2001). *Mindfulness-based cognitive therapy for depression: A new approach to preventing relapse.* New York: Guilford Press.

Seneca, L. A. (1980). *Von der Seelenruhe. Philosophische Schriften und Briefe.* Bremen: Carl Schünemann Verlag.

Seneca, L. A. (1999). *Philosophische Schriften. Lateinisch und Deutsch.* Bd. 1-5. Darmstadt: Wiss. Buchges.

Shannon, C. E. (1948). A mathematical theory of communication. *Bell System Technical Journal, 27,* 379-423; 623-656.

Singh, J. (1979). *Vijñānabhairava or divine consciousness.* New Delhi: M. Banarsidass

Spaarnay, M. (1958). Measurement of attractive forces between flat plates. *Physica, 24,* 751.

Tausch, R. & Tausch, A. (1990). *Gesprächspsychotherapie.* Göttingen: Hogrefe.

Theresa von Avila (1979). *Die innere Burg.* Zürich: Diogenes Verlag.

Vaihinger, H. (1986). *Die Philosophie des Als Ob.* Aalen: Scientia Verlag.

van Quekelberghe, R. (1979). *Systematik der Psychotherapie.* München: Urban & Schwarzenberg.

van Quekelberghe, R. (2005). *Transpersonale Psychologie und Psychotherapie.* Eschborn bei Frankfurt a. M.: Klotz Verlag.

van Quekelberghe, R. (2007). *Grundzüge der spirituellen Psychotherapie.* Eschborn bei Frankfurt a. M.: Klotz Verlag.

Ware, K. & Jungclausen, E. (1999). *Hinführung zum Herzensgebet.* Freiburg: Herder.

Watts, A. (1957). *The way of Zen.* New York: Vintage Book.

Weizsäcker, C.-F. v. (1955). *Komplementarität* und Logik I. *Naturwissenschaften, 42,* 521-529.

Weizsäcker, C.-F. v. (1971). *Die Einheit der Natur.* München: Hanser.
Wilber, K. (1996). *Eros, Kosmos, Logos. Eine Vision an der Schwelle zum nächsten Jahrtausend.* Frankfurt a. M.: Krüger Verlag.
Wilber, K. (1999). *Das Wahre, Schöne, Gute. Geist und Kultur im 3. Jahrtausend.* Frankfurt a. M.: Krüger Verlag.
Wilber, K. (2006). *Integral Spirituality.* Boston & London: Integral Books.
Wilber, K. (2007). *Integrale Spiritualität.* München: Kösel.
Wilhelm, R. (1988). *Laotse. Tao Te King.* Köln: Diederichs.
Wolpe, J. (1958). *Psychotherapy by reciprocal inhibition.* Stanford: Stanford University Press.
Zukav, G. (1985). *Die tanzenden Wu-Li Meister.* Hamburg: Rowohlt.

Wenn Sie auf der Suche nach Hilfe sind und in schwierigen Situationen neue Wege gehen möchten - dann haben wir die richtigen Bücher für Sie!

Robert M. Alter mit Jane Alter
**Fenster zum Herzen oder
Die heilende Kraft innerer Krisen.**
Neue Wege aus Angst, Isolation, Zwängen, Depression und Selbstverachtung zu unserem inneren Kern
1. Aufl. 2004, 280 Seiten, kartoniert, 14,80 €
ISBN 978-3-88074-462-2

Robert and Jane Alter zeigen anhand vieler Beispiele aus ihrer psychotherapeutischen Praxis, wie wir uns die Vielfalt unserer einzigartigen inneren Kräfte erschließen, um unsere wichtigsten Ziele zu erreichen und unsere persönliche Bestimmung zu verwirklichen: wie wir beängstigende und schmerzhafte Erfahrungen der Vergangenheit für die achtsame Entfaltung einer glücklichen und erfolgreichen Zukunft überwinden; wie wir erfüllende und leidenschaftliche partnerschaftliche Beziehungen leben; wie wir unsere Kinder zu starken Persönlichkeiten erziehen; wie wir Verhaltensweisen überwinden, die uns daran hindern, das Leben so zu leben, wie wir es uns wünschen und am allerwichtigsten: wie wir unseren eigenen Weg finden!

Verlag Dietmar Klotz GmbH
Sulzbacher Str. 45 • 65760 Eschborn
Fon: 06196-481533 Fax: 06196-48532
E-mail: info@verlag-dietmar-klotz.de
www.verlag-dietmar-klotz.de

Paul Tholey / Kaleb Utecht
Schöpferisch träumen
Der Klartraum als Lebenshilfe
4. Aufl. 2000, 280 S., gebunden, 20,30 €
ISBN 3-88074-275-8

Klarträumer können Inhalt und Verlauf ihrer Träume zu einem großen Teil frei bestimmen und haben damit die Möglichkeit, ihre Probleme sozusagen "im Schlaf" zu lösen und darüber hinaus ihre Wünsche auszuleben, Kontakt mit ihrem Unterbewusstsein aufzunehmen oder sich ganz einfach angenehme Träume zu gestalten. Klarträumen kann jeder lernen. Der in diesem Buch aufgezeigte Weg dorthin ist wissenschaftlich fundiert und in der Praxis erprobt.

Lyall Watson
Geheimes Wissen
Das Natürliche des Übernatürlichen
4. Aufl. 1999, 340 S., kartoniert, 22,90 €,
ISBN 3-88074-619-2
Copy-Print-Ausgabe ohne Einband, 15,20 €
ISBN 3-88074-321-5

Der weitgereiste englische Biologe Lyall Watson befasst sich in seinem bei aller Wissenschaftlichkeit spannend geschriebenen Buch mit Phänomenen, die gemeinhin dem Okkulten, Übernatürlichen zugerechnet werden, wie Psychokinese, Alchemie, Hypnose, Telepathie, Hellsehen, Geistererscheinungen und Zauberei.

Lyall Watson
Die Grenzbereiche des Lebens
Körper – Geist – Seele
4. Aufl. 2001, 286 S., kartoniert, 20,30 €,
ISBN 3-88074-620-6
Copy-Print Ausgabe ohne Einband: 13,70 €
ISBN 3-88074-322-3

Watson widmet sich den Rätseln des Todes und einem möglichen Weiterleben nach dem Tode. Er vertritt und begründet die Auffassung, es sei biologisch gesehen nicht länger sinnvoll, zwischen Leben und Tod auf irgendeiner Ebene zu unterscheiden. Die Frage, wo das Leben aufhört, wo der Tod beginnt, kann nach Watson nicht auf der Ebene des Gesamtorganismus, sondern nur auf der Ebene der Einzelzelle befriedigend beantwortet werden.

Regina Berlinghof
Mirjam
Maria Magdalena und Jesus
3. Aufl. 2004, 607 S., Tb, 9,80 €
ISBN 3-88074-273-1

Ein Roman, in dem Mirjam (Maria Magdalena) von ihrer Begegnung mit Jeschua (Jesus), ihrer beider großen Liebe, den Jüngern, dem Verrat und der Keuzigung erzählt. Es war alles ganz anders.

Manfred Faisst (Suviro)
Raimund Brozio (Prageet)
Abenteuer Selbsterfahrung
Therapeutische Anregungen aus Encounter- und Wachstumsgruppen
4. Aufl. 2004, 149 Seiten, kart., 11,70 €
ISBN 3-88074-157-3

Dies ist ein rein praktisches Buch, das den Leser in das Abenteuer der Selbsterfahrung einlädt. Es ist geschrieben für diejenigen, die mit sich selbst und ihrem Leben experimentieren möchten; für alle, die auf der Suche sind. Für die Teilnehmer unserer Gruppen, die uns so oft nach kleinen Hilfen für die Zeit „danach" gefragt haben, um auch zu Hause weiter in dem als tiefgreifend und sehr befriedigend erlebten Veränderungsprozess zu bleiben. Ganz allgemein soll dieses Buch, wie auch unsere Wachtumskurse, dem einzelnen zu mehr Sebstbestimmung und Selbsterkenntnis verhelfen. Es soll neue Ansatzpunkte bieten für ein Leben, das frei ist von Theorien, Philosophien und Ansichten: ein Leben, das Spontaneität aus dem Hier und Jetzt hervorbringt.

Peter Dettmering (Hg.)
Kinder- und Hausmärchen der Brüder Grimm
Erstdruckfassung 1812-1814
3. Aufl. 2004, 560 S., kartoniert, 34,80 DM,
ISBN 3-88074-610-9
Copy-Print Ausgabe ohne Einband, 22,50 DM,
ISBN 3-88074-311-8

Die Märchen sind in ihrer Erstdruckfassung zusammengestellt, ergänzt mit dem Anmerkungsapparat der Brüder Grimm und versehen mit einem psychoanalytisch deutenden Vorwort des Autors.

**Renaud van Quekelberghe
Transpersonale
Psychologie & Psychotherapie**
Grenzenlose Grenzen des Bewusstseins
1. Aufl. 2005, 512 Seiten, gebunden, 24,80 € ISBN 3-88074-476-9

Das vorliegende Werk stellt nicht nur die Schulen und Denkströmungen der transpersonalen Psychologie und Psychotherapie dar; es versucht die kulturhistorische Bewusstseinsforschung mit neueren Modellen der Informatik und Quantenphysik zu verschränken. Dadurch entstehen neue Perspektiven sowie Zugangsweisen zum Schamanismus, den Weltreligionen und der transpersonalen Psychologie bzw. modernen Spiritualität.

Bei seiner Darstellung der „grenzenlosen Grenze" des Bewusstseins geht der Autor mit profundem Wissen quer durch zahlreiche Wissensdisziplinen aus den Natur- und Geisteswissenschaften mutig voran. Atemberaubend zeigt er uns wie die alten Formen des Schamanismus – als Ursprung aller Religionen – mit gewagten Hypothesen und Konsequenzen der Quanten- und Astrophysik wesentlich einhergehen können. Was zunächst überrascht und verblüfft, wird zunehmend „selbstverständlich": Religionen und Wissenschaften erscheinen als geschaffen vom menschlichen Bewusstsein, das immer wieder an seine grenzenlose Grenze heranreicht und davon nicht ablassen kann.

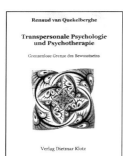

GRUNDLAGENWERK

Renaud van Quekelberghe:
**Transpersonale Psychologie und Psychotherapie.
Grenzenlose Grenze des Bewusstseins.
1. Auflage 2005, 515 Seiten, ISBN 3-88074-476-0,**

Das vorliegende Werk stellt nicht nur die Schulen und Denkströmungen der transpersonalen Psychologie und Psychotherapie dar; es versucht auch die kulturhistorische Bewusstseinsforschung mit neueren Modellen der Informatik und Quantenphysik zu verschränken. Dadurch entstehen neue Perspektiven sowie Zugangsweisen zum Schamanismus, den Weltreligionen und der transpersonalen Psychologie bzw. modernen Spiritualität.

Der Autor ist Professor für Klinische Psychologie, Psychotherapeut und Theologe. Er versteht sich als Bewusstseinsforscher und in Bezug auf „Spiritualität" als Suchender.

Spiritualität interdisziplinär

**Psychologie–
Spiritualität–
interdisziplinär**

A.Reiter / A. Bucher (hrsg)
1. Aufl.2008   ca 250 Seiten kart
16,80 EUR
ISBN 9783880745421

Mit Phänomenen der Spiritualität beschäftigt sich wieder die psychologische Forschung; und zwar in quantitativen und qualitativen Studien. Diese emprische Forschung hilft, das Bild vom Menschen in der akademischen Psychologie wieder zu erweitern. Ein Bewustseinswandel ist noch nicht bemerkbar. Sie ist (noch) nicht bereit, spirituelle Phänomene als Ausdruck einer essentiellen geistigen Dimension unseres Bewusstseins zu erfassen und diese adäquat zu erforschen.
Aussergewöhnliche Bewusstseinszustände wie sie uns in Nahtoderfahrungen, in Sterbeprozessen, in Transformationen des Bewusstseins in der Psychotherapie entgegentreten, fordern eine psychologische Erforschung des Bewusstseins ein.